IM PULS PAPUAS

Wo ich meine Seele vergaß

Vier Jahre als Ärztin mit Familie in Papua-Neuguinea

Ein Kombi-Buch in zwei Teilen

Teil I: gedrucktes Buch
Teil II: alle Fotos und aktuelle Texte zum Buch Online

blick in kulturen

Die Reihe *blick in kulturen* veröffentlicht in loser Folge aktuelle Werke zu Südostasien, die eine besondere, persönliche Tiefe, Sachlichkeit und Respekt für die andere Kultur vermitteln.

Impressum:

Verlag: Sidihoni-Verlag sidihoni.com, Rottenburg a.N., 2012 www.sidihoni.com
Reihe: *blick in kulturen*
Herausgegeben von Christine Schreiber
Überarbeitung, Lektorat, Webredaktion: Christine Schreiber

Autorin: Dr. med. Silke Bertram
Copyright: 2012 Silke Bertram

ISBN 978-3-9814706-0-4

Teil I: gedrucktes Buch, 300 Seiten
Teil II: Illustrationen zum Buch: 260 Fotos & ergänzende Texte unter www.sidihoni.com > Papua

3. Auflage

Satz, Layout, Druck: UWS Papier und Druck GmbH, Stuttgart, www.uws-druck.de
Umschlaggestaltung: Werbebüro KNOW-HOW, Herrenberg, www.know-how-werbung.de

Mama Kuma was held by many hands,
suckled by many breasts,
and loved by many mothers.
Her soul drew from the fountains of fresh air, nature,
and timeless wisdom,
from traditions and rituals
which were believed and alive

The custom of her tribe did not hunger or thirst;
they ate and drank of life itself…

(Deborah Carlyon about her
grandmother Mama Kuma)

Eine Erinnerung für meine Kinder Luis, Mira, Filip und Jes

TENKYU KARKAR, TENKYU PNG

Flash Back 11
Geronnenes Blut

Warum? – Eine Neugier wird geboren 13
Sonntagstreffer

Wo? – Welcher Breitengrad fängt uns ein? 15
Gelernte Langsamkeit

Wie? – Was lässt man alles hinter sich? 17
Elf grüne Tonnen

Es geht los – Ein bisschen nervös 19
Gedanklich zurück: Flug ins Land der Kängurus
Flug ins Land der Paradiesvögel
Port Moresby

Lae – Der erste Eindruck (be-)drückt 25
Worte wie Gräten
Tag 2
Tag 3
Tag 4

Madang – Wie kalt kann Wasser werden? 31
Spielregeln?
Gedanklich zurück: von Lae nach Madang
Lutheran Guesthouse Madang
   Bilum
Den Boss treffen
Singsing

Endlich Karkar – Der zweite Eindruck (be-)glückt 41
Wundertüte
Erster Landgang
   Edwin Tscharke, die Legende
Der erste Zahn wird gezogen oder nennt man das Kulturschock?

Bei den Kranken – Sieben auf einen Streich 52
Ein-Kina Behandlung
Apotheke
Kreißsaal
OP

Kinderstation
Arztzimmer und Fortsetzung des ‚Zähneziehens'
Angenehme zweite Hälfte des Tages

**Wer schwimmt, verdaut nicht gut –
Mit Steinen im Magen auf Orientierungsreise** 65
Anders riechen
Landgang Finschhafen
    Cargo-Kult – Wann sehen wir unsere Liebsten wieder?
Logaweng, unser neues Lebensabschnittszuhause

Krankenhaus – Ärztliche Regression 78
Rauschende Ohren
Pidgin
Kultur der Adoption – Bonding mit dem Klan
Was wir so lieben lernen
    Was ist Tatsache? Anthropophagie, Kannibalismus
Lamettazeit mal so ganz anders

Zurück auf der Insel – Ende des Welpenschutzes 101
Gespenstisch von Bord
Suche nach dem Alltag
Suche nach Unterstützung
Suche nach der Nachbarschaft

Erste Schritte – Meine Selbständigkeit lernt laufen 108
Doktor komm!
Begegnungen mit der tierischen und (ein-)getauchten Lautlosigkeit
On call heißt ‚immer bereit'
Wenn Wahnsinn normal wird und andersrum
Kindliche Schreibversuche
Kultur der melanesischen Distanzen – *Klostu* (nah) heißt nicht nebenan

Kudjip: Letzter Teil der Orientierung – Zwei Tiefschläge im Hochland 121
Genug
Zwischenstopp
Wort-Geschenke
Eingezäunt mit Amerikanern – Nachhilfe in Sachen Moral
Samstag
Sonntag
Montag
Geordnete Flucht unter die Flügel der Wantok

Auf der Suche nach der Normalität – Jeder Tag eine Herausforderung 134
Durchgeschnittene Kehlen
Unser Sein im ‚Input-Sortieren-Zyklus'
Input
Sortieren
Input
Sortieren
Input
‚Gibt es nicht' gibt's nicht: deine Realität soll auch die meine sein

Eine neue Zeit beginnt – Ikarus hebt ab 143
Motivationsschub
Ikarus' harte Landung – eiskalt erwischt
Neue Diagnose

Überfall – Clash der Kulturen 148
Null sind alle Fünfe
Aura
Vorspiel
Warnung
Vollentladung
Erste Nacht
Zweite Nacht
Dritte Nacht
Die vierte Nacht bricht an
Die fünfte Nacht
Sechste Nacht
Zehnte Nacht

Marys Geschichte – Suche nach einem Happy End 165
Tot darf keiner sein
Tsoi Island

Wir fangen neu an – The bright side of life 170
Gerüchte
Seelensuche

Mäuschen sein – Ein Wochenende Full House 175
Wir sind Buschkanaka
Trockener Schnitt
Sonntags-Tauchen

Dr. Baka – Lektion zwei in Sachen Melanesian Culture 187
Schwarze Fäden
Déjà-vu mit den dunklen Wolken
Die erste Katastrophe
    Wantok-System
Die zweite Katastrophe
Tod
Sterben
Leben und sterben auf melanesisch

Im Exil – Wann hört das Trommeln auf? 207
In Yagaum
‚Former Bishop'

Alles wird gut – Was ist das nun wieder? 211
Einschusslöcher
Das Pferd von hinten aufzäumen
Tierische Begegnungen der anderen Art

Unser drittes Jahr beginnt – Wo bleibt die Zeit? 218
Kompensation
Und wieder so eine der Geschichten

Sangguma 222
Durst
    ‚Zehn' Sangguma-Geschichten

Zwischen Frauen, Initiation und einem wütenden Huli 234
Es läuft
Frauen Neuguineas
Wenn Kinder Erwachsene werden
Initiation
HIV
Der wütende Huli
Mit Airlink nach Goroka

Drittes August-Gewitter – Wer zuletzt lacht 252
Messer am Bauch
Auch nicht schön
Unter den Wolken

**Das Land, in dem noch Märchen geschehen –
Wer traut seinen Augen nicht?** 258
Diamant
Ausbrüche
Dampfende Männer
Wenn der Respekt verloren geht
   Diskriminierung

**Wir reiten der untergehenden Sonne entgegen –
Suche nach der Intensität des Augenblicks** 268
Letztes Jahr
Mushu Island
Karkar, zurück Zuhause
Ein Abend mit Sandra und noch einmal nachgedacht
Orkan auf dem Wasser
Momentaufnahmen und hungrige Mägen
Der Geist des Toten
Der schwarze Hund, der Diebe sucht

Zeit des ‚Ein letztes Mal' – Das ‚Erste Mal' war doch erst gestern 281
Kalt vor Anspannung

Abschied – Gehen mit Wan Bel 283
Gaubin Open Day
Kurum
Freunde
Nachwehen
Seele (be-)suchen

Anhang
Quellenverzeichnis 293
Fotos
Karten: Papua-Neuguinea Landkarte und Insel Karkar (Zeichnung)
Übersicht der Aufenthaltsorte in PNG: Stationen 2001-2005
Und 2009?

Liste der Abkürzungen

F.ü.n.	Frei übersetzt nach …
LHS	Lutheran Health Service
MHC	Mother and Child Health
OP	Operation, Operations-Saal
PNG	Papua-Neuguinea
POM	Port Moresby (Hauptstadt)
TBC	Tuberkulose
WHO	Welt-Gesundheits-Organisation
DOTS	Directly Observed Treatment Short-Course, überwachtes Tuberkulose-Programm

Kleines Vorwort

Hier beginnt nicht die Geschichte „... wir bei den letzten Ureinwohnern dieses Planeten, den Wilden, Kopfjägern und Menschenfressern ..."
Es ist die Geschichte „... wir, zu Gast in einem außergewöhnlichen, hundert Kulturen reichen, sich im Umbruch befindenden Land – einer komplizierten, fesselnden Gesellschaft mit ihren vielen Stärken, aber auch wunden Punkten ..."
Eine Dualität, wie sie jede andere Gesellschaft prägt und ausmacht, jede in ihrem ureigenen, anderen Gleichgewicht.

Anmerkung: Die Namen einiger Personen wurden zum Schutz geändert.

Flash Back

Geronnenes Blut

Wie ein geköpftes Huhn renne ich durch das Krankenhausgelände, mal befinde ich mich in Bauch und Beinen, flitze mit Kochtöpfen durch die Gegend, um die erschöpften Kinder, die fliehen konnten, oder die Suchtrupps zu versorgen, und fühle ein Zerreißen, tiefe Hilflosigkeit, renne weg vor dem, was noch kommen könnte, wenn unser Kindermädchen Mary nicht mehr zurückkehrt oder getötet wird, lehne mich auf gegen die schweißtriefenden, coolen Schränke von Polizisten, die von Dörfer niederbrennen sprechen, von erschießen, trommle gegen die verschlossene Tür zur Kammer des Mitleids und der Trauer, die meine verletzten und schockierten Eltern nötig hätten.

Und dann befinde ich mich im da liegenden Kopf.
Stille, Sprachlosigkeit, nur Augen: Meine Mutter, wie sie ohne Schuhe mit zerrissenen Hosen auf mich zukommt und verzweifelt die Arme hebt, registriere den mit einem Buschmesser bis auf den Knochen gespaltenen Kopf des Bergführers, sehe die Oma, die ganze Oma weint und klagt, der ganze Oma-Körper wiegt die auf dem Berg wiedergefundene Enkelin, die wütende Oma schlägt auf die Tochter, die Mutter des Kindes ein, die stumm weinend alles einsteckt.

Sehe nur, sehe,
wie mein Chefarzt, mein Gedichte schreibender neuguineischer Kollege, das Gewehr nimmt und mit den Schränken von Polizisten in den Busch die *Raskols* (Verbrecher) jagen geht, er sucht die sechs, die eine Gruppe von Vulkanbesteigern überfallen und ausgeraubt haben, sehe das Auto zurückkommen, zwischen den Oberarmbergen ein schmales Bürschchen, ein Fliegennichtszuleide-Tuer mit staubig schwarzer Haut, verheultes, rot bespucktes Gesicht mit zitterndem Kinn, das linke Knie durchschossen, höre „Dokta Silke, komm, du musst das Knie versorgen.

Im Kopf ist Stille, kein Blutrauschen, das Blut ist geronnen, kein Atmen mehr, ein unendliches Luftanhalten ...

„Wo ist Mary nur?"
Hirnlose Geschäftigkeit rettet vor dem Ersticken und wieder rennen die zuckenden Beine – ins Krankenhaus.
Eine junge Frau mit einem dicken Bauch voller Blut ist auf einer Bambustrage angekommen. Die geplatzte Eileiterschwangerschaft ist schnell operiert, aber die Träger haben nicht die richtige Blutgruppe, um die blutleere Verwandte zu retten, wo sind bloß die Männer vom Labor, ich kann sie nicht finden – ah, auf der Suche nach Mary, irgendwo im Regenwald am Hang des Vulkans soll sie von einem Geist gehalten werden, der Labormann bringt eine Opfergabe. Nadel suchen, hektische Beine, die Frau ist blutleer, vielleicht hilft ihr ein halber Liter weißes Blut von mir, würde sie das überhaupt wollen? Schwankende Beine, bloß nicht still stehen, nicht wieder ersticken – wer geht, der lebt.
Die Tage verstreichen quälend.

Das zuckende Herz will etwas Gutes tun, alles regeln, aber es schlägt weiß und der weiße Instinkt fängt an, nur Blödsinn zu machen. Stolz verteile ich die mitgebrachten Kopflampen an die Spurensucher und gutes Essen, bevor sie die Nacht über weiter nach Mary suchen. Der neuguineische Verstand schüttelt den Kopf: Satte Spurensucher suchen nicht gut und Licht verdirbt das Sehen in der Nacht. Vielleicht hilft eine Belohnung, wir haben ja Geld, die Macht des Geldes, es wird Wunder bewirken. Ruhelose Beine hämmern ‚Wanted'-Zettel an den Marktplatz: „1000 *Kina* für den, der Mary findet!" Die schwarze Seele schreit auf, da nur sie sieht, was dies anrichten wird: Streit und Neid sobald Geld ins Spiel kommt.

Und endlich hören wir die Botschaft, die sie um alle Ecken schreien: „Geht und lasst uns das alles regeln, ihr habt es nicht drauf, nicht hier!"

Und wieder platzt eine Blase Gefühle: In dieser Welt hier sind wir unfähig, Nieten, nichts verstehende vergoldete Käfer, auf dem Rücken zappelnd, die vor drei Tagen noch glaubten, in ihrer Gesellschaft ein global taugliches Lebenstraining erhalten zu haben.
Habe mich immer für tolerant gehalten und schleudere nun mit Tempo gegen meine eigenen Wände, Barrieren, Vorbehalte und Urteile.

Wie konnte ich nur. Ich muss meinen Platz wieder finden.

Es ist ein freier Fall an den Anfang der Welt.
Ich kann jetzt aus der Dunkelheit der Ursuppe durch alle Stadien kriechen, mich wie eine reumütige Amöbe geißeln, wie eine Spinne meine Überheblichkeit abhäuten, die tiefe Verbeugung vor den Meeressäugern üben und in noch tieferer Demut, auf den Knien, mit offenen Händen die Erde dieser Menschen küssen.
Hebt mich bitte auf und lasst mich neben euch sitzen, ich ertrage es nicht, von euch ausgelacht und verspottet zu werden.

Wir ‚Zivilisierten' kommen und ruhen uns darauf aus, dass wir wissen, wie man George Bush buchstabiert oder einen Geldautomat bedient. Fühlen uns in Topform, weil wir wieder an der Front mitkämpfen dürfen, sind die Unberührbaren, weil wir vermeintlich den Tod besiegt haben, sind unanfechtbar, weil wir meinen, ein Copyright auf die Wahrheit und das Wissen zu haben.

Ihr zieht uns an, zieht uns aus und wir machen uns in die Hose. Unsere Zivilisationshandschuhe sind uns angewachsen. Leben spüren wir oft nur noch über Extreme.

Aber ihr ... ihr habt den Finger auf dem Puls des Lebens liegen – noch.

Wir packen alles ein, Kinder, Eltern und verschwinden von der Insel, fragen uns, wie wir den Kopf und Bauch wieder zusammenführen können und halten weiter die Luft an, bis Mary wieder gefunden ist. Wo sind wir nur gelandet, warum und wie soll es weitergehen?

Warum? – Eine Neugier wird geboren

Gelernte Langsamkeit
Ich setze mich in meine innere Zeitmaschine, schließe die Augen und sehe mich mit meinem acht Monate alten Sohn Luis vor einem Kochtopf hocken, in den die Federn von dem Huhn fallen, das Toggo gerade rupft.
Frank, Papa von Luis und gerade Architekt geworden, war mit den anderen am Feuer machen.
Toggo und seine Kumpel wollen mit uns feiern, weil wir uns nähergekommen waren, weil wir in seinem Land sind und weil wir bald wieder gehen werden.
Wir kamen aus Berlin nach Indonesien, damit ich in dem kleinen Krankenhaus der Batak-Region auf Sumatra ein Praktikum für mein Medizinstudium mache. Drei Monate verbrachten wir hier an dem von mystischen Geschichten umschwebten, wunderschönen Toba-See in dem kleinen Städtchen Balige.
Das Krankenhaus ist klein und hat nur ebenerdige Krankensäle, die mit überdachten Gängen verbunden sind. Der mich betreuende Gynäkologe konnte kein Englisch und so lächelten wir uns viel an, kommunizierten mit den Augen, was auch etwas für sich hatte. Er machte seine Visiten und Operationen und ich schaute über seine Schulter und staunte und schauderte.

Das Gesundheitssystem dort ist ultra hart: Kein Geld, keine Behandlung!

So kamen die blutenden Frauen vom Feld, um mal nebenbei, ohne Narkose oder Schmerzmittel, die eben erleidende Fehlgeburt ausschaben zu lassen. Man merkte ihnen nichts an, vernahm keinen Laut. Man hörte nur das kratzende, schabende Geräusch des metallenen Instrumentes an der Gebärmutterwand und sah ihre weißen Fingerknöchel am Stuhl fest festgekrampft.
Weniger Leiden, oft auch Überleben durfte man erst nach der Ernte, wenn das Geld wieder floss. Die Frauen verzogen keine Miene und gingen nach der Operation wieder auf das Feld, dorthin, wo sie aufgehört hatten zu arbeiten.

Vergessen werde ich auch nie die Schreie und den bestialischen Gestank des jungen Mannes, dem praktisch das Bein abfaulte. Ein Geruch, der nach Hilfe, nach Gerechtigkeit schrie, der durch jede Ritze des Krankenhauses kroch, wie ein Blutegel, sich wie eine Wolke auf das Gemüt legte. Tagelang lag der Siebzehnjährige auf der Station und die Amputation stand schon auf der OP-Tafel angeschrieben, da verflüchtigte sich der Gestank.
Ich fragte die junge Schwester: „Wie geht es dem Kind mit dem Bein, hat er alles gut überstanden?" Sie antwortete scheinbar unberührt: „Nein, er ist nicht operiert worden. Die Familie hat ihn wieder auf das Dorf mitgenommen." Ich verstand gar nichts: „Aber dort wird er doch sterben!" – „Ja, aber die Familie will das Geld für die Operation nicht ausgeben."
Nicht, dass sie sagte: „Die Familie hat kein Geld, sie ist bitterarm." Nein, sie will es nicht für ihn ausgeben!

Hier begegnete ich zum ersten Mal der Langsamkeit und der gelernten oder vielleicht auch maskierten Gleichgültigkeit.

Zwei Schwestern kamen eines Abends in ihrer schönen Schwesterntracht mit gestärkten Häubchen, Hand in Hand den langen Gang entlang. Sie unterhielten sich und lachten. Die eine Schwester legte der anderen den Arm auf die Schulter, heitere Gelassenheit. „Guten Abend", riefen sie, „wo ist der kleine Tiger Luis?" – „Der schläft schon. Was macht ihr, habt ihr Feierabend?", fragte ich. Die Schwestern kichern: „Nein, wir gehen den Doktor holen, es gibt einen Notfall", erklärten sie lachend.
„Was ist los?" Notfall! – Der Impuls ist da, sofort los zu rennen, Hilfe zu leisten.
„Ein Baby ist stecken geblieben", antworteten sie und schlenderten weiter, nahmen ihr Gespräch wieder auf – alles wie in Zeitlupe.
Über diese Gelassenheit, oder wie man es nennen mag, musste ich später noch oft nachdenken, bis ich es in Papua verstehen und mir gefährlich viel davon aneignen sollte. Das Baby wurde dann vom Arzt an den schon sichtbaren Füßen herausgezogen und überlebte.

Die Gelassenheit gegenüber dem einzelnen Leben hängt wohl von dem Wert ab, den die Gesellschaft ihm gibt, und das ist nach Kultur und Geschichte in den einzelnen Ländern der Erde erschreckend unterschiedlich.
Das Leben eines Amerikaners und eines Afrikaners hat in ihrer Gesellschaft und in der gesamten Welt einen völlig anderen Wert. Wenn amerikanische Bergsteiger auf einem Berg, den sie aus freier Entscheidung besteigen wollten, hängen bleiben, zittert die Welt mit, schickt Helikopter und wirft Essen ab. Zur gleichen Zeit kämpfen in Afrika viele hundert, tausend Mütter um ihr verhungerndes Kind. Kein Helikopter, keine Weltpresse.

Nach vier Wochen hatten wir die Jungs aus der Kneipe gegenüber so weit kennen gelernt, dass sie uns etwas den Vorhang öffneten, und wir wurden vorsichtig eingeladen dahinter zu schauen. Luis mit seiner Fröhlichkeit und seiner Offenheit für die Menschen hat uns schnell mit allen in Kontakt gebracht. Ob er den nach Luft schnappenden Fischen auf dem Markt den Finger in das Maul steckte und so alle zum Lachen brachte oder den Steine klopfenden Flussmenschen auf den Arm wollte, überall hinterließ er eine Spur von guter Laune und amüsierten Menschen, auch in der Kneipe gegenüber.
Und so erzählten sie von ihren Schwierigkeiten als christliche Gemeindemitglieder unter den Muslimen, von den Repressalien, von ihren Träumen, von ihren Ideen und dann mussten wir gehen und ihre Geschichten hörten mitten im Satz auf...
Wir kehrten zurück nach Berlin, aber die Neugierde blieb, das Ende der Geschichten zu hören und noch viel mehr.
Nicht mehr nur Menschen streifen während einer Urlaubsreise, sondern uns richtig berühren lassen, das wollten wir. „Komm Frank, lass uns einmal solange in einem anderen Land, in einer anderen Kultur leben, bis wir verstanden haben, was das eigentlich ist: eine andere Kultur."

Wo? – Welcher Breitengrad fängt uns ein?

Sonntagstreffer

Ein alter Same reifte also langsam vor sich hin, wuchs dann immer schneller und drückte drängend gegen die Oberfläche.

Wir hatten inzwischen Berlin gegen das schleswig-holsteinische Flachland getauscht und noch zwei Kinder bekommen. Frank arbeitete in einem Architekturbüro, während ich mein AiP (Arzt im Praktikum) in der gynäkologischen Abteilung des Schleswiger Krankenhauses absolvierte.

Es ist an einem Sonntag, ich tobe gerade mit den Kindern durchs Haus, als Frank vom Schreibtisch aus ruft: „Soll ich mal nach einer Auslandsstelle im Netz schauen, just for fun?"

Ich horche auf und freue mich: „Na klar, mach das!"

Nach zwanzig Minuten kommt er zur Tür rein, lehnt sich grinsend an und meint: „Kannst du dir vorstellen, dass wir auf einer Insel in Papua-Neuguinea arbeiten? Dort suchen sie für vier Jahre – und jetzt halte dich fest – einen Arzt und einen Architekten!"

Ich sehe ihn an und zögere: „Meinst du das ernst?"

Stille.

„Jo, warum nicht?"

Wäre ich ein Huhn, würde ich jetzt in der Erde scharren oder mir wie eine Katze blödsinnig das Fell lecken, obwohl meine Augen nach der Maus schielen. Übersprungshandlung.

„Das ist ja der Hammer, wo ist das denn überhaupt?" – „Keine Ahnung", Frank zögert. „Aber ich glaube, vier Jahre ist ein bisschen lang, zu lang, um aus meinem Job auszusteigen. Wie ist das bei euch Medizinern?"

In meinem Kopf rattert es, jetzt nichts Falsches sagen, sonst platzt diese frisch geborene Seifenblase, noch ehe ich mir in den schillernden Farben alles ausmalen, mich drin suhlen durfte.

„Wenn wir zwei Jahre gehen, ist das, glaube ich, zu kurz. Da haben die Kinder gerade gute Freunde gefunden und man ist so richtig angekommen, da muss man wieder gehen. Was meinen Beruf betrifft, so werden Buschärzte nicht gerne wieder eingestellt, sie gelten als renitent. Aber ich glaube, bis in vier Jahren wird hier jeder Arzt eingestellt, den sie kriegen können, es wird eher zu wenig, als zu viele Ärzte geben. ... Frank, wollen wir das machen? Das wäre echt der Knüller, du meinst das nicht wirklich, oder?"

Frank nickt: „Doch!"

Die Sekunde, in der ich merke, dass Frank es tatsächlich ernst meint, bewirkt einen Adrenalinschub bis unter die Kopfhaut.

Eine Stelle mit unseren beiden Berufen!

Die können nur uns suchen!

Nein, nicht dass ich an Schicksal glaube, aber was für ein wunderbarer, ein dicker, ein fetter Zufall: Ecke – Tor.

Die Gedanken wirbeln ungebremst, ein Tornado rast durch Kopf und Bauch:

„Eine Insel, wie geil, vielleicht ja so richtig mit Palmen und Strand ... na ja, aber dort gibt es bestimmt keine Schule ... hoffentlich nehmen sie uns ... aber die Kinder ... ich kann und will doch nicht voll arbeiten ... eine halbe Buschärztin, was ist das denn ... andererseits, warum nicht? Kommt darauf an, wie viele Kollegen da sind ... was die wohl sprechen ... ich habe doch noch gar nicht genug Erfahrung ... wie groß sind dort die Spinnen ... wie erzähl ich es den Kindern und was, wenn sie uns den Vogel zeigen?"

Papua-Neuguinea – was für ein schönes Wort!

Wir kleben über dem Globus von Luis. Der Finger wandert weiter, ja da, über Australien, die große grüne zweigeteilte Insel. Links Irian Jaya, rechts Papua.

„Ich habe mal im Netz bei der WHO geschaut, was da so über die Insel steht. Also, erst mal gibt es vom Auswärtigen Amt eine Reisewarnung für PNG wegen der hohen Kriminalität. Aber wir reisen ja nicht als Touristen. Die Insel ist seit 50.000 Jahren besiedelt und wurde 1511 vor den Spaniern von den Portugiesen entdeckt, die auch den Namen gaben ‚Insel der Krausköpfigen'. In der Kolonialgeschichte haben viele Länder die Finger drin gehabt: Holländer, Deutsche, Engländer und dann Australier. Das Land ist seit 1975 unabhängig. Michael Somare war der erste Präsident einer parlamentarisch-demokratischen Monarchie. Es gibt 600 dazugehörige Inseln und 20 Provinzen."
„Und wie viele leben dort?"
„Nur rund 6,5 Millionen Menschen leben auf einer Fläche, die 100.000 km^2 größer ist als Deutschland. Das ist eine besonders niedrige Bevölkerungsdichte, etwa wie die in Sibirien. Interessant, dass über 60% der Bevölkerung jünger als 18 Jahre ist! 87% der Menschen leben auf dem Land; 37,5% davon leben unter der Armutsgrenze. Es gibt keine Eisenbahn und wenig Straßen. Von den Straßen sind nur 3% geteert. Die Infrastruktur ist also bescheiden."
„Wie ist der Bildungsstand und die medizinische Versorgung?"
„Die Analphabetismusrate liegt bei 35%. Die Hälfte aller Frauen hat nie eine Schule besucht. Die Lebenserwartung liegt bei 52 Jahren. Was dich interessieren wird: Die Kinder- und Müttersterblichkeit ist irre hoch, die höchste im pazifischen Raum. Wenn ich es richtig im Kopf habe, sterben auf dem Land von 1000 Lebendgeburten 86,6 Babys! Von den Frauen sterben 870 bei 100.000 Geburten. Das ist echt der Hammer! Ärzte gibt es auf dem Land auch kaum welche. Insgesamt kommen auf 100.000 Menschen gerade mal sieben Ärzte. Mehr habe ich nicht behalten ... doch, einen Satz: „Melanesia is the most complicated anthropological jigsaw puzzle on the earth face."
„Klingt nach haute cuisine."
Unsere Augen fahren weiter die grüne Insel ab. „Das gibt es ja nicht, schau mal, die Insel Karkar ist sogar eingezeichnet, ein winziger grüner Punkt, kreisrund", ruft Frank ungläubig.

Karkar, eine aktive Vulkaninsel mitten im Pazifik, 14.000 km von hier entfernt. Fährt man einmal auf der Straße rundum, hat man 80 km mehr auf dem Tacho und ist vorbeigefahren an Kokosnuss- und Kakaoplantagen und Regenwald, vorbei an glasklarem Meer mit unglaublichen Riffen, an schwarzem Sand, manchmal unterbrochen von ein paar Buschhütten mit unzähligen Kindern, wurde begleitet von winkenden Händen und fröhlichen Zurufen, von Papageiengekreische und

Flughundgeflatter. Am Ende der Umrundung ist man satt, hat sich den Bauch vollgeschlagen mit Schönheit und Lachen.
Ein Traum? Ja, ein Traum und er sollte wahr werden.
Nach heißen Diskussionsabenden, dem O.k. der Kinder und super netten Vorstellungsgesprächen hatten wir den Job.
Jetzt geht's los – das Leben ist doch ein Abenteuer!

Wie? – Was lässt man alles hinter sich?

Elf grüne Tonnen
Und so sollte es aussehen: Frank und ich teilen uns einen Vertrag, das heißt je eine halbe Stelle. Frank wird das Krankenhaus, das in den sechziger Jahren gebaut wurde, restaurieren und der explodierenden Bevölkerungszahl anpassen, nebenbei noch der Hausmeister der Anlage sein und die Kinder per Fernschule unterrichten.
Ich ersetze den weißen Arzt, der zurzeit mit einem einheimischen Arzt zusammen das 180-Betten-Kreiskrankenhaus schmeißt – mit halber Kraft? Mein Job: Für alle Kranken, egal welche Fachrichtung sie benötigten, da zu sein. Huhh…

Uns stehen elf Grüne Tonnen, wie Ölfässer, für unser Gepäck zur Verfügung und eine große Kiste. Was man so mitnimmt? Bücher, Kinderspielzeug, Moskitonetze, Sonnencreme, viel Schwachsinniges, einiges Nützliche und nichts, was wir nicht dort lassen können.
Das Missionswerk wird uns durch die Jahre mit offenen, beschützenden und liebevollen Händen begleiten und tragen, wie Eltern ihr Kind.

Aber immer wieder mischen sich in die Euphorie Zweifel und bin ich hin- und hergerissen: ob wir jetzt schon gehen sollen, obwohl ich als Ärztin gerne noch mehr Erfahrung hätte. Aber wenn wir jetzt nicht gehen, werden die Kinder zu groß, dann können wir sie auf der Insel nicht mehr unterrichten. Bin ich für die Menschen dort nicht eher eine Zumutung?

Nachdenken: Was mache ich mit den Kindern und mir, was tu ich uns an? Impfe ich uns eine unstillbare Fernsucht ein, ein Immer-Wegwollen, Nicht-Zuhause-Sein-Gefühl? Wie wird es uns verändern, welche Freunde werden noch übrig sein, werde ich hier wieder arbeiten können? Wie wird es Frank und mir ergehen? So eng aufeinander, so angewiesen sein aufeinander, keine Freundin zum Greifen nah, kann das gut gehen?

Insichgehen: Ich werde in letzter Zeit oft gefragt: „Rennst du vor etwas weg? Warum gehst du?" Flüchte ich? In mir ist ein klares ‚Nein', denn ich gehe aus einem Leben, mit dem ich glücklich bin. Das ist gut, so kann ich gehen ohne Angst zu haben und der Abschied fällt nicht schwer, denn wir sind die Gehenden.

Den Puls beruhigen: Alles wird gut, die Kinder werden schon nicht von Schlangen gebissen oder von der Malaria dahingerafft, mich wird keine Kokosnuss erschlagen, auch wird der Vulkan schön weiterschlafen, keine Schiffsplanke wird durchfaulen, das Flugzeug stürzt auch nicht ab, es wird schon keiner sterben, weil ich nicht alles weiß, und die Menschen werden sich schon freuen, dass wir kommen.

Sich mit dem Satz auseinandersetzen, der uns fast bei jedem Gespräch entgegen kommt und trifft, oft wie ein Hauch schlechten Atems: „Ins Ausland wollte ich auch immer gehen, aber…" Und dann wird der Atem gereinigt mit Rechtfertigungen, warum es zu diesem Schritt nicht gekommen ist – ein Selbstgespräch: „…die nicht willige Frau, …die kleinen Kinder, …das abzubezahlende Haus…" Oft tut es weh, ich spüre die Ablehnung und es bleibt ein Gefühl wie: ich tue den Menschen etwas an, werde zum unfreiwilligen Spiegel. Ich höre mich trösten, unser Vorhaben klein reden wie zu einem Watt-Spaziergang, stelle mich infrage und höre mich Sätze sagen wie: „Es ist mein Traum und ich weiß, wenn ich das nicht tue, beiße ich mir irgendwann in den Hintern."

Die folgenden Monate sind chaotisch und anstrengend. Neben Packen und Einkaufen versuche ich noch Spenden zu organisieren. Frank räumt das Haus aus, während er die Kinder bei Laune hält und ich in Heidelberg einen medizinischen Tropenkurs mitmache.
Wir tanzen auf vielen Hochzeiten, mit Blasen an den Füssen, die wir nicht spüren, weil Glück berauscht und eine Hochzeitsnacht uns lockt.

Den Kindern wird die Zeit als Hühner-Ausbrüt-Zeit in Erinnerung bleiben. Wir hatten uns eine Brutmaschine geliehen, weil wir mal sehen wollten, wie das Huhn aus dem Ei kommt. Oder mit auf der Straße Hockey spielen und sich damit auseinandersetzen, warum ihr ganzes Spielzeug nicht in eine Tonne passt und der Rest auch noch auf dem Flohmarkt verkauft werden soll. Und natürlich die vielen Impfungen, sechs dauernd verpflasterte Oberärmchen, einen geduldigen Kinderarzt und ein Sack voll Trösterchen.
Noch heute erzählt Mira empört, dass sie einmal als ‚Geschenk' für ihre Tapferkeit gleich noch in den anderen Arm gestochen wurde.

Und dann endlich ist es soweit. Wir werden von unserem neuen Arbeitgeber und der Partnergemeinde herzlich verabschiedet. Ein Satz wird sich tief in uns einprägen und mich erschauern lassen: „Die nächsten Jahre werden die intensivste Zeit eures Lebens sein!"
‚Wow! Und ich habe sie noch vor mir', schießt es mir durch den Kopf und ich freue mich unglaublich, auch wenn sich schon sofort ein leichter Schatten darauf legt. Ein innerer Mund, der lautlos die Worte formt: ‚…und was kommt dann?'
Na, denn!

Es geht los – Ein bisschen nervös

Regen prasselt auf das Blechdach, es dampft im Scheinwerferlicht. Wir drängen uns zusammen wie ein Rudel Lemminge vor dem Maul der schwarzen Nacht, die die Menschen hier verschluckt. Perfekte Adaption, ein Schattenspiel.
Die Maschine hat uns mit vierstündiger Verspätung auf den Flughafen in Lae ausgespuckt.
Lae, die zweitgrößte Stadt Papuas.
Hier seid ihr, wohin ihr wolltet, also kommt klar damit…

Gedanklich zurück: Flug ins Land der Kängurus
Es kam mir vor wie in einem anderen Leben, als wir morgens an unserem Abreisetag in Deutschland auf den gepackten Koffern saßen und nur eines hofften, nämlich dass unsere Pässe mit Einreisevisum und Arbeitserlaubnis eingetroffen seien. ‚Keine Sorge Frau Bertram, wir kennen da jemanden bei der Post, der kann eine Frühauslieferung machen, das klappt schon alles!' Die Mitarbeiterin hatte das richtige Vitamin B, wir küssten unsere früh ausgelieferten Pässe und fuhren zum Flughafen. Der Flug nach Australien sollte 40 Stunden dauern. Es war der 11.10.2001 und ich war angespannt. Etwas erwachte in mir und streckte sich wie nach längerem Schlaf. Flugangst, wie konnte ich sie vergessen!

Aber mich machten auch zwei Männer nervös, sehr nervös. Es waren zwei arabisch aussehende Männer mit Spitzbärten, die in der Nachbarreihe eincheckten. „Frank, schau mal neben uns, die zwei. Haben die schon Gepäck aufgegeben? Die haben doch gar nichts mit?" Frank sieht sich um und antwortet: „Nein, aber bleib mal locker, nicht jeder Muslim läuft mit einem Sprengstoffgürtel durch die Welt." Ich beobachtete die beiden weiter, wie paralysiert, während ich versuchte, unsere drei Kinder zu bändigen, die um den Gepäckwagen flitzten.
Luis ist, mit seinen noch sieben Jahren, analytisch und humorvoll, besitzt besonders lange Antennen und ist sensibel für noch so kleine Schwingungen. Sprache ist seine Waffe und Tiere sind seine Welt.
Mira, gerade sechs geworden, fährt in ihrer Achterbahn der Gefühle von Bühne zu Bühne, befindet sich auf Dauer in einer Rolle, ob Vampir Rüdiger oder Ron Weasley, sie wird eins mit ihnen, sprüht vor Energie und Fantasie, manchmal blind für die Welt um sie herum.
Filip, der gerade laufen gelernt hat, ist unser aller Energiequelle, Ruhepunkt und einfach nur immer gut drauf. Erst nach Jahren sollte mir auffallen, dass ich mit diesem Kind nicht ein einziges Mal zu meckern oder schimpfen hatte, bis er in die Schule kam.

Die Männer standen neben uns mit finsterer Miene und schwiegen sich an. Ich fühlte Panik aufsteigen, war mir sicher, dass von deren Aura Gefahr ausging, ihr Blick schon im Jenseits weilte. „Frank, ich steig da nicht ein, die jagen uns in die Luft."
Frank entgegnete leicht entnervt, während er der Dame hinter dem Schalter die Tickets gab: „O.k., wenn du meinst, bleiben wir hier, aber ich bin mir sicher, es wird nichts passieren. Was ist denn

los! Sind jetzt alle verdächtig? Weißt du, was du den Menschen da antust?"
Der Schock des 11. Septembers war frisch – immer wieder diese Bilder der brennenden Türme – wie werden sie die Welt verändern? Manche munkeln, nun komme der dritte Weltkrieg, der Islam werde die Welt überrennen, und viele sagten zu uns: „Ihr seid bekloppt, dass ihr euch in ein Flugzeug setzt, verantwortungslose Eltern – ihr."

Wir stiegen ein, ich nahm Filip auf den Schoß, ergab mich dem, was kommen mag, und hielt die Luft an: Gleich, nach dem Start wird einer der beiden aufstehen und mit vorgehaltener Waffe brüllend zum Piloten rennen. Unsere kleinen Existenzen werden am Himmel verglühen.
Es geschah nichts.
Die Männer blieben sitzen, auch nach zehn Minuten, und der Panik wich ein abgrundtiefes Gefühl der Peinlichkeit und Scham. Ich mochte aufstehen und mich vor den beiden verneigen und entschuldigen für meine Vorurteile und mein Sie-Anstarren.

Ich schaute aus dem Fenster und betrachtete die kleine Welt da unten, wie sie still und leise an uns vorbeizog. Im Nachhinein war das mit Sicherheit der sicherste Flug, den wir je hatten. Schon viele lange Stunden waren wir unterwegs, hatten Kuala Lumpurs Bin-Laden-Flughafen für sieben Stunden durchstreift und befanden uns nun auf dem Flug durch die Nacht nach Australien. Die Warterei war anstrengend gewesen, da wir alles Gepäck mit uns hatten und es auch keine Sekunde aus den Augen lassen wollten. Wer die Horrorgeschichten kennt von ‚in den Koffer ahnungsloser Passagiere gesteckten Drogen, die später um ihr Leben betteln müssen', ist wachsam.

In Australien verbrachten wir die nächsten sechs Wochen in Cairns. Wir fanden uns als Familie wieder zusammen, hörten uns in die Sprache ein, bewunderten die so ganz andere Tierwelt, wunderten uns, dass wir niemanden kennen lernten und ich wurde krank.

Flug ins Land der Paradiesvögel
Die Sonne strahlte giftig und gnadenlos, die Kinder suchten Geckos und stritten sich, wer sie anfassen und wieder freilassen durfte, Frank wuchtete die Koffer die Treppe runter und endlich bog ein weißes Taxi in die Einfahrt.
Heute war der Tag, an dem wir das Land unserer vorübergehenden Zukunft betreten würden. Lebensabschnittsgefährtin Australien ließen wir hinter uns und trauerten nicht sehr.

Wir waren braun gebrannt, erholt, aufgeregt und stiegen in den Flieger mit dem Paradiesvogel auf dem Querruder – Air-Niugini, die landeseigene Fluggesellschaft mit ihren abgezählten Flugzeugen und ihrer Monopolstellung, denn nur sie darf nach Papua rein und wieder raus, was es zu einem teuren Spaß macht.

Der blecherne Paradiesvogel schwebte mit uns über das Meer, alles sah friedlich aus. Ich lehnte mich zurück und entspannte mich.
Die Stewardessen in ihren blaurosa Blumenkostümen waren alle sehr, sehr nett. Ich sah sie mir

an und dachte: ‚Sie sind schwarz wie Afrikanerinnen, aber sie sehen anders aus, als seien sie aus einem gröberen Holz geschnitzt. Ihre Haut ist nicht samtig, ihre Stimmen sind nicht sanft, ihre Gesichter nicht geschminkt, keine Kette oder Ohrring ziert sie. Ihre Bewegungen sind praktisch, geerdet und ahmen keinen schleichenden Gepard oder die sich wiegende Schlange nach.'
Ihre Schlichtheit und Echtheit waren mir äußerst sympathisch. Was mögen das für Menschen sein, mit was für einer Vergangenheit, was geht in ihren Köpfen vor, sehen sie die Dinge wie wir, fühlen sie den gleichen Schmerz, lachen sie über die gleichen Witze?
Natürlich weiß ich das bei meinem Nachbarn an der Theke der Berliner Eckkneipe auch nicht, aber uns wurden ähnliche Gutenachtgeschichten erzählt. Engelchen und Teufelchen auf unseren Schultern haben ungefähr das gleiche Vokabular und Interesse und die interne Justitia hantiert mit ähnlichen Gewichten und Paragraphen. Aber wie sieht das hier aus?

Port Moresby

Wir gingen in den Landeanflug, unter uns die Hauptstadt Port Moresby (POM). Wir konnten das Parlamentsgebäude erkennen und das Viertel mit den ins Meer gebauten Häuser. POM, die Stadt, die mit ihrem Land nicht verbunden ist, keine Straße führt zur anderen Seite. Wer nicht Tage laufen will, wird gezwungen, den Boden zu verlassen und auf sie herabzuschauen.
Hier suchen viele Männer und Frauen aus dem Busch ihr Glück und werden überrollt von einer anderen Welt. Sie kommen teilweise aus dem tiefsten Hinterland, hatten ihr Überleben bisher grandios gemeistert, um nun vom Moloch Stadt, von der Gewalt, Arbeitslosigkeit und Zivilisation geschluckt zu werden. Der Kampf wird nicht zwischen Weiß und Schwarz ausgetragen, er gleicht dem Umsichschlagen eines Ertrinkenden mit dem Schutz der Ahnen und den Waffen der neuen Welt.

Wir liefen über das Rollfeld, es war heiß, aber nicht so drückend schwül wie in Malaysia. Die Kinder hatten gute Laune.
Der Flughafen sah akzeptabel aus. Schnell hatten wir unsere Koffer wieder und mussten vom Internationalen zum Nationalen Terminal wechseln, was bedeutete, raus aus dem Flughafen, auf die Straße und 200 m hinter sich bringen, damit wir wieder in der verglasten Sicherheit waren. Wir liefen los mit unseren vielen Koffern und schauten uns mulmig um.
Luis deutete auf ein Schild mit einer ovalen Form drauf, die rot durchgestrichen war, und fragte uns: „Was ist das für ein Schild, sieht aus wie eine durchgestrichene Bombe?" Wir waren auch nicht schlauer: „Vielleicht soll man hier nicht Rugby spielen?", überlegte Frank.
Wir gingen weiter. Taxis in allen Farben und Formen warteten am Straßenrand. Ein offener Jeep fuhr an uns vorbei, es saßen Männer in Kampfanzügen drauf, Maschinengewehre in den Händen, Finger am Abzug. Ein Soldat hechtete hinterher, sprang auf das fahrende Auto auf und winkte Luis fröhlich zu.
Ich sah zu Luis hinüber und wunderte mich nicht über seine aufgerissenen Augen. „Papa, hast du die Waffen gesehen? Wieso fahren die hier so rum?" Sein Ton spiegelte seine Überraschung. Mira blickte auf und fragte sofort: „Ist hier Krieg?" Frank beruhigte beide: „Die passen nur auf uns auf, weil es hier in der großen Stadt manchmal Diebe gibt." Wir gingen zügig, schauten uns nach allen

Seiten um. Alles und jeder schien verdächtig. Der Boden hatte rote feuchte Flecken, die wie Blut aussahen. Wir gingen noch zügiger.

Mira sah sich die Menschen an: „Mama, die schwarzen Menschen hier sehen aber alle gleich aus!" Diesen Satz werden wir auf Karkar später von allen weißen Neuankömmlingen hören und können schmunzelnd beobachten, wie sie die Menschen verwechseln und nicht wiedererkennen, so wie wir es zu Beginn auch getan haben. Am Ende unserer Reise wird Luis in Deutschland zu einer Reporterin ähnliches sagen: „Deutschland ist in Ordnung, aber hier sehen alle so gleich aus!"

Als wir durch die Glastür in das nächste Flughafengebäude gehen wollten, fiel ein gut gekleideter Mann auf, der mit einer extra großen Mortein (Insektizid) Spraydose eine riesige braune Kakerlake jagte und dabei lachend immer wieder: „*Kilim, kilim!*" rief. Er lief sprühend hinter dem flüchtenden Tier her, bis es in einer Wolke Gift zuckend auf dem Rücken lag. Der Schlachtruf des Mannes endete mit: „*Mi kilim jaaa!*", und er ging weg.
Mira schüttelte sich: "Mama, was hat er gesagt?" – „Ich weiß es nicht genau, aber ‚kill' heißt töten."
– „Und warum hat er sich so gefreut?" – „Vielleicht gibt es hier so viele und sie nerven ihn."
Und tatsächlich war es das nächste, was den Kinderaugen nicht entging – die ganze Wand entlang war ein langgestreckter Kakerlakenfriedhof, unzählige, nach oben gestreckte Beinchen.
„Na lecker!", kommentierte Frank.

Während wir warteten, fing es draußen an zu schütten. Es war Regenzeit und es war wirklich, als wäre eine Wolke geplatzt. Ein Tropfenwettlauf um den ersten Platz bei Mutter Erde. Eine Lautsprecheransage ließ uns aufhorchen: „Liebe Fluggäste, aufgrund des starken Regens fällt der Flug nach Lae vorerst aus." Auch das noch!
Wie verschieden doch Menschen sind. Während diese Aussage bei Luis eine mittelschwere Krise auslöste, nutzte Mira die Wartehalle als Spielplatz und tobte mit Filip herum, mitnichten in ihrer Laune beeinträchtigt.
Am schönsten konnten wir in Australien die Unterschiede der drei bei einem Kilo Kirschen beobachten. Während Luis die Stiele in perfekter Lage liebevoll neben den akkurat aufgereihten Kernen platzierte, sammelte Filip auf dem Teller alles zu einem dicken Haufen. Miras Teller dagegen war leer. Sie schmiss einiges über ihre Schulter und der Rest wurde spuckend nach vorne verteilt.

Wir Erwachsenen waren gewarnt worden, dass die Uhren hier in diesem Land anders ticken und wir gut daran täten, eines schnell zu lernen: Geduld und Gelassenheit. In der Erinnerung der Sätze: ‚Versuchen Sie die Dinge mit Humor zu sehen und zu nehmen. Wenn sie nicht mehr über die Dinge lachen oder schmunzeln können, die ihnen so passieren werden, laufen sie Gefahr, in dem Dauerstress, dem sie ausgesetzt sind, ganz schnell Rassist oder Alkoholiker zu werden', versuchte ich zu entspannen und das alles ganz lustig zu finden. Blut auf den Straßen, Soldaten vor der Nase, Kakerlaken tausendfach... ich machte mir schon in die Hosen vor Lachen.

Ich bin schon so viel gereist und auch mal irgendwo gestrandet, aber das war immer spannend gewesen, wieso kam hier kein Urlaubsfeeling auf? Lag das mit an dem Virus, der in Australien umging und den ich mir eingefangen hatte? Hartnäckig war er, es kamen immer wieder Fieberschübe und mir fehlte meine gewohnte Kraft. – Ha ha ha.

Eine weiße Frau mit kurzen braunen Haaren kam auf uns zu und sprach uns an: „Hallo! Seid ihr die Familie, die nach Karkar gehen soll? Ich bin Christine." Wir waren platt, da standen wir auf der anderen Seite der Erde und wurden mit Namen begrüßt. „Woher kennst du uns? Das ist ja ein Ding! " Sie antwortete grinsend: „Na wisst ihr, ich bin schon lange in PNG und im Geschäft, da habe ich so meine Quellen. Aber ganz im Ernst, ich fliege mit euch nach Lae und dann weiter nach Madang. Die nächsten drei Jahre bin ich dort Lehrerin an der Krankenpflegeschule. Willkommen im ‚Land of the unexpected' (Land des Unerwarteten)." Sie lachte über ihren letzten Satz.

The land of the unexpected.
Wie oft werden wir uns in den nächsten Jahren diesen Satz amüsiert auf der Zunge zergehen lassen – wenn mal wieder alles anders kam, als erwartet!

Da hatten wir nun einen fröhlichen ‚Personal Assistant' bekommen. Was für ein Glück. Christine erwies sich als erfahrene Perle mit Herz und Humor und nahm uns erst mal an die warme Hand. Als erstes löste sie das Rätsel mit dem Bomben-Rugby-Schild. „Ach das! Das runde Ding soll eine Betelnuss sein! Hier darf man nicht *Buai* kauen, wie die Dinger hier heißen. Bombe! Ihr seid ja lustig!"

Luis freute sich, jemanden zu haben, den er fragen konnte: „Und warum ist hier so viel Blut auf dem Boden?" Christine lachte wieder: „Hast du echt gedacht, dass das alles Blut ist? Da haben die Menschen *Buai* hingespuckt! Wenn du Betelnuss mit Kalk und Pfefferrebe kaust, gibt es einen roten Brei im Mund und den spucken die Menschen hier einfach auf den Boden. Deswegen haben auch alle so rote Lippen oder dachtest du, das sei Lippenstift?" Tatsächlich war uns aufgefallen, dass auch die Männer um uns herum rote Lippen und Zungen hatten. Ich lachte über mich selbst, war ich doch entsetzt über die Blutflecken an den Wänden, Straßen und einfach überall, die nun doch kein Zeichen eines Massaker gewesen waren.

Warten. Filip wurde quakig und müde. Ich versuchte, ihn zwischen den Sitzreihen Schlafen zu legen, aber ohne Erfolg. Eine Niugini-Frau mit buntem, blumigem Gewand löste sich aus ihrer Familie und kam auf uns zu. Sie lächelte, redete und gab Filip ein paar Nüsse *Peanuts*. Zum ersten Mal hörte ich Pidgin. Vertraut klang es, weil viele englische Wörter zu entdecken waren, aber doch verstand ich sie nicht. Wie freundlich und warmherzig diese Frau war, sie strich Filip über den Kopf und ihre Augen streichelten weiter. Filip knackte die Schale und aß begeistert die weißen, weichen Nüsse. Mira und Luis bekamen etwas ab, verzogen aber sofort das Gesicht. Mira würgte die Nüsse runter: „Bähh, was ist das denn, die Erdnüsse sind schlecht, Mama."

Wieder hatte Christine etwas, worüber sie sich amüsieren konnte: „Kinder, die sind nicht schlecht, die sind nur frisch! Nicht so wie diese schimmeligen Dinger, die ihr in Deutschland kaufen könnt", rief sie. Mira blieb dabei, dass sie ‚Kacke' schmeckten. Luis aß mutig eine zweite und eine dritte, bevor er sie dann doch in den Müll schmiss. „Die sind einfach zu süß", kommentierte er.

Warten. Wir bereiteten die Kinder darauf vor, dass wir hier übernachten werden.

Weiter warten. Es wurde Wasser verteilt.

Ich ging mit Filip zu den großen Fenstern und wir lehnten unsere Stirnen daran. Wir suchten die Flugzeuge auf dem Rollfeld, aber der Regen hatte sie verschluckt. Die Kühle der Fenster tat gut, es war wie in der heißen Badewanne zu sitzen und sich einen Eiswürfel über die Stirn gleiten zu lassen, ein kalter Kuss aus der fernen winterlichen Heimat.
Ich sah dem Regen zu und fühlte mich wie eine Hungrige, die mit der Nase am Schaufenster einer Bäckerei klebt – direkt vor einer herrlich verzierten Sahnetorte. Das Geld in der Tasche klimperte und würde reichen, aber es war zwei Minuten nach zwölf und die Tür verschlossen. Plötzlich der ersehnte Aufruf, sich für den Weiterflug fertig zu machen!

Es regnete noch immer in Strömen und meine Flugangstader pochte. Es wurde dunkel draußen, wir hoben ab und flogen direkt auf noch schwärzere Wolken zu. In den bedrohlichen Türmen zuckten Blitze.

Lae – Der erste Eindruck (be-)drückt

Worte wie Gräten
Regen prasselt auf das Blechdach, es dampft im Scheinwerferlicht. Wir drängen uns zusammen wie ein Rudel Lemminge vor dem Maul der schwarzen Nacht, die die Menschen hier verschluckt. Perfekte Adaption, ein Schattenspiel. Die Maschine hat uns mit vierstündiger Verspätung auf den Flughafen in Lae ausgespuckt. Lae, die zweitgrößte Stadt Papuas.
Hier seid ihr, wo ihr hinwolltet, also kommt klar damit.

Und so ist es, mit allem, was da jetzt kommt, werden wir klarkommen müssen. Wir warten mit Hochspannung – miteinander reden ist wie Blitze austauschen. Die Kinder sind ruhig, die kalten Scheinwerfer lassen sie gespenstisch blass aussehen. „Wer holt uns ab?", frage ich Frank.
„Keine Ahnung." – „Schau mal, der Flughafen hat null Kontrollen, unglaublich, hier ist der 11. September noch nicht angekommen!" Frank entgegnet: „Na ja, der Frau eben haben sie ja dann doch das Buschmesser aus dem *Bilum* (traditionelles Einkaufsnetz) geholt." Plötzlich ändert sich sein Ton. „Dreh dich um, wir werden abgeholt!"
Ein Riese von Mann kommt auf uns zu, streckt uns seine tellergroße Hand entgegen und nuschelt ein Welcome. Er hat wilde Haare, einen Schnauzer und sehr dunkle Haut. Leider verrät er uns nur seinen Namen: Adam – aber nicht, wer er ist.
Ich flüstere zu Christine: „Kennst du den?" – „Ich glaube, das ist der Fahrer", antwortet sie.

Der Riese ist nervös und drängt uns ins Auto. Er redet und ich verstehe gar nichts außer ‚*Yumi kisim konvoi* (Wir fahren im Konvoi)'.
Ich fühle mich wie ein kleines Kind, das zu den gigantischen Eltern aufblickt, und lausche dem Riesen und Christine, die sich jetzt auf Englisch unterhalten. Wieso verstehe ich nichts, ist mein Englisch so verdammt schlecht? Ich versuche mich zu beruhigen: Bleib locker – wird die Aufregung sein, Christine kennt dieses Land schon seit ein paar Jahren.

Wir fahren los. Die Scheiben beschlagen schnell, als wollten sie unsere Angst vertuschen. Keinem ist zum Reden zumute. Unser Fahrer ist zu groß für das Auto, sein Schatten sieht lustig aus, den Kopf eingezogen, die Nase fast an der Windschutzscheibe, irgendetwas irritiert mich, irgendetwas passt nicht. Es sind seine Schultern, seine nach oben gezogenen, verkrampften Schultern. Vielleicht fährt er nicht oft oder braucht bei Nacht eine Brille? Nein: Der Riese hat Angst! Ich kann sie jetzt fühlen wie Schallwellen und riechen.
„Christine, was ist los, der Fahrer schaut so angestrengt?", frage ich so ruhig wie möglich. – „Wir müssen im Konvoi fahren, weil es nachts so gefährlich auf der Straße ist. Hier gibt es immer viele *Holdups* (Raubüberfälle). Erst gestern wurde ein Auto mit Krankenschwestern überfallen und ausgeraubt. Vier von den Frauen haben sie in den Busch gezerrt. Weil das jetzt oft passiert, haben sie aus Protest das ganze Krankenhaus geschlossen." Christine hat keine Angst, sie sagt das so, als würde sie eine Flöte im Mund haben.
Aber mir stecken die Worte wie Gräten quer im Gehör.

Was sagte sie da? Mir ist kalt, mein Kopf ist schlagartig leer, instinktiv umklammere ich Klein-Filip, der auf meinem Schoß eingenickt ist, und suche ich in der Dunkelheit die Augen von Frank. Verdammt, was mache ich hier eigentlich! Ich sehe aus dem Rückfenster und tatsächlich fahren etwa fünf Autos hinter uns, dicht an dicht.
Plötzlich schert ein Auto aus und überholt. Ich sehe den alarmierten Blick des Riesen im Rückspiegel. Seine Tellerhände werden gleich das Lenkrad zerbrechen. Was passiert da, verdammt ich will hier raus!
Das Auto reiht sich wieder ein, der Fahrer atmet auf und meine Beckenbodenmuskulatur entkrampft sich.

Die 40 km bis zur Stadt müssen wir langsam fahren, da der Regen die Sicht nimmt und es schwer ist, den vielen Schlaglöchern auszuweichen. Ich halte die Luft an – sich bloß nichts vor den Kindern anmerken lassen. Aber Kindern kann man nichts vormachen, ihre Antennen funktionieren außerhalb des gesprochenen Wortes hervorragend – nein, noch besser, und so fragt Luis prompt: „Mama, was ist los, du schaust so komisch?!" – Ich lüge Not: „ Alles o.k., sind bald da." Er fragt nicht weiter und malt mit dem Finger an der Scheibe das Haus vom Nikolaus.

Am Straßenrand haben sie überall kleine Feuer angezündet, man kann viele kleine Stände erkennen und viele Personen, die auf dem Boden sitzen und ein Tuch vor sich ausgebreitet haben. Überall Menschen, manche mit brennenden Fackeln in der Hand. Gespenstisch sieht es aus. Hinterhöfe, Bronx.

Endlich erreichen wir die Stadt, alles ein- bis zweistöckige Häuser mit Blechdächern, die meisten von dicken Stacheldrahtzäunen umfasst. Wir passieren ein Tor, das von einem Mann im braunen Overall geöffnet wird, an seiner Seite baumelt ein Schlagstock.
Das ganze Gelände des *Headquarters* der lutherischen Kirche Papuas ist eingezäunt. Wir stoppen vor einem einstöckigen hölzernen Haus auf Stelzen, rennen durch den Regen, vorbei an atemberaubenden Blumen und auf schön gemähtem Rasen auf die Treppen des Guesthouse.
Innen sieht es sehr schön aus, viel Platz, viel Holz, alles luftig. Der Tisch ist gedeckt wie für Leute, die zu spät kommen. Cellophan bedeckt die Schüsseln mit Reis, Papaya, Gurken und unglaublichen, für die Kinder unvergesslichen, knallroten, kalten Schweinewürstchen.
Wir sind nicht richtig hungrig, mehr neugierig, was in diesem Land so auf den Tisch kommt. Aber das, was da steht, ist bestimmt der Versuch, den erwarteten Weißen ein vertrautes Essen zu bieten, denke ich. Später weiß ich, es ist das Essen aller Gasthäuser in PNG, nach dem Geschmack seiner meist weißen Gäste.
Die Kinder maulen, Mira kreischt: „Was soll ich denn da essen? Die Würstchen sind ja ganz kalt!" Bis zum Schluss sollte Lae von den Kindern nur noch die Würstchenstadt genannt werden, Würstchen, die bestimmt noch nie Fleisch gesehen haben.
Mit Reis und Gurkenscheiben auf dem Teller machen die Kinder lange Gesichter. Luis fragt Christine, was das längliche, orangene Obst ist. „Das ist Papaya, aber hier sagen sie *Popo* dazu", lacht sie. Mira gackert los, nimmt sich ein Stück und beißt rein: was so heißt, kann nur gut sein! Und wieder schluckte sie nur widerwillig.

Christine trällert: „Nanu, schmeckt's nicht? Wenn man übrigens täglich einen Löffel von den schwarzen Samen isst, bekommt man keine Malaria. Schmecken lecker, wie Kresse!" Mira ist nicht überzeugt: „Das schmeckt komisch, da schläft mir ja die Zunge ein. Ich esse gar nichts!" Christine lacht, dabei fällt ihr ein: „Hab ich schon erzählt, wer der Fahrer war? Stellt euch vor: der Big Boss vom lutherischen Gesundheitsdienst!" Gut, dass man in PNG kein Trinkgeld gibt… Der Riese ist also neben dem Bischof mein großer Chef.
Wir sollten bis auf drei Ausnahmen all die Jahre nichts mehr mit ihm zu tun haben.

Zurück in die tropische Nacht.
Wir ziehen uns in unser Zimmer zurück, zum Verdauen und Tanken. Keiner hat große Lust zu reden und so schieben wir die Betten zu einem großen Lager zusammen, atmen Mortein-Geruch ein und hören dem Regen zu, der die Müdigkeit wegspült.

Ich liege da, mein Herz klopft und ich lasse meine Gedanken mit dem Prasseln ziehen: Die Betten hier fühlen sich so an wie in Australien letzte Nacht, auch der Ventilator brummt, die Klamotten kleben, es gibt einen Kühlschrank, Gabel und Messer und doch fühle ich mich hier so anders. Meine Sicherheit ist mir entglitten.
Und so fallen mir im Bett die Geschichten ein, die sie uns vor der Abreise erzählt haben: ‚Wenn ihr auf der Straße jemanden angefahren habt, auch wenn es ein Kind ist, fahrt weiter zur nächsten Polizeistation, leistet auf gar keinen Fall Erste Hilfe. – Wieso? – Weil ihr getötet werden könntet, auch wenn ihr unschuldig seid.
Es ist auch immer gut, auf einer Autofahrt Geld dabei zu haben, wenn ihr in einen *Holdup* (Überfall) geratet. Damit sie nicht wütend werden, weil nichts zu holen ist, dann vergewaltigen sie auch schon mal. Wenn es eine Straßensperre gibt, tretet entschieden auf und vor allem lernt schnell die Sprache, das ist ein guter Schutz. Schließt das Haus ab …'
All diese Geschichten, ich hatte sie ins ‚Daswillichjetztnichthören'-Zimmer verbannt. Nun sind sie wieder da.

Diese Frage wird mich die nächsten Monate nicht mehr loslassen: Wir haben Kinder, denen auf keinen Fall etwas passieren darf! Also, wie sicher sind wir hier?
Ich sehe mich eine Woche später auf den Stufen im Madang-Guesthouse mit Frank diskutieren. „Frank, stell dir vor, an dem Tag, an dem wir nach Madang abgereist sind, ist ein australischer Pastor vor seiner Tür wegen dreißig *Kina* erschossen worden. Ein Niugini-Arzt wurde einen Tag später geköpft, als er sich runter beugte, um dem Kind zu helfen, welches ihm vor das Auto gerannt war. Was ist los in diesem Land, ich kann es nicht einschätzen. Nichts ist mehr vertraut!"

Und plötzlich fühlt sich selbst der Rasen unter den Füßen anders an.

Ich ahne nicht, dass mir nach vier Jahren die Art der Gewalt vertraut sein wird, weil ich sie kennen und verstehen lernen werde. Ich ahne nicht, dass ich eines Tages in meinem bisher sicheren Deutschland am Tisch vor der Zeitung sitzen und das gleiche Entsetzen spüren werde, die gleiche Unsicherheit wie damals in den ersten Wochen PNG. Entsetzen über das, was sich in Deutschland die Menschen gegenseitig antun, noch viel schlimmer den Kindern, die gerade geboren neben die Tiefkühlpizza gelegt werden oder mit ihren kleinen Knochen Muttis Geranien düngen. Nicht zu ertragen, was unseren ausländischen Mitbürgern angetan wird. Als ich die Bilder von den zerschundenen Gesichtern der gejagten Inder sehe, schäme ich mich zutiefst. Und ich bin mir sicher, würde ich dies einem Niugini vorlesen, so wäre er zutiefst verunsichert und empört.

Tag 2
Ein unglaublich schöner Gesang beendet unsere erste Nacht in PNG. Ein unscheinbarer grauer Vogel mit einer grandiosen, Endorphin ausschüttenden Stimme. Es duftet durch die offenen Fenster, die Sonne scheint.
Da habe ich sie wieder auf, die Touristenbrille, und gehe raus in den wunderschönen Garten, suche die Sänger in den Bäumen, bin sprachlos von den Pflanzen und dann sehe ich die Kinder, die vielen Kinder PNGs. Sie lachen mich an, sie sehen mich mit ihren schönen Augen an und ich habe das Gefühl, dass diese Kinder die Brücke zu diesem Land sein werden, und schmelze dahin. Dieses Gefühl sollte sich als richtig erweisen.

Während unserer ersten Schritte nach draußen kommen Kinder auf uns zu und geben Luis und Mira Schnüre in die Hand, an denen kleine Babyvögel festgebunden sind. Die Freude und das Erstaunen über diese Geschenke sind groß und die Brücke zwischen den Kindern zweier verschiedener Kontinente betretbar. Die beiden ziehen begeistert mit den Niugini-Kindern los und ich beobachte, wie sie sprachlos miteinander reden, Ball spielen, Tiere suchen und lachen. Wenig später kommt Luis, umringt von seinen neuen Freunden, mit einer riesigen Gottesanbeterin auf der Hand zurück. Ich frage die Kinder, was dieses Insekt auf Pidgin heißt. „Wissen wir nicht", antworten sie, „*Binatang* (Insekt). Manche nennen es auch *Kung-Fu-Man*." Ich bin etwas irritiert – für Gottesanbeterin haben sie keinen eigenständigen Namen?

Filip hat sich unterdessen alles ausgezogen und stiefelt hellweiß durchs Grüne, er ist bester Laune und lässt sich geduldig seine langen, strohblonden Haare anfassen. Die Kinder sind begeistert und können gar nicht genug fühlen und staunen. Eine Frau mit einem etwa gleich alten Kind kommt und schiebt ihren Sohn zu Filip hin. Mira schaut auf und ruft: „Schau mal, Filip, für dich: Ein Artgenosse!" Die beiden Kleinen fangen an, gemeinschaftlich und vergnügt Steine auf den Rasen zu schmeißen und die Frau geht zurück in ihr Haus. So werden wir hier umsorgt, einfach und ohne viel Aufhebens.

Am Abend sehen wir die kleinen Vögelchen an, die unsere Regenwürmer nicht wollen, und Luis wird nachdenklich: „Was machen wir jetzt, meinst du die Kinder sind sauer, wenn wir ihr Geschenk freilassen? Eigentlich auch gemein, die haben die Vögel aus einem Nest geholt, sie haben es mir gezeigt. Die Mama nimmt sie bestimmt nicht mehr an, weil sie nach uns riechen, und wenn sie nicht fressen, sterben sie."
„Wenn die Kinder weg sind, lassen wir sie frei, die sind bestimmt nicht traurig. Das war ein Weg, um mit euch zu spielen. Du kannst ihnen ja sagen, dass sie nicht gefressen haben und du nicht wolltest, dass sie sterben", schlage ich vor.

Luis wird wütend: „Ja wie denn, ich kann ja nicht reden!"
Mira fängt an zu weinen: „Ich will nicht, dass die wegen uns sterben, können wir sie nicht behalten? Wir können sie ja groß ziehen und mit nach Karkar nehmen. Wieso machen die Kinder so was hier?" Mira hat Zen begriffen: wenn sie weint, weint sie, wenn sie spielt, spielt sie, wenn sie mitfühlt, fühlt sie mit.

„Mira, ich denke, die Vögelchen haben dann eine Chance, wenn sie ihr Essen selber suchen oder von den Eltern auf dem Boden weiter versorgt werden. Wir können sie doch nicht in den Flieger mitnehmen." – „Ach, die Frau am Flughafen hatte doch auch eine Kiste voller Küken als Handgepäck!", empört sie sich zu Recht.

„Stimmt, aber wir sind ja erstmal weiter auf Reisen. Das schaffen die schon, schau, ein bisschen können sie ja schon fliegen."

Mira zögert nicht und schmeißt den kleinen Piepmatz in die Luft. Seine Könnenjaschonbisschenfliegen-Künste reichen immerhin einen halben Meter, dann bleibt er aufgeplustert auf dem Rasen sitzen und Miras Augen funkeln mich schweigend an.

„Ist ja schon gut. Ich glaube, wir werden hier vieles nicht verstehen. Hier sind Tiere nur Tiere und werden nicht so betüdelt wie bei uns. Bei den Bauern ist das auch so. Die streicheln ihre Kühe ja auch nicht, die sollen Milch geben und Fleisch."

Mira ist damit nicht zufrieden: „Und was machen sie mit so kleinen Vögeln? Auffessen?"

Ich denke nach: „Hier jagen die Menschen ihr Fleisch noch selber, die haben kein Geld und wahrscheinlich auch keine Lust, in den Supermarkt zu gehen und verpackte Hähnchenkeulen zu kaufen. Die Kinder müssen hier von klein auf üben, wie sie an ihr Fleisch kommen."

Mira ist immer noch skeptisch: „Und warum haben sie dann der Gottesanbeterin vorhin die Flügel und Beine ausgerissen und dem Grasshüpfer auch? Als ich ihnen gesagt habe, sie sollen das nicht tun, haben sie alle nur gelacht!"

Ich schaue Mira lange an und schweige verlegen.

Wir gehen raus und lösen die zappelnden Federknäuel von den Bändern. Mira schaut todtraurig zu, wie sie unter die Büsche hüpfen und sich verstecken. Dann sagt Luis etwas, von dem ich hoffte, er würde nicht daran denken: „Jetzt kommen bestimmt die Katzen und fressen sie auf." Nun ist es um Mira geschehen und sie vergießt Tränen, bis sie einschläft.

Tag 3
Der Morgen beginnt chaotisch. Wir haben wieder unsere Arbeitsbrille auf, eilen von einem Treffen und Vorstellungsgespräch zum nächsten, kämpfen uns durch das Bürokratiedickicht, lernen andere Weiße kennen und ich habe das Gefühl, als höre ich immer schlechter, habe immer wieder Fieber.

Wir versuchen, die Kinder bei Laune zu halten, die immer mitmüssen und immer im Weg stehen. Ich lächle freundlich und hoffe, dass Frank alles Gesagte verstanden hat und sich merken kann, mit wem er da geredet hat. In meinem Kopf ist ein Knoten und ich verlasse mich ganz auf Frank.

Wir befinden uns mitten in einer Andacht, ich stille Filip unter den wohlwollenden Blicken der Frauen, die mir alle zunicken und lächeln, als Aufregung und Unruhe in der Versammlung auf-

kommt. Ich frage Frank, ob er etwas verstehen kann, und er antwortet: „Ein Pastor ist angeschossen worden. Jetzt überlegen sie, warum und was sie machen müssen."
Danach werden wir aufgerufen, uns vorzustellen. Ich finde mein Auftreten ist eine Blamage. Wie sehr sehne ich mich danach, die Sprache der Menschen hier zu können. Immer mehr verkrieche ich mich in mein Schneckenhaus. So kenne ich mich gar nicht.

Am Nachmittag sitze ich mit Christine und dem Riesen zusammen, um über unsere Arbeit zu reden. Und wieder versinke ich im Kleinkindsyndrom, lächle dämlich und verstehe nur Wortfetzen, so was wie: „ Ja, Gaubin muss nationalisiert werden. Frau Bertram sollte da die letzte weiße Ärztin sein." Christine verabschiedet sich dann plötzlich. Ich bleibe.
Frank kommt eine Viertelstunde später mit den Kindern dazu und der Riese entschuldigt sich und verschwindet auch noch.
Wir warten, sehen uns die Bilder an der Wand an, die abblätternde Farbe, die Risse in den Wänden und Tischen, Staub, Hitze. Luis hat keinen Bock mehr zu warten: „Was machen wir hier eigentlich? Ich habe Hunger und will hier weg. Lae ist Scheiße."
Zwei Plastiktüten trägt der Riese, als er wiederkommt. Schweiß tropft von seinem Gesicht, das Hemd hat dunkle Flecken. Er muss sich beeilt haben. Warum? Weil er uns verwöhnen will. Dann öffnet er die kleinen Papppäckchen und es kommen fette Pommes und knackige Hähnchenkeulen zum Vorschein. Sofort ist bei Luis alles wieder gut und die drei schlagen hemmungslos zu.
Immer wieder diese kleinen, großen, netten Gesten.
Aber ich muss zugeben, dass ich etwas baff bin und meine Lagerfeuerromantik über dieses Land spätestens hier erlischt. Hätte er uns Maden oder Heuschrecken aufgetischt, hätte ich genickt und gedacht: ‚Ja, das ist doch mal was anderes.' Aber die fettigen Pommes passen nicht in mein Hirn.
Später sollte das Lagerfeuer wieder auflodern und zwar so, wie ich es mir nicht habe vorstellen können.

Tag 4
Was steht an heute? Einkaufen gehen.
Wir sind gespannt, wie hier die Läden wohl aussehen. Noch früh am Morgen wünsche ich mir, auf den Markt zu gehen und frage Christine, ob sie mitkommt. Sie lacht nicht, sondern ist empört: „Bist du verrückt, das kannst du nicht machen, viel zu gefährlich." – Punkt!
Erst jetzt registriere ich so richtig, dass dieses Gelände wie ein Gefängnis ist, das man zu Fuß nicht verlassen kann. Wie können hier Familien jahrelang leben?
Wir fahren in einem kleinen Bus los, und da meine Lagerfeuerromantik erloschen ist, wundere ich mich nicht mehr, dass man in den riesigen Supermärkten eigentlich alles kaufen kann. Aber das Essen für den weißen Gaumen ist teuer und es gilt wie im ehemaligen Osten: Wenn du Nutella entdeckst, dann schlage zu, denn das nächste halbe Jahr kann der Platz im Regal leer sein. Aber wer kauft denn so etwas, gibt es so viele Ausländer hier?
Ich werfe einen Blick in die Einkaufswägen der Niuginis: Reis, ein Stück gelbe Seife, eine Dose Cornedbeef oder Tunfisch, salzige Crackers, Streichhölzer und manchmal auch knallrote Würstchen.

Madang – Wie kalt kann Wasser werden?

Spielregeln?
Es ist Dämmerung, sechs Uhr, über uns flattern riesige Schwärme von Flughunden hinweg, man kann das Meer riechen. Mira hat das Zimmer des Guesthouse in ein Krankenhaus verwandelt und hütet streng über ihre vom Spielen eingenommenen Brüder, ein Glöckchen klingelt und ruft zum Abendessen, Lachen aus dem Nachbargarten.
Es ist Frieden hier draußen – nur in meinem Herzen nicht.
Immer wieder stelle ich mir vor, wie es sein kann, dass ein Mensch sich zu einem Kind beugt, um zu helfen, und ein anderer holt aus und köpft ihn, ein zusammensackender Körper, literweise zum Himmel spritzendes Blut, offene, leere Augen mit weiten Pupillen. Wie geht es Kindern, die sehen, wie der Vater einen Menschen tötet? Was geht in dem Vater vor, wenn er aus seiner Wut erwacht, wird er aus dem Dorf verstoßen, verlässt ihn seine Ehefrau oder wird ihm für diese Tat auf die Schulter geklopft? – ‚Recht so!', scheißegal, ob das Kind ins Auto gelaufen ist, einen Schuldigen für meinen, nein, unseren Schmerz muss es schon geben. Vielleicht keinen Schuldigen, aber einen Gegenschmerz für das Gleichgewicht. Wie minus mal minus gleich plus?
Einzelfall? Nein, die dritte Enthauptung in Folge!
Wie viele solche Geschichten haben wir in unserer kurzen Zeit hier schon gehört.

Ich sitze mit Frank auf der Treppe vor dem Guesthouse von Madang und überlege, wer uns auf diese Fragen Antworten geben kann, taumle zwischen totaler Verzauberung für die herzlichen Menschen hier, der unfassbar schönen Natur und dem Entsetzen über die Gewalt im Land.
„Frank, was sollen wir machen? Wenn unseren Kindern etwas passiert, werden wir unseres Lebens nicht mehr froh."
Frank ist gelassener: „Wir werden auf Karkar schon sicher sein. Warte erst mal, bis wir die Sprache können und bekannt ist, dass wir im Krankenhaus arbeiten, dann werden sie schon auf uns aufpassen. Anders als in Afrika sind die Weißen hier immer noch relativ gerne gesehen, und wenn wir uns an die Spielregeln halten, wird uns schon nichts passieren."
„Welche Spielregeln meinst du?"
Er überlegt nicht lange: „Ganz einfach, nach der Dämmerung geht man nicht mehr spazieren, als Frau hast du dich zu bedecken, wenn wir in die Berge müssen, werden wir mit den Kindern fliegen und nicht mit dem Auto fahren und so weiter. Schau, Madang ist doch o.k., die Tore vom Guesthouse sind offen, wir können entspannt herumlaufen, auf den Markt gehen, die Leute lachen uns alle an und winken. Ich finde es klasse hier!"

Madang, die ‚Perle der Südsee' wird sie genannt. Eine kleine, dörfliche Stadt am Meer, verziert mit einer Kette wunderschöner, vorgelagerter Inseln. Madang, eine Stadt, in der du dich frei bewegen, dich mal an den Straßenrand setzen kannst, um das Treiben zu beobachten. Über der Stadt der Flughunde schwebt eine leichte fröhliche Melodie, Beethoven hätte sich in den übrigen Städten zu Hause gefühlt.

Gedanklich zurück: von Lae nach Madang
Mit einem Orientierungsplan in der Hand, den andere für uns ausgearbeitet hatten, waren wir der ‚Kalte-Würstchen-Stadt' Lae entflohen.
Die nächsten Monate werden wir Zeit haben, uns einzugewöhnen, andere Krankenhäuser anzuschauen und mitzuarbeiten, andere ‚Hausmeister' treffen, die Sprache lernen, auf unser Gepäck warten, das noch auf den Ozeanen unterwegs ist, und hoffentlich aus den uns erwartenden Tälern und Krisen herauskommen.

Am Flughafen Madang wartete Michel, ein deutscher Mitarbeiter, der schon eine Weile mit seiner Familie in der Nähe von Madang wohnt. Wir stiegen in einen kleinen Bus und die Aufregung machte uns ganz kribbelig. ‚Ich werde hier erst einmal links fahren üben müssen', fiel mir ein, als wir die Teerstraße stadteinwärts fuhren, vorbei an auf der Straße wandernden Menschen, Bananenpflanzen und Palmen.
„Schau mal die Hütten, die sind ja schön", rief Mira. Wir sahen Holzhütten auf Stelzen mit Grasdächern, aus manchen rauchte es. „Das sind Siedlungen. Hier wohnen eigentlich die meisten Menschen von Madang", erklärte Michel. – „Sehen nicht aus wie Slums", bemerkte Frank. – „Sind es auch nicht. So sehen ungefähr alle Dörfer hier aus. Hier wohnen Bankangestellte, sowie Lehrer oder Kellner. Die paar festeren Häuser, die es in der Stadt gibt, kann sich hier keiner leisten", ergänzte Michel.
Wir kamen in die Stadt. Wie Lae so ist auch Madang eine Stadt ohne Höhe, nur eine kleine Ansammlung von ungeordneten, flachen Gebäuden. Viele Menschen winkten uns und riefen „*Apinun* (guten Nachmittag, good afternoon)." Filip war begeistert und hielt erst seine kleine Hand, dann auch den Kopf nach draußen und lachte und winkte.
Die nächsten Jahre werden die in den Tonnen heran schaukelnden Kinderautositze vor sich hin schimmeln und die Kinder auf der Rückbank oder meistens auf der Ladefläche unseres *Pikups* herumturnen.

Das Auto fuhr an einem riesigen, eingezäunten Markt vorbei. Es war, als durchschwömmen wir einen Bienenschwarm. Ich hörte Mira rufen: „Oh Mama, da will ich hin, ich will sehen, was es da alles gibt. Lass uns einkaufen gehen, bitte, bitte!" Luis winkte ab: „Mira, viel zu gefährlich und viel zu viele Menschen."
Größere Ansammlungen von Menschen sind ihm suspekt und zu vermeiden. Dreht man die Zeit nach vorne, so wird er sich als Jugendlicher nur in der Masse wohlfühlen, wenn diese aus schwarzen Gesichtern besteht.
Michel mischte sich ein: „Luis, da brauchst du keine Angst haben. Hier in Madang kannst du am Tag rumlaufen, da passiert dir nichts. Der Markt ist toll, da gibt es viel zu entdecken. Gestern habe ich da sogar *Muruk* (Kasuar-Eier) gesehen."
Luis Augen leuchteten auf.
Mira rief wieder: „Michel, was ist das da in den Bäumen? Die haben alle keine Blätter mehr, die Bäume, und die Äste sind voll mit was Schwarzem, sind das Vögel?" – „Nein, das sind alles Flughunde, die leben hier mitten in der Stadt. Wenn du einen fliegen siehst mit einem braunen Punkt auf dem Bauch, dann ist das eine Mama mit ihrem Baby. Abends in der Dämmerung fliegen sie alle los in

die Berge und suchen sich Futter. Manchmal sind es so viele, dass die Flugzeuge nicht mehr fliegen können."
Luis Augen glühten jetzt. „Was fressen sie?", fragte er. – „Früchte, also Papaya, Bananen und Mangos", antwortete Michel. „Und wie landen die?", wollte er weiter wissen. Michel lachte: „Die landen zuerst wie Vögel und lassen sich dann nach vorne fallen."
Luis beobachtete zwei Männer, die mit kleinen Umhängetäschchen unter den Bäumen standen. Der eine zog schnell eine Zwille und schoss in den Baum. „Was machen die Männer da?", rief er laut – „Die schießen die Flughunde mit Steinschleudern." – „Warum?" – „Weil hier alles gegessen wird!" Das Glühen in Luis' Augen wich einem entsetzten Blick. Er traf unser allgemeines Dasdürfensieabernichtdiearmentiere-Aufstöhnen von uns Neuankömmlingen. Mir lag wieder der Satz von dem unsichtbaren Metzger hinter der Kühltruhe bei Aldi ein: ‚Wenn ihr Fleisch esst, muss da ja bei uns auch jemand erst mal ein Tier geschlachtet haben.' Aber der Satz blieb dieses Mal stecken.
Tage später sollte Luis beobachten, wie Bauarbeiter einen Flughund töteten und am Feuer hinter dem Haus als Mittagessen rösteten. Er sah zu, wie sie die knusprigen Flügel knabberten, und man konnte sehen, wie es in Luis arbeitete. Sein Herz für Tiere rang mit dem Verstand, der wusste, dass er das hier irgendwann zu akzeptieren hatte.

Wir bogen ab, Michel hielt an, schaute nach links, deutete auf das Meer und meinte: „Da hinten liegt Karkar. Seht ihr in dem Dunst den dunklen, kegelförmigen Schatten, das ist eure Insel! Auf der Seite, die ihr jetzt seht, liegt Gaubin, das Krankenhaus!"
Der Horizont verschwamm milchig, aber tatsächlich erkannte man schwach die Umrisse einer Insel. Wir sind alle ganz still und mir wird mulmig. So oft habe ich sie mir erträumt und nun sehe ich sie; es ist wie bei einem Magnet, ich will sofort hin, sie ist magisch schön mit dem wohlgeformten Vulkan in der Mitte, und doch will ich sie nicht sehen, fürchte mich vor dem, was uns erwartet.

Lutheran Guesthouse Madang

Frank sitzt wieder auf der Treppe, während ich mich aufraffe, nach den Kindern zu schauen. Es ist halb sieben, das Essen war gut, die Nacht ist schnell hereingebrochen. Die Kinder haben den Fernseher im Hauptraum entdeckt, sitzen auf dem roten Sofa wie die Hühner davor und sind in Trance. Es stört sie nicht einmal, dass sie nichts verstehen. In dem Film, der gerade läuft, gibt es eine wilde Verfolgungsjagd.

Wir wissen, dass wir alle drei Monate eine Einkaufsfahrt nach Madang bezahlt bekommen.
Vier mal im Jahr zu Aldi – finde ich gut, muss ich nicht öfter haben, ich hasse einkaufen. Dieses angebliche weibliche Gen fehlt mir völlig. Immer wieder das gleiche Ritual, der Ärger, dass man doch wieder mehr eingekauft hat, als man wollte, die sich erschöpfenden Neins zu den gierigen Kindern, die so verwundbar sind im Kundenkampf, die der beste Nährboden für die Industrie sind, weich, begeisterungsfähig, hörig.
Auf der Insel soll es außer ein paar Bananen, Süßkartoffeln, Reis, Streichhölzern und, na klar, Coca Cola nichts geben. Die Auslage auf dem kleinen Markt am Krankenhaus besteht zu 90% aus Betelnüssen.

Einmal im Monat, ich muss zugeben, dass ich mir das nicht ganz vorstellen kann. Welches Gemüse hält so lange? Brot schon gar nicht, das muss ich dann wohl selber backen. Bei dem Klima wird alles schnell verschimmelt sein, nicht zu vergessen, wir haben nicht den ganzen Tag Strom! Der Generator läuft von acht bis zwölf und abends von sechs bis zehn Uhr, das sind acht Stunden an und sechzehn Stunden aus: tau auf, frier ein, tau auf, frier ein – lustig.

Wir gehen auf den Markt, es ist ein neuer Tag.
Im Bett noch habe ich nach den verzaubernden Vogelstimmen gelauscht, sie aber nicht gehört. Tatsächlich gibt es diese Art hier nicht und so bleiben sie mein persönliches Trostpflaster für die unvermeidbaren Lae Besuche.
Die Straßen sind voll. Noch immer sehe ich mich ständig um, halte alles an mir und warte darauf, erschossen zu werden. Die Menschen lächeln uns zu, grüßen fröhlich *Monin* (guten Morgen), fragen uns, woher wir kommen und wohin wir gehen. Nach einem Kilometer spielen wir das Spielchen mit. Es ist lustig, jemanden Wildfremden zu fragen, was er jetzt tut, was er vorhat, es ist, wie auf Life-Sendung zu sein und etwas verfolgen zu können, was man sonst nicht könnte. Jeder, der hört, dass wir nach Karkar gehen werden, freut sich. Jeder scheint einen Verwandten auf Karkar zu haben und alle kennen Gaubin, das Krankenhaus.
Mira wundert sich: „Die sind aber alle nett hier!", und grüßt alle zurück. Die Hände, die über ihre weichen blonden Locken streichen, empfängt sie lächelnd und ohne Scheu.

Der Markt ist wirklich unglaublich bunt und es gibt Vertrautes wie Karotten, Weißkohl, Paprika und noch nie Gesehenes, wie neue Nüsse, *Laulaus* (so ähnlich wie Äpfel), Jungle Fruits, Guaven, *Kapiak* (Brotfrucht). Das bunte Durcheinander macht uns allen Spaß und die Kinder kommen mit den kleinen Münzen weit und probieren sich durch die Reihen.
Das ‚weiße' Gemüse kommt aus dem Hochland und ist vergleichsweise teuer. Tatsächlich sehen wir das eine oder andere weiße Gesicht vor dem Broccoli oder Blumenkohl stehen. Man grüßt sich freundlich, aber ohne zu fragen, woher man kommt und wohin man geht.
Die Niuginis sehen sich nach den *Kaukau* (Süßkartoffeln) und den Bananen um. Wie sehr der Markt von den Hochländern gefüllt wird, merkten wir später einmal, als eine Brücke der Hauptverbindungsstraße durch den Regen weggespült wurde und der Markt für Wochen völlig verwaiste.
In einem kleinen Häuschen wird Fisch verkauft, aber nicht frisch, sondern eingelegt. Es gibt aber auch Krebse, Käfer, dicke weiße Maden – na endlich! – und seltsame, aufgespießte, geröstete Tiere, die wie Ratten aussehen. Es sind *Mumut* (Beutelratten).
Überall sind die Menschen nett und lachen.
Natürlich sind es alles Frauen, die hier verkaufen und ihre kleinen Kinder unter einem Regenschirm, an der Brust oder neben sich sitzen haben. Ich wundere mich über die still sitzenden Kinder, die keinen Malstift in der Hand oder Puzzle zur Beschäftigung vor sich liegen haben und beobachte, wie eine Frau vorsichtig und geschickt ein Baby aus einen *Bilum* holt, um es zu stillen. Und dann suchen meine Augen diese bedeutsamen Netze und da liegen sie: riesige, mit Erdnüssen oder Bananen gefüllte, kleine, bunte, einfarbige, grob gewebte, andere aus Plastikfäden…

Bilum

Diese, einem Einkaufnetz ähnlichen Beutel, stellen alle Frauen selber aus Agaven ähnlichen Pflanzenfasern, Baumrinde oder Plastikfäden her. Sie werden mit dem langen Henkel auf dem Vorderhaupt, den Beutel auf dem Rücken liegend, getragen. Ihr Leben lang schleppen sie mit diesen Netzen solche Unmengen an Gewicht durch den Tag, dass an der Stelle des Kopfriemens das Haar zuerst ergraut und sie Muskelpakete am Nacken bekommen.
Aber nicht, dass sie nur ein *Bilum* mit zwanzig Kokosnüssen buckeln, nein, sie hängen noch zwei weitere Netze mit Mais oder Kartoffeln oben drüber. Die Krönung ist dann das Kind, das auf einer Schulter sitzt und sich in den Haaren festhält. Es ist unvorstellbar, was diese Frauen hier tragen können.
Das *Bilum* spielt für die Frauen in Papua eine zentrale Rolle. In ihnen tragen die Frauen ihre Babys vom ersten Tag bis zu ihrem vierten Lebensjahr. Geht es über den Tag in den Garten, so werden dort die *Bilums* mit den Babys in die Bäume gehängt, gut geschützt vor giftigen Tieren. Trifft man Frauen auf der Straße, so erkennt man an den Farben und Mustern ihres *Bilums*, woher sie kommen und ob sie schon verheiratet sind, denn unverheiratete tragen auf Karkar ein kleines *Bilum* an der Schulter und nicht am Kopf.
Verwendung hat ein *Bilum* aber auch für Wertsachen oder auch mal ein Schweinebaby. Heiraten die Frauen, stapeln sich die *Bilums* als Brautgeschenke. Auch für andere Menschen ist es ihr wichtigstes Geschenk. Gefüllt mit *Buai* und Tabak wird als ein Symbol der Freundschaft, ein ‚Wir sind ein Stück Weges miteinander gegangen' dem Ziehenden um den Hals gehängt.
Den Frauen dient es auch zur Beschäftigung. Wo auch immer sie sich befinden, ziehen sie ihre Schnüre und Nadel heraus und knüpfen oder rollen die Naturfasern auf dem Knie zu regelmäßigen Fäden. Müsste ich eine typische Handbewegung für die Frauen PNGs machen, würde ich mir einmal über das Knie und zurück streichen.

Männer machen sich Taschen aus Mehlsäcken oder Palmenblättern, ein *Bilum* tragen sie so gut wie nie und wenn, dann über die Schulter gehängt. Sie nehmen ihren Frauen die Lasten auch niemals ab.
So sieht man immer die durch Kilos von Gartenfrüchten oder Feuerholz gekrümmten Frauen hinter den stolzen Männern aus dem Garten kommen. Männer tragen Buschmesser, und wenn sie gut drauf sind, nehmen sie der Frau das Kind ab.
Fairerweise muss man sagen, dass die Männer verantwortlich sind, den Regenwald für den Garten zu roden und die Häuser und Zäune zu bauen. Bäume fällen und diese dann in Handarbeit zu Brettern weiterverarbeiten ist Knochenarbeit. Und so sehen sie auch aus, die Männer PNGs – wie die Frauen auch: schlanke, bierbauchlose, völlig durchtrainierte Körper, die noch nie ein Fitnessstudio gesehen haben.

Ich werde nie vergessen, wie wir einmal in den Bergen anhielten, um ein dürres, winziges Ömchen mitzunehmen, die aus seinem Garten kam. Auf der Ladefläche sitzend bot ich an, ihr das Bilum abzunehmen und auf die Ladefläche des Wagens zu hieven. Sie lächelte und nickte. Als ich versuchte das Netz hoch zu heben, fiel ich um ein Haar kopfüber runter in den Staub. Ich vermochte das Bilum nicht hochzuheben! Die alte Frau lächelte noch mehr und stieg, ohne ein Wort zu verlieren, mit ihrem Gepäck und ihren stockgleichen Ärmchen ins Auto; es war wirklich peinlich, aber auch lustig. Ich lachte, solange bis Luis meinte, ich solle mich mal wieder einkriegen.

Die Hitze auf dem Markt wird immer stärker und unerträglicher. Es ist wie ein Lähmgift. Selbst der Wind ist betroffen und es bewegt sich kein Blättchen. Man meint, alles bewegt sich wie in Zeitlupe, Bewegungen sind Energiestaubsauger, bringen die Schweißdrüsen zum Explodieren und das Herz schlägt zum Hals heraus, als wolle es ein Schattenplätzchen erreichen, bevor der Rest die Ziellinie erreicht.
„Mama, wir wollen nach Hause", japst Mira.
Der Weg scheint endlos, vorbei an dem schönsten Hotel PNGs, vorbei an den Hunderten von Krabben mit den roten Scheren, durch den Park mit der Rotarier Schaukel und der kaputten Wippe, die Treppen hoch zum Guesthouse und vor dem Kühlschrank am Schloss rütteln und Emma rufen: „Wir brauchen etwas zu trinken!"
Emma, klein und dick mit ihrem breiten Lächeln und breiten Zähnen, schließt auf und gibt uns Coca Cola und Sprite. Was es bei uns bisher nur an Kindergeburtstagen gegeben hat, schütten wir in uns hinein. Die Kinder schaffen gerade noch die paar Meter bis zum roten Sofa, fallen hinein und lassen sich berieseln. Luis bittet noch: „Könnt ihr den Ventilator anmachen, ich brauche Luft!" Filip ist eingeschlafen und schwitzt ohne T-Shirt dunkle Flecken in das Bettlaken. Er schläft unruhig und sein Kopf mit den nassen Haaren wandert hin und her.

Den Boss treffen
Aber wir haben noch eine Verabredung mit unserem Boss, dem ‚kleineren' Vorgesetzten Ron. Er ist für die Madang Provinz und deren lutherische Gesundheitseinrichtungen verantwortlich. Frank und ich schauen uns an. Wer von uns beiden wird die Kinder vorbereiten?
Frank nickt und versucht sein Glück: „Macht es euch nicht zu gemütlich, wir müssen gleich los und mit unserem Chef hier sprechen." Die Empörung ist wie erwartet groß. „Ich gehe nirgendwo mehr hin. Ich hasse diese Besprechungen, da müssen wir immer nur rumstehen und leise sein." Luis kocht. Mira fängt an zu weinen und schluchzt: „Ich bin so müde. Mir geht es gar nicht gut, ich fühle mich so quadratisch!"
Ich muss laut loslachen, beiße mir aber schnell auf die Backen und setze mich zu Mira und streichle ihre wilden blonden Haare, während ich weiter vor mich hin gluckse. Frank versucht es weiter: „Na kommt, es gehört zu unserem Job. Viele von diesen Treffen wird es auch nicht mehr geben." Luis schüttelt den Kopf und Mira meint: „Ich bleibe hier, bis an mein Lebensende." Frank greift zu Plan B und versucht zu ködern: „Vorschlag! Wie wär's, danach können wir noch ein Eis essen und schwimmen gehen. Ich habe gehört, in dem schicken Hotel da vorne kann man in einen riesigen Pool springen."

Luis bleibt stur: „Nein, ich weigere mich, ich bleibe hier. Ihr könnt mich nicht erpressen und Eis gibt es hier auch gar nicht." Mira findet Eis gut und steht langsam Knochen für Knochen auf. „O.k., ich bin dabei. Komm Luis, das schaffen wir schon. Aber ich will ein ganz großes Eis!" Wir lassen Luis in Ruhe, der sich unter den grünen Kissen vergraben hat, und machen uns startklar. Erst als wir mit laufendem Motor vor der Tür stehen, steigt Luis, uns keines Blickes würdigend, ein.
Ich kann ihn verstehen, Lust habe ich auch keine und ich hoffe auf unser Spielchen: Frank hört zu, ich beschäftige die Kinder und nicke ab und zu freundlich.
Aber das wird dieses Mal nicht aufgehen.

Ron ist ein Mann mit einem gemütlichen, freundlichen Gesicht und er empfängt uns in einem kleinen fensterlosen Raum mit zwei Schreibtischen, die überquellen mit Papieren, Funkgeräten und einem alten Computer. Dieses Zimmer sieht nach jemandem aus, der viel will, aber zu wenig Zeit hat. Zwei Stühle werden geholt, die Kinder haben keinen Platz in dem Verschlag. Wir schicken sie mit Papier und Stiften nach draußen, Filip muss auf meinen Schoß.
Ron erzählt über Gaubin und über unsere nächsten Wochen. Man merkt sofort, dass der Mann seinen Job versteht und Ahnung hat. Er kennt nicht nur die Problematik des Gesundheitswesens, er ist Teil der Geschichte und macht dann etwas, was mich beeindruckt: Er erzählt uns von seinen Visionen.
Und wieder fühle ich mich wie ein Nestling, der die Vögel um sich herum beobachtet, ohne zu verstehen, was sie tun, der die Landkarte noch nicht lesen kann, in der er fliegen soll, der sich blind fühlt und den Schnabel aufreißt, weil er gefüttert werden will mit Informationen, hungrig nach Wissen, durstig nach Überblick.
Ron lässt nicht zu, dass ich mich hinter Filip verstecke und zieht mich in das Gespräch. Seine Augen sind klug und sein Blick verstehend. Ich mache mich lächerlich und in mir kämpfe ich gegen meine Schwäche an. Ron erzählt: „Mit dem weißen Arzt, der jetzt auf Karkar arbeitet, habe ich schon lange keinen Kontakt mehr. Das ist bekannt. Die Art und Weise, wie er mit mir kommuniziert hat, konnte ich nicht mehr akzeptieren. Sie ist respektlos. Als Arzt ist er zweifelsohne gut, aber ich lasse mich nicht beschimpfen. Kritisieren ja, aber nicht beschimpfen. Ich hoffe, wir werden eine bessere Beziehung miteinander haben."
Er übergibt einer Frau ein Blatt.
„Der zweite Arzt, der jetzt seit einem Jahr dort arbeitet, heißt Denny und kommt frisch von der Uni. Er wurde von uns gesponsert und wird dafür ein paar Jahre im ländlichen Gebiet arbeiten. Auch er ist gut, aber er ist Hochländer und hat auf Karkar Frauenprobleme. Ich habe ihn im Auge, auch weil er ab und zu zu viel trinkt."
Dass der Niugini-Arzt Frauengeschichten hat, irritiert uns nicht, aber die gestörte Kommunikation mit meinem Vorgänger umso mehr. Wir spüren Rons Erwartung an uns und wir verstehen auch die Botschaft: „Passt auf, ich lass nicht alles mit mir machen!"
Wir werden Handschuhe tragen und den Kopf vor den Mund schalten, wenn wir mit ihm in Kontakt treten werden. Was mag da wohl vorgefallen sein?
Ich atme auf, als Ron sich erhebt und wir in die Sonne gehen. Wir sind wieder einen Schritt weiter. Als würde mein Gehirn in der Sonne enteisen, fallen mir tausend Fragen ein, die ich Ron hätte

stellen müssen. Ich stöhne auf: „Frank, was ist nur los mit mir, so kenne ich mich gar nicht." Frank versucht mich zu stützen: „Ich glaube, dass die Sicherheitsfrage deine Gedanken auffrisst und dich blockiert. Gib dir ein bisschen Zeit. Uns allen wird es außerdem besser gehen, wenn wir die Sprache endlich können. Wir treffen Ron einfach noch mal, er wohnt ja neben dem Guesthouse. Der hat bestimmt schon einiges mit uns Weißen erlebt und legt nicht alles gleich auf die Goldwaage. Was allerdings wirklich schwierig ist, dass man keine Broschüre darüber bekommt, wie das Gesundheitssystem hier funktioniert!"

Singsing
Männer mit nackten Oberkörpern, bemalt, mit riesigem, aus Bambus gebasteltem Kopfschmuck, Trommeln in der Hand, Frauen tanzen mit Grasröcken und schrillen Stimmen. Die Frauen umkreisen die Männer allein oder zu zweit, sich um die Hüfte fassend. Sie machen kleine wippende Bewegungen, die Augen nach unten gerichtet.
Es ist weit entfernt von einem wilden ekstatischen Tanz, es hat fast etwas Trauriges, Verhaltenes, was die Körper ausstrahlen. Die Männer in der Mitte sind schon etwas lebendiger; Arm und Beine sprechen mit den Trommeln. Ein alter Mann stimmt den Gesang an in einer Sprache, die nicht Pidgin ist, während die anderen sich um ihn herum bewegen.
Es ist der nächste Tag und wir erleben unser erstes *Singsing*.
Wird etwas gefeiert, schmücken sich die Niuginis, bemalen sich und tanzen und singen ausdauernd, tagelang, wenn es sein muss, auch in der brütenden Hitze.

Wir sind auf einen Berg gefahren, auf dem oben eine lutherische Evangelistenschule thront. Amron, mit dem zweitschönsten Blick auf die Inselwelt vor Madang. Man nennt ihn auch den Ort mit dem ‚Millionairy-Blick'.
Heute ist eine Klasse von Studenten fertig geworden und es wird Graduation gefeiert: Abschluss. Die Graduation ist hier das wichtigste Ereignis im Jahr. Es leben auch drei deutsche Familien auf dem Berg, die zurzeit an der Schule unterrichten und für uns während unserer Zeit wichtig sein werden.
Das *Singsing* ist schön, die Trommeln rhythmisieren den aufgeregten Puls und der Gesang ergreift die Seele. Luis vergisst selbst den Frosch in seiner Hand und schaut zu.

Der darauffolgende Gottesdienst zieht sich hin und strapaziert die darin ungeübten Kinder und somit auch meine Nerven. „Wann ist es denn endlich zu Ende. Es ist so heiß unter dem Blechdach und ich verstehe auch gar nichts. Ich will nach Hause oder zumindest wieder Gottesanbeterinnen suchen." Luis rutscht auf seinem Sitz hin und her.
Ich beobachte die anderen Familien, wie sie ihre Kinder, die genauso auf ihren Stühlen rutschen, auffordern still zu sein. Ein kleines Mädchen vor mir liegt auf dem Boden und beschwert sich: „Ich will mein Buch haben und was zu trinken!" Die Mutter bleibt ruhig und sagt sehr bestimmt: „Nein, noch nicht, du bist schon so alt, dass du noch eine Weile still sitzen und zuhören kannst." Die Kleine fügt sich schmollend.
Filip wird unruhig und will zwischen den Reihen herumlaufen. Luis und Mira tun so, als ob sie

verdursten, halten sich den Hals japsend zu und verdrehen die Augen. Ich muss lachen und bin gleichzeitig extrem genervt, weil ich keinen Bock mehr habe, meine Kinder ständig zu ermahnen, still zu sein und Geduld zu haben. Wenn ich ehrlich bin, sind es meine eigenen Hummeln, die mir den Leib empor summen, bis ich das Gefühl habe, von dem Wind ihrer kleinen Flügel nach oben getragen zu werden. Ich stehe auf und verlasse mit den Kindern die Kirche. Der Druck in mir lässt nach, und auch wenn ich mich als undisziplinierte Mutter geoutet haben sollte, bin ich froh über meine wieder lebendigen Kinder und setze mich in den Schatten unter einen Baum.

Endlich werden die Studenten verabschiedet. Viele weinen, auch die Männer. Eine andere weiße Frau, die neben mir steht, erklärt auf meinen fragenden Blick hin: „Für sie geht eine schöne Zeit hier zu Ende. Sie haben hier zwei Jahre lang gelebt und nun gehen sie in ein Dorf, um dort zu predigen. Sie sind angesehen, bekommen aber kein Gehalt, sondern sind auf die Gaben der Dorfleute angewiesen."
Ich frage: „Die Frauen dort sind also Evangelistinnen?" Die Frau lacht: „Nein, das sind die Ehefrauen. In PNG gibt es das noch nicht. Noch nicht, wie gesagt, es wird, glaube ich, nicht mehr allzu lange dauern."
Die prompte emanzipatorische Protestwelle in mir schwappt nicht hoch, denn das päpstliche Rom taucht am Horizont auf, konservativ, felsenfest und ohne Hauch von ‚Es wird nicht mehr lange dauern'.

Die ganze Gesellschaft geht anschließend in das Dorf essen und ich halte Ausschau nach jemandem, dem ich die Fragen stellen kann, die in mir brennen. Ich finde Robert, und während ich ungezügelt meine dringendste Frage stelle: „Wie sicher seid ihr hier?", schießen mir die Tränen in die Augen. Ich zittere vor unterdrückter Anspannung, als ob ich friere, und bin ein lebender Seismograph, der jede kleinste Gesichtsregung und nonverbale Botschaft registriert und in die Grafik ‚Alles wird gut. Sag, dass alles nicht so schlimm ist und wir hier gut leben werden', einzuordnen versucht.
Robert füllt behutsam und sehr geduldig das Schaubild auf mit Sätzen wie: "Auf Karkar seid ihr sicher… auf dem Land ist es immer anders als in der Stadt… von Karkar habe ich auch noch keine üblen Geschichten gehört… wenn es sich erst einmal herum gesprochen hat, dass ihr die neue Arztfamilie seid, werden sie alle auf euch aufpassen…, je bekannter du bist, desto sicherer lebst du. …gut ist auch, einen Hund zu haben, der nachts auf das Haus aufpasst – vielleicht wollt ihr einen von uns übernehmen, wir gehen ja bald zurück…"
Das Gespräch ist Medizin. Endlich habe ich das Gefühl, aus meiner Schwebe herunter zu kommen und den Boden betreten zu können. Gedanken wie ‚Können wir hier überhaupt bleiben', entlasse ich, die Tür zu diesem Land ist wieder ein Stückchen offener und ich lass die Sonne rein.
Ich schaue Robert an: „Eine Frage hätte ich da ja noch."
„Ja, was denn, leg los."
„Diese Hitze! Die macht mich platt hier. Ich habe immer gerne mit den Kindern getobt, aber hier ist schon zu leben anstrengend, atmen, ein Lidschlag, die Fliegen vertreiben. Wird das wieder besser? Ich habe ja schon ein ganz schlechtes Gewissen, weil ich mich nur noch von Stuhl zu Stuhl bewege."

Robert nickt und lächelt: „Keine Sorge, das wird besser. Aber wegen der Hitze sind die Menschen hier an der Küste auch anders als im Hochland. Längst nicht so geschäftstüchtig, aber auch nicht so kriegerisch, ganz einfach, weil es zu anstrengend ist. Du musst dich dem also anpassen und darfst keine Hektik machen. Du wirst auch beobachten, dass die Menschen an der Küste nicht so alt werden. Es fällt richtig auf, wenn du in den Bergen bist, da siehst du plötzlich alte Menschen."
Robert und seiner Familie ist nie etwas Ernsthaftes passiert. Als sie wenige Wochen später ausreisen sollten, wurde in der letzten Nacht das Auto mit Steinen beworfen, sodass die Scheiben zu Bruch gingen. Robert versucht das lustig zu finden: „Na, dann fällt der Abschied schon nicht so schwer."
Aber die Steine haben getroffen – in Herzen, die dem Land in den Jahren alles gegeben haben.

Endlich Karkar – Der zweite Eindruck (be-)glückt

Wundertüte

Salzwasser auf meinen Lippen – es schmeckt gut.
Ich kneife die Augen zusammen und lasse die Silhouette der Insel verschwimmen. Der Motor des Speedbootes heult, Filip ist bei der ersten Schaukelbewegung des Meeres eingeschlafen. Mira ruft: „Mama, da fliegt etwas über das Wasser... ups, jetzt ist es weg. Was war das denn?" Alles ist Musik in meinen Ohren, ich schließe die Augen und antworte: „Das war ein fliegender Fisch, Mira." Ich bin so glücklich.
Ich sehe Karkar näher kommen und fühle neben der Aufregung eine tiefe Zufriedenheit. Genau das wollte ich, hier bin ich richtig. Meine Romantik wird jäh von einem harten Schlag unterbrochen, Gischt spritzt mir ins Gesicht, mein Steißbein tut höllisch weh. Ich sehe aufs Meer, wir haben die schützenden Inseln hinter uns gelassen und sind auf die offene See hinaus gefahren. Die Wellen sind höher geworden und tanzen durcheinander. Das kleine Bananenboot wird hochgeworfen und klatscht krachend auf dem Wasser wieder auf. Mira hebt fast ab und wird dann auf den Boden gedrückt.
„Setzt dich hin, schnell, komm, gib mir deine Hand!", rufe ich. Die Frau, die neben mir sitzt, nimmt Mira und hält sie fest. Es ist Piki, Rons Frau und Chefin des Lutherischen Guesthouse in Madang. Sie ist eine kluge Frau und macht ihren Job hervorragend. Wir mochten uns auf Anhieb. „Das Meer ist nicht so rau, aber das Boot liegt schlecht in den Wellen", erklärt sie und wickelt Mira in eine Regenjacke.
Die Menschen gehen so selbstverständlich mit unseren Kindern um, dass diese genauso selbstverständlich den angebotenen Schoß oder die streichelnde Hand annehmen.
 Bei jedem Schlag fürchte ich um meine Knochen und erwarte, dass das Boot entzwei bricht. Nur nicht so anstellen. Ich versuche meinen Hintern abzufedern, indem ich mich auf die Zehenspitzen stemme und mit dem Rücken gegen den Steuerkasten drücke. Enok, der Fahrer, verzieht keine Miene und setzt sich seine Sonnenbrille auf. Wieso stehen die anderen nicht auf und schonen ihren Rücken?

Ich frage Piki, was sie auf der Insel macht. „Ich besuche die Familie von Ron. Ron ist ein Karkar-Kind. Wir bauen uns gerade ein neues Haus in seinem Dorf." – „Wie kommt man normalerweise auf die Insel?", frage ich weiter. „Wenn du nach Karkar willst, musst du entweder an der Agmark Wharf in Madang ein Frachtschiff nehmen oder du fährst 50 Kilometer die Küste hoch bis Kubugam, dort fahren die Bananenboote nachmittags los. Und umgekehrt: wenn du von Karkar aus in die Stadt willst, musst du dich morgens um sieben an den Strand von Gaubin stellen und winken, sobald du ein Boot siehst. Meistens laden sie erst noch Betelnüsse für die Hochländer ein, deshalb fahren sie dafür ein paar Dörfer die Küste entlang. Sie fahren also morgens hin und kommen abends zurück. Wenn es sehr schwere See ist, also meistens in der Regenzeit um Weihnachten herum, bleiben sie zu Hause."
„Passiert denn ab und zu etwas?"
Sie sieht mich kurz an: „Oh ja, letzte Woche ist ein Boot gekentert, zwei Menschen konnten an Land

schwimmen, aber die anderen fünf sind ertrunken. Da war auch eine Frau mit Kind dabei, aber sie konnte nicht schwimmen. Sie war eine Hochländerin. Es passiert jedes Jahr viel, aber oft sind die Skipper auch Schuld, weil sie fahren, obwohl es zu rau ist oder sie zu wenig Benzin mitnehmen. Manchmal werden auch Boote abgetrieben, wenn z.B. der Motor kaputtgeht. Dann werden sie mit der Strömung weit fortgetragen, bis in den Sepik-Fluss oder zur Nachbarinsel Manam. Danny, ein Arbeiter von Noel (englischer Plantagenbesitzer und bald guter Freund), ist dieses Jahr drei Tage auf dem Meer getrieben. Sie kamen von Bagabag, dort, von dieser kleinen Insel neben Karkar." Sie deutet mit dem Finger auf einen kleineren Schatten rechts von Karkar.

„Das Meer war wild, es hat geregnet und gab starken Wind, als der Motor kaputtging. Sie haben so gelitten, weil sie kein Wasser oder Essen mit hatten. Zwei Tage lang sind sie umher getrieben. Helikopter haben gesucht, aber sie nicht finden können. Irgendwann sind sie dann in Manam angekommen. Die Menschen dort haben sie versorgt. Paul, der Sohn von Noel, hat sie dann mit dem großen Boot geholt. Danny war vorher viele Jahre Skipper, jetzt aber arbeitet er im Laden von Noel. Oh ja, es gibt viele Geschichten!"

Sie sieht traurig auf den Boden, als hätte sie alles miterlitten, dann hebt sie den Kopf, stolz, und lässt ihren Blick über das Meer schweifen. Diese Geste lässt erahnen, wie sehr das Meer die Menschen hier immer wieder verletzt, demütigt und Lücken in die Familien reißt. Sie hat es miterlitten, weil es in ihrem Kreis passierte. Ihr Gesicht ist undurchdringlich. Die Menschen haben ihr Schicksal angenommen und leben in einem stillen Pakt mit dem Wasser, das sie ernährt, aber auch tötet.

Wieder ein Schlag, er zieht mir die Füße weg und kracht mir die Wirbel hoch. Ich stöhne auf und stemme mich höher.

Ich konzentriere mich wieder auf diesen wohlgeformten Kegel vor mir. Der Berg ist grün, samtig, es gibt keine Anzeichen von Zivilisation, wie eine Stromleitung oder ein Fleckchen Acker oder sichtbare Siedlungen und Straßen. Die Insel ist einfach nur grün und wunderschön. Wolken hängen an dem Berghang, als würden sie Ausbruch spielen.

Karkar ist ein dauerhaft aktiver Vulkan, der letzte Ausbruch war 1979. Ein Australier, der schon sein ganzes Leben auf der Insel verbracht und es mit Kokosnüssen zu Ruhm und Reichtum gebracht hat, hatte mehrmals versucht, Seismographen aufzustellen, um eine gute Eruptions-Vorhersage machen zu können. Ein Stück Entwicklungshilfe, was Gutes für die Menschen dort. Aber diese Anlagen waren immer wieder zu seinem Zorn von den Einheimischen zerstört worden. Als er uns diese Geschichte erzählte, war er noch immer sichtlich wütend, obwohl es schon Jahre her war. Es war etwas, was er nicht begreifen konnte.

Wir aber sollten dieses ein Jahr später bitter begreifen. Der Berg ist heilig.

Der Vulkan schlummert also vor sich hin. Es heißt, er schlummere, solange wie der Nachbarvulkan der Insel Manam am Spucken sei. Man vermutet, dass die beiden Inseln durch Gänge unter dem Meer verbunden sind. Es heißt auch, dass Karkar wie ein Pilzkopf sei, der majestätisch aus dem Wasser rage, wie ein König vor der Enthauptung. Ein großes Erdbeben, und der Stiel bricht ab. Es heißt auch, dass eine Explosion Karkars eine über Jahrhunderte lange Verdunkelung der Erde verursacht haben soll, mit Völkerwanderungen in Folge.

Bei der Ausreise wurde uns versichert, im Falle eines Ausbruches wäre die australische Armee schnell mit ihren Hubschraubern da und würde die Insel evakuieren. Nach einer Woche PNG bin ich mir sicher, dass das auch wieder eine sehr ‚lustige' Aktion sein würde.
Ich habe Lust, Piki zu fragen, ob sie bei dem Ausbruch auf der Insel gewesen sei, wie oft es Erdbeben gäbe und ob sie Angst vor dem Berg habe. Aber es ist zu laut, Boot und Meer sind wie zwei sich streitende Kinder, buhlen um die Aufmerksamkeit und ich muss mich konzentrieren – auf meinen Hintern und meine einschlafenden Zehenspitzen.

Karkar, the island of no return, wie die Bewohner sagen.
Irgendwo da vorne auf der Insel sind schon Luis und Frank, vielleicht kämpfen sie gerade gegen Ameisenheere, Kakerlakenarmeen, schrubben Schimmel von den Wänden und sehnen sich nach Hause. Vielleicht köpfen sie aber auch gerade eine Kokosnuss, trinken die kühle Milch, die den Hals runter rinnt wie ein Schneeball, oder planschen im warmen Pazifik, spielen Toter-Mann und wünschen sich nirgends woanders hin. Die beiden sind mit Michel, der uns vom Flughafen abgeholt hat, vorausgefahren, um sich schon mal das Haus anzuschauen, das wir vorerst bewohnen werden.

Dieses Haus war vor ein paar Monaten halb abgebrannt, nachdem ein Kleidungsstück auf die Heizglühbirne im Kleiderschrank gefallen war und Feuer gefangen hatte.
Ja, Glühbirnen, in einem kleinen Drahtkäfig gezähmt, kauern auf dem Boden der Schränke und verjagen mit ihrer Hitze den unerwünschten Schimmel, der sonst Bücher und Kleidung vermodern lässt. Sie verhindern den Pilzrasen auf der Bandrolle der Videokassetten, Ledergürtel, Displays von Kameras, verzögern das Vergilben von Fotos und Dokumenten, ersparen uns die nasale Zeitreise in die Klamottenkiste von Störtebeker, indem sie die Anziehsachen trocken halten. Eine gute Sache also.
Sie verhindern allerdings nicht die quadratischen braunen Eiablagen der Kakerlaken in den Falten der frischen Wäsche, die dann auf dem Rücken kratzen, wenn man sie nicht bemerkt hat. Sie verhindern auch nicht die Kakerlakeneltern selbst, die, anders als Motten, riesige Löcher in den Stoff fressen, und sie verhindern auch nicht, dass der Schrank vorzüglich zur Brutmaschine von Gecko-Eiern dient und man ab und an beim Rausziehen eines T-Shirts ein Knacken hört und ein nasses Embryo am Finger kleben hat.
Später sammelt Luis die Eier mit Vergnügen ein und überwacht sie in einem Karton. Nicht nur einmal gelingt es ihm, die Geburt eines Geckos aus dem Ei auf seiner Hand zu verfolgen. Vor allem die Babys der Riesengeckos entlocken uns ‚Ahs' und ‚Ohs', sie sind so wunderschön mit ihren frischen Farben, wie angeleckte Steine.

Das Haus stand also in Flammen und alle rannten hin und halfen mit flinken Händen, dass nicht das ganze Haus von den Flammen verschlungen würde. Sie kamen mit Eimern, vielleicht auch einem Feuerlöscher und machten einen guten Job. Nur ein Zimmer brannte aus.
Aber nicht alle hatten reines Interesse daran, das Feuer zu löschen. Was nicht vom Feuer vernichtet wurde, bekam flinke Beine und verflüchtigte sich mit den Helfern – das kleine Hab und Gut der Ärztin.

Die Ärztin und Herrin des Hauses nannte es zu Recht ‚gemeine Plünderung, von den Kollegen und Nachbarn bestohlen', die Niuginis nannten es Gelegenheit.
Es war dann auch am Morgen danach in der Krankenhaus-Frühbesprechung, als die ohnehin empörte Ärztin den Pfleger entdeckte, der ihr auf der schmalen Holzbank gegenüber saß – mit ihren eigenen Turnschuhen an den Füßen, die Schnürsenkel fast noch qualmend. Diese Dreistigkeit ließ sie explodieren, aber sie erntete weder Schamgefühl noch ihre Schuhe.

Gedanklich zurück ins Boot: kurz vor der Landung auf Karkar.
Wie wenn sich ein Schalter umgelegt hätte, vergesse ich Kampf und Knochen und fühle wieder die Aufregung in mir aufsteigen. Brillenwechsel. Ich beginne, Dinge zu erkennen.
Palmen! Tausende von braunen Stängeln mit grünen Puscheln obendrauf. Weiter oben, den Berg hoch, hören die Reihen abrupt auf und beginnt Regenwald.
Ich frage Piki, warum das so ist und sie antwortet: „Das sind alles Plantagen, Kokospalmen und dazwischen Kakaobäume." – „Wem gehören die Plantagen?", frage ich weiter. – „Viele gehören den Dörfern. Eigentlich hat jedes Dorf Kokosnüsse. Aber auf der anderen Seite gehören große Flächen auch Weißen, die auf der Insel leben. Die Pflanzungen da vorne rechts von dem kleinen Berg, den wir ‚Kamelhügel' nennen, gehören Noel Goodyear." – „Ist das ein Australier?"
Sie hebt die Schultern und lacht: „Das weiß ich nicht. Aber er ist mit einer Karkar-Frau verheiratet. Sie haben vier Kinder. Zwei leben hier und zwei in Australien." Sie lacht wieder und deutet weiter links von dem Kamelhügel: „Dort fahren wir hin, da liegt Gaubin!"
Ich sehe, aber ich sehe keine Häuser, nur Blau und Grün.
Was werden wir wohl gleich erleben? Wer wird am Strand stehen, wer sich freuen?

Es ist eine Wundertüte, die wir da erworben haben. Wir haben keine Ahnung, wie das Innere aussieht, haben zu Werbezwecken keine Fotos zuvor zu sehen bekommen und konnten auch nicht mal eben vorbei fahren und uns alles anschauen. Noch zweihundert Meter und ein paar Knoten und wir sind am Ziel.
Ich werde die Tüte aber nicht ausschütten können, sondern hineinfallen und hoffe, weich zu landen.

Erster Landgang
Das Boot drosselt die Fahrt. Sofort ist Filip hellwach, sieht sich um, zeigt mit seinem kleinen Finger zur Küste und ruft aufgeregt: „Da, da!"
Mira stellt sich hin und zieht die Stirn in Falten: „Mama, da ist ja gar kein Krankenhaus, ich kann gar nichts sehen. Und schau mal, der Sand ist ja ganz schwarz, das sieht ja komisch aus! Mama, irgendwie nicht so schön!"
Kinder sind so schrecklich schön ehrlich. Auch ich habe einen Hauch von Enttäuschung verspürt, als ich den Strand sah, der ungemütlich aussah, schmal, schwarz, ohne Schatten und das Ufer, von fleischigen Blättern fast zugewachsen, die alle wie ein Netz zusammen über dem Boden krochen. Aber dieses Gefühl habe ich mir nicht erlaubt und runter geschluckt. Doch es gelangt über Mira nach draußen. Einmal ausgesprochen, finde ich den Anblick o.k.

Enok fährt den Motor hoch und sucht einen Weg durch die Korallen. Die Wellen schaukeln uns, ein letztes Mal Gas geben und das Boot gleitet mit einem Knirschen auf den Strand.

„Sie sind da. Hallo Mama!" Ich erkenne Luis' Stimme, bevor er zwischen den Bäumen auftaucht und uns entgegen sprintet.

„Hey Luis, wie geht's? Das ist ja alles so aufregend!" Ich umarme Luis stürmisch. Mira ruft: „Luis, ich habe fliegende Fische gesehen." Luis winkt ab: „Ich auch. Ihr seid ja gar nicht so nass? Wir sind auf einem ganz alten Schiff gefahren. Vier Stunden lang! Wir hatten nicht so ein schickes Speedboot wie ihr."

„Luis, nur kein Neid, du wirst noch ganz oft mit so einem Boot fahren, das sind außerdem echte Knochenbrecher. Zwischendurch dachte ich, gleich bricht es auseinander und wir schwimmen nach Karkar. Ich habe schon geschaut, an was ich mich dann festhalten kann. Aber erzähl, wie ist die Insel?"

Frank taucht zwischen den Bäumen auf. Ich versuche, in seinem Gesicht zu lesen, zu erspüren, was für einen Wind er vor sich her trägt: er lächelt. Nach den vielen Jahren, in denen ich ihn nun kennen lerne, erkenne ich an dem Winkel und der Anzahl der Stirnfalten zwischen den Augen, der Weichheit der Augenbewegung und Schärfe des Blickes, was in Kopf und Bauch vor sich geht. Frank hat seine adlerscharfen Augen schon in alle Ecken und Winkel Gaubins geschickt und Mängel und Unwegsamkeiten erkannt. Es entgeht ihm nichts und in seinem Kopf arbeitet es unaufhörlich. Aber es ist auch Glanz da und so begrüße ich ihn.

„Hallo Frankie, alles klar? Na, wie ist es?", drängle ich.

„Mal ganz langsam. Erst mal ‚tach' sagen! Hallo Mira, wie war die Fahrt?", entgegnet er.

„Ach, eigentlich ganz schön, ich habe zum ersten Mal fliegende Fische gesehen!"

„Das ist ja toll." Frank wendet sich Filip zu und nimmt ihn auf den Arm.

„Na mein Süßer, bist du nass geworden? Hast du uns was zu Essen mitgebracht?"

Filip strahlt und nickt mit dem Kopf.

Ich will Frank umarmen, aber er schüttelt leise mit dem Kopf.

„Silke, beherrsch dich, hier gibt es viele Augen, du weißt doch, dass das hier nicht geht!"

Ich werde unsicher und auch wütend. Wie kann Frank nur so beherrscht sein. Ich durchlebe hier Wechselbäder der Gefühle und er ist trocken, kein Fleck unter den Achseln und weist mich auch noch zurecht. Ich fühle mich gestutzt und drängele weiter:

„Sag schon, wie gefällt es dir, gibt es Schwierigkeiten?"

Er sieht mich an und doch an mir vorbei: „Nein, nein, ist schon cool hier. Nicht alles so einfach, aber das kriegen wir schon hin."

„Was ist nicht so einfach?", hake ich nach, aber Luis drängt sich dazwischen. „Los komm, Mama, ich will dir doch alles zeigen."

Ich sehe Frank an, die Endorphine sind dem Adrenalin gewichen. Ich sehe, dass ich keine weiteren Informationen bekommen werde und mich zu gedulden habe, bis wir alleine, die Kinder im Bett sind.

Ich nehme Filip auf den Arm und rufe zu Luis und Mira: „Wartet kurz, ich verabschiede mich noch." Ich laufe zum Boot, die zwei Pappkartons mit dem Essen sind schon abgeladen. Enok hat den Motor wieder an und winkt zusammen mit Piki, die er jetzt zu ihrem Dorf fahren wird. Ein Mann mit einer Schubkarre ist gekommen und lädt die Kisten auf. Er hat ein rundes Gesicht und

fröhliche Augen. Beim Vorbeifahren sieht er mich schüchtern an und lächelt. Sein Gang erinnert an einen Film aus ‚Väter der Klamotte', die Füße nach außen gedreht und viel zu schnell. Er ist Wowol, der Sanftmütige aus Bagabag.
Wir laufen hinterher.
Ich sehe mich noch mal am Strand um. Bis auf ein paar spielende Kinder und eine Frau, die im Wasser steht und fischt, ist er leer.
Luis reißt mich aus den Gedanken: „Mama, komm jetzt, ich zeige dir das Haus, in dem wir schlafen. Ich habe mir schon ein Zimmer ausgesucht."
Mira nimmt meine Hand und protestiert: „Ich will mir auch ein Zimmer aussuchen!" Luis blickt sie wütend an: „Kannst du doch auch. Es gibt vier Zimmer. Ein großes und drei kleine."
„Erzähl noch mal von eurer Fahrt, Luis", bitte ich, einen Streit abbiegend.
„Schön war die. Einen großen Fisch haben sie gefangen, einen *Common Dolphin*. Ein paar Männer haben einfach Angelschnüre hinten aus dem Schiff raus gehalten. Dann sind wir mit dem Krankenhaus-Auto hierher gefahren. Bei dem sind die Fenster alle vergittert, falls da mal eine Kokosnuss runter fällt. Die Straße war echt so was von schlecht. Ich glaube, für die zehn Kilometer haben wir fast eine Stunde gebraucht. Wir mussten dann sogar durch einen Fluss fahren."

Plötzlich fängt es gigantisch an zu regnen und wir waten durch Blitz, Schlamm und Wasser bis zu einem Eisentor, links und rechts ein zwei Meter hoher Zaun. Frank holt uns ein. Hinter dem Zaun steht eine weiße Frau mit einem riesigen, bunten Regenschirm und wartet auf uns. "Hallo, ich bin Simone. Herzlich willkommen auf Karkar. Schön, dass ihr da seid, wie war die Überfahrt? Seid ihr mit Enok gefahren? Es ist gerade Regenzeit, da geht es meistens nachmittags los. Kommt, ich begleite euch bis zu eurem Haus. Klaus wird nachher kommen und dir das Krankenhaus zeigen, Silke. Wir wohnen in dem Haus ganz da hinten. Wenn ihr oder die Kinder vorbeischauen wollt, könnt ihr das gerne machen."
Das ist also die Frau des Arztes.
Vier Jahre schon wohnen sie auf dieser Insel.
Ich freue mich über ihre gute Laune und dränge mich unter ihren Schirm, wie ein Küken unter die Flügel der Glucke. Geschützt gehen wir vorbei an langen weißen *Buai* (Betelnuss) bespuckten, gemauerten Gebäuden – Baracken mit Blechdächern und Fenstern mit zerrissenen Fliegengittern. Das eine oder andere Gesicht taucht auf und wieder unter.
„Das sind die drei TBC-Stationen. Dahinter sind das Hauptgebäude und die anderen sieben Stationen. Dort in dem Gitterverschlag stehen die Krankenwagen, einer ist allerdings kaputt." Wir gehen weiter über eine kleine Brücke, vorbei an Bananenstauden, Bäumen mit Orchideen in den Astgabeln, kleinen Hecken und kommen zu einem riesigen, aufgestelzten Haus. Simone zeigt darauf: „Das ist das Haus, in dem Tscharke mit seiner Frau gewohnt hat."

Edwin Tscharke, die Legende

Ein Australier, der in jungen Jahren, ausgebildet als Sanitäter, nach PNG kam. 1947 erhielt er von dem Arzt Dr. Braun, der in einem Krankenhaus an der Ostküste arbeitete, die Anweisung:
‚Geh nach Karkar, baue dort ein Krankenhaus und arbeite darin.'
Karkar, bis dahin ohne Gesundheitsversorgung, war in einem katastrophalen Zustand und hatte u. a. ein massives Problem mit tropischen Geschwüren, Yaws und TBC.
Und so tat er es, baute aus einfachsten Mitteln ein einfaches 80-Betten-Krankenhaus, fing an, die Menschen zu Krankenschwestern und Pflegern auszubilden und arbeitete unermüdlich. Die Dorfklane hatten für das Projekt ein unwirtliches Gelände direkt in einem Sumpf, keine hundert Meter vom Meer, herausgerückt. Eine Brutstätte von Malaria und Krebsen. Landkrebse, die jedes zarte neue Keimblättchen eines angelegten Gartens abknabbern und die Erde mit unzähligen Löchern versehen. Ob man heißes Wasser in die Löcher kippt oder morgens Wache hält, um sie zu zertreten, sie sind Darwins Fittest.
Tscharke schlief mit seiner Frau monatelang auf der Veranda eines anderen Australiers und verbrachte jede Ferien im Operationssaal Brauns oder in Australien, um sich das Operieren beibringen zu lassen. In den sechziger Jahren ließ er die Krankensäle von Hunderten von Männern schultern und sie zweihundert Meter weiter tragen, sie sollten die neue Schule sein, was sie bis heute auch sind. Er erfand eine Maschine, mit der er Backsteine formen konnte, und baute erdbebensicher ein neues Krankenhaus. Es gab auch Hühner, Fischteiche und Schweine und – wie weitsichtig – eine Schweinekot-Biogasanlage! Er arbeitete mit ungeheurer Energie und Einfallsreichtum fünfundzwanzig Jahre lang. Halb blind verließ er Karkar und starb ein paar Monate vor unserer Einreise in Australien.

Wir staunen über das imposante Haus. Simone lacht wieder, deutet in die andere Richtung und winkt im Gehen. Sie will sich zurückziehen. Gut.

„Das ist unser Haus!", ruft Luis.
Ich sehe mich um und lasse mich von Filip weiter ziehen. Ich staune, ich staune über diese Gärten, den frisch gemähten Rasen, alles clean und schier, wie die Norddeutschen sagen. Frank hat inzwischen die Tür aufgeschlossen und ich betrete das kühle Backsteinhaus.
Wieder wandern die Augen. Es ist gut, es passt schon.
Alles Wichtige ist da, Betten, ein Tisch, Küche, sogar mit ein paar alten Töpfen und Tellern. Dellen und abgeschlagene Ränder stören nicht. Auch die weghuschenden Kakerlaken und die kleinen Straßen der winzigen Ameisen, die in den Kühlschrank laufen, stören mich nicht mehr. Diese Natur hier scheint ein Prinzip durchgesetzt zu haben, das des Gebens und Nehmens.

Die Kinder stürmen durchs Haus. Ich ziehe Filip die Windel aus. Er will raus und so gehen wir. Der Regen hat aufgehört und die Sonne bringt alles zum Dampfen.
Eine Frau in weißer Tracht mit blaukarierter Schürze geht vorbei in Richtung Klinik. *„Yu nupela dokta?* (Bist du der neue Doktor?)", ruft sie. Ich nicke und sie läuft lachend weiter: *„Welkam!* (Willkommen!)"
Ich fühle mich gut, mich hat jemand erkannt!

Gehofft hatte ich auf ein Willkommensfest mit vielen W*elkams* und Blumenketten um den Hals und so vielen Trommelschlägen, wie wir Kilometer bis hierher zurückgelegt haben. Aber besser gar kein Fest, als eine halbe, laue Sache. Vielleicht kommt es ja noch, wenn ich anfange zu arbeiten?

Der erste Zahn wird gezogen oder nennt man das Kulturschock?
Filip erforscht den Garten, hinter dem Haus läuft der Zaun entlang, der das Krankenhausgelände umgibt. Kinder in Uniform laufen daran entlang und winken. Es muss hier wohl Schuluniformen geben. Sie bleiben stehen und beobachten uns beide. Was mag in deren Köpfen vorgehen. Ich winke fröhlich und rufe *„Moning"*. Die Mädchen antworten nicht, sondern stecken die Köpfe zusammen, fangen an zu tuscheln, lachen laut auf, während sie mit dem Finger auf mich zeigen, rennen sie weg, ohne zu antworten. Plötzlich komme ich mir total dämlich vor. Diese kleinen Gören haben sich über uns lustig gemacht!
„Ich bin empört!", schreit das Teufelchen auf meiner Schulter. „Was hast du erwartet, dass alle zu dir aufschauen?", gibt das Engelchen zu bedenken.
Sie haben uns ausgelacht!
Was ist so lustig an uns? Unsere weiße Haut ist in dieser Umgebung nicht schön. Wir sehen bestimmt auch verloren aus, aber sie haben uns zu Affen gemacht, in unserem Käfig! Ich merke, wie mir das Blut in das Gesicht schießt und die Ohren ganz heiß werden. Die nächste Truppe Kinder kommt an, dieses Mal Jungs. Ich rufe wieder mein *„Moning"*. Sie lachen, wieder ist es auslachen und einer ruft laut: *"I no moning, belo nau.* (Es ist nicht mehr Morgen, sondern Mittag.)" Gackernd sprinten sie davon.
Kurz denke ich: Wenn mich hier keiner ernst nimmt, kann ich ja wieder nach Hause fahren. Ich mach mich hier doch nicht zum Kasper! Aber schon ist mein Kampfgeist geweckt und schmiedet Pläne:` ‚Holt mich nur vom Ross, das ist gut so, heilsam. Wenn ihr kleinen Furzer davon ausgeht, dass wir Weißen die Blöderen auf diesem Planeten sind, werde ich euch in ein paar Monaten vielleicht komplett Recht geben, aber ich werde euch zeigen, dass ich ein, was weiß ich, ein Mensch bin. O.k., ich werde Demut lernen. Ich werde meine schwarze Urmutter würdigen.
Ich schäme mich, dass ich so ausgebleicht bin, schäme mich, dass ich zwei linke Hände habe und mich nicht mehr selbst ernähren kann, die Erinnerung an meine Gene habe verblassen lassen. Ich werde mich erniedrigen lassen und euch bitten, meinen Kopf von allen rassistischen Gedanken zu leeren, hypnotisiert mich und führt mich zurück in den warmen Muskel.
Ich werde mich nicht für alle Verbrechen der Geschichte an euch entschuldigen können, aber ich kann etwas Kleines: mich selbst befreien.

Huu, hört sich zum Kotzen an.
Vielleicht werde ich erkennen müssen, dass ihr selbst schon längst Rassisten geworden seid und auf unsere ausgestreckten Hände spuckt. Vielleicht seid ihr auch so gerissen, dass ihr erst spuckt, wenn wir die Hand zum Abschied erheben – bis dahin spielt ihr ein gelungenes Theaterstück mit uns ‚Kommt mit euren Gaben, wir nehmen, was wir gewollt haben, und dann – verpisst euch.'
Wie viel Arroganz habt ihr bisher ertragen müssen?
Soll ich für meine Haut kämpfen, den Rotzgören Respekt beibringen oder mich schwarz anmalen in absoluter Solidarität? Nein, wir werden aus diesem Theaterstück eine Komödie machen, ist doch alles lustig.

„Komm Filip, lass uns in unser Affenhaus gehen, ein paar Bananen essen." Seine kleinen Augen strahlen. Er pinkelt an einen Hibiskusstrauch und wackelt hinter mir her. Luis und Mira sitzen in einem Baum und versuchen an grüne Früchte heranzukommen. „Was ist das?", rufe ich nüchtern, nicht mehr flötend. – „Guaven. Schmecken total lecker. Die sind aber noch zu hart", antwortet Luis. „Hast du hier schon ein paar Kinder kennen gelernt Luis?" – „Na ja, gestern war Finn hier, der Arztsohn, mit seinem Freund. Sonst habe ich noch keine gesehen." – „Haben die beiden mit dir gespielt? Wie alt ist Finn?" – „Ein Jahr älter als ich. Wir haben zusammen Feuer gemacht und dann waren wir noch zusammen am Strand. Das Wasser ist echt so warm. Wir sind aber nicht lange geblieben, weil es so viele Sandflöhe gab und Finn keinen Bock hatte, sich stechen zu lassen. Die Schwester habe ich auch schon gesehen, ist auch ganz nett."

„Was machen wir eigentlich heute noch, Mama?", will Mira wissen. – „Ich weiß es nicht. Der Arzt will mir nachher noch das Krankenhaus zeigen. Vielleicht können wir dann auch noch mal zum Strand. Jetzt können wir ja erst einmal was futtern."
„Das heißt essen." Luis nimmt es genau.
„Nein, man kann auch futtern sagen oder fressen!", ist Mira überzeugt. – „Menschen fressen nicht, Mira!" – „Dann fressen auch Tiere nicht, wir sind nämlich Tiere." – „Wir stammen zwar vom Affen ab, aber wir sind Menschen." – „Na und. Und warum sind wir was Besseres? Nur weil wir Besteck haben? Wir sind auch Tiere, wenn es genehm ist und damit basta." – „Dann kannst du ja zu deinen Verwandten in den Schweinestall ziehen. Dort fällst du auch gar nicht auf." Luis ist in Fahrt.
„Stoppt, hört auf", unterbreche ich die beiden, „Mira hat nicht Unrecht. Biologisch gesehen sind wir Tiere, und wenn ich mir so manche menschlichen Leistungen ansehe, gehören wir auch nicht an die Spitze der Nahrungskette."
Plötzlich schreit Mira auf und springt vom Baum herunter. Sie hüpft, trampelt mit ihren Füssen und schlägt sich auf die Arme: „Mama hilf mir. Aua, die beißen mich überall!" Ich eile zu ihr und sehe überall dicke, orangene Riesenameisen. Als ich noch näher hinschaue, erkenne ich, wie sie sich mit ihren Beißzangen in Miras Haut verbissen haben. Ich versuche, sie wegzufegen, aber sie lassen nicht los. Ich nehme einen Körper und ziehe, bis ich ihn in der Hand habe, aber wo ist der Kopf? Unglaublich, aber der hakt noch immer in der Haut. „Die sind ja hartnäckig, die lassen sich lieber umbringen, als loszulassen", rufe ich und versuche der zappelnden Mira zu helfen.
„Zieh das T-Shirt aus."

Überall wimmelt es.

„Wo kommen die denn her?", frage ich sie.

„Ich habe da auf dem Baum Blätter gesehen, die so zusammengeklebt waren wie zu einem Ball. Als ich rein geguckt habe, wer da drinnen wohnt, sind sie raus gekommen und haben mich überfallen." – „Das sind *Kurakums*." Luis ist runter geklettert und klärt uns auf: „Finn sagt, die fressen alles und sind super schlau. Er hat sogar mal gesehen, wie sie lange Brücken und ein Floß aus lebenden Ameisen gebaut haben!"

„Ameisen sind doch echt Klasse. Ich mag sie. Es ist wie eine Miniaturwelt. Wenn sie sich begegnen, betrillern sie sich, wie wir uns die Hand geben. Und wie finden sie sich in den riesigen Ameisenhügeln zurecht? Wer weiß, wer was zu tun hat? Ich habe sogar gehört, dass manche Arten andere überfallen und Gefangene nehmen, die dann im Bau wie Sklaven für sie arbeiten müssen. Das zeugt doch echt von Intelligenz", schwärme ich.

„Ich finde Ameisen doof", unterbricht mich Mira und geht ins Haus.

Frank hat schon den Tisch gedeckt. Er sieht mich an und fragt: „Was war los?" – „Ameisen." Frank schmunzelt und ich bewundere seine Ruhe. Nicht, dass ich mit Getier oder Dreck ein Problem habe, ganz im Gegenteil. Die Kinder können sich im Schlamm suhlen, sich von Kühen abschlabbern lassen, Klamotten mit Gülle sind Duft für mich, sie können soviel Sand essen, dass die Windel knirscht, alles gut. Eine Portion Dreck ist gesund, da nicken alle Bauersfrauen. Aber noch weiß ich nicht was sich hier alles so versteckt, wo die neuen Viecher lauern, welche Eigenheiten sie haben, wer den Tod bringt.

Aber Frank ist souverän in diesem Chaos. Während ich das Gefühl habe, zu schrumpfen und die Hände schützend über meinen Kopf halte, begegnet er dieser Welt rational und immer schön an der Oberfläche schwimmend. Ich beobachte ihn eine Weile und erinnere mich an mein Zaunerlebnis.

„Sag mal, dieser Zaun da draußen ist komisch. Hier wird man ja angeschaut wie ein Exemplar aus dem Zoo." – Frank lacht: „Ja, das ist echt gewöhnungsbedürftig. Wenn ich draußen eine rauchen gehe, verstecke ich mich immer hinter dem Bretterzaun von der Waschküche. Das wird schon, wir sind nun mal die Neuen hier. Als Luis zum ersten Mal einen Schwarzen in Berlin gesehen hat, hat er ihn auch hemmungslos angeschaut. Hat er nicht sogar versucht, ihm die Farbe von der Haut zu reiben? Und kannst du dich noch erinnern, wie er in der Badewanne lag mit den Beinen über den Rand und gesagt hat: ‚So steigen die Afrikaner aus der Wanne?'."

Ich lache und nehme seinen Faden auf: „Weißt du noch, wie wir in der U-Bahn gefahren sind und ein Schwarzer mit Rastalocken uns gegenüber saß? Luis hat mich ganz laut gefragt: ‚Ist das ein Hirsch?'."

Es klopft plötzlich und ein weißer, großer, schlanker Mann mit Bart steht in der Tür. Er ist ganz weiß angezogen und das Stethoskop hängt um seinen Hals. „Darf ich stören? Hallo, ich bin Klaus. Ich wollte dir eigentlich die Klinik zeigen, Silke?" Ich stolpere über die nüchterne Begrüßung und springe auf. „Na klar, bin schon fertig mit Essen." – „Dann komm. Wir sehen uns später noch, Frank."

Filip fängt an zu weinen, als er sieht, dass ich gehen will, und streckt die Hände nach mir aus. Ich

zögere. Ich hasse es, zwischen meinen Kindern und meinem Job zu stehen. Frank hilft mir: „Sonst gebe ihm doch schnell noch was zu trinken, dann schläft er bestimmt ein. Kannst du noch kurz warten, Klaus?"
Filip ist schnell im Tiefschlaf und ich gehe hinter Klaus her, hinter – wohlbemerkt. Klaus eilt, in Gedanken versunken, voraus. Er wirkt ernst und besorgt.

Bei den Kranken – Sieben auf einen Streich

Ein-Kina Behandlung
Als wir vor dem Krankenhauseingang stehen, schlägt das Herz bis in den Hals.
Ich finde, es sieht hübsch aus. Die Gemäuer sind wie ein alter Baum, der viel gesehen hat und tausende von Geschichten erzählen kann. Die Rinde ist alt und ab und zu fehlt ein Stück oder man sieht eine Narbe, aber das Holz ist von Regen und Wind umweht und gepflegt. Ein Unikat.

Klaus sieht mich an, die Mundwinkel sind tief nach unten gezogen: „Am besten, ich erkläre dir, wie der normale Weg eines Kranken durch das Krankenhaus funktioniert. Also, hier ist der Wartebereich, viel zu klein natürlich. Wir haben hier pro Jahr ungefähr 55.000 ambulante Patienten. Stell dir das nur vor, mit dem einen Bänkchen kommt man hier nicht weit. Dort geht's rein." Die Menschen, die an der Tür stehen, sehen uns an und weichen zur Seite.
An einem kleinen Tisch, in einem kleinen offenen Raum, umringt von Menschen, sitzt eine Mutter mit einem Baby. Ihr gegenüber – eine Frau in weißer Tracht. Klaus grüßt nicht, die Schwester schaut kurz hoch und arbeitet weiter. Ihr Blick streift mich und wir lächeln uns kurz an.
„Also, wenn ein Patient kommt, bezahlt er erst einmal zwei *Kina* – ein *Kina* entspricht 25 Cent. Hier gibt es natürlich keine Krankenversicherung im Land und die Gesundheitsversorgung ist bis auf Impfungen und Verhütungsmittel nicht umsonst. Aber das ist auch gut so, gute Arbeit und guter Service soll auch honoriert werden. Im Gegensatz zu den anderen Kliniken sind die kirchlichen aber noch sehr billig. Die paar *Kina*, die hier für eine Behandlung inklusive allem, Operation, Medikamente, Labor, bezahlt werden, sind eigentlich kein Problem, das können die Menschen erwirtschaften, die sind nicht arm hier."
An Indonesien erinnert, frage ich schnell: „Und wenn einer nicht bezahlen kann, wird er trotzdem behandelt?" – „Natürlich. Notfälle behandeln wir immer. Aber wir haben Listen voll von Patienten, die einfach abgehauen sind ohne zu bezahlen." Seine Stimme klingt traurig.

Ich wundere mich innerlich noch über den Satz, dass die Menschen hier nicht arm seien, und hänge ihm nach. Wenn ich mir die Menschen in ihren zerlöcherten Kleidern ansehe, die Füße barfuß mit Sohlen wie Leder, glaube ich das erst einmal nicht. Außerdem müsste dann ja sofort die Frage folgen, was ich dann ja wohl hier mache. Nicht jetzt.

Klaus erklärt weiter: „Der Kranke wird dann von den Schwestern befragt und untersucht. Das medizinische Personal ist unglaublich gut hier und alle arbeiten sehr selbständig. Wenn der Patient nicht aufgenommen werden muss, schicken ihn die Schwestern mit Medikamenten wieder nach Hause." – „Musst du die Diagnose noch mal kontrollieren?", will ich wissen. – „Nein, die sind zu 80 Prozent richtig."
„Wie viele Schwestern gibt es?"
„Es sind nur 25. Stell dir vor, 25 für 180 Betten!! Davon sind etwa die Hälfte echte Schwestern. Der Rest sind CHW (Community Health Worker), die haben nur eine zweijährige Ausbildung erhalten, so wie wir sie hier in Gaubin ausbilden, und sind nicht ganz so fit. Normalerweise arbeiten sie in

den kleinen *Aid Posts* auf den Dörfern. Dort machen sie praktisch die Basisversorgung und können Malaria und kleinere Wunden versorgen.
In der Nacht sind zwei Personen im Dienst. Das ist eigentlich unverantwortlich, da sie für alles verantwortlich sind, Geburten, Medikamente ausgeben, Neuaufnahmen anschauen, und wenn dann noch ein paar Schwerstkranke dazwischen sind, oh je, dann geht oft was schief.
Aus seiner Stimme bricht wieder viel Resignation und man kann ahnen, dass da noch viel mehr Unangenehmes darauf wartet, erzählt zu werden. Ein kontrollierter Vulkan.
„Also weiter, die Patienten bekommen von den Schwestern Medikamente und gehen wieder. Wenn es Notfälle sind, werden wir gerufen, auch wenn sie mal nicht weiter kommen mit der Diagnose. Es passiert aber auch immer wieder, dass sie viel zu spät oder gar nicht rufen. Ich habe schon so oft gepredigt, wenn es einen Notfall gibt, dann soll einer zu mir losrennen und der andere mit der Versorgung beginnen. Aber stell dir vor, manchmal kommen sie und der Patient ist tot, und wenn man nachfragt, ist er schon vor Stunden gekommen. Es ist traurig, manchmal habe ich das Gefühl, dass die einfach keine Lust haben. Stell dir mal vor, die haben keine Lust, dich zu sehen, und somit stirbt der Mensch. Es ist also immer gut, ab und zu hier vorbei zu kommen und sich die Menschen anzuschauen."

Natürlich werde ich anfangs an der gleichen Nuss zu knacken haben, bis ich verstehe und sie ausspucke. Wie sehr unterschiedlich wir erzogen sind, wird mir ein Papua-Student zum Abschied sagen, nachdem wir drei Monate gut zusammengearbeitet haben: „Ich habe so viel gelernt von euch, aber was ich durch euch erst richtig begriffen habe, ist, dass ich für das Leben der Kranken verantwortlich bin. Das hat mir vorher keiner vorgelebt."

Apotheke
Wir gehen weiter in einen Raum mit einer Wand voller, in kleine Päckchen geschnürter Krankenakten, einer alten Schreibmaschine und zwei Frauen, die Geld einkassieren.
Eine Tür führt in eine Kammer, die zuerst völlig chaotisch aussieht. Es türmen sich Kisten zwischen vollen Regalen mit Medikamenten. Die Apotheke! Eine Frau mit blauem Kittel und Brille steht in dem Durcheinander. Als sie uns kommen sieht, geht sie aus dem Raum, ohne ein Wort zu sagen.
Was ist bloß los hier?
„Wer war das?", frage ich nach.
„Das war Betan, die führt hier die Apotheke seit dreißig Jahren. Sie ist nicht gut auf mich zu sprechen, weil ich ihr gerade untersagt habe, die Medikamente direkt an die Kranken auszugeben, und sie in das Kabuff hier verbannt habe. Eigentlich müsste man auch das kleine Fenster hier zunageln, damit sie nicht auch da noch Medikamente in ihre eigene Tasche raus verkauft. Alles korrupt hier. In so vielen Sitzungen habe ich das Problem angesprochen, aber es tut sich nichts."
Ich verliere die Lust zu fragen, mir ist das alles unangenehm.

Wir gehen weiter.
Ich will rauuus, Luft schnappen und meinen Kopf sortieren.

‚Auch nicht einfach für die Menschen hier, alle vier Jahre wird ihnen ein neuer Doktor vor die Nase gesetzt, der wieder alles anders macht und meint alles besser machen zu müssen…und die Pfleger hier müssen alles mitmachen. Den frischen Enthusiasmus, die mitgebrachten Ideen, das Wissen, was hier fehlt und was man braucht. Oh je…', denke ich und zwinge mich, mich wieder zu konzentrieren.

„Wofür werden eigentlich die Krankenwagen benutzt, müsst ihr auch Notfälle aus den Dörfern holen?" – „Nein, die müssen hier alle selber herfinden. Manchmal ist das allerdings schwierig, weil die Straße sehr schlecht ist und man zurzeit nicht einmal ganz um die Insel kommt. Die meisten von den 60 Dörfern liegen am Berg und dort gibt es nur Pisten, die in der Regenzeit unpassierbar sind. Außerdem gibt es hier kein Telefon. Autos gibt es auch wenige. Die Patienten erzählen, dass sie sogar manchmal ein paar Tage an der Straße sitzen, um ein Auto zu finden. Einmal pro Woche fahre ich zu zwei kleinen Health Centern auf der anderen Seite der Insel.
Dass die hier zwei verschiedene Sprachen sprechen, weißt du?" Ich nicke. „Hier wird Takia gesprochen, weil der Teil der Insel von der Hauptinsel aus bevölkert wurde, also von den Melanesiern. Auf der anderen Seite wird Waskia gesprochen. Die Menschen von dort sind mit Booten von den Melanesischen Inseln herüber gekommen. Wenn du lange hier lebst, so wie Noel, kannst du es auch an den Gesichtern erkennen. Die Melanesier haben viel gröbere Gesichtszüge." – „Können die sich denn untereinander verstehen?" – „Nein, die Sprachen gleichen sich in keinem Wort."

Kreißsaal

Wir kommen in einen kleinen Vorraum mit einer einfachen Pritsche: der gynäkologische Untersuchungsraum. Durch eine saloonartige Schwingtür stehen wir im Kreißsaal.
Kreißsaal! Mein Puls rast.
Geburtshilfe ist meine Leidenschaft. Hier werde ich versuchen, richtig gut zu sein und den Frauen einen Ort geben, in dem sie sich sicher und aufgehoben fühlen.
Zwei Schwestern stehen um ein Bett herum, auf dem eine nackte Frau auf dem Rücken liegt, die offensichtlich gerade entbunden hat. Die Laken sind blutig und auf dem Boden befindet sich eine Pfütze grünen Fruchtwassers.
Ihre glänzende Haut und die tiefe Versunkenheit erzählen von der geleisteten Anstrengung. Sie ist jung, ihr schönes Gesicht ist von Tätowierungen verziert, ihr Körper muskulös und schmal. Ich betrachte den leeren Bauch und wundere mich. Ihr Bauch ist alt, faltig und voller Risse. Wie die Jahresringe eines Baumes scheint man die Anzahl der Kinder ablesen zu können.
Sie stöhnt auf, die Schwester hantiert zwischen ihren Beinen, klatscht ihr auf den Schenkel und raunt ihr etwas zu. Sie hält Nadel und Faden in der Hand und versorgt offensichtlich einen Riss. Als die Frau die Augen öffnet, sieht sie Klaus in der Tür stehen. Sie legt den Arm über ihre Augen und kneift die Beine zusammen. Die Schwester wird regelrecht ungehalten und versucht, sich fluchend zwischen die Beine zu drängen.
Eine alte Frau, die in ihrem verdreckten Hemdchen am Kopf der Frau steht, fängt in einer anderen Sprache an zu zetern, schlägt der Liegenden mit der Hand auf den Kopf, als sei sie ein unartiges kleines Kind, und ruckelt an den Beinen herum.

Ich wundere mich wieder, diesmal über die Haut der alten Frau, die vielleicht die Mutter der Beinekneiferin ist. Wer einen Luftballon von einem Kindergeburtstag vergessen hat abzuhängen, weiß, wie sich dieser, zu einem verschrumpelten Sack mutierte Ballon, anfühlt. Feine Fältchen, in zarter schlaffer Membran, ihre Haut.
Ihre Beine sind Stöckchen mit großen schuppigen Flecken, die silbrig glänzen. Sie kratzt sich an ihrer Fischhaut und schnäuzt sich anschließend in den Kragen ihres Hemdes.
Das muss ein Pilz an ihren Beinen sein, denke ich, sie sieht aus, als würde sie schimmeln wie ein Stück altes Brot. Ich weiß, dass in der tropischen Feuchtigkeit Bäume mit Moos, Flechten und Schmarotzern überwuchert sind, aber dass die Beweglichkeit des Menschen ihn nicht davor schützt, mit der Zeit ähnlich auszusehen, habe ich nicht geahnt.

Ich sehe der Schwester über die Schulter und kneife reflektorisch die Beine zusammen. Sie hält nicht nur Nadel und Faden in der Hand, das sind Werkzeuge aus der Großwildpraxis. Ein Faden, dick, schwarz, unzerreißbar, wie ich ihn von rustikalen Lederboots her als Schmucknaht kenne. Und eine Nadel, wie zum Netze knüpfen.
Ich schrecke zurück und betrachte noch einmal die liegende Frau voller Respekt und Mitgefühl. Sie gibt keinen Ton von sich, man sieht nur ihre Backenknochen arbeiten.
Ich schüttele meine Spannung ab, den Rotz im Inneren des Hemdes der Oma, atme den Schlag auf den Kopf und das Gemecker aus und wende mich an Klaus. „Komm, lass uns gehen, der Frau ist das unangenehm." – „Wieso das? Wir können ja den Vorhang zuziehen."

In einem kleinen Bettchen aus Draht rührt sich ein kleines Bündel und quiekt leise. Ich sehe das Neugeborene, stramm eingewickelt wie eine Wurst mit ganz weißer Haut! Ich kann nicht widerstehen und streichele dem Kind über die Stirn. „Wie viele Kinder werden hier geboren?", frage ich Klaus, der eine Schachtel vom Regal zieht. – „Normalerweise so um die 600. Die meisten Frauen bekommen auf dem Dorf ihre Kinder."

OP
Ich stecke den Kopf rein. Alles sieht liebevoll gepflegt aus, man kann sagen, den Umständen entsprechend astrein. Weiße Kacheln, grüne Päckchen, ein alter OP-Tisch und eine Monster-Lampe oben drüber. An der Seite ein Waschbecken ohne die so vertrauten Sterilium-Flaschen an der Wand. „Sieht schön aus, hier macht es bestimmt Spaß zu arbeiten", entfährt es mir. „Wo zieht man sich denn um, und wo kommen die Patienten rein?"
Klaus lacht: „Du denkst an Schleusen und so? Vergiss es, du musst durch den Operationssaal durch, dahinten ist eine kleine Kammer mit Fäden und Kitteln. Die Patienten kommen hier rechts durch die Flügeltür, die direkt in den Gang führt. Also, mit der Liege von draußen, durch den ganzen Gang und – mit Hühnerkacke, Rotz und *Buai* – direkt in den OP."
Ich muss lachen: „Cool!"
„Cool!?", entgegnet er tadelnd.
Ich lache gekünstelt und würde mir am liebsten auf die Zunge beißen. Ich fühle mich unwohl und so sollte ich es lassen, Kommentare zu geben. Nur Schafe blöken dämlicher.

Logischerweise frage ich Klaus: „Wie sieht es denn mit Allergien aus? Hier im Urwald muss die Urwaldtheorie doch prima funktionieren."

Die Urwaldtheorie besagt, wenn die Abwehrzellen, die z.B. für Parasiten zuständig sind, die Gelegenheit haben, sich mit Erregern und Würmern auseinanderzusetzen, sie quasi beschäftigt sind und daher keine Allergien entstehen. Abwehrzellen, die dazu nicht die Möglichkeit haben, greifen dann irgendetwas anderes, wie z.B. Pollen, an. Das ist wie ein Briefträger, der jeden Morgen in der Zentrale eine leere Tasche umgehängt bekommt, weil kein Mensch mehr schreibt, und aus Frust anfängt, Gras oder Stinkbomben in die Briefkästen zu legen.

„Ich weiß nicht, was die Urwaldtheorie besagt, aber Allergien gibt es hier so gut wie keine."

Wir haben inzwischen den OP verlassen und gehen auf einem glatten, langen Betongang, der mit einem Blechdach vor den Regenschauern geschützt ist, an zwei Baracken, die rechts und links vom Gang abgehen, vorbei. Ein Huhn rennt vor uns weg, eine Frau hängt Stoffwindeln an eine alte Wäschespinne, die zwischen den Stationen steht.

Die nächste Baracke ist die Kinderstation. Ich bin so gespannt, wie es in den langen, weißgetünchten Häusern aussehen wird, aber ich bin wie ein Roboter, habe auf Autopilot umgeschaltet und mein Inneres auf Urlaub geschickt, zum Luftholen...

Kinderstation

Wenn ich die Augen schließe und an ‚Kinderstation' in Deutschland denke, sehe ich Buntes: viele wackelnde Mobiles, Tierbilder an den Türen, ein Spielzimmer mit Fernseher, Kinderpflaster, eine Dose mit Trösterchen und einen Clown, der die Kinder durch Lachen heilen kann.

Wir gehen durch die blaue Flügeltür und stehen in einem weißen Raum mit einem Mittelgang, gesäumt von je zwölf niedrigen Eisenbetten auf jeder Seite. Es gibt keine Matratzen, nur ein Brett als Liegefläche. Keine Nachttischchen oder Lampen. Die rot gefleckten Wände enden in einer durchgehenden Reihe von Fenstern ohne Glas. An der Decke zwei nackte Neonröhren. Nichts erinnert an eine Kinderstation, außer den Kindern in ihren Betten.

Die Station ist halb voll.

Ich stoppe meine IchgreifmireinenFarbtopf-Gedanken und frage nach, warum an fast jedem Bett vier Stöcke an den Ecken befestigt sind. Vielleicht für Infusionen? „Die sind für die Moskitonetze, die in der Nacht darüber gelegt werden. Die Fenster hier sind mit Absicht nicht vergittert, damit sich die Menschen angewöhnen, unter Netzen zu schlafen, um es dann auch im Dorf zu tun. Der Erfolg ist allerdings mäßig, ganz einfach, weil es den meisten zu heiß und stickig unter dem Netz ist", erklärt Klaus.

„Wie schlimm ist denn Malaria? Hattet ihr es schon oft?"

„Wenn du hier lebst, gehört das dazu, wie du in Deutschland eine Erkältung im Herbst bekommst. Wer rechtzeitig in die Klinik kommt, stirbt nicht an Malaria. Die Menschen haben eine Teilimmunität, weil sie praktisch ständig gestochen werden und Erreger in sich haben. Richtig heftig ist es für Kinder und Schwangere, da die Erreger durch die Plazenta das Baby anstecken und Früh- oder Totgeburten auslösen. Bei den Kindern ist die cerebrale (das Gehirn mit betreffende) Malaria gefährlich. Ich zeige dir ein Kind, das gestern gekommen ist. Was nehmt ihr eigentlich als Prophylaxe?"

„Uns wurde vom Hamburger Tropeninstitut Lariam ans Herz gelegt."

„Was? Sag bloß, ihr nehmt das Teufelszeug auch noch!"

Ich komme mir, jetzt fast in regelmäßigen Abständen, etwas dämlich vor. „Na ja, sie meinten, während der Eingewöhnungszeit wäre es gut, ein sicheres Mittel zu nehmen." Klaus schnaubt: „Das die noch immer so einen Scheiß empfehlen. Ich fasse es nicht. Du glaubst gar nicht, wie viele Leute ich das Land habe verlassen sehen, weil sie wegen dieses Zeugs psychisch auffällig oder depressiv wurden, ja sogar suizidgefährdet. Manche sitzen da und reden nur noch völligen Schwachsinn. Echt, lasst die Finger davon! Eigentlich brauchst du gar nichts zu nehmen. In der Regenzeit, und nur weil wir hier im Sumpf leben, nehme ich Chloroquin. Simone und die Kinder nehmen gar nichts. Die anderen Mittel, wie Artesunate, sind so Klasse, dass du bei einem Malariaschub am nächsten Tag wieder topfit bist. Wieso hast du dir keine anderen Informationen geholt oder uns gefragt?" Er wendet sich ab, wartet gar nicht auf eine Antwort und läuft kopfschüttelnd den Gang entlang, ohne nach links oder rechts zu schauen.

Natürlich haben wir die folgenden vier Jahre keine Prophylaxe mehr genommen und klar würde ich in meinem Leben nie wieder Lariam nehmen oder anderen empfehlen, vor allem, nachdem ich von drei Fällen weiß, die wegen der fälschlichen Botschaft ‚Lariam ist sicher' ihre Malaria verschleppten und ernsthaft erkrankten. Kein Mittel ist sicher und bei allen gibt es schon Resistenzen.

Aber in diesem Augenblick frage ich mich, ab wie viel Dummheit man im Boden versinkt oder einem das Jugendamt die Kinder wegnimmt, Begründung: ‚Mutter treibt ihre eigenen Kinder in den Wahnsinn' und zwischen den Zeilen ‚und das als Ärztin'.

Die vielen Kinderaugen, die mich anschauen, holen mich zurück in die weißgetünchte Realität der Station. Ich setze ein Lächeln auf und schleiche hinter Klaus her.

Er bleibt vor einem etwa dreijährigen Kind stehen, das auf dem Bett sitzt und aus einer Blechschüssel isst. Ich schiele in die Schüssel, es sieht aus wie Kochbananen mit etwas grünen Blättern und einer milchigen Soße. Bestimmt Kokosnuss.

Unser Stehenbleiben bewirkt, dass das Essen dem Kind buchstäblich aus dem Gesicht fällt, der Löffel in die Schüssel knallt und das Kind schreiend hinter der auf dem Boden sitzenden Mutter verschwindet. Die lacht und ruft: „*Yu longlong, bai mi paitim yu.* (Du bist verrückt, ich hau dich gleich.)"

Aber sie schlägt das Kind nicht, sondern nimmt es mit einer unglaublichen Zärtlichkeit in den Arm und drückt es an sich. Im gleichen Moment nehme ich die Mutter im Bett neben dran wahr, die auf dem Rücken liegt und ihr kleines, nacktes Baby stillt. Ihre Finger gleiten den kleinen Rücken hinunter, dann nimmt sie es hoch, immer wieder, um ihm dann den Bauch zu pusten. Die langen Spuckefäden aus dem vom lautlosen Lachen weit aufgerissenen Mund des Kleinen tropfen auf sie. Es ist ein so inniger Moment zwischen den beiden, dass mir sentimentalen Kuh die Tränen kommen.

„Das Kind kam gestern im tiefsten Koma, wirklich, null Reaktion mehr, gekrampft hat es auch mehrmals. Wir haben dann Quinin (Antimalariamittel) in den Oberschenkelmuskel gespritzt", beginnt Klaus, „und heute sitzt es hier und isst, wow!" – „Cerebrale Malaria macht also keine dauerhaften Hirnschäden?", frage ich.

„Nein, im Gegensatz zu den Gehirnhautentzündungen. Das Mädchen hier auf der anderen Seite liegt schon einen Monat im Wachkoma. Es wurde mit Meningitis (Gehirnhautentzündung) hergebracht. Aber wie es hier so ist, kam sie viel zu spät. Es lag da wie ein Flitzebogen." Ich trete an das Bett. Irgendetwas fehlt, aber ich komme nicht drauf. Das Mädchen liegt ganz still da, nur ab und zu macht es ein schmatzendes Geräusch. Es hat ganz glatte lange Haare und Wimpern, so etwas habe ich noch nie gesehen, wie Pinsel. Als ich ihr über die Wange streichele, fängt es an mit den Zähnen zu knirschen, die Spucke am Mund schlägt Blasen.

Jetzt fällt mir auf, was fehlt.

„Ist das Kind ganz alleine, Klaus?"

„Ja, die Familie hat es aufgegeben. Gestern habe ich noch ein Mädchen am Bett sitzen sehen. Es war vielleicht sechs Jahre alt. Einfach abgestellt, ohne Essensvorräte. Na und heute ist es auch verschwunden. Wird nicht mehr lange leben, die Kleine. Behinderte Menschen haben hier eine kurze Lebenserwartung."

Er redet unberührt, aber das muss wohl so sein.

Mein Blick fällt auf die Hände des Wimpernmädchens. Die Haut der Handinnenflächen ist hellrosa, vernarbt, zwei Finger sind mit der Handfläche verwachsen. „Woher hat das Kind die Brandverletzung an den Händen?", frage ich. Klaus lacht höhnisch: „Ja, da siehst du eine echte Unart von hier. Die Menschen, vor allem die alten Frauen, denken, dass sie die Kinder, die krampfen oder im Koma liegen, so wieder aufwecken können."

„Was!", entfährt es mir. „Das ist ja grausam." Ich kann es mir nicht vorstellen, wie die Oma oder Mama ein glühendes Stück Holz an die Hände des eigenen Kindes halten können. Vielleicht denken sie wirklich, sie retten so das Kind?

Ich lenke mich ab und sehe mir die anderen kleinen Patienten an. „Die Kinder sehen eigentlich alle gut genährt aus!", wundere ich mich laut. "Was dachtest du, dass du hier in Afrika bist? Hier gibt es keinen Hunger. Die Menschen haben alle ihre Gärten und ein vorzügliches Sozialsystem. PNG ist ein reiches Land und von allen tropischen Ländern auch das gesündeste." Ich stolpere wieder über ‚reich', sage aber nichts.

„Hier ist das Kind, das ich mir eigentlich anschauen wollte."

Am letzten Bett vor einem Schreibtisch und einer Kammer mit Medikamenten und Akten sitzt eine junge Frau, vor ihr liegt ein in Tücher gewickelt Baby, das vor sich hin schnaubt wie eine kleine Dampfmaschine. Viel zu schnell, mechanisch, bei jedem Atemzug zieht sich die Haut an den Schlüsselbeinen und zwischen den Rippen zurück.

Eine Krankenschwester kommt aus dem kleinen Nebenraum und übergibt Klaus wortlos die Papiere. Klaus schaut sie an und fragt etwas, was ich nicht verstehe. Die Schwester lächelt verlegen. Als sie antwortet, schiebt sie einen roten Brei von einer Backe in die andere. Von ihren Zähnen ist kein Fitzelchen Weiß mehr übrig, dicker schwarzroter Belag bezeugt die Masse an *Buai* (Betelnuss), die schon gekaut wurde. Sie zieht die Schultern ein, wie ein ertapptes Mädchen, und geht nach draußen.

„Diese *Bua*i-Kauerei ist ekelhaft. Schau dich nur um, wie das hier aussieht. Egal, ob es verboten ist oder nicht, sie kauen. Fünf *Kina* sollte ich ihr abknöpfen." Klaus brodelt vor sich hin, ohne jemanden anzusehen.
Die Schwester kommt zurück und verzieht sich in die Kammer.

Er beginnt das Kind zu untersuchen und sagt etwas zu der Mutter, die daraufhin eine Schüssel mit Wasser aus einer alten Colaflasche füllt und anfängt, das Kind abzuwaschen.
Es nervt mich, dass ich nichts verstehe. Klaus erklärt, während er schreibt: „Der Kleine hat eine schwere Lungenentzündung und sehr hohes Fieber. Anstatt Wadenwickel zu legen werden die Kinder hier gewaschen. Ich schau mal, ob wir noch Sauerstoff haben, ich glaube, das würde dem gut tun. Du kannst ja so lange mal die Lunge abhorchen." Ich tauche in die Stille des Stethoskops und versuche neben dem ohrnahen Schreien ein Geräusch zu hören.

Die Schwester kommt ans Bett, fragt mich, ob ich die neue Ärztin bin. Sie sieht nett aus, gut genährt, selbstbewusst, hat eine Blume auf die Backe tätowiert. Ich nicke. Sie freut sich und sagt: „Very nice." Die anderen Frauen auf den Betten drehen sich plötzlich alle zu mir um und lachen mich an. Es ist echte Freude. Ihre Augen tragen etwas an mich heran, was ich nicht erwartet habe. Wie soll ich es beschreiben ohne kitschig zu werden? Es ist so etwas wie Solidarität: ‚Du bist für uns und unsere Kinder da, aber wir lassen dich auch nicht aus den Augen. Wenn du mein Kind streichelst und versorgst, verjage ich die Schlange, die dein Kind beißen will.'
Es schwingt ein Vertrauensvorschuss und eine Hoffnung in der Luft, aber auch ein Blitzen, das Humor verspricht.
Wie viel hier auch auf mich einprasseln mag, was meine Selbstzweifel nährt: dieser kleine Augenblick macht mich sicher, dass ich hier irgendwann zu Hause sein werde.

Klaus kommt wieder herein gerauscht, wütend vor sich her nuschelnd: „Gestern gingen die Boote nach Madang, da habe ich noch gefragt: ‚Brauchen wir noch was, gibt es noch Sauerstoff?' Die Antwort war: ‚Nein.' Und wie kann es anders sein, ich drehe die Flasche auf und es macht nur einmal pffffft und leer. Die machen mich hier krank. So, ich zeige dir noch schnell den Rest und dann noch das Büro."

Meine Aufnahmekapazität ist erschöpft. Die Eindrücke sind viele gewesen, jetzt sehe ich mir alles an, die Menschen, meinen neuen Kollegen Denny, wie er am Bett steht und mich kurz grüßt, noch eine Station und noch mehr Menschen, aber ich nehme es nicht mehr auf, bin wie in Watte. Klopft nicht immer wieder leise die Frage an? ‚Wie willst du das hier eigentlich schaffen?' Aber ich mache mir Mut.
Noch habe ich Welpenschutz, ich wachse da schon rein. – Doch ich will raus, raus, raus, mein Kopf platzt gleich und ich brauche viel Luft...

Arztzimmer und Fortsetzung des ‚Zähneziehens'
Als allerdings die Tür zum Büro zugeht, bin ich wieder hellwach und ahne instinktiv, dass jetzt etwas kommt, was die ganze Zeit schon in Klaus rumort hat. Das Office ist klein, eine Pritsche, ein antikes Ultraschallgerät, ein Schreibtisch, eine Lesetafel und ein Foto von einer Schlange. Er holt Luft: „So, und jetzt erzähle mal, wie du dir vorstellst, hier als halbe Ärztin zu arbeiten!"
Rums, die Bombe ist geplatzt.
Ich überlege kurz, ob ich mich jetzt verteidigen sollte. Vielleicht eine Gegenfrage?
„Wieso, wann fällt denn die meiste Arbeit hier an?"
Es stürmt zurück:
„Darum geht es doch gar nicht. Natürlich sind wir hier hauptsächlich morgens am Arbeiten und Operieren, das wirst du schon gut hinkriegen. Aber was machst du, wenn du hier mit Denny arbeitest und dann ist er plötzlich vier Wochen weg, weil sein Onkel fünften Grades gestorben ist oder er ein *Hevi* (Problem) im Dorf hat? Oder was machst du, wenn er gar nicht mehr wieder kommt? Denny wird hier nicht lange bleiben und ich wüsste keinen, der ihn ersetzen könnte. Tja Silke, dann bist du hier alleine mit deiner Halbtagsstelle. Dann arbeitest du voll bei halbem Gehalt und Frank kann den Hausmann spielen. Es ist eine Katastrophe. Du bist nicht meine Nachfolgerin, sondern ein extra Bonbon. Dann wären also ohne Denny noch zwei volle Arztstellen hier zu besetzen. Für dieses Krankenhaus braucht man drei Ärzte, aber seit Jahren wurschteln die Ärzte mehr oder weniger alleine herum und lassen sich ausbeuten. Sag mir, wie viele Ärzte ward ihr auf der Gynäkologie?"
„Wir hatten bei knapp vierzig Betten einen Chefarzt, zwei Oberärzte und, Moment, eins, zwei, dreieinhalb Assistenzärzte und mich als AiP."
„Ja und hier versorgt ein Arzt 180 Patienten. Unverantwortlich und nur eine Frage der Zeit, bis etwas passiert. Es ist auch absolut schwachsinnig, dass man hier den Helden spielt und über lange Zeit alleine den Laden schmeißt. Da reibt sich jeder hier die Hände und lacht sich über uns dumme Deutsche ins Fäustchen. Für Aufopferung gibt es hier keinen Orden, nur Hohn hinter vorgehaltener Hand. Mit so einer Einstellung wird sich hier nie etwas ändern, denn jeder wird sich auf diese Ärzte berufen und sagen ‚Na schau, die haben es doch auch geschafft.' Absolut kontraproduktiv. Und jetzt kommst du mit einer halben Stelle! Dich hätten sie gar nicht einstellen dürfen."
Die Sätze sausen mir nur so um die Ohren. Ich spüre, dass er in vielen Dingen im Grunde Recht hat, aber seine Bitterkeit ruft Trotz in mir hervor: ‚Du wirst schon sehen, dass wir das hier schaukeln werden. Jetzt weiß ich auch, was Frank gemeint hat, als er sagte, es gäbe Schwierigkeiten', denke ich und die Vorstellung, hier alleine zu sitzen, lässt mich fast in die Hose machen.
Ich mache die Schotten dicht und schaue durch die kaputten Glasscheiben, die hier horizontal angelegt sind, nach draußen. Schnell verschwinden ein paar dunkle Augen aus der unteren Ecke und jemand kichert.
Ich will nicht hören, warum Ron ein ‚Piiep' ist und man den LHS in der Pfeife rauchen kann. Ich will den Weg mit Klaus zusammen nicht weitergehen. Ich will zu meinen Kindern.

Angenehme zweite Hälfte des Tages
Während Frank mit Michel die Häuser und die Workshops (Werkstätte) inspiziert, gehe ich mit den Kindern zum Strand. Klaus' Tochter Silvia kommt mit ihrer Freundin Kaili mit. Wie beim Einfädeln auf der Autobahn schließt sich uns alle paar Meter ein Kind an, sodass wir als Horde am Wasser ankommen. Das Wasser ist spiegelglatt, kristallklar und badewannenwarm. Ohne Taucherbrillen trauen wir uns nur ins seichte Wasser. Man will doch schon sehen, von welcher Seeschlange man gebissen wird. Silvia hat sich neben mich gesetzt, um zu verschnaufen, und so frage ich sie ein wenig aus: „Sag mal, gibt es hier Haie in der Bucht?" – „Nö, da vorne ist ja schon das Riff und da draußen das zweite Riff. Die Haie bleiben im offenen Wasser. Also, mir ist noch keiner begegnet." – „Und Krokodile?" – „Das weiß ich nicht. Letztes Jahr war hier im Sumpf ein Kleines. Siehst du den kleinen Fluss, der da ins Meer fließt? In dem war das drin, also eigentlich direkt hinter unserem Haus. Kubong, ein Pfleger, hat es eingefangen und dann getötet."

Sie springt auf und rennt zu den anderen, die angefangen haben, sich in dem schwarzen Sand zu vergraben. Filip findet den Riesensandkasten prima und mischt bei den Kindern ohne Scheu mit.

Ich lehne mich zurück und lasse den Blick schweifen. Die Küste Papuas mit ihren vielen Bergen liegt vor mir wie ein fernes Feenland. Dunkel in einem weißen, flauschigen Gewand. Madang ist nicht zu erkennen. Weit übers Meer zu blicken, ist ein Jungbrunnen und entspannend wie Reiki und Yoga zugleich.
Plötzlich schießt mir die Frage in den Kopf, die mich aus dem Augenblick nimmt und alles mit einem Mal fremd aussehen lässt, sogar meine eigenen Kinder, meine Zehen, den Wind. Als wenn man ein Wort wie Wurst, hundertmal spricht, bis das Wort zerfällt, es sich komisch und wie aus einer anderen Sprache anhört: Wo bist du eigentlich, irgendwo auf der Erde auf einer Insel im Nirgendwo, wieso sitzt du da zufrieden und kommst du dir nicht verloren vor?
Ich erinnere mich, wie oft ich durch Deutschland gefahren bin und mich an manchen Orten gefragt habe: Wie kann man hier wohnen, das macht doch keinen Sinn. Hier gibt es keinen Bezugspunkt wie Meer oder 'ne geile Stadt in der Nähe oder einen wunderschönen Baum, das Parlament in der Nachbarschaft. Es gibt so viele Orte, an denen ich nicht tot über'm Zaun hängen möchte.
Ja, die kindliche Vorstellung, am Nabel der Welt sein zu wollen, so zentral, dass man nichts verpasst, was wichtig zum Leben ist. Die Gier, Quellwasser zu trinken, anstatt irgendwo am Seitenarm zu schlürfen.
Aber hier? Du hast seit Tagen keine Nachrichten mehr gehört, kannst hier nicht weg, wann du willst, der Sand ist schwarz und die Sandflöhe beißen.
Es stellt sich keine Unruhe ein und auch keine Sorge, dass ich den Tanz der Welt verpasse, sondern das Gefühl, am richtigen Ort zur richtigen Zeit zu sein. Ich werde das hier schon alles packen.

Als wir zurückgehen, will ich mir noch schnell eine Flasche Cola an dem kleinen Laden am Krankenhaus kaufen gehen, aber Silvia schüttelt den Kopf. „Da gehe ich nicht hin. Unsere Grenze ist die kleine Brücke. In das obere Gelände und zum Krankenhaus gehe ich nicht." – „Warum nicht?", hake ich nach. – „Weil wir von den Kindern da oben schon oft gehauen wurden." Ich frage nicht weiter nach und vergesse die Cola.

Die Kinder sind supergut drauf und spielen den ganzen restlichen Nachmittag.
Der Abend bei Klaus und seiner Familie ist wunderschön. Das Haus gefällt uns auf Anhieb. Mit den vier Zimmern, Holzfußböden und kleiner Terrasse hat es eine gute Atmosphäre. Es ist sehr spartanisch eingerichtet. Simone ist eine tolle Frau und wie erhofft, dürfen wir fragen, was uns so bewegt.
„Habt ihr hier Frauen, die euch im Haus helfen? Die Vorstellung, dass jemand für mich arbeitet und putzt, finde ich ja peinlich, aber uns wurde gesagt, dass es, sozusagen, unsere Pflicht wäre, als Besserverdienende so unseren Reichtum mit anderen Familien zu teilen!"
„Das stimmt schon, aber wir haben keine."
Plötzlich sitzen wir alle im Dunkeln und in der Stille. Das entfernte Brummen des Krankenhaus-Generators fehlt und plötzlich hört man Quaken, ein ganzes Froschkonzert direkt hinter den Fenstern. Klaus springt auf: „Na, was ist jetzt los, es ist doch noch nicht zehn Uhr? Mal wieder der Diesel alle? Ich suche mal unsere Lampen."
Luis wird unruhig, Filip ist auf meinen Schoß geklettert und Mira quiekt zusammen mit Silvia. „Passiert das öfter?", will Luis wissen.
„Nein, hier auf Karkar nicht. Wenn du in Madang bist, gibt es öfter *Paua kat* (Stromausfall). Die ganze Stadt bekommt ihre Energie von dem großen Stausee Jonki in den Bergen und da läuft schon ab und zu mal was schief. Wenn man an die vielen Kühltruhen in den Supermärkten oder vom Krankenhaus denkt, ist das ein echtes Problem", antwortet Simone.
„Was ist denn da los, wann geht das Licht denn wieder an?" Luis wird ungeduldig.
Klaus kommt mit einer Lampe und beruhigt: „Mach dir keine Sorgen. Moses versucht bestimmt schon, das Problem zu finden. Ich glaube nicht, dass er kaputt ist, vielleicht müssen sie nur ein Fass Diesel holen."
„Was machst du eigentlich, wenn du nachts operieren musst?", fällt mir ein.
„Für einen echten Notfall schmeiße ich den Generator schon mal an, also, was weiß ich, für einen durchgebrochenen Blinddarm oder eine Sectio (Kaiserschnitt), alles andere wird mit Taschenlampe erledigt. Da das Krankenhaus kein Geld hat und Diesel der größte Posten bei den Ausgaben ist, bin ich da sehr strikt. Ganz klar, für eine Saugglocke oder eine Naht gibt es kein Licht. Geht aber alles! Im OP haben wir auch eine kleine Solarlampe, die gibt für eine halbe Stunde ganz gut Licht."
„Wie lange hat es bei dir gedauert, bis du das Gefühl hattest: ‚Komme, was wolle, ich weiß was ich zu tun habe'?"
„Ein Jahr. Die ersten Monate sind schon hart."

Ich schrecke auf. Hinter meinem Rücken flattert etwas bedrohlich laut und nah. Die quiekenden Töne ähneln keinem Vogel. „Was ist das denn?", frage ich. Klaus lacht: „Das ist ein Flughund. Im Garten steht ein Papayabaum mit reifen Früchten, über die macht er sich gerade her. Komm, wir leuchten ihn mal an." Wir hängen alle an den länglichen Fensterscheiben und folgen dem Lichtkegel, der jetzt eine gelbe Riesenbirne einfängt, an dem etwas Dunkles hängt und immer wieder mit den großen, Latex ähnlichen Flügeln schlägt. Es sieht gespenstisch aus, wie ein Vampir, der mit seinem Umhang einen dicken Hals festhält.

Rums, der Generator läuft wieder an und die Neonröhren blinken auf. Mira ist traurig und ruft: „Schade, die Kerzen und die Lampe waren viel gemütlicher!" Die Kinder ziehen sich zum Spielen

zurück, während am Tisch die Fragerunde weiter geht.
„Und wie macht ihr das mit den Nachtdiensten?", will ich von Klaus wissen. „Wochenweise. Manchmal geht es und du wirst nicht so oft gerufen. Aber manchmal kommen sie fast jede Nacht und morgens musst du dann wieder pünktlich auf der Matte stehen, das schlaucht."
Eine ganze Woche immer bereit sein für die kleinen und großen Katastrophen, das ist heftig. Klaus hat gute Laune und ist entspannt. Es tut gut, seine andere Seite kennen zu lernen. Die Ursachen für seinen Frust sollte ich nur allzu schnell verstehen lernen. Klaus befindet sich vielleicht in einem Stadium, nicht mehr alles lustig finden zu können.
Ist es das, wovor wir gewarnt wurden?
Im ersten Jahr kommt die Euphorie, weil alles so aufregend und schön ist, und dann beginnt der Absturz ins ‚Hier geht ja gar nichts!'..., ‚Was soll ich hier eigentlich?', bis man sich auf einem Niveau einpendelt, das zwischen beiden Extremen liegt. Die Gefahr, dass einige nicht mehr aus dem Tief herausfinden, existiert, und es ist die Gefahr, in dieser Lage Alkoholiker, Rassist oder depressiv zu werden.

Klaus sieht Frank an: „Was sollst du hier eigentlich genau machen?" Frank schmunzelt: „Also, ich soll die Kinder unterrichten, dann bin ich Stations-Manager, also neuer Hausmeister vom Gaubin-Krankenhaus, und eigentlich ist mein Hauptauftrag, das Krankenhaus umzubauen, das heißt die Planung zu machen, Gelder zu organisieren usw. Aber eigentlich sehe ich schon, dass das so nicht funktionieren wird. Allein, dass es nur morgens Strom gibt, macht mir einen Strich durch die Rechnung. Wie soll ich nachmittags, wenn Silke von der Arbeit kommt, Architektur machen?"
„Eigentlich bräuchtet ihr eine Lehrerin, aber die würdet ihr erst ab drei schulpflichtigen Kindern bekommen", wirft Simone ein.
„Mal schauen. Wenn ich sehe, dass es gar nicht geht, werde ich mal anfragen."
„Ist euch eigentlich schon mal was passiert? Fühlt ihr Euch hier sicher?" Meine wichtigste Frage ist draußen.
Simone schaut Klaus an und überlässt ihm die Antwort. Klaus überlegt: „Also, während unserer ganzen Zeit sind wir weder überfallen worden, noch haben wir uns richtig bedroht gefühlt. Es sind uns kleinere Dinge immer wieder gestohlen worden. Als wir letztes Mal in Madang waren, haben sie uns drei Hühner..."
So fragen wir weiter, bis die Kinder nach ihrem Bett rufen.
Auf dem Nachhauseweg bewundern wir alle den grandiosen Sternenhimmel. „Papa, noch nie habe ich einen so schwarzen Nachthimmel gesehen!", staunt Luis. „Ja, da sieht man mal, was Licht von den Häusern oder Städten so ausmacht. Schau mal, das müsste das Kreuz des Südens sein."
„Was ist das denn?", will eine müde Mira wissen. „Das ist ein Sternbild, das du nur auf dieser Seite der Erde sehen kannst", erklärt Luis. Wir sind alle fertig von dem Tag.

Als ich im Bett liege bin ich das tapfere Schneiderlein, ein Tag wie Sieben auf einen Streich.
In mir gären zwei Suppen, während die eine, die aus dem NaturMenschenWärmeSchönheits-Eintopf duftet, blendet und mich von Kopf bis Fuß wärmt und auflädt, ernüchtert mich die andere wieder. Die andere ist die Aufgabensuppe, Tausende von Buchstaben, aus denen ich mir noch keinen Reim machen kann und die sich von mir noch zu nichts Vernünftigem formen lassen wollen.

Ich denke an den nächsten Tag, der schon wieder Abreise bedeutet. Auf in das nächste Abenteuer. Wir sind in der Orientierungszeit, das heißt, dass wir erst einmal andere Krankenhäuser des Landes kennen lernen dürfen und Zeit haben, um uns auf Land und Leute einzustellen und Pidgin zu lernen. Dann erst werden wir auf Karkar richtig loslegen.

Morgen geht es auf nach Madang, weiter nach Lae und dann über das Meer zu dem größten Krankenhaus der lutherischen Kirche in Finschhafen. Na dann…

Wer schwimmt, verdaut nicht gut –
Mit Steinen im Magen auf Orientierungsreise

Anders riechen
Das Schiff, das rhythmisch unseren Mageninhalt empfindlich nahe zum Ausgang schaukelt, heißt Giamsau. Ein alter Katamaran, der die Küste Richtung Süden runter schippert.
Kalte-Würstchen-Stadt Lae liegt zwei Stunden hinter und Finschhafen, unser nächstes Ziel und Zuhause für die nächsten Wochen, eine Stunde vor uns.
Das Schiff schaukelt vorbei an sanften, grünen Hügeln und meist steiniger Küste. Es ist schwer, die paar Dörfer ausfindig zu machen. Sie verraten sich an den geraden Linien der Dächer, an denen das Auge in dem botanischen Durcheinander hängen bleibt. Hinter den Hügeln erheben sich die dunklen, riesigen Berge, in deren Tälern die hängenden Wolken wie Bettdecken liegen. Was für ein schönes Land.

Mira hält ihren blonden Lockenschopf in den Wind und freut sich des Lebens.
Frank sitzt neben mir und hat die Augen geschlossen. Er sieht entspannt aus. Filip beobachtet und amüsiert sich über die Menschen, die bei dem Geschaukel versuchen, die Treppe hochzukommen oder sich auf Deck wie Gibbons von Stange zu Stange zu hangeln. Wem nicht schlecht ist, der lacht über die Sekundenbetrunkenen.
Plötzlich steht Filip auf und läuft los. Er kommt nicht weit, eine Welle klatscht und er liegt der Mama auf der Nachbarbank in den Armen, die ihn schnell auffängt. Filip freut sich und bleibt eine Weile auf ihrem Schoß sitzen. Während er die roten Zähne und ihren großen Busen beobachtet, fischt sie schnell einen salzigen Keks aus dem *Bilum* und hält ihn Filip hin. Strahlend leckt er mit der Zunge das Salz ab. Zu dem knabbernden Bruder und der Mama, die dabei ist, die blonden Haare zwischen den Fingern zu testen, gesellt sich Luis und ich beobachte, wie die Frau und er anfangen sich zu unterhalten und zu lachen.
Kinder öffnen einem doch Tür und Tor. Was bin ich froh, dass unsere nicht schüchtern sind. Luis kommt schließlich und setzt sich neben mich: „Die ist echt nett, die Frau. Weißt du, dass die Menschen hier anders riechen?"
„Ja, ist mir auch schon aufgefallen. Ob die das auch über uns sagen?"
Viel später sollte uns tatsächlich jemand verraten, dass wir Weißen für die Niuginis stinken. Seinen Rat ‚Esst öfter mal 'ne *Buai*, dann stinkt ihr wenigstens nicht aus dem Mund', haben wir auch befolgt, wer liegt dem anderen schon gerne schwer in der Nase.

Wir weißen Farbkleckse sind nicht allein auf dem Schiff. Eine andere Arztfamilie ist vom Einkaufstrip in Lae auf dem Weg nach Hause, mit den üblichen Bergen von Kartons und *Eskis* (größere Kühlboxen). Die Gespräche sind etwas mühsam, da jeder eher mit sich und seinem Magen beschäftigt ist, aber die Familie gefällt mir mit ihren vier Kindern, ihrer lockeren Art und lustigen Ader.
Solange ich draußen sitzen kann, liebe ich das Schiff fahren und kann ich mit Genuss die anderen Menschen beobachten. Die meisten haben es sich gemütlich gemacht. Die Kinder haben die Köpfe

auf den Schoß der Mütter gelegt und lassen sich genüsslich nach Läusen absuchen, andere spielen Karten oder knacken Erdnüsse.
Meine innere Bereitschaft, der Kugel ins Auge zu sehen, die mich jederzeit treffen kann, lockert sich ganz langsam. Schon auf Karkar gab es Momente, in denen ich meine Furcht vergaß und Männer mit Buschmessern in der Hand nicht automatisch auf mich zu rennen sah, mir nicht mehr dauernd vorstellte, wie es ist, getroffen zu werden oder tausend Pläne zurecht zu legen, wie ich meine Kinder bei einem Überfall beschützen könnte.

Landgang Finschhafen
Wir sitzen dicht gedrängt auf der Ladefläche und rumpeln auf der staubigen Straße weg von dem Bootsanleger durch die tausend Löcher hin zum Krankenhaus, dem Braun-Memorial-Hospital. Aber wir fahren daran vorbei, essen Mittag bei einer der deutschen Arztfamilien und quälen uns danach wieder an den gleichen Löchern vorbei den Berg zu unserem neuen Haus hoch.
Jeder Mensch, der uns sieht, winkt und lacht uns nach. Filip liebt dieses Spiel, seine kleine Hand ist immer in Bewegung und sein Mund wird nicht müde, ‚Apinun' zu brüllen.
An ihrem Lachen ist nichts Falsches, was für nette Menschen!
Ein Schwarm Nashornvögel fliegt aufgeschreckt über die Straße und verschwindet im Busch. Luis ist ganz aufgeregt und stellt sich hin.

So schwer es in einem Boot ist, sich vorzustellen, was unter einem schwimmt und lebt, so schwer gibt das grüne Dickicht seine Geheimnisse preis.

Mit einem Mal wechselt das satte Grün in unheimliches Schwarz. Wir fahren vorbei an verkohlten Baumstämmen und verbrannter Erde. Über uns kreisen Adler, wie Geier, als warten sie auf die letzte überlebende Ratte oder Eidechse. Die Natur wurde hier niedergemetzelt, eine stinkende Wunde im Wald. „Was war denn hier los!" will Luis von dem Mann aus Lae wissen, der auch auf dem Berg wohnt und uns mit abgeholt hat. – „Das wird der neue Garten für die Studenten." – „Was für Studenten?"
„Hier oben gibt es ein Pastorenseminar. Dort werden Männer zu Pfarrern ausgebildet."
„Und wieso brennen die hier alles ab?", bohrt Luis weiter.
„Die Asche ist wie Dünger und irgendwo muss das ganze Zeug ja hin."
„Und wie lange können sie so ein Stück Land bearbeiten?", frage ich dazwischen.
„Vielleicht zwei, drei Jahre."
„Und wie viele Jahre braucht die Natur, um sich dann wieder zu erholen?"
Robert lacht: „Vielleicht hundert?"
„Wie steht es eigentlich hier um den Regenwald?"
„Schlecht wie überall. Es wird planlos abgeholzt."

Später sollten wir direkt bei Madang eine illegale Abholzung beobachten können. Gedacht für Schiffe der Philippinen und Chinesen, die die wunderbaren Tropenhölzer an einem versteckten Hafen an Bord nehmen, um sie für horrendes Geld zu vermarkten.

Ich mag Robert, auch wenn er keine sprühende Quelle an Informationen ist, fühle ich mich bei ihm gut aufgehoben. Er ist einer der Menschen, denen man gerne etwas anvertraut, weil sie Zuhör- und Schweigekünstler sind. „Wie sicher fühlt ihr euch auf dem Berg?", entfleucht mir meine lästige Frage, wie eine Mücke, die ich endlich als Fleck an der Wand sehen möchte.
Er sieht mir in die Augen und ich weiß, dass er mir jetzt nicht die ganze Wahrheit verraten wird. „Eigentlich sicher, aber die Zeiten ändern sich, man weiß nie, was kommt. Ich zeige euch in eurem Haus einen Alarmknopf. Falls etwas sein sollte, kommen wir dann."
„Hast du ihn schon mal gebraucht?" – „Ich nicht."
Er wendet das Gesicht ab und ich übergehe das mögliche ‚aber andere schon...'

Zwei Jahre später sollte er in seinem Haus überfallen und mit einem Messer verletzt werden. Junge Männer aus dem Nachbardorf, keine Unbekannten, aber Unzufriedene, die nicht ahnen, was sie damit anrichten.

Gibt es in diesem Land keine Ächtung der Gewalt? Oder wie kann es sein, dass just ein Politiker glattweg aus dem Knast, in dem er wegen Vergewaltigung eines Mädchens sitzt, zum Gouverneur von Madang gewählt wird? Nur seine Verurteilung lässt ihn sein Amt nicht antreten.
O.k., man muss dazu sagen, dass dessen Vater der Anführer des mächtigsten Cargo-Kultes (*Yali*) war und die Madanger ihm möglicherweise deshalb und nicht wegen seiner politischen Fähigkeiten seine Stimme gaben. Aber er ist nicht der erste Mann in hohem Amte, der Knastererfahrung hat, und das wird eher noch positiv bewertet. Cargo-Kult, dieser Begriff wird in einem Atemzug mit Papua-Neuguinea verwendet, was ist das?

Zwei Jahre später sitze ich mit dem Krankenhausverwalter Digei, einem kleinen dicken Mann mit den rotschwärzesten *Buai*-Zähnen, die ich kenne, und dem schönsten glucksenden Lachen auf unserer Veranda, um Kleinigkeiten zu besprechen.
Eine Woche vorher hatte ich von einer anderen weißen Frau erzählt bekommen, dass in ihrem Umkreis Cargo-Kulte noch sehr lebendig seien. Sie lachte und meinte, dass die Menschen hier auf die verrücktesten Ideen kämen. So habe sich jüngst der Öko-Trip der Missionare zum ‚neuen Kult' weiterentwickelt und auch ‚garantiert Bio' werde verehrt.
Mich daran erinnernd, komme ich plötzlich auf die Idee, Digei hierüber zu befragen. Ich erwarte, dass er lacht, den Kopf schüttelt und sagt: ‚Eh Dokta, das gibt es hier schon lange nicht mehr. Was ihr Weißen immer so von uns denkt!'
Und er lacht auch, aber seine Antwort haut mich um.
„Eh, die größten im Cargo-Kult-Machen sind in eurem Haus."
Mein blödes Gesicht amüsiert ihn und er genießt es, mich zappeln zu lassen.
„*Husait*? (Wer)?", frage ich.
„Eure Hausmädchen Carol und Elisa!", gackert er.
Ich weiß nicht warum, aber seine Worte treffen mich.
„Das verstehe ich nicht, erzähl!", fordere ich ihn auf.
„Da gibt es viele Geschichten. Das letzte, was ich hörte, war, dass ein Brief aus China hier angekommen sei, in dem stünde, dass das Schiff mit Geld endlich zu uns unterwegs sei."

Ich verstand immer noch null: „Wieso China?"
„Die Geschichte ist ganz einfach. Ihr kauft doch ab und zu Schildkröten auf dem Markt." – „Ja." – „Die beiden haben gesehen, dass ihr etwas Geheimnisvolles auf den Rücken der Tiere geschrieben habt, mit roter Farbe. Dann habt ihr die Schildkröten wieder freigelassen. Die seien dann nach China geschwommen und dort mit der Botschaft gefunden worden, dass sie nun die Ladung (Cargo) mit den Schätzen schicken sollten. Jetzt endlich werden die Versprechen wahr und der Reichtum kommt."
Ich bin so sprachlos, dass ich nicht weiter nachfrage. Es ist mir auch peinlich, leben wir fast Tag und Nacht mir den beiden Frauen zusammen und kennen sie doch so wenig. Es stimmte, wir hatten Meeresschildkröten auf den Märkten gekauft, und damit sie nach der Freilassung nicht gleich wieder eingefangen werden, hatten wir sie mit Nagellack gekennzeichnet. Auf ihrem Panzer stand dann „*Hands off. Bilong Gaubin* (Hände weg. Eigentum von Gaubin)".

Die Geschichte ließ mich nicht mehr los, vor allem war es das Bedürfnis, Carol und Elisa verstehen zu wollen, was meine Fühler ausstrecken ließ. Aber wie das hier so ist, kann man den Koch nicht nach den Zutaten fragen, sondern sucht in anderen Aufzeichnungen nach Antworten.

Cargo-Kult – Wann sehen wir unsere Liebsten wieder?

Da wir Weißen immer nur an der Oberfläche des Kultursees schwimmen und forschen, können wir nur versuchen, den Cargo-Kult so wertfrei wie nur irgend möglich zu beschreiben. Auch wenn wir meinen, lange genug die Luft anhalten zu können, um tief zu tauchen, so kommen wir doch nicht weit und können auch nicht viel sehen, denn vorsorglich und nach unzähligen Verletzungen haben die Niuginis vom Grunde aus das Licht ausgeknipst.

Ganz allgemein kann man sagen, dass Cargo-Kulte zustande kommen, wenn fremde Dinge, Technologien und Maschinen, die ein Volk vorher noch nie gesehen hat, eintreffen und natürlich nicht verstanden werden. Es liegt nahe, dass diese Dinge aus Furcht und Ehrfurcht als göttlich angesehen werden.
Ganz allgemein kann man auch sagen, dass jedes Volk Heilserwartungen, Hoffnung auf Frieden, Glück und Reichtum hat.

Um die Cargo-Kulte aus Neuguinea verstehen zu können, sollte man einige weitere Dinge wissen, die tief in ihrer Kultur verankert sind.
Neuguinea, soweit man das verallgemeinern kann, hat einen tiefen Glauben daran, dass die Verstorbenen, die Ahnen am Leben der Lebenden noch teilnehmen und Einfluss nehmen können. Neben der Verantwortlichkeit für Fruchtbarkeit bei Mensch und Pflanzenanbau können sie sich über Träume oder Rituale bemerkbar

machen und ihren Angehörigen Tipps geben, wie sie sich richtig verhalten sollen, um in Frieden zu leben, und ihnen auch einen Blick in die Zukunft gewähren. Aber es ist mehr als nur ein Glaube, die Menschen erleben und leben täglich zwischen den Welten. Was wir getrennt haben in sinnlich und übersinnlich ist für sie eine Einheit, in der sie wandeln und zu Hause sind.

So haben unsere Hausfeen Carol und Elisa fast täglich von ihren nächtlichen Träumen erzählt. So auch einmal, als Carol eines Morgens nur kurz den Kopf zur Tür rein streckte und meinte, sie müsse auf ihr Dorf gehen, sofort. Sie hatte in der Nacht geträumt, dass etwas passiert sei, was dann auch so war. Ihre Mutter war gestorben. Auch Elisa hatte viele Träume, in denen ihr angekündigt wurden, dass Unglücke geschehen oder in denen zu ihr gesprochen wurde. Diese Träume waren absolute Realität für sie und so handelten sie auch danach.
Als einmal Carol bei uns schlief, da Frank in der Stadt war, fand ich sie am nächsten Morgen völlig verstört im Zimmer stehend vor. Wie in Trance erzählte sie, dass sie nicht geschlafen habe, sondern den Teufel als Geist vor unserer Haustür stehen gesehen habe. Sie konnte sich nicht mehr hinlegen, weil der Geist sie im Bann hatte und etwas von ihr wollte. Mit Gänsehaut habe ich gefragt, was er denn gewollt habe, aber Carol drehte mit der Hand Glühbirnen ein und sagte: „*Mi no save* (Ich weiß nicht)", was ich ihr aber nicht abnahm.
Die fortwährende Verbundenheit und sogar mögliche Kommunikation mit den Verstorbenen nährt eine unglaubliche Sehnsucht danach, eines Tages wieder vereint mit ihren Liebsten sein zu können. Es ist ein tiefer, uralter Glaube, dass eines Tages ihre Ahnen zurück ins Leben kommen werden und dann nicht mit leeren Händen, sondern mit unvorstellbaren Schätzen, die das Leben des Klans auf lange Sicht sichern werden.

Die sozialen Verbindungen zwischen den Klanen werden auf traditionelle Weise durch Austausch von Waren und auch Kindern unterhalten und gefestigt. So haben wir oft erlebt, wie sich die Frauen, bepackt mit *Bilums*, Kokosnüssen und anderen Dingen, in andere Dörfer aufmachten, um dort für einige Tage zu bleiben, die Dinge zu verteilen und eines vor allem zu tun: reden.
Und so werden Geschichten erzählt, neuester Tratsch und Klatsch ist auch dabei und das im Stille-Post-Stil. Wochen später sieht man die Frauen aus dem Dorf kommen und es wird wieder gegeben und gefeiert.

Wer viel geben kann, egal ob Frau oder Mann, gewinnt an Macht. So kann ein Mann zum Dorfchef aufsteigen. Damit hat man aber keine Stellung auf Lebenszeit erreicht, sondern wird sich immer bemühen müssen, um nicht wieder ganz schnell einer von vielen zu sein.

PNG hat also traditionell keine vererbbare, demokratische oder starre Struktur der Hierarchie. Sie ist im Fluss und auf die kleinen Klan-Gruppen beschränkt.

Und nun stelle man sich vor, wie zu diesen Menschen mit ihren klaren, auf Harmonie bedachten Gesellschaftsstrukturen vor hundert Jahren große Schiffen angesegelt kamen, mit weißen Kolonialisten oder Missionaren und großzügigen Geschenken an Bord.

Sie kamen an Land und brachten Dinge, die die Menschen noch nie zuvor gesehen oder erträumt hatten. Natürlich dachten sie zuerst, dass die Prophezeiung eingetroffen sei und vor ihnen ihre Verstorbenen stünden.
In ihrer Vorstellung mussten diese weiß sein, da sie beobachtet hatten, wie die Haut sich nach dem Tod aufhellt. Die Weißen, die vor ihnen standen, konnten also keine Menschen sein. Etwas anderes machte sie noch stutzig und unterstützte den Gedanken, dass die Weißen keine natürlichen Wesen sein konnten: sie kamen ohne Frauen!
Aber interessanterweise waren die Einheimischen mitnichten bereit, sofort den an Land gekommenen Missionaren, die sie aus Dunkelheit, Angst und Grausamkeit erretten wollten, zu folgen. Sie wollten keine Geschichten hören und gaben zurück, bereits einen eigenen Gott zu haben, sie wollten nur wissen, wie sie an die Güter kommen konnten, die ihnen gebracht worden waren. (BBC, *Cargo Cult,* 2004)

Mit der Zeit hatten sie das Gefühl, die Missionare versteckten das Geheimnis des Reichtums vor ihnen, und so wurden diese schlicht als geizig beschimpft. Geiz war eine Eigenschaft, die sie nun gar nicht billigten und ganz oben auf der Liste der *Pasin nogut* (schlechtes Verhalten) stand.

Dazu kam, dass die Papuas sich hartnäckig weigerten, sich von ihrem alten Glauben zu lösen und den Aufforderungen nachzukommen, all ihre Kultgegenstände zu verbrennen und den alten väterlichen Kulten abzuschwören. Es missfiel ihnen auch, dass ihr Land zunehmend in Besitz genommen wurde und auch Sklavenhandel keine Seltenheit war. Sie wollten ihr Land zurück haben und wieder alleine sein. Die Missionsleitung zog 1912 Bilanz: „Der Hass der Papua gilt nicht in erster Linie den Missionaren, sondern den Weißen überhaupt. Sie sehen ihr Land mehr und mehr von ihnen in Anspruch genommen. So reiften immer wieder Pläne, alle Weißen zu ermorden." (Helmuth Steenken, *Die frühe Südsee*, S.86.)
So versuchten die Einheimischen in der Madang-Region zu revoltieren. 1904 und 1912 wurde der Widerstand von den Deutschen Kolonialisten niedergeschlagen und zahlreiche Einheimische hingerichtet. Die Missionsleitung in Deutschland zeigte sich von den Eingeborenen enttäuscht:

„Sie sind verlogene, ungezogene und eigensinnige Kinder, die sich unter keine Ordnung und Obrigkeit beugen können." (Helmuth Steenken, *Die frühe Südsee*, S.83)

Als Deutschland nach dem ersten Weltkrieg durch Australien als Mandatsmacht ersetzt wurde, begriffen die Menschen zwei Dinge: erstens, die Weißen sind weder ihre Ahnen, noch haben sie Einfluss auf die Wege ihrer Ahnen. (BBC, *Cargo Cult*, 2004)

Diese Erkenntnis war die Wurzel verschiedener Ansichten, die sich schnell verbreiteten: Einmal, dass Ahnen irgendwann vor langer Zeit davon gesegelt waren, um den Amerikanern, Australiern und Europäern ihr technologisches Wissen weiterzugeben, oder aber die Weißen haben das Wissen den Ahnen gestohlen und nicht nur das Wissen, das Cargo (die Ladung mit Schätzen) selbst wurde ihren pazifischen Ahnen geraubt.
Die Güter also, die irgendwo weit weg durch die Ahnen selbst hergestellt und für die Menschen im Pazifik bestimmt waren, wurden von den Weißen auf dem Weg dorthin abgefangen. Schlimme Sache! Es blieb also die Frage, wie die Menschen an die ihnen zustehenden Güter herankommen könnten.

Die Suche nach dem Schlüssel zum Geheimnis begann.

Eine Möglichkeit in der Madang-Region war: Wir machen genau das nach, was die Weißen machen, die reich sind und uns dies auch versprochen haben.
So kam die überraschende Kehrtwende von den Revoltierenden hin zu den bekennenden Christen. Von den Dorfchefs angehalten, traten die Menschen zum christlichen Glauben über und versuchten, ihre Vorbilder nachzuahmen. Sie sangen in den zwanziger Jahren die einheimischen Hymnen, beteten zum weißen Gott, den sie Anus nannten, und versuchten, sich vorbildlich zu verhalten.
In den dreißiger Jahren, nachdem sie sich vorbildlich verhalten hatten, aber noch immer nicht das Cargo-Geheimnis entschlüsselt bekommen hatten, wurde ihnen klar, dass die Missionare sie belogen haben mussten.

Was nun?

In Madang war man noch nicht bereit, dem Glauben abzuschwören, sondern man glaubte der neuen Theorie, dass Jesus von einigen europäischen Missionaren und Juden gekidnappt worden war und in der Nähe von Sydney gefangen gehalten wurde. Jesus, der den Niuginis zugetan war, wollte ihnen weiterhin helfen. Um ihn nach seiner erwarteten Flucht aus Australien empfangen zu können, schlachteten sie all ihre Schweine und harrten über Wochen im Freien aus. Als die Prophezeiung nicht eintraf, zerstreuten sich die Anhänger.

Der Fachbegriff für diese Verhaltensweisen war bisher *Vailala Madness* (Verrücktheit).

Wie man sich gut vorstellen kann, war der zweite Weltkrieg der nächste Schock für die Einheimischen des Pazifiks. Denn nun trugen die Japaner und die Australier ihre Streitigkeiten in ihrem Land aus. Flugzeuge kamen, wieder Schiffe, diesmal mit Soldaten, die wieder Dinge mitbrachten, Geschenke verteilten und gute Löhne für rekrutierte schwarze Mitstreiter zahlten. In dieser Zeit tauchte der Begriff Cargo-Kult zum ersten Mal auf.

Diese neue Situation der Menschen brachte eine ganze Flut an Cargo-Propheten hervor, die wie traditionelle Dorfchefs auftraten und ihre Anhänger anhielten, ihren Ideen zu folgen, damit der Strom an Gütern nicht abreiße. Einige Propheten hatten Listen von Gütern, für die die Menschen nun wie Soldaten marschieren mussten oder deren Life Style imitieren sollten. Es wurde mit Tafeln, Kleidung und Literatur versucht, andere lernten neue Tänze oder sie verboten die Heirat und hoben das Inzestverbot auf. Es wurden auch Landepisten in den Busch geschlagen, um den erwarteten Flugzeugen den Weg zu ebnen, man bastelte Kopfhörer aus Kokosnüssen und baute kleine Strohflugzeuge.

Nicht aber, dass sie nur nach Gütern aus waren, es gab auch Cargo-Kulte, die gesellschaftliche Veränderungen anstrebten und den tiefen Wunsch nach Freiheit, Würde und Unabhängigkeit zum Ziel hatten. So entdeckten die vom kolonialen Hin und Her gebeutelten Menschen, die im zweiten Weltkrieg gelernt hatten, sich wieder selbst zu bestimmen und zu regieren, ihre eigenen Wurzeln.
Einige Cargo-Propheten konnten zumindest für kurze Zeit Tausende von Menschen vereinen. Diese Cargo-Kulte wurden von Jean Guiart als „Vorreiter des melanesischen Nationalismus" bezeichnet. (Berkshirepublishing online, *Cargo Cults*)
Waren viele der Kulte nur kurzlebig, gingen aus anderen sogar politische Parteien hervor oder gar neue Religionen.

Der bekannte Prophet Tagarab hatte während des frühen zweiten Weltkriegs eine Erklärung für den Krieg zwischen Australien und Japan. Er war sich sicher, dass Jesus ein unwichtiger Gott war. Auch Anus war ein normaler Mensch. Anus aber war der Vater von Kilibob, dem einheimischen Gott, dem wahren Cargo-Gott, Vater von Jesus. Kilibob nun wüsste um die Lügen der Missionare und würde mit einer Armee aus asiatisch aussehenden Soldaten kommen.

Als nun die Japaner 1942 tatsächlich kamen, erfüllte sich zum ersten Mal wirklich eine Prophezeiung, die bewirkte, dass die Einheimischen sich auf die Seite der Japaner stell-

ten und auch für sie töteten. Die Japaner nutzten dieses schamlos aus.
Was für eine Katastrophe, als die Japaner den Krieg verloren!
Tagarab und andere Propheten wurden erschossen und Australien übernahm wieder die Macht.
Für die Menschen Neuguineas war jetzt eines klar, die weißen Fremden sind alle Diebe und Lügner.

Da weder die Japaner, noch die Australier und Europäer ihnen den Schlüssel zum Geheimnis geben wollten, machten einige den letzten Versuch über eine andere Nationalität: die Amerikaner.

So waren 1968 viele Menschen der Insel New Hannover davon überzeugt, dass nur einer das Geheimnis lüften könnte: der amerikanische Präsident Lyndon Johnson. Dieser Kult war der Startschuss für eine eigene politische Struktur und Revolte gegen die australische Autorität. Steuern wurden nicht mehr bezahlt und so sparten die Einheimischen über die Jahre 75.000 Dollar. Mit diesem Geld wollten sie den amerikanischen Präsidenten kaufen und ihn zu ihrem König machen. Das vorliegende schriftliche Angebot lehnte Lyndon Johnson jedoch leider ab.

Und wer war nun Yali, dessen Sohn sich just aus dem Knast zum Gouverneur hat wählen lassen?
Papa Yali war der heimliche Prophet des größten Cargo-Kultes Neuguineas, ein Mann aus Madang, der während des zweiten Weltkrieges den Australiern treu ergeben war. Zur Belohnung durfte er nach Kriegsende mit nach Australien reisen.
Zu den Sehenswürdigkeiten, die ihm auf seiner Reise gezeigt wurden, gehörte auch das Queensland Museum, eine Art nationales Völkerkundemuseum in Brisbane.
Yali stand nun in den großen Ausstellungsräumen, die voll neuguineischer Schnitzereien und anderer Kulturgegenstände sind. Verwundert sah er sich alles an und entdeckte darunter Gottheiten seines Landes.
Klare Schlussfolgerung: Die Australier haben die neuguineischen Götter geklaut, um so zu ihrem eigenen Cargo zu kommen.
Yali wurde weitergeführt und kam nun abermals zu etwas, das er noch nie gesehen hatte und auch nicht verstand – zu einem Zoo. Und er staunte, wie liebevoll diese Tiere gefüttert und gehalten wurden.
Wie konnte er all das Gesehene verstehen und zu einem richtigen Bild zusammenfügen?
Er gelangte zurück in seine Heimat, wo er ein Buch über die Evolution in die Hände bekam. Das Bild des gebückten Affen, der sich über mehrere Stufen zum Menschen hin aufrichtet, fügte sein inneres Puzzle zusammen.

Klare Schlussfolgerung: Die Missionare hatten gelogen. Uns Nuiginis erzählten sie,

dass Adam und Eva unsere Ahnen seien, während sie selber glaubten, dass Tiere ihre Vorfahren waren und mit Respekt behandelt werden müssten. Für Yali schloss sich ein Kreis, da in seinem ureigenen Stammesglauben Tiere eine ähnliche Bedeutung hatten. Warum haben die Missionare gelogen?
Zurück in Madang traf Yali sich mit dem Propheten Gurek und erzählte, dass ihre Götter im Museum in Australien gefangen gehalten würden. „Wenn wir sie zurückhaben wollen, müssen wir sofort aufhören, an die Lügen der Christen zu glauben."

Yali war aber schlau und kooperierte weiter mit den Australiern. Er machte ihnen glaubhaft, dass er Cargo-Kulte ablehne, und wurde prompt als Sprecher gegen die ketzerischen Jesus-Cargo-Kulte eingesetzt. So stand Yali vor Tausenden von Menschen und je vehementer er bestätigte, dass Jesus nicht der Cargo-Bringer sei, desto mehr Menschen durchschauten seine Botschaft und verehrten ihn als denjenigen, der nun den Schlüssel habe. Je mehr er dies aber verneinte, desto sicherer waren sich seine Anhänger, dass seine Zauberkräfte endlich den ersehnten Frieden, Glück und Reichtum bringen würden.
Gurek wurde sein Sprachrohr und verkündigte, dass die Menschen nun zu ihrem alten Glauben und den Riten zurückkehren müssten. (BBC, *Cargo Cult*, 2004)

Man mag verführt sein, bei vielen der Geschichten zu schmunzeln und die Menschen für naiv zu halten, aber was würden wir tun, wenn ein Ufo im Vorgarten landet, der rosa Pilot uns eine grüne Pille für unsere Unsterblichkeit in die Hand drückt und dann wieder davonfliegt? Wir würden hoffen, dass er wiederkommt und uns das Rezept verrät, damit wir nicht einsam durch die Ewigkeit wandeln würden...

Ich ahne, dass ich nur nicht verstehe, wieso jemand aus dem Gefängnis gewählt werden kann, dass alles hoch kompliziert ist und ich einfach nur keine Ahnung habe.

Logaweng, unser neues Lebensabschnittszuhause
Ich halte die Luft an und fliege mit den kreisenden Adlern, bis ich sie aus den Augen verliere und um mich herum wieder alles grün und saftig ist. Kalter Rauch ist eine Strafe für die Nase. Als wir fertig auf den Bergrücken gerumpelt sind, entlässt uns der Regenwald in eine unbezäunte, große, äußerst hübsch angelegte Lichtung, ein Blick nach links und uns bleibt allen die Spucke weg. Was für ein grandioser Ausblick empfängt uns da.
Wir springen ab, stellen uns an den Abhang und lassen die Augen von der Leine. Sie sprinten los wie zwei übermütige junge Hunde, über den Urwald hinunter an die Küste, bremsen scharf an der grün-blauen Grenze, tasten sich behutsam weiter, vor zu der Kette von grünen Inselperlen, die sie

umschnuppern, als seien es gefundene Trüffel, spielen Himmel und Hölle zwischen Wasser und Sand, bis sie wieder eintauchen in das die Perlen umspülende silbrige Wasser, tanzen gen Horizont nach der Choreographie der auf sie wartenden Sonne.
Aber nicht nur die Spucke ist weg, dieser Ausblick löst sofort eine innere, meditative Ruhe aus. Das Herz, die Bewegungen werden schlagartig langsamer, die Mundwinkel gehen nach oben, die Mimik schafartig, die Frequenz des Augenaufschlages zeigt Trance an, ab und an löst sich ein Prickeln gleich wie tausend Blubberblasen aus einer tiefen Quelle, die den Körper durchströmen. Ich stehe am Rand des Abhangs neben einer kleinen hölzernen Bank und denke:
„Hier möchte ich sterben."

Während unseres ganzen Aufenthaltes empfinde ich diesen Ausblick wie ein Magnet, dem ich immer wieder und nur zu gerne nachgebe.

Wir pfeifen die Augen zurück, wechseln halbherzig die Touristen- und Job-Brillen miteinander und lassen uns zu unserem neuen Zuhause führen.
Es ist gleich das erste in der Reihe von Missionarshäusern, die alle parallel nebeneinander stehen. Alle stehen sie auf Stelzen, sind luftig, riesig, mit viel Flair und Charme. Und wir breiten uns vergnügt darin aus, testen hopsend die Betten, bewundern die blau gestrichene Küche und den riesigen Bananenstrunk, der für uns im Waschhaus abgelegt wurde. Alles scheint perfekt.

Wir sind hier, um das Braun Memorial Krankenhaus und seine Mitarbeiter kennenzulernen. Morgen früh wird mich ein Krankenhauswagen abholen, morgen Nachmittag wird unser Sprachlehrer kommen und bis dahin sind wir auf der Suche nach Kindern und Tieren.

Ich befinde mich zwei Stunden später immer noch im Zustand der Entzückung, ziehe Filip nackig aus und lass ihn in einem Eimer draußen sitzbaden. In meinem Kopf läuft ein Endlos-Band „... bin ich glücklich. Hab ich es gut!'
Frank amüsiert sich über meine Stoßseufzer und raucht, an den Wassertank gelehnt, eine Zigarette. „Nun krieg dich mal wieder ein", lacht er, „morgen früh spätestens ist es Schluss mit lustig!" – „Aber schau doch mal diese Blumen hier und diese Schmetterlinge, wie aus dem Bilderbuch. Ich finde das soooo toll hier. Oh Frankie, wie gut, dass wir das gemacht haben." – „Ja, schon hübsch hier. Die Station ist übrigens ganz schön verlassen. Über den Jahreswechsel sind hier in PNG die großen Ferien, d.h. unsere *Wantok* (eine Sprache = Menschen der gleichen Sprache, Freunde) sind fast alle im Urlaub."

Mit Filip an der Hand gehen wir wenig später ein Stück den Weg entlang, vorbei an wunderschön angelegten Gärten, Papayabäumen, Bananenstauden, Wäscheleinen, sehen an einem Jasminbaum hoch, an dem wie Schmarotzer Büsche der schönsten Orchideen hängen, gehen über den kurzgeschnittenen Rasen mit den breiten Blättern, bis wir rechter Hand an ein kleines Häuschen mit Blechdach kommen.

Ein Mann sitzt mit nacktem Oberkörper neben einer Feuerstelle auf einem kleinen Bänkchen und bastelt an einem kleinen Käfig, Hühner picken im Sand, zwei Kinder hocken neben dem Vater und folgen seinen flinken Händen.

Eine große Frau kommt aus dem Haus und trägt eine riesige Blechschüssel auf der Hüfte. Sie ist etwa im achten Monat schwanger. Als sie uns sieht, lacht sie laut, zieht sich ihren verrutschten Rock zurecht, stellt die Schüssel mit den Kochbananen und Süßkartoffeln am Feuer ab und kommt strahlend auf uns zu. Sie ist wunderschön und bewegt sich stolz. Wir geben uns die Hand und auch ihr Mann ist aufgestanden und begrüßt uns herzlich.

Sie fragen, wer wir sind und was wir hier machen. Sie verstehen mein Englisch-Pidgin-Gepansche und ich frage die Frau nach ihrem Namen.

„*Mi Mama bilong Robert. Em i las born bilong mi. Mi gat sevenpela pikinini na yu?* (Ich bin Mama von Robert, er ist mein Letztgeborener. Ich habe sieben Kinder und du?)"

„Ich habe die drei Kinder hier", verkünde ich stolz.

Sie lacht und schüttelt den Kopf: „*Ah, tripela pikinini tasol?* (Ah, nur drei Kinder?)"

Ich muss mitlachen, kann ich hier doch mit drei Kindern nicht punkten. Der Schnitt in PNG liegt bei vier Kindern. In manchen Regionen ist man sogar erst Mann, wenn man vier Nachkommen gezeugt hat.

Es hört sich auch gar nicht komisch an, dass ich von ihr keinen Eigennamen erfahre, sie wird, wie es hier üblich ist, nach ihrem letzten Kind benannt. Im ersten Moment stolpere ich wie gesagt nicht darüber, es ist so wie es ist, aber im zweiten Atemzug fragt mich mein emanzipiertes Gewissen, ob es nicht Wert ist, sich darüber zu ärgern, dass hier eine Frau ab der Geburt ihres ersten Kindes nur noch Mama ist.

Ich ahne mal wieder nicht, dass hier auch Männer nie mit ihrem eigentlichen Namen angesprochen werden und das aus gutem Grund.

Ich bin auf meinen Bahnen unterwegs und verstehe nichts, vor allem ahne ich noch nicht, dass das kulturelle Straßennetz in meinem Gehirn komplett von dem hier verschieden ist. Wie schwer ist es, die eigenen Synapsen zu überzeugen, zu überlisten, auf Spurensuche nach alten Wegen im Dickicht des Gehirns zu gehen…

Hören die Menschen auf Karkar ihren Namen so freuen sie sich, nicht so die Menschen hier in dieser Gegend. Wird der eigene Name vom Ohr ans Gehirn weitergeleitet, leuchtet sofort eine rote Warnlampe auf, Adrenalin steigt und der Mensch gerät in Angst. Bilder werden aufgerufen, ein fiktiver Film läuft vor dem inneren Auge ab: Ein M*asalai* (Geist) kommt, er wird sich den soeben ausgesprochenen Namen greifen, ihn fressen und ein Gift daraus brauen, der dem Namensträger Schaden zufügen wird. Den Namen nicht zu benutzen, hat also Geschichte und somit Sinn und ist keine Reduzierung auf irgendetwas.

Die Frau lacht die ganze Zeit, geht zu Filip und kneift ihn liebevoll in die Backen: „*Eh, yu as nating. Go kisim trousers bilong yu, palai bai kam na kaikaim bududu bilong yu.* (Eh du Hintern ohne was, geh und hol dir eine Hose, ein Gecko wird sonst kommen und dir den Pimmel abbeißen.)" Filip wird verlegen und beobachtet die lachenden Gesichter um ihn herum. Schnell suche ich mit den Augen das kleinste Kind der Familie und stelle fest, dass alle Kinder tatsächlich Hosen tragen.

Mein Kopf formuliert unablässig Fragen, aber mein Mund schweigt verlegen und so lächele ich noch eine Weile, bevor ich mich mit *As nating* (Nackedei) auf den Weg mache, um ihm eine Unterhose anzuziehen.

Schon am Nachmittag wurde Luis von den Kindern ‚*Man bilong painim binatang* (Mann der Insekten findet)' getauft und wir saßen Stunden um die riesigen grünen oder weißen Gottesanbeterinnen herum, die auf Kappe oder Hand saßen. Wir befanden uns auf einer geheimen Marsmission, Auge in Auge mit einem unbekannten Alien mit dem dreieckigen Kopf eines Dragonen, der, nachdem er seine Gegner eingehend mit seinen riesigen, eierförmigen Augen analysiert hatte, versuchte, uns aus einer meditativen Schaukelbewegung heraus mit seinen Scharnierärmchen zu fangen.
Die zweite intensive Begegnung hatten wir mit einem grünen Blatttier – so ähnlich wie Heupferdchen – welches unangenehm zwicken konnte. Auf meine hoffnungsvolle Frage an die Niugini-Kinder, ob dieses Insekt nun einen Eigennamen habe, zuckten sie nur die schmalen Schultern: „*Binatang tasol.* (Insekt nur.)"

Vor meinem inneren Auge tauchte ein in die Sonne blinzelnder Inuit auf, der sich bückt, um sich eine Hand voll Schnee zu nehmen. Er prüft ihn mit Augen, Nase und Zunge, wirft ihn nickend zurück und murmelt einen der 150 Namen der weißen Masse, bevor er sich entschließt, für heute mit seinem Schlitten zu Hause zu bleiben.
Das mit den vielen Bezeichnungen soll ja gar nicht stimmen, aber, dass der Inuit Fachmann/-frau für seine/ihre Umwelt ist, wie auch der Förster im Wald, ist unbestritten. Der würde ja auch nicht auf einen Fuchs zeigen und sagen: den nennt man Wild. Und das Tier, das da hinten grast, mit den langen Hörnern, heißt auch Wild.
Engelchen und Teufelchen streiten noch lange auf meiner Schulter, ob es hier wirklich nur eine Sorte Schnee geben kann, und ahnen nicht, dass die Auflösung des Problems naht und mit heftiger Schamesröte meinerseits verbunden sein wird.
Als die Nacht hereinfällt, eröffnet Mira mit Luis ein Tierzeichenbüro, Filip schläft früh ein, Frank übernimmt die Küche und ich lausche nach draußen und schreibe die ersten Zeilen an meine Eltern.

Krankenhaus – Ärztliche Regression

Rauschende Ohren

Es regnet in Strömen, als am nächsten Morgen der verschlammte Krankenhauswagen vor der Türe hält und mich einsammelt.
Ich bin aufgeregt und friere, als ich in das vergitterte Auto steige.
Der Fahrer sieht cool aus, obercool mit seiner Sonnenbrille, seinem schwarzen Bart, an den er Perlen gehängt hat, seinen Rastalocken, die zusammengebunden schwer auf seinem Rücken liegen.
Er nickt mir kurz zu und macht sich auf den Weg den Berg runter. Unterwegs hält er an und sammelt die unter Bananenblättern laufenden Menschen ein, die behände auf die Ladefläche springen.
Als wir bei einem kleinen Laden vorbeifahren, klopft es so blitzgleich auf das Autodach, dass ich zusammenzucke. Sofort hält Rastaman an. Eine Hand reicht ihm zwei Betelnüsse als Dank herein, er nickt nur wieder und weiter geht es, bis wir in das Krankenhausgelände einbiegen und vor dem Verwaltungsgebäude stehen bleiben. Ich bedanke mich, er nickt, knackt eine *Buai* und lässt mich stehen, Mr. Cool hat Pause.

Ich halte nach weißen Gesichtern oder Kitteln Ausschau und friere bei 20 Grad. Auch die Niuginis laufen in Anoraks und mit gebeugten Köpfen an mir vorbei.
Das Krankenhaus ähnelt dem auf Karkar, scheint aber einen Tick größer zu sein und sich in einem besseren Zustand zu befinden. Es ist ein Krankenhaus mit gutem Ruf. Viele Menschen nehmen tagelange Fußmärsche oder Bootsfahrten auf sich, um sich hier behandeln zu lassen.
Die Morgensitzung ist schon vorbei, der Wagen hat mich wohl wegen des Regens spät abgeholt und so suche ich die Stationen ab, bis ich einen Arzt entdecke, der mit der Krankenakte in einem mit Frauen gefüllten Krankensaal an einem Bett steht. Es ist Hannes, der mit uns und seiner Familie aus Lae hier her geschaukelt war.
Als er mich sieht, winkt er mich zu sich. Er unterbricht seine Visite, um mir das Krankenhaus zu zeigen.
Zurück auf der Station fragt er mich doch tatsächlich, ob ich die Visite weitermachen wolle.
„Das kann ich noch nicht, ich kann mich doch gar nicht verständigen. Außerdem muss ich erst einmal schauen, was hier so Standard ist, was es an Medikamenten gibt und so weiter. Du bist echt lustig. Hast du etwa gleich mit Visite losgelegt?" Ich kann es nicht glauben.
„Ja klar. Aber macht nichts, lauf dann einfach mit. Was hast du vorher gemacht?"
„Ich war auf der Frauenstation."
„Oh, das ist gut, wir sind nämlich alle keine Gynäkologen. Kannst du uns eine vaginale Hysterektomie (Gebärmutterentfernung) beibringen? Wir haben zwei Frauen mit Prolaps (Gebärmuttervorfall)?"
Ich versinke in mir und meine Ohren fangen an zu rauschen.
„Nein, ich habe noch keine allein operieren dürfen. Von abdominal (vom Bauch aus) könnte ich sie herausnehmen." Jetzt lehne ich mich aber weit aus dem Fenster raus.
„Das können wir auch. Schade!", antwortet er kurz. Er ist kein Typ, der lange bei den Dingen weilt.

Ist nicht? O.k., abgehakt.
Er gibt einem Pfleger eine kurze Anweisung und wendet sich wieder mir zu:
„Aber im Kreißsaal haben wir eine Frau, die kannst du dir gleich mal anschauen. Da geht es mit der Muttermundöffnung nicht richtig vorwärts und wir wissen nicht so recht, ob wir noch warten sollen oder nicht. Komm mit."
Auf dem Weg schimpfe ich innerlich mit mir und schicke Suchtrupps los, um das geflüchtete Selbstvertrauen aufzuspüren. Einsperren werde ich es dann mit dicken Eisenkugeln an den Beinen. Ich hab doch was gelernt, jetzt zeig doch mal, was du drauf hast, und bleib souverän. Wie oft haben Ärzte keine Ahnung, aber dicke Backen vor den Patienten. Ein bisschen Show gehört dazu.
„Hier ist es."
Auch hier die berühmte Schwingtür in den Kreißsaal!
Cool bleiben, meine Sporen klappern, die Colts schmeicheln in den Händen, steile Falte auf der Stirn, mein lebenserfahrener Blick unter der Hutkrempe erfasst die Szene und ich lasse geschockt meine imaginäre Kippe aus dem Mundwinkel fallen. Grotesk.

Da hängt eine nackte Frau, schweißnass, mit völlig verzweifeltem Gesicht an einem Seil, das von der Decke herab baumelt, als wolle sie an einer Liane den Fluss überqueren. Die Hände krallen sich an das Seil und mit unendlicher Anstrengung versucht sie, ihren schweren Bauch und ihre angewinkelten Beine in der Luft zu halten. Immer wieder rutscht sie ab und gleitet auf die Knie, greift wieder nach oben in stummem Eifer, es richtig machen zu wollen, und zieht krampfhaft ihre Beine nach oben, bis sie über dem Boden schwebt und sanft hin und her schaukelt.
Eins ist sicher, sie handelt nach Anweisung und – das Gebärseil ist hier so nicht erfunden worden. Sicher ist auch, würde die Frau im Busch gebären, würde sie es instinktiv richtig machen und in einer Wehe nach einem Ast greifen, der sie hält, wenn sie in die Hocke geht.
„Na, so kann auch niemand ein Kind bekommen", entfährt es mir. „Das ist ja wie bei ‚Spiel ohne Grenzen'."
Ich bereue sofort meine Worte und frage schnell nach dem Geburtsverlauf, während ich zu der Schwangeren gehe und versuche, ihr das Seil abzunehmen.
„Das wievielte Kind ist das?"
„Das fünfte"
„Und wie lange hat sie schon Wehen?"
„Seit sechs Stunden hat sie gute Wehen. Der Muttermund ist auf acht Zentimeter geöffnet, aber der Kopf rutscht nicht ins Becken."
Wie auch auf Karkar gibt es hier kein CTG (Wehenschreiber), die Herztöne des Kindes werden mit dem Holzhörrohr kontrolliert. Noch kann ich mir nicht vorstellen, dass ich dieses Gerät nicht mehr vermissen werde und später auch nie eines haben will.
„Wie waren die letzten Herztöne?"
Der Kollege fragt die etwas abseits stehende Schwester und antwortet: „Normal bei 140."
Die Frau sitzt auf dem nackten Fliesenboden und wimmert vor Erschöpfung.
Meine Intuition ruft mir zu, dass eine normale Geburt hier nicht möglich sein wird, aber erst mal nachschauen. Ich untersuche sie auf einer Pritsche und fühle den kleinen Kopf weit oben im Becken. „Sobald die Herztöne o.k. sind, würde ich die Frau ein paar Wehen lang auf die linke Seite

und dann auf die rechte Seite drehen. Wir können in einer halben Stunde nochmal kontrollieren. Wäre gut, wenn die Kindestöne engmaschig kontrolliert werden."

Im Hinausgehen frage ich, wie viel Kaiserschnitte sie machen würden. „Na ja, eigentlich soll man in einem Entwicklungsland unter 5% (in Deutschland bei 20-30%) bleiben, da wir aber viele komplizierte Geburten haben, liegen wir etwas drüber." Wir gehen weiter durch die Frauenstation und ich verfolge still und in Trockener-Schwamm-Manier die Visite.
Der Kollege ist unglaublich nett zu den Frauen. Neben normalen Wöchnerinnen liegen Frauen mit Totgeburten, Eileiterschwangerschaften, Sterilisationen, Fehlgeburten. Überall stehen Töpfe rum, wuseln Kinder durch die Reihen, tauchen Köpfe unter den Betten hervor, die Station brummt. So auch mein Kopf, der alles behalten möchte, was er hört und sieht, und doch werde ich von Bett zu Bett scheinbar kleiner.

Als wir die Station wechseln und auf die Chirurgie gehen, schrumpfe ich weiter. Ich sehe mir Verbrennungen an, Knochenbrüche, riesige Geschwüre und bin mir sicher, dass ich all das nie lernen werde. Als ich dahin komme, dass ich mich hier noch nicht einmal im Kreißsaal mehr sicher fühle, bin ich beim Schnuller angelangt. Mein Kopf ein leeres Buch, ich warte auf die nährende Brust, die Hand, die mich wickelt und mich auf die Füße stellt.

Zurück im Kreißsaal erwachen meine Geister und ich untersuche die Frau, die auf der Pritsche liegt und schreit: *„Mi less, mi leeess!! Katim mi, katim miiiii. Pliis dokta mi nogut strong, helpim mi!* (Ich kann nicht mehr. Schneide mich, schneide mich! Bitte Doktor, ich hab keine Kraft mehr, helfe mir.)" Ich fühle den Kopf, er hat sich nicht bewegt. Ich sehe meinen Kollegen an, schüttele den Kopf und sage: „Ich würde jetzt schneiden. Wie sind denn die Herztöne?" Ich sehe, wie Hannes Gesicht sich verändert, und plötzlich liegt Hektik in der Luft.
„Die liegen wohl schon länger bei 70. Sie meinen, sie haben uns nicht gefunden, um Bescheid zu sagen. O.k., dann los! Willst du operieren?"
Ich zögere, gewinne einen Sekundenschweinehundkampf und nicke:
„Wenn du mir hilfst?"
Hannes lacht: „Nur Mut. Was meinst du, wie es mir ging, als ich meine erste Geburt hier hatte!"
Jetzt geht es los. Die Patientin wird einen langen Gang hinunter geschoben und auf den OP-Tisch gelegt. Wir waschen uns die Hände, gehen barfuß zu dem Tisch, auf dem alles bereit liegt, und ziehen uns selbst sterile Kittel und Handschuhe an.
Es ist ein kleiner Junge, den wir raus ziehen, grün und schlapp, er hängt auf meiner Hand wie ein nasser Feudel. Während der eine abnabelt, saugt der andere Mund und Nase frei von dem grünen Schleim. Die Prozedur entlockt dem Frischling noch immer kein Zucken, kein Regen. Hannes lässt alle Instrumente fallen, eilt um den OP-Tisch herum, nimmt den Leblosen und fängt an, ihn mit einem Beatmungsbeutel zu beatmen. Oft hilft diese Starthilfe Wunder und die Kleinen, die noch nie zuvor Atmung ausprobieren konnten, legen los und saugen den rettenden Sauerstoff in die Lungen. Nach der Abnabelung tickt die Zeitbombe. Fünf Minuten, steht auf dem Auslöser, bis das Hirn geschädigt ist.
„Mi nidim Oxygen (Ich brauche Sauerstoff)", ruft er in den Raum.

Eine große Gasflasche wird herein gefahren.
Die Frau blutet stark und so versuche ich, mich wieder auf mein kleines, grünes Rechteck zu konzentrieren, die Ohren nach hinten zu dem Kind gerichtet, groß wie von einer Fledermaus. Es sind immer Ewigkeiten bis zu dem ersehnten ersten Luftschnappen oder Wimmern eines Babys.
Zeit ist so relativ, mal fühlt man die Sekunden in hyper slowmotion, wie bei einem Autounfall vor Jahren. Das Auto ist sekundenschnell den Bergabhang runter gekullert, aber wir Insassen haben einen anderen Film gesehen, ein Auto, das sich langsam zur Seite neigt, wir haben die Bäume gezählt, die Lichtkegel beobachtet, die zwischen den Bäumen irrten, den langsamen Herzschlag gespürt, der in der Brust galoppierte, haben das Splittern des Baumes, der das Auto zum Stehen brachte, wie ein endloses Klagelied gehört – Filmriss.
Und dann sitzt man über einer Prüfungsfrage und denkt scheinbar einen Augenaufschlag nach, während der Uhrzeiger sich währenddessen mit Mordsgeschwindigkeit vorwärts geschummelt hat und das ‚Bitte Unterlagen abgegeben, die Zeit ist um' nur ein schlechter Scherz sein kann.
Ich zwinge mich, nicht dauernd nach hinten zu schauen. Der kleine Schrei, der endlich kommt, läuft an mir herunter wie warmes Öl. Hannes wechselt die Handschuhe und stellt sich wieder zu mir.
„Alles gut!"
Plötzlich hält Hannes inne und sieht mich an: „Wir haben etwas vergessen!"
„Was?"
„Sie zu sterilisieren."
„Oh, das wusste ich nicht." Ich zögere: „Hat sie das gesagt?"
Ich muss wieder an Indonesien denken. Kaum war die Frau in Narkose, wurde eine Schwester zum wartenden Ehemann vor die Tür geschickt, um die Erlaubnis zur Sterilisation zu bekommen. Einmal habe ich nachgehakt, ob der Arzt die Frau denn auch nach ihrem Wunsch befragt hätte.
„No, why?", antwortete er ohne rot zu werden. Alles klar!
„Was denkst du denn!", empört sich Hannes zu Recht, „Zwangssterilisation wie bei den Aborigines in Australien?"
Ich erzähle von Indonesien, lasse mir die Sterilisation zeigen und verschließe den Bauch. Bei den letzten Zentimetern Hautnaht fangen meine Hände an zu zittern und ich friere – in dem kalt gewordenen Fruchtwasser stehend – meine Anspannung weg.
Umziehen, alles ist nass, Blut und was nicht alles klebt auf meinem Bauch und Beinen. Es gibt keine Dusche und so reibe ich alles flüchtig ab, hieve meine Füße über das Waschbecken, schrubbe und eile zu dem Kind, das noch mit Sauerstoffschlauch in der Nase in einem Gitterkörbchen liegt. Es ist zu einer Wurst zusammengewickelt mit schön rosigen Lippen, offenen Augen und schmatzt vor sich hin auf der Suche nach der Brust. Schön.
Ich schiele auf die Uhr, es ist halb eins. Mir reicht es für heute. Gleich werde ich sagen müssen, dass ich als halbe Ärztin…
Meine Gedanken legen sich alles zu Recht: ‚…klar, ich brenne darauf, hier den ganzen Tag zu lernen, aber leider muss ich immer mittags zu Hause sein. Warum? Weil meine Kinder warten oder Frank ja auch noch in seinen Job eingeführt werden möchte, noch besser, mein Pidgin-Lehrer, genau, der wartet auch schon!'
Mein Anliegen, jetzt gehen zu wollen und das jeden Tag, bewirkt eine eindeutige Gesichtsverän-

derung bei Hannes, wie ein kühler Schleier, der sich darüber zieht. „Wenn du meinst! Es ist halt schwierig, dadurch, dass ihr auf dem Berg wohnt, kann ich dich bei einem Notfall nicht eben mal rufen. Aber du musst schon wissen, was du tust. Im kleinen OP liegt noch ein totes Baby, was gerade geboren wurde, vielleicht können wir uns das noch anschauen bevor du gehst."

Während meines ganzen Studiums habe ich um spätestens ein Uhr den Stift fallen lassen, um bei den Kindern zu sein, so klein, wie die da noch waren. Ich müsste eigentlich schon ein dickes Fell haben und trotzdem brennt der alte Ärger in mir.
Ich gehe mit und schweige mich aus.
Mit einem Mal habe ich keine Lust mehr, keine Lust auf schlechtes Gewissen, keine Lust auf diesen Spagat, keine Lust, weder Top-Mutter noch Top-Ärztin zu sein, keine Lust, keine Zeit zu haben, mal was nachlesen zu können. Keine Lust, mir noch irgendetwas Neues anzuschauen.

Auf der Schrankablage liegt das Baby in ein weißes Tuch gehüllt. Hannes wickelt es aus. Die Haut des Babys verrät uns, dass es schon länger im Bauch verstorben sein musste, denn sie löst sich an vielen Stellen ab und hinterlässt unschöne rote Flecken. Hannes atmet auf. „Da hätten wir nichts tun können", murmelt er.
„Was war da los?", frage ich nach.
„Die Frau hat ihr Kind nicht mehr gespürt und sich vor drei Tagen auf den Weg hierher gemacht. Die ganze Strecke über die Berge ist sie gelaufen. Das wäre ihr siebtes gewesen. Ich werde sie gleich mal fragen ob wir sie nicht sterilisieren sollen. Also, dann viel Spaß beim Pidgin lernen, bis morgen!"

Pidgin
Was wissen wir über diese seltsame Sprache?
Sie ist ein Zeugnis der Kolonialgeschichte und eine Brücke. Eine Kunstsprache mit einem minimalen Wortschatz und fast ohne Grammatik. Wir haben uns schon über viele Worte amüsiert wie *pikinini* = Kind, *pekpek* = Kacke, *pispis* = Pipi, *laplap bilong waswas* = Waschlappen, sind schon gestolpert über das Fehlen von dem Verb ‚sein', aber jetzt erst wundern wir uns, warum alle sagen, wie einfach Pidgin zu lernen sei: ‚Nach vier Wochen habt ihr's drauf.'
Von wegen, erstens bin ich immer versucht, Englisch zu reden, und zweitens verstehe ich zwar schon einige Wörter, aber verzweifle daran, dass ich nicht weiß, was sie mir in der Reihenfolge sagen sollen.

Nach unserer ersten Lektion mit Makape und seiner Frau Sahra bin ich frustriert. „Frank, das gibt es doch nicht, ich lese einen Satz und kann jedes Wort übersetzen, aber ich verstehe ihn nicht! Sag, dass es dir genauso geht, sonst schreie ich gleich."
„Bloß nicht, mir geht es doch genauso. Pidgin hat einfach so wenige Wörter, dass man ständig etwas umschreiben muss. Ich glaube, das macht es so schwer. Und ich glaube, man muss sein Englisch aus dem Kopf schmeißen, das verwirrt nur."
„Wie soll das denn gehen?", grummel ich weiter.

Auf Karkar war mir schon klar geworden, was Pidgin als Brückensprache leistet, hat doch diese Insel mit ihren zwei Sprachen eine solche Kunstsprache zur Verständigung nötig. Auch habe ich gehört, dass es in PNG weit über 820 eigenständige Sprachen (nicht Dialekte!) geben soll. 820 und es werden immer noch neue gefunden! Das sind über 20% aller auf der Welt gesprochenen Sprachen bei einer Bevölkerung von gerade mal knapp 6 Mio. Einwohnern.

Man stelle sich vor, wir hätten in jedem der 16 Bundesländern einen anderen Schnack, das würde unseren Bürokratiewahn und Einigkeitsgedanken explodieren lassen.

Aber ich muss zugeben, dass ich die Tragweite dieser 820 Sprachen erst später bei einem Besuch im Hochland richtig begreifen sollte, als ich von einem Hochland-Stamm die Art der Dorfumgrenzung sah, die einem Burgwall glich und so völlig anders war, als an dem Ort, an dem wir losgeflogen waren, keine 50 km entfernt – da ging mir plötzlich ein Licht auf.

Dieses Land ist nicht ein Land, sondern es hat so viele verschiedene Kulturen, wie es Sprachen gibt. – Alles gewusst, aber nicht richtig begriffen. ‚Man weiß nur, was man sieht' (Goethe) oder man versteht nur, was man spürt? Welch späte Erkenntnis.

Natürlich gibt es zwischen den Stämmen Ähnlichkeiten, wie ihr Werkzeug gemacht ist, ihre Trommeln geschnitzt werden, die Gärten angelegt sind, aber wenn man meint, eine Volksgruppe zu kennen, heißt das mitnichten, dass man ein Tal weiter die gleichen Götter und Riten antrifft.

Dieser junge Staat mit seinen jahrtausende alten Kulturen bildet gar keine Einheit, sondern es ist ein Konglomerat aus 820 Einzelzellen, jedes mit anderer Oberflächenstruktur und anderem Innenleben: was für ein Reichtum, aber auch was für eine Herausforderung.

Das zweite, nicht weniger beeindruckende, aber weitaus peinlichere ‚Aha Erlebnis' habe ich in unserer zweiten Sprachübung am nächsten Tag. Nachdem der Fahrer am Morgen wohl wegen des Starkregens gar nicht erst den Berg herauf geknattert gekommen war, frage ich Makape, unseren einheimischen Sprachlehrer, der in unserem Wohnzimmer bei einer Tasse Kaffee sitzt, wie er das Tier nennt, dass auf Luis Hand herumwippt.

„Na ja, auf Pidgin nennen das die Kinder *Kungfu men*. Es gibt kein richtiges Wort dafür."

Und jetzt kommt die Auflösung des Rätsels oder besser, der peinlichen Blindheit und Gehirnstarre: „...aber in der Sprache der Region hier heißt das Tier *Suka*."

Von meiner Blockade geheilt, rehabilitiere ich die Menschen hier blitzschnell und versuche, vor meiner Scham durch die Feststellung davonzulaufen: „Na ja, hab ich mir ja schon gedacht, dass die Menschen hier ihre Natur kennen."

Wie blöd kann man sein, natürlich sind die vielen Sprachen hier alle hochwertig, kompliziert und reich an Grammatik und Wortschatz. Natürlich haben auch die Papuas hundert verschiedene Begriffe für Schnee.

Pidgin ist eben nur eine Brücke.

So wachsen hier nicht wenige Kinder mit vier Sprachen auf. Die von Vater und Mutter, falls nicht aus dem gleichen Dorf, Pidgin und auf der Schule Englisch. Wow!

Die nächsten Wochen quälte ich mich durch den Klinikmorgen und Sprachkursnachmittag. Zu beiden Ereignissen hänge ich mir ein imaginäres Schild um den Hals: ‚Bin zu blöd für diese Welt.'

Auch wenn mir diese Selbstzerfleischung zum Halse raus hängt und ich mich immer wieder an meinen Haaren ziehe, um aus dem Sumpf herauszukommen, hält mich irgendetwas fest.

Lebte ich erst in dem Schneckenhaus: ‚Ist das alles gefährlich hier', bin ich nun umgezogen in das nicht weniger bedrückende Nachbarhaus: ‚Looser's Inn'.

Dass ich zeitweilig im großen Ballsaal schöne Küren mit den Kindern tanze und auch verschont bin von Schrittfehlern oder Phantasielosigkeit, kann mich nicht herauslocken.

‚Ja, im Quatschmachen bin ich gut. Man, ich bin und bleibe ein Kindskopf. Deswegen kann ich auch nicht genug Kinder um mich herum haben.'

Was für ein Vergnügen, mit jedem Kind, auf dem Bauch liegend, noch einmal die Welt zu entdecken, völlig hin und weg sein zu dürfen von der kleinen Ameise oder der Biene vor mir, die ich einmalig finde und begeistert meinen Kindern zeige. Ich darf mich mit den Füssen in den Matsch stellen und es lustig finden, wenn die Soße zwischen den Zehen vorquillt. Habe ein Alibi, um mich ins Heu zu werfen, bis ich nicht mehr zu sehen bin, wie vor einem Jahr auf der frisch gemähten Dorfkoppel. Als ich wieder auftauchte, standen zwei alte Bauern direkt vor mir und rieben sich das Kinn: „Moin, Sie sind doch die Ärztin aus dem Krankenhaus. Naja, Spaß muss man ja auch haben." Man stelle sich vor, ich hätte kein Kind dabei gehabt.

Dass mein Hinterteil wie bei einer Spinne, die eine Grille aussaugt, immer dicker wird und sich darin immer mehr Wissen anreichert, merke ich nicht und sauge umso doller mit Blick auf meine immer noch dünnen Beinchen. Erst Monate später auf Karkar sollte ich bemerken, was ich für einen Riesenleib hinter mir her schleife.

Kultur der Adoption – Bonding mit dem Klan

„Geh mal zu dem Pärchen da und versuche, sie zu einer Sterilisation zu überreden. Die Frau hat ihr sechstes Kind bekommen", ruft mir ein paar Tage später Hannes zu, dem ich bisher auf Schritt und Tritt gefolgt bin.

„O.k."

Die beiden sitzen auf der Pritsche und sehen glücklich aus. Das kleine Baby nuckelt an der Brust. Die Frau sitzt ohne T-Shirt da.

Die beiden lächeln mich jedenfalls freundlich an und freuen sich, dass ich mich zu ihnen setze. Und ich rede – auf Pidgin!

„Ich habe eine Frage. Wie viele Kinder habt Ihr?" – „Oh, wir haben jetzt sechs." – „Und alle sechs leben oder ist eines gestorben?" – „Nein, alle sind da. Drei Jungs und drei Mädchen." – „Habt ihr mal darüber nachgedacht, ob sechs genug sind?"

Sie schauen sich an und lächeln breit. Der Mann zuckt mit den Schultern, aber sagt nichts. „Ich denke nur, dass es auch viel Arbeit und Geld kostet. So viele Kinder zur Schule zu schicken ist teuer! Wie wollt ihr so viel *Skul Fi* (Schulgeld) aufreiben?" Obwohl es in Neuguinea eine Schulpflicht gibt, sind die Schulgebühren recht hoch, ein gutes Argument pro Familienplanung, wie mir gesagt wurde. Nicht so jetzt. Die beiden werden immer verlegener. Schließlich klärt mich der Mann auf:

„Weißt du Dokta. Wir haben die ersten vier Kinder zur Adoption weitergegeben. Mein Bruder

hatte keinen Jungen, da haben wir ihm einen gegeben. Mein Cousin hat gar keine Kinder. Jetzt schaut er nach zweien unserer Kinder und eines hat die Schwester meiner Frau."
Er strahlt mich an und stellt fest: „Na ja und jetzt wollen wir ja selber auch Kinder. Mindestens vier!"
Jetzt lachen wir alle und ich ziehe wieder kopfschüttelnd von dannen.
Muss ich das verstehen? Wie kann man Kinder so weitergeben wie ein Ferkel, das man übrig hat? Es mag wichtig für einen Klan sein, so die Verbindungen zu anderen Familien zu stärken, vielleicht sogar überlebenswichtig, wie andere Friedenspfeife rauchen oder Multikulti-Straßenfeste veranstalten. Aber Kinder?
Dass diese beiden ihren Verwandten ihre tiefste Liebe zeigten, indem sie ihnen ihre Kinder zum Geschenk gaben, sollte ich lange nicht begreifen. Jedes ihrer geborenen Kinder war willkommen und geliebt, kein Ferkeldeal, sondern vollendetes Geben.

Noch oft sollte ich nicht-verstehend über diese Adoptionskultur stolpern. So auch bei einer jungen Mutter auf Karkar, vielleicht Anfang zwanzig, die ihr Kleines liebevoll versorgte und stillte, bis die Verwandten beschlossen, sie sei zu jung für ein Kind und es einer älteren Frau zur Betreuung gaben. Warum sie die Mutter als noch nicht fähig einstuften, kann ich nicht sagen. Die Kleine wuchs allerdings mit regelmäßigem Kontakt zu ihrer leiblichen Mutter heran. Mit knapp einem Jahr wechselte sie wieder das zu Hause und bekam eine neue Ziehmutter, nämlich die Tochter der älteren Frau. Auch unsere Babysitterin Mary, unverheiratet, Mitte zwanzig, hat schon eine achtjährige Adoptivtochter. Warum?
Eine Lehrerin, deren erstes Kind bei uns in Gaubin kurz nach der Geburt gestorben ist, war todtraurig und ging völlig geknickt mit leeren Händen zurück ins Dorf. Nach einer Woche saß sie wieder auf dem Krankenhausbett mit einem Säugling an der Brust. ‚Alzheimer', dachte ich nur, als ich auf die Station kam und sie da sitzen sah. „War dein Kind nicht tot?", fragte ich unsensibel. „Ja, das Mädchen hier habe ich adoptiert. Im Dorf wollte eine junge Frau das Kind nicht, so habe ich es genommen. Aber es will keine Milch bei mir kommen und jetzt ist es so dünn geworden."
Milchflaschen sind hier nicht frei verkäuflich, sondern nur auf Rezept zu bekommen und Milchpulver ist auch teuer. Man erinnere sich an die Nestle-Katastrophe in Afrika. Mit viel Ermutigung und Geduld produzierte ihre Brust schließlich genug, um den Wurm zu ernähren, und sie ging glücklich ins Dorf zurück.

So mögen viele Adoptionen heilsam sein für das Kind oder die Adoptiveltern und ohne Frage ist dieses System dahingehend genial, dass es keine Waisenhäuser braucht. So gut wie jedes Kind wird versorgt.
In Indonesien lagen sich die Säuglinge, deren Mütter verstorben waren, die Köpfe in Waisenhäusern platt und wurden von genervten Schwestern halbherzig versorgt, obwohl noch ein Vater existierte. Hier in PNG undenkbar.

Darf man hier Tiefenpsychologie betreiben und das Urvertrauen beleuchten? Nach Freud müsste es ein Volk mit tiefen emotionalen Entwicklungsstörungen sein, ohne Urvertrauen und doch finden wir das genaue Gegenteil vor – wie geht das?

Meist bestimmen die Großmütter über das Verbleiben der Enkelkinder. So durfte Elisa, unsere andere Babysitterin, ihre Kinder nicht zu uns mitnehmen. In den vier Jahren wurden ihre vier Kinder, die sie alle von verschiedenen Männern hatte, von der Oma aufgezogen. Ihr jüngster Sohn rennt vor ihr weg, wenn sie ins Dorf kommt. Ich habe sie einmal gefragt: „Elisa, vermisst du deine Kinder nicht?" – „Was sagst du? Ich versteh dich nicht. Sag noch mal."
„Na, deine Kinder. Hättest du sie gerne bei dir?" Sie lacht und wirkt fröhlich, ungekünstelt. „*Nogut* (Nein). Sie sind bei meiner Mutter. Ihnen geht es gut."
„Ja, aber vermisst du sie nicht?", bohre ich weiter.
„Nein, ich wollte sie zuerst mitbringen, aber meine Familie hat ‚nein' gesagt. Sie sagen, Gaubin ist gefährlich. Wenn sie das sagen, dann ist es so. Meine Schwester ist letzte Woche von Goroka zurückgekommen. Ihr Sohn ist jetzt siebzehn, er wusste nicht, dass sie seine Mama ist. Jetzt haben sie es ihm gesagt und er lernt sie kennen."
„Wollte sie ihn nicht mit nach Goroka nehmen?"
„Doch, aber meine Eltern waren mit ihrem Mann nicht einverstanden und haben gesagt, dass das Kind auf Karkar bleiben muss. So ist sie allein mit ihrem Mann ins Hochland gezogen."
„War sie nicht *bel hat* (heißer Bauch = sauer)?"
„Sie war furchtbar wütend, aber was soll sie machen. Jahrelang ging sie nicht mehr nach Hause."
„Und warum hat sie ihren Sohn nicht einfach mitgenommen?"
Elisa sieht mich verständnislos an. Diese Möglichkeit scheint es gar nicht zu geben und so wiederhole ich meine Frage nicht.

Also vergessen wir Freud. Hier erhält der Begriff Patchwork-Familie noch mal eine ganz andere Dimension und scheint offensichtlich zu funktionieren, mit mehr oder weniger Frust und Leid. Trotzdem unvorstellbar für unser Seelenverständnis und die Tradition der Autonomie. Oder wie klingt das, wenn meine Mutter gesagt hätte: „Geh du nur nach Neuguinea, aber deine Kinder bleiben hier!"

Wer Kinder hat, muss sie in diesem Land abgeben können. Auch später, wenn sie weiterführende Schulen besuchen, werden sie selbstverständlich von irgendwelchen Onkeln oder Tanten in der Stadt aufgenommen und wie eigene Kinder behandelt und durchgefüttert.
Auch erzählen die Kinder immer, dass sie sehr intensiv von *Liklik* (kleinen Mamas oder Papas) mit erzogen werden, die für sie auch eine große, fast gleichwertige Bedeutung wie die Eltern haben. Kommt da so ein kleines Kind nicht durcheinander, wer nun Bezugsperson ist oder wer nicht? Denn auch der Busen mit Milch wird ihm von allen Seiten angeboten.
Oh nein, welch ein Genuss, die Milch vieler zu trinken, von vielen Händen getragen zu werden, den Rhythmus vieler Herzen zu kennen – ein Reichtum!

Loslassen wird den Kindern von Anbeginn antrainiert, da in diesem Land mit seiner großen kriegerischen Tradition und den Naturgewalten immer jemand plötzlich sterben kann. So auch mal einer der Eltern oder auch mal eines der Kinder. Die Kinder wachsen in einem engmaschigen, sorgfältig gewebten Familiennetz auf, beobachtet und umschützt von allen Seiten. Falls der Tod eine Lücke in das Netz reißt, wird sie sofort von den Nachbarknoten verschlossen, so schnell, dass kein Kind mitgerissen werden kann. Aber nicht nur das engere Familiennetz ist sorgfältig geknüpft, die Dorfgemeinschaft und darüber der Klan, umgeben die Familien wie nährende Zellen ihre Symbionten.

Losgelassen werden auch die jungen Mädchen, die oft im Alter von etwa zwölf aufwärts von der Schule genommen werden, um dann, wenn sie Glück haben, den Bleistift mit Kochlöffel und Besen einer verwandten Familie zu tauschen. Interfamiliäre Au-Pair-Kultur.
Bekommt eine Frau ein neues Baby, ist sie krank oder geht sie arbeiten, geht ein *Singaut* (Rufraus) durch das Netzwerk und zwölfjährige Hilfe wird geschickt. Die Au-Pairs schuften hart und manche sieht man kaum außer Haus oder ohne Kind auf dem Arm. Nach dieser Art Puddingschule steht dann die eigene Familiengründung an, eine Chance auf weitere Schulausbildung ist meist passé.

Auch ich sollte Loslassen üben.
„*Dokta, sapos yu karim bebi bai mi kisim na yu lukautim bebi bilong mi.* (Doktor, wenn du ein Baby bekommst, nehme ich es und du passt auf meins auf.)" So war der Vorschlag der Mutter, deren neugeborenes Baby ich im Kreißsaal gerade angehimmelt habe.
„Was für ein süßes Baby!"
„*Go kisim* (nimm es)", lacht sie, hält es mir hin und schlägt mir den Deal vor. Meins gegen Deins. Ich lache über den Scherz, aber sie zieht ihr Kind nicht zurück, sieht mich auffordernd an. Langsame Sekunden vergehen, bis es in meinen Gedankenfluss durchsickert: O.k. War gar kein Scherz! Auf dem Auge ‚hier-gibt-es-keine-Ironie' war ich eben blind.
Ich bedanke mich überschwänglich und lehne das Angebot ab.
Die Frau ist nicht beleidigt, holt ihre Brust raus und meint: „Wenn du es dir anders überlegst, lass es mich wissen."
Nicht, dass ich so ein Experiment nicht verführerisch fände, aber...

Jedes Kind, das geboren wird, wird von vielen Müttern geliebt und aufgezogen und das auf eine so innige, emotional wie körperlich symbiotische Weise, dass das Urvertrauen in aller bester Ordnung ist, sogar reicher, erweiterter als in unserer Kultur, auch wenn oder gerade weil es nicht so auf eine Personen fixiert ist, wie bei uns.

Was wir so lieben lernen
Weiterhin vergehen so die Tage. Der Morgen quälend lange, in der Rolle des ‚Ich spiel mal Mäuschen', der Nachmittag im Schutze des Berges auf Entdeckertour.

Da oben liebe ich dieses Land jeden Tag mehr.

Lieben tun wir alle auch den berühmten Butaweng Pool, an den wir so oft fahren, wie Robert Zeit hat.
Ein Naturbecken mit einem entzückenden kleinen Wasserfall. Kühles, klares, reinigendes Was-

ser, kleine Treppen in dem glitschigen Felsen und sogar eine hinein gehauene Plattform zum Absprung ins schäumende Vergnügen. Für die besonders Mutigen und gegen die Strömung Ankommenden gibt es auch eine kleine, dröhnende Höhle hinter dem Wasserfall.
Man sieht Frauen, die auf den Steinen sitzen und sich waschen, und Jungs, die mit kleinen schwarzen Tauchbrillen und aus einem alten Regenschirm gebastelten Harpunen Flusskrebse fangen.
„*Ol man waswas long we?* (Wo waschen sich die Männer?)", frage ich eine Frau mit weißgeschäumten Haaren, die in ihrem Kleid im Wasser steht. Die Hand weist auf den Sprungfelsen und den Fluss aufwärts. „*Antap* (Oben)", ist die Antwort. Gibt es manchmal getrennte Waschstellen nebeneinander, so ist es doch die Regel, dass die Männer das Recht haben, sich in dem von Frauen unberührten Wasser flussaufwärts zu reinigen. Nach wie vor gelten – in manchen Gegenden – menstruierende Frauen als bedrohlich und dürfen nicht angefasst werden.
So werde ich mich später regelmäßig über unsere Hausfeen wundern, die sich einmal im Monat Frank nicht auf zehn Meter nähern wollen, ihm nicht in die Augen schauen und es auch unangenehm finden, dass er von dem Teller isst, den sie gewaschen haben.
Als ich einen Müllsack mit meinen Binden an ihnen vorbeischmuggeln will, lachen sie laut, nehmen ihn mir ab und meinen, ich solle sie das ruhig machen lassen, bluten würden ja wohl alle Frauen. Und dann werden sie mich aufklären, dass sie eigentlich in der Zeit des Blutens kein Essen für Männer kochen dürfen und sich von ihnen fernhalten müssen.

Eine blutende Frau macht den Männern Angst, weil ein In-Berührung-Kommen mit ihr ihn schädigen und krank machen kann, bis hin zum Tod. Das Blut hat mystische Bedeutung und eine ungeheuerliche Kraft.
Aus diesem Grund sind die Tagesabläufe von Frauen und Männern weitestgehend getrennt, auch können die Frauen an den wichtigsten Dorfzeremonien nicht teilnehmen. Immer mit dem Hintergrund, dass die Männer nicht geschwächt werden wollen und den Einfluss (potentiell) menstruierender Frauen minimieren möchten.
Aber nicht nur dem Menstruationsblut wird magische Kraft zugesprochen, in manchen Regionen ist es auch das Sperma des Mannes, wie auch die Nachgeburt, die Krankheit und Tod bringen kann.
Die erste Menstruation gilt nach wie vor als wichtigstes Ereignis im Leben einer Frau. In Neuguinea haben die Mädchen im weltweiten Vergleich am spätesten ihre Menarche, nicht vor 14 Jahren. Durfte sie sich davor auch sexuell ausprobieren – regional sehr unterschiedlich – unterliegt sie nach der ersten Blutung strengen Gesetzen und wird dann in der Regel schnell verheiratet. Wehe der also, die dieses Tabu bricht und ihren Hintern zu tief in den Fluss rein hält.

Wir lieben die Stunden mit Makape und Sahra, unseren beiden Sprachlehrern. Alles fragen zu können, in die Töpfe reinzuschauen und das auf Deutsch, denn die beiden waren vier Jahre lang in Deutschland gewesen.

„Wie esst ihr eigentlich?" Ich hocke neben Sahra am Feuer, während sich die Männer draußen im Schatten unterhalten. Sie sitzt auf einem kleinen, länglichen Schemel, an dem an einem Ende eine platte Eisenscheibe mit kleinen Zähnchen festgeschraubt ist. Ihre beiden Hände halten die Hälfte

einer Kokosnuss und schaben und raspeln, so dass das weiße Fleisch aus der Schale als kleine Flöckchen in eine Schüssel am Boden fällt.
„Wenn man nach diesem Geräusch geht", ich deute auf die Kokosnuss in ihrer Hand, „wird überall so um vier Uhr nachmittags etwas mit Kokosnuss gekocht?" Sie lacht: „Ja, das stimmt. Wenn die Frauen nachmittags aus den Gärten kommen wird Essen gemacht."
„Und was essen die Kinder vor der Schule?"
„Viele gar nichts. Vielleicht ein *Biskit* (salziger Keks) oder eine Banane. Richtig viel gegessen wird nachmittags. Dann gibt es Süßkartoffeln, Kochbananen in Kokosmilch mit ein paar grünen Blättern, die wir *Kumu* nennen. Das sind Blätter von Bäumen oder Kürbis, Farn oder *Aibika* – so etwas Spinatähnliches."
„Wie machst du die Kokossoße?"
„Schau zu."
Sie nimmt die Kokosflöckchen und gießt Wasser in die Schüssel. Mit beiden Händen fängt sie an zu kneten und drückt dann die Flocken aus. Während ich zusehe frage ich weiter: „Was hat euch in Deutschland gefallen?"
„Dass alles funktioniert hat", lacht Sahra.
„Und was hat euch nicht gefallen?"
Sie überlegt kurz: „Dass es kein WIR gibt, nur ein ICH!"
Schweigen.

„Siehst du, das Wasser ist schon weiß. Das kippst du in den Topf und gibst alles andere dazu", erklärt sie weiter. Die ganze Prozedur wiederholt sich noch einmal mit neuem Wasser und dann fliegen die gequetschten Kokosflocken in Richtung Hühner, pick pick und weg.
„Ihr esst also einmal so richtig und immer das gleiche?"
Sie lacht wieder: „Ja, eigentlich immer das gleiche. Aber Untersuchungen haben ergeben, dass es eine ausgewogene und sehr gesunde Ernährung ist." – „Mhhh, glaube ich sofort."
„Dass die Niuginis sich den Teller so richtig voll laden können, ist ja fast schon legendär. Zwei, drei Berge auf dem Teller sind gar nichts. Du brauchst auch keine Sorge zu haben, wenn dir was nicht schmeckt oder du satt bist, dann gibst du den Teller einfach weiter und jeder freut sich. Wer mal ein bisschen Geld hat, kauft sich Reis und ein bisschen *Tinpis* (Dosenfisch)."
„Und Fleisch? Hier laufen so viele Schweine rum. Schlachtet ihr da mal eins?"
„Nein! Schweine sind hier Geld, das ist unsere traditionelle Währung. Manchmal jagen die Männer nachts, dann gibt es *Kabul* (Opossum ähnlich), *Mumut* (Beutelratte) oder einen Flughund. Aber es gibt nicht mehr so viele Tiere, alles leer gejagt."
„Was esst ihr dann?"
„Alles, was Beine hat und nicht schnell genug rennen kann!" Sie lacht laut: „Schildkröten, Ratten, Vögel, Echsen."
Beim Stichwort Ratten regte sich in mir der Ekel und Engelchen und Teufelchen liefern sich einen Sekundenstreit: ‚Wie kann man Ratten essen, das ist ein Tabu, das ist immer noch der Albtraum der Kriegsgefangenen. Ratten essen zu müssen ist tiefste Entwürdigung und Demütigung...' – ‚Schnick Schnack', kontert Teufelchen, ‚Fleisch ist Fleisch. Komm mit, wir gehen zusammen über einen Markt in Peking. Siehst du die Kinder da an dem Stand, weißt du um was die betteln?'

– ‚Eis, Lolli, Zuckerwatte?' – ‚Nein Ratten am Spieß. Für sie ein Knusperspaß, eine Delikatesse.'`
Engelchen macht dicke Backen: ‚Willst du sagen, igitt sei relativ, nur kulturelle Prägung?' – ‚Jepp, Punkt für mich. Also steht es eine Milliarde und Fünfhunderttausend zu Eins. Halt dich ran Engelchen.'

Mein Blick bleibt bei dem uns umstreifenden Federvieh hängen. „Und die Hühner?", frage ich Sahra. „Gibt es eigentlich auch nur, wenn ein Fest ist. Die Alten erzählen, dass früher die Menschen viel größer gewesen sind. Seit es nicht mehr so viel Tiere gibt, werden alle kleiner, kann das sein?" – „Ja, stimmt! Tierisches Eiweiß ist schon wichtig."
Ich überlege: „Hat man schon mal versucht, Kaninchen oder Meerschweine zu züchten? Die vermehren sich doch wie nichts und schmecken lecker."
Sahra schmunzelt: „Wir Papua-Niuginis können nicht warten. Klar, es gab es schon viele Projekte, solche Tiere hier zu halten, aber alle sind gescheitert, weil die Menschen alles aufgegessen haben, bevor die Tiere geschlechtsreif wurden. Auch Eier wären gut. Aber das ist hier fast unmöglich. Die Hühner werden gestohlen und gekocht, bevor sie ihr erstes Ei gelegt haben. Wir leben von der Hand in den Mund. Was da ist, ist da, wenn es weg ist, ist es eben wieder weg. So ist das. Es gibt aber auch einfach zu viele hungrige Mäuler.
Früher hatten die Familien nicht so viele Kinder. Das letzte Kind musste immer schon so groß sein, dass es bei einem Stammeskrieg wegrennen konnte. So hatten die meisten höchstens vier Kinder. In manchen Gegenden durften die Familien strikt nur zwei Kinder haben. Die Frauen haben mit *Marasin* (Busch-Medizin) verhütet oder auch Schwangerschaften beendet. Erst in den letzten zwei Generationen hat sich das dramatisch verändert."
„Warum?"
„Weiß ich nicht, vielleicht weil es nicht mehr so viele Fehden gibt."
„Hast du auch mal eine erlebt?"

Ein Schatten huscht über ihr Gesicht, sie sieht mich nicht an. Instinktiv frage ich nicht weiter. Dieses Thema scheint eine Ader mit schwarzem Blut zu sein, ich will sie nicht anpieken denke ich und sehe Klein-Sahra schreiend an der Hand der Mutter vor den fliegenden Pfeilen und Kriegsrufen in den Busch flüchten…
Da sitze ich wieder fest in meinem primitiven Kartenhaus in Gedanken über diese Menschen und merke nicht, dass ihr Schweigen keine Zustimmung ist, sondern der Schatten ein stilles Stöhnen, ein: ‚Jetzt geht das wieder los. Die Schublade der Schauergeschichten ist offen und ich soll erzählen wie schrecklich und dunkel alles gewesen ist …'
„Es gibt noch viele Kämpfe, aber du darfst nicht vergessen, dass die Geschichten durch viele Münder gehen und es viele Ohren gibt, vor allem in Australien, die auf solche Storys nur warten", weist sie mich zurecht. Wir schweigen kurz, bis ich den Faden wieder aufnehme.

„Mit was esst ihr?" Ich habe die indonesische Familie vor mir, die bei unserem Anblick schnell die Finger gegen eine Gabel eingetauscht hatten. „Löffel und Finger."
Mir brennt eine Frage auf der Zunge, aber ich weiß nicht, wie beleidigend sie sein könnte, da sie ein Klischee aufgreift, dass mir eigentlich selbst zutiefst zuwider ist:

Kannibalismus.

Das war auch das, was die meisten Menschen in Deutschland über dieses Land wussten. ‚Was, ihr fahrt zu den Kannibalen und Kopfjägern, passt gut auf euch auf!'
Sehr begehrt, es ist DAS Schlagwort, um sich unerreichbar über andere Völker zu stellen! Das Fleisch eines anderen Menschen zu essen ist in der zivilisierten Welt ein Tabu von höchster Rangordnung.

Aber es war nicht die Sensationslust oder Gänsehaut anderer, die mich in dieses Thema gesogen hat. Es war ein Gespräch mit Luis gewesen, nur eine Woche her.
Was hatte ich geantwortet, als Luis mich fragte, was ich tun würde, wenn ich wie die Unglücklichen, die 1972 mit dem Flugzeug im Schnee abgestürzten, überlebt hätte und es nichts Essbares außer meinem toten Flugzeugnachbarn gäbe?
„Ich würde ihn essen."
„Ich auch. Ist ja schon tot", war auch Luis Meinung.
Nach einigen Sekunden fragte er: „Nennt man das denn Kannibalismus?"
„Hm, ja nennt man so."
„Und das gibt es hier in Papua, dass Menschen andere Menschen essen? Habe ich gehört."
Ich bin verunsichert, was ich antworten soll. An sich finde ich die Tatsache nicht unvorstellbar, habe mich aber damit noch nicht beschäftigt.
„Na ja, gab es wohl. Man erzählt es – aber nicht so. Hier wird keiner umgebracht, weil man ein Stück Fleisch in der Suppe haben will. Wenn, dann sind es schon Tote und man will sich so die Kraft von ihnen holen und manchmal, weil man sie, na ja – so gerne hatte. Weißt du, wie ich das meine? Wie wenn man sagt ‚den habe ich zum Fressen gerne'." Luis hebt seine Augen und denkt nach.
Und jetzt kam für mich der Schock!

„Klar, ist ja so, wie wenn wir in der Kirche vorne stehen und die immer sagen ‚...das ist der Leib Christi und das Blut...' Mama, eigentlich ist das ja dann auch so was wie Kannibalismus?"
– Rumms. Da bringt einem die klare Kinderlogik den Kannibalismus ins eigene Wohnzimmer! Selbst schon oft angedacht, aber als Tabu nicht zu Ende gefragt, will ich jetzt mehr wissen. Und so fange ich an zu suchen.

Es gibt wenige Bücher über PNG, aber wenn nicht etwas mit ‚Steinzeit' im Titel steht, dann fast immer ‚Bei den Menschenfressern' oder ‚Bei den Kannibalen von Papua' oder besonders schön ‚Meine Freunde, die Kannibalen'. Dieser Autor weckt die Assoziation, etwas ganz Besonderes zu sein, da er verschont wurde. Es zeugt von fahrlässigem Mut, ein Dompteur, der sich zu den Wilden traut.

Alles, was nicht lebensnotwendig ist, treibt uns in die Gänsehaut und lässt uns schütteln. Auch ich habe als Kind gebrüllt: ‚Wer hat Angst vorm schwarzen Mann?' und bin los gerannt. Der schwarze Mann, der kleine Kinder frisst. Eine Dorflegende, um kleinen Kindern das Fürchten zu lehren, spiegelt so ganz eindeutig die Urangst der Menschen gegenüber allem Fremden wider und die Furcht vor der Potenz speziell des schwarzen Mannes.

Und nun essen sie tatsächlich die Toten auf, da sieht man doch, dass was dran ist an den Legenden und die Angst nicht unberechtigt ist. Da wird unsere Fantasie beflügelt von den Wilden, den Primitiven, den Barbaren. Wir sehen sie vor uns, wie sie wie gierige Furien, von Sinnen, mit austretenden Augen in das Fleisch des getöteten Nachbarn beißen und sich so schmatzend rächen. Wir hören im Kopf die Trommeln zu Urschreien schlagen, sehen wiegende Körper mit Schweinezähnen durch die Nase ums Feuer tanzen. Schweiß, Ekstase!

So sind wir noch aufgewachsen, mit solchen Bildern wurden wir gespeist und so sitze ich hier und beobachte das Tauziehen zwischen meinem für alles doch so offenen Kopf mit dem Bauch, der so tief verwurzelt ist. Und ich kann Wurzeln knacken hören und sehe schon manch kleine ausgerissene in der Luft baumeln, aber ich ahne, welche Kraft noch nötig sein wird, größere zu kappen.

Je länger man mit den Menschen hier lebt, umso dreister und unerträglicher empfindet man die Reduzierung auf ihr angebliches Menschenfresser- und Steinzeitmenschen-Dasein. Nicht, weil es vielleicht erstunken und erlogen ist, sondern weil es die Menschen hier in ein völlig falsches Licht taucht und in ihrer Vergangenheit festnagelt. Es ist wie vor einer riesigen Theaterbühne zu stehen, auf der ein Lichtstrahler auf eine kleine Pflanze gerichtet ist, während der gigantische Urwald drum herum im Schatten steht… vielleicht wollen wir nur ganz egoistisch unsere eigenen Phantasien nähren, Urwald wäre da ja nur schön und langweilig reich.

Aber das Stöbern und die Gedanken gehen für mich weiter.

Was ist Tatsache? Anthropophagie, Kannibalismus

Erinnern wir uns an die jüngsten aufsehenerregenden Fälle im eigenen Land, stecken ohne Frage pathologische Köpfe dahinter, im Falle Rothenburg eine sexuelle Abnormität. Die unglaublichen kriminellen Fälle, die so selten gar nicht sind, lassen uns erschauern, aber in völliger Distanziertheit.
Auch die Sätze ‚Liebe geht durch den Magen' oder ‚Jemanden zum Anbeißen finden' und die vielen Märchen, in denen Kannibalismus vorkommt, wie die Hexe, die Hänsel schön fett mästen will, sind so vertraut, dass wir darüber gar nicht nachdenken.

Die Literatur hilft beim Gliedern der verschiedene Formen des weltweiten Kannibalismus, wie z.B. Christan Spiel, *Menschen essen Menschen: Die Welt der Kannibalen*.

Not- oder Hungerkannibalismus
Vor allem in Krisen oder Kriegszeiten gab es in jeder Epoche der menschlichen Geschichte Kannibalismusfälle. Ob es im Dreißigjährigen Krieg passierte oder unter Stalin, in den KZs oder ob die Japaner es waren, die abgeschnitten vom Proviantnachschub auf einer besetzten pazifischen Insel wehrlose Inselbewohner töteten und verspeisten. In Todesnot verzehrtes Menschenfleisch oder gar auch der Mord dafür ist nachvollziehbar wie belegt.

Ritueller Kannibalismus
Schauen wir rückwärts, angefangen bei unseren Vorfahren der Urgeschichte, weiter durchs Mittelalter bis zur Neuzeit, so begleitet uns Kannibalismus durch alle Epochen. Ob bei den Neandertalern, in der griechischen Mythologie, bei den Azteken, links oder rechts auf der Erde, überall finden wir reichlich Hinweise für den rituellen Genuss von Menschenfleisch. Dazu werden vor allem Körperteile, wie das Gehirn oder das Herz, als Sitz der Zauberkraft der Seele genommen, selten wird der ganze Körper vernichtet.
Dabei unterscheidet man den mythischen Kannibalismus (in Mythen rein erzählerisch geschilderte Weltschöpfung durch Kannibalismus) vom religiösen Kannibalismus (ein Körperteil wird als direkte Opfergabe an die Götter gegeben, wie zum Beispiel bei den Azteken).

Liebe – Endokannibalismus
Das ist die Aufnahme von Fleisch eines verstorbenen Familienangehörigen. Es ist ein Akt aus tiefster Liebe und Respekt, um so z. B. die Seele des Toten zu erhalten oder der Versuch auf diese Weise seine Wiederkehr zu verhindern (ritueller Kanni-

balismus) oder der Impuls, den Geliebten vor dem Schmutz der Erde bewahren zu wollen (Pietätskannibalismus). Endokannibalismus ist der Wunsch, ein Stück des anderen in sich aufzunehmen, auf dass er nicht verloren gehe, und sich auf ewig mit ihm zu verbinden.

Kraft und Rache – Exokannibalismus
Das Verspeisen des Feindes kann geschehen, um ihn ganz zu vernichten, sogar um zu verhindern, dass dessen Seele einen Ort der Ruhe findet, aber auch um z. B. dessen Stärke oder Intelligenz in sich aufzunehmen (magischer Kannibalismus). Es geschieht auch aus Angst vor seiner Wiederkehr, ihn am denkbar sichersten Ort, in sich selbst, zu verwahren (Angst-Kannibalismus). Wird beschlossen, das Fleisch oder ein Organ wie das Herz des Getöteten zu essen, so wird dies nach festgelegten Regeln angegangen, zubereitet und gegessen. Diese Art wird auch antisozialer Kannibalismus genannt.

Macht
Bei Totenfeiern afrikanischer Könige wurden Sklaven getötet und verspeist. ‚Denn nur hochgestellte Personen durften an diesen rituellen Feiern teilnehmen. Wenn sie Sklaven verzehrten, zeigten sie ihre Macht.' (Vgl. Brandstetter, in Ulrich Eberl, *Kannibalismus - uraltes Erbe oder Mythos?)*

Gesundheit
Mittelalter in Europa: bis Ende des 18. Jahrhunderts dauerte die Hochzeit des medizinischen Kannibalismus. „Leichenteile und Blut waren Bedarfsartikel, die es in jeder Apotheke gab", so der Historiker Richard Sugg. Vor allem Leichen von Hingerichteten, Bettlern und Aussätzigen wurden zerstückelt, getrocknet, eingelegt, pulverisiert oder destilliert. Wurde ein Mensch öffentlich geköpft, so hielten die Zuschauer ihre Schüsseln breit, um das spritzende Blut aufzufangen und zu trinken. Sugg erklärt dies so: „Es ging um die dem menschlichen Organismus innewohnende Lebenskraft." Stirbt ein Mensch vorzeitig, so kann der Rest der eigentlich verbleibenden Lebenskraft aufgenommen werden. Ärzte verschrieben Menschenfett gegen Rheuma, pulverisiertes menschliches Herz gegen Schwindel, Leichenpaste gegen Quetschungen. „… menschliche Körperteile waren Handelsware, gekauft und verkauft, um Profit zu machen", so die Anthropologin Beth A. Conklin (2001).
„Nicht die Bewohner der neuen Welt, sondern die Europäer waren die eifrigsten Kannibalen", ist Historiker Richard Sugg sich sicher. (Vgl. in Philip Bethge, *Die Heilkraft des Todes)*

Kannibalismus ohne Ritual, Idee und Mystik scheint es also nicht zu geben. Es ist die Idee der Liebe, der Kraftaufnahme, der Verwahrung, Gesundheit, Macht und Vernichtung.

Profaner Kannibalismus, d.h. der Genuss von Menschenfleisch, um alltäglichen Hunger zu befriedigen, scheint wissenschaftlich ausgeschlossen.

Und wie ist oder war es in PNG?
In Papua-Neuguinea gab es den Endo- wie auch den Exokannibalismus.
Erwähnen muss man allerdings, dass es viele Geschichten gibt, aber so gut wie keine westlichen Augenzeugen. Auch wenn noch heute angeblich Menschen erzählen, wie unterschiedlich Japaner oder Australier schmecken, so sollte man dies in Frage stellen. Nicht, weil eine Lüge dahinter stecken könnte, sondern Menschenkenntnis, ein feines Gespür, was der Gegenüber hören möchte, und das Bedürfnis das Ego zu stärken, in dem man den anderen durchaus mal auf den Arm nimmt.
Etwa so:
Als ich bei meinem einzigen Amerikaurlaub von einer Studentin ganz ernsthaft gefragt wurde, ob Hitler denn noch lebe, war ich, peinlich berührt, bemüht diese Wissenslücke schnell zu füllen. Aber es ging so weiter und als mal wieder ein Schüler fragte, ob der zweite Weltkrieg denn eigentlich schon vorbei wäre, habe ich nicht nur gewünscht, wenigstens nach dem Mauerfall gefragt zu werden, sondern es war Schluss mit Geschichtsnachhilfe und ich trieb mit dem armen Ignoranten meine Spielchen und Späßchen.
Man sollte nicht glauben, die Neuguineaner hätten abends am Feuer nicht auch gerne etwas zu lachen.

Höchstwahrscheinlich konnten Wissenschaftler durch die Entdeckung der Prionen-Erkrankung Kuru wirklich beweisen, dass zumindest das Volk der Fore in Papua menschliche Gehirne verstorbener Stammesangehöriger rituell verspeisten. Trotz des strikten Verbotes seit den sechziger Jahren fallen noch heute der BSE-ähnlichen Krankheit Menschen zum Opfer, was die Forscher von heute nervös macht. Nicht weil sie glauben, dass fröhlich weiter gegessen wird, was nicht sein darf, sondern dass die Inkubationszeit der Erkrankung über 50 Jahre sein kann. (Vgl. Richard T. Johnson, *Prion diseases,* 2005).

Der Anthropologe Piet Bogner lebte einige Zeit in einem Hochlanddorf. In den siebziger Jahren wurde er von einem Vater, dessen Sohn verstorben war, um Erlaubnis gebeten, ein Stück von dessen Leiche verspeisen zu dürfen. (Piet Bogner, *Die Ahnen rufen,* 1988)
Der Maler Emil Nolde, der 1913 durch die melanesische Inselwelt schipperte, um nach der Urkunst zu suchen, erwähnte: „Die Eingeborenen essen allerdings Menschenfleisch, sie schlagen sich gegenseitig zuweilen tot. Ich verstehe dieses Verlangen, bei einem Fest frisches Fleisch essen zu wollen. In diesen Tagen hier auf dem Schiff, wo wir täglich halbfaules Tinnfleisch essen, käme ein frischer Braten Men-

schenfleisch, ich würde von diesem essen. Sind denn wir sogenannten Cultivierten wirklich besser als diese Menschen hier? Hier werden bei den Fehden einzelne getötet, in Europa im Krieg Tausende ..." (Helmuth Steenken, *Die frühe Südsee*, 1997, S.134)

Am 21. Juli 1867 soll der englische Missionar Thomas Baker in dem Dorf Nabutautau, das zu Fidschi gehört, auf Grund einer Tabuverletzung verspeist worden sein. Denn es gilt auf den Fidschi-Inseln als Beleidigung, wenn man die Haare eines anderen berührt. Die Bewohner der Insel entschuldigten sich bei den Nachfahren Bakers im Jahr 2003 in feierlicher Form. (BBC News, 2003)

Von rituellem Kannibalismus wird zumindest bis zur späten Mitte des 20. Jahrhunderts beim Volk der Korowai-Waldnomaden in der Provinz Papua im indonesischen, südöstlichen Teil West-Papuas berichtet. Der dämonischen Hexerei verfallene Personen (Khakhua) begegnete man durch deren Tötung. Mit gezieltem Herzschuss wurden sie durch Pfeil & Bogen getötet, sodann ausgeweidet, zerlegt und in Bananenblättern verzehrfertig gemacht. (Paul Raffaele, *Sleeping with Cannibals*, 2006)

In den 1960er- und 1970er-Jahren sollen bei verschiedenen Ereignissen mehrere niederländische Missionare getötet und verspeist worden sein. „The last cases of cannibalism were only recently recorded. In 1968 two missionaries (Australian Stan Dole and American Phil Masters) were chopped and eaten. During Christmas 1974, four Dutch families were killed and eaten by aborigines in the Jayawijaya Mountains. The last known case was a killing of a priest and his twelve companions. It allegedly happened because they tried to ban the aborigines from hunting for skulls and they burnt their fetishes. This tragic event happened in 1976 almost in the end of the twentieth century. This is a very recent history of the New Guinea Island." (Papuatrekking.com, *Today cannibals*)

Was mache ich jetzt mit diesem Wissen?
Kannibalismus ist für mich entmystifiziert, es gibt keine Kochtopf-Romantik, keinen, der einen Mensch tötet, um seinen Hunger zu stillen.
Wie so vieles, fällt auch dieses wieder auf uns zurück. Unser europäischer Kannibalismus war laut Conklin „ausgesprochen asozial", da außerhalb Europas „die Person, die aß, zu der Person, die gegessen wurde", fast immer in Beziehung gestanden hatte.
Warum brauchen wir das Bild des wilden Barbaren? Ist es ein Ablenkungsmanöver, eine Projektion aus Scham vor unserer eigenen Vergangenheit, die offensichtlich so unedel war?
Paradigmenwechsel.
Aber das alles weiß ich noch nicht, als ich Sahra ansehe und frage: „Wurdet ihr eigentlich in Deutschland oft auf Kannibalismus angesprochen?" Sie zuckt zusammen und ihre Augen ver-

dunkeln sich wieder. „Ja, sehr oft. Aber das ist eine Sache des Hochlands. Hier an der Küste hat es das nicht gegeben", sagt sie abwehrend und, als würde sie meine Gedanken erraten, fügt sie spitz hinzu: „Das gibt es schon lange nicht mehr, auch wenn man jetzt noch ab und zu in der Zeitung über Fälle aus den Bergen liest. Aber ob die so stimmen?", sie zuckt mit den Achseln.
Wahr ist, dass ich ein ‚Piep' bin, soeben wieder einmal in ein Fettnäpfchen trat und in Zukunft auf meine Intuition hören und ‚einfach mal die Fresse halten' sollte.

Luis rettet mich aus der dicken Luft, indem er den Kopf ins Häuschen steckt und grinst: „Komm mal mit, Mama. Wir wollen dir was zeigen!" Filip ist auch da, nimmt meine Hand und zieht mich entschlossen mit sich. Sahra nickt und ruft: „Geh nur, geh!"
Wir gehen nicht weit, eigentlich nur zum Nachbarhaus, als ich schon Miras Lockenkopf durch einen Garten hüpfen sehe.
„Da wohnt der Boss der Schule, der *Headmaster*", erklärt Luis.
„Jetzt schau mal, was da im *Bilum* schläft."
Ich sehe an einem Ast eines der typischen, selbstgemachten, bunten Netze hängen. Kein ungewöhnlicher Anblick, da die Kinder ja darin schlafen und während der Gartenarbeit sicher in den Bäumen schaukeln. Irgendetwas Kleines schimmert durch die Maschen.
„Na, ein Baby oder?", frage ich.
Luis schüttelt den Kopf und zieht mich weiter.
Ein dickbäuchiger Mann mit kurzen Hosen und nacktem Oberkörper kommt aus dem Haus und winkt mir zu. Die Gürtelschnalle der Hose hängt abgerissen runter, der Reißverschluss ist auch kaputt und alles wird geradeso von einem blauen Band zusammengehalten. Die Füße des Mannes sind gewaltig. Eine Hornhaut wie eine dicke Sohle, breitgelaufen, und Zehen wie Werkzeuge. Der Mann braucht keine Schuhe, er hat Schuhe und würde auch in keine anderen mehr reinpassen. Er schüttelt mir freundlich die Hand und heißt mich willkommen.
„Die Kinder wollten mir etwas zeigen." Ich deute auf das *Bilum* und Boss lacht.
„*Go lukim* (Geh schauen)."
Jetzt endlich sehe ich es. Es ist ein Baby, was darin schlummert, aber ein Schweinebaby! Ein kleines schwarzes Ferkel.
Vorsichtig nimmt Boss es heraus und hält es auf seinem Arm, so dass Luis und die anderen Kinder es streicheln können. Er selbst betrachtet es mit so viel Liebe und holt ihm mit so viel Zärtlichkeit einen Krümel aus dem Auge, dass ich sprachlos bin. ‚Seinen Enkel wird er nicht anders betrachten', denke ich. Und dann fällt es mir wieder ein, dass hier Schweine volle Familienmitglieder und so wertvoll sind, dass sie im Hochland in vergangenen Tagen von den Frauen manchmal gesäugt wurden wie ihre eigenen Babys.
Noch eine ganze Weile dürfen die Kinder mit dem Zögling spielen und ich genieße es, im Gras zu sitzen und mit so viel Zeit und Gelassenheit zu erzählen, woher ich komme und wohin ich gehe.

Lamettazeit mal so ganz anders
„*Kam yumi kaikai buai.* (Komm wir essen Betelnuss.)"
Wir liegen im Gras.

Sahra neben mir und Mama *bilong* Robert steht mit ihrem dicken Bauch am Baum und pflückt frische, grüne *Tulip*-Blätter für das Tagesessen.
Wir liegen im Gras, während sich der Rest der Familien unter Tage mit Vogelspinne und Dunkelheit durch eine Höhle kämpft.
Ich fixiere den roten Mund der lachenden Schwangeren. Ein schönes kräftiges Rot, wie berauschend mag diese Nuss sein, wie Kiffen, eine Flasche Wein? „Komm wir essen *Buai*", höre ich mich sagen und staune über mich und was dieser Satz auslöst. Die beiden Frauen lachen auf, Sahra schnellt hoch, ihre Augen blitzen verschwörerisch.
„*Tru ahh?* (Wirklich?)" Ich nicke.
Wie gezaubert liegen die schönen, glatten, grünen Nüsse in den Frauenhänden. Aus den Tiefen der Röcke wird die kleine Plastikdose mit dem weißen Pulver gefischt, die grüne Pfefferrebe hinterm Ohr klemmend, raus gezogen und nun werde ich eingeweiht. Richtig feierlich wird mir nun erklärt, wie ich die Schale knacken und die Nuss raus schälen kann.

Hätte ich nach einer Zigarette gefragt, wäre mir eine gereicht worden.
Nach einer *Buai* zu fragen, war, wie an einer Tür zu klingeln und das Passwort zu wissen.

„Ist das deine erste *Buai*?", fragt mich Mama *bilong* Robert.
„*Yes!*", nicke ich und ernte ein Strahlen.
„*Yu rait meri. Kaikai buai em i samting bilong mipela stret.* (Du bist in Ordnung Frau. *Buai* essen das ist unsers.)"
Die erste Schale knacke ich mit den Zähnen, aber mit den Fasern vermatsche ich auch die weiche, weiße Nuss. Bei der nächsten klappt es und ich schiebe die Kugel in den Mund und weiter in die Backe. Augenblicklich wird mir der Saft entzogen, wie man es von den Schlehen kennt, es fühlt sich pelzig und faltig an.
„*Kaikai!* (Iss!)"
Alle Sinne in meinen Mund gerichtet, folge ich der Anweisung, erwarte mit jedem Bissen weitere Trockenlegung, aber nein, eine paradoxe Wirkung setzt bei dem ersten Bissen ein. Speichel schießt raus, jede Kaubewegung scheint einen Wasserhahn zu öffnen. Es erinnert mich an ein trockenes, rissiges Flussbett, über das ein Platzregen rauscht. Irgendwohin muss die Soße jetzt laufen können, da der trockene Boden keinen Tropfen aufsaugen kann.
Mein Mund ist voll.
Die beiden Frauen kauen entspannt ihre Nuss und quatschen auch noch dabei. Ich kann doch jetzt nicht rumspucken, wie unangenehm. Der Geschmack ist widerlich, aber wohlerzogen, wie ich bin, schlucke ich ihn runter. Meine Lehrerinnen haben mich genau im Blick und schimpfen gleich los: „*No ken daunim! Bai yu spak nogut tru!* (Nicht runter schlucken! Du wirst sonst betrunken werden!)"
Oh je, was drin ist, ist drin. Mir wird mulmig. Ich deute hilflos auf meinen vollen Mund.
„Spuck es aus!"
„*Bai mi dai nau?* (Sterbe ich jetzt?)", frage ich.
Lachen.
„*Nogut! Bai yu aitanim tasol.* (Nein, du wirst nur die Augen verdrehen = ohnmächtig werden.)"

Jetzt wird mir ein mit weißem Pulver getränkter grüner Stängel gereicht.
„Beiß ab und vermisch ihn mit der *Buai* im Mund."
Der Pfeffer schmeckt saugut, aber das weiße Pulver ätzt mir alle Schleimhäute im Mund weg. O.k., kapiert, wie der Mundkrebs zustande kommt, den Betelnusskauen verursachen kann. Wieder stippe ich den Pfeffer in den Kalk und beiße ab. Der Brei, der sich jetzt bildet, hat einen unbeschreiblichen Geschmack und dann flutet er an, der Rausch. Wärme, Kribbeln, Leichtigkeit. Ein Zungenlöser, ein Kichernmacher.
Drei Frauen gackern auf der Wiese.
„Zeig mir deine Zunge", verlangt Sahra.
„Warte, ich spuck erst aus." So elegant wie die Niuginis, die den Brei durch das V von Zeige- und Mittelfinger schießen, kann ich das bestimmt nicht und so kleckere ich hinter einen Busch. Enttäuscht blicke ich auf das Häufchen, das nur einen zart rosa Schleier zeigt. Auch lässt die Wirkung schon nach. Es ist also ein Räuschchen wie ein Zug vom Joint, belebend, lustig, hungerstillend und schnell vorbei.
Schreit das alles nach noch einmal? Nicht so richtig.

Ich führe Zähne und Zunge vor und mein Zartrosa wird bejubelt. Meine Initiation ist vollführt.

Am nächsten Tag sitze ich wieder im Gras, diesmal mit den Kindern, neben unserem Tipi aus Stöcken und Betttüchern und wir üben Brainstorming.
„Kinder, in drei Tagen ist Heiligabend!"
„Was?" Sie können es nicht glauben und Luis ist sich sicher: „Das geht hier nicht. Wie kann man im T-Shirt und kurzen Hosen Weihnachten feiern. Das geht gar nicht. Ohne Tannenbaum macht es auch keinen Spaß. Also, von mir aus gebt uns einfach die Geschenke und gut."
„Ach, so ein bisschen Singen ist doch nett."
„Nein!", wehrt sich Luis.
„War ja nur ein Test. Aber überlegt mal, was jetzt in Deutschland so los ist!"
„Schnee!", ruft Mira
Viele Wunschlisten, die auf den Fensterbänken liegen. Gestresste Eltern und Zimmer, in die man nicht mehr rein darf, sieht Luis.
„Ich sehe verschnupfte Geldbeutel vom vielen Auf- und Zumachen, Kinder, die ganz komisch aussehen mit doppelt so großen Ohren wie sonst und…" Ich komme nicht weiter.
„Lebkuchen", schreit Mira, schließt die Augen und leckt sich die Lippen.
„Ne, Marzipankartoffeln!" Luis und Mira ergeben sich ihren Sehnsüchten.

Wird aus der Ferne so manches Unwichtige richtig wertvoll, wird so manches Ober-Wichtige vergessen, ohne es zu merken und zu betrauern.
Und wir sitzen im Garten und suchen nach der vertrauten Stimmung, die aber nicht zu finden ist. Weihnachten ist noch nicht genetisch verankert und auch nicht exportierbar, es könnte sang- und klanglos ausfallen, weil es nicht hierher passt und die Geburt Christi irgendwo in einem fernen Land geschehen ist und weil das Geschenkpaket von Oma und Opa sowieso noch nicht angekommen ist.

Hat uns Weihnachten recht kalt gelassen, war dann Silvester umso beeindruckender. In dieser Nacht genießen wir einen magischen Ausblick. Hinter uns schnarchen die Kinder im Haus unter dem Brummen der Ventilatoren. Vor uns ein Schauspiel.

Windstille, Sterne und aus dem schwarzen Meer taucht riesig, vollkommen und rund die Nachtsonne auf. Eine kleine Wolke über dem Meer regnet schwarze Tropfen, ein kleiner Vorhang in der silbrigen Kulisse. Das Meer so weich und glatt, wie glänzende Babyhaut. Man glaubt, jeder Fisch müsse beim Sprung aus dem Wasser vergoldet werden, durch die Luft gleiten und eintauchen, während das Edelmetall wieder mit der Oberfläche verschmilzt.

Der Mond zieht anmutig langsam sein rötliches Kleid aus und beginnt zu strahlen. Das Licht wirft eine verführerische Straße über das Meer, ein einfarbiger Zebrastreifen nur zu uns; es taucht die Nachtwelt in Glitzer und Kitsch.

Eine majestätische Schönheit, die wir still genießen und die in der inneren Bildergalerie ein besonderes Plätzchen in der Strohhalm-Ecke bekommt. Jener Ecke, an deren Bildern man ab und zu saugen darf und muss. Lebenselixiere!

Zurück auf der Insel – Ende des Welpenschutzes

Gespenstisch von Bord
„*Solwara i no raf tu mas, no ken wori!* (Das Meer ist nicht zu rau, keine Sorge!)", schreit mir meine Sitznachbarin zu und hält ihrem kotzenden Kind den Kopf. Wieder eine riesige Welle, der Motor stoppt, der klapprige, überfüllte, 15 Meter lange Kahn legt sich bedrohlich zur Seite, alle Münder sind verschlossen. Panik steigt in mir auf.
Ein Mann hat Planen an den Seiten runter gelassen, um das Wasser von draußen abzufangen. Ich sitze eingezwängt mit den anderen Frauen und Kindern auf großen Holzplanken, die das Maul zum Schiffsbauch deckeln. Die Männer harren auf dem Dach des Schiffes aus. Wieder neigen wir uns in unsere Richtung.
„Wenn das Schiff jetzt kippt, fallen alle auf mich drauf und wegen der blöden Plane komm ich nicht mehr raus", denke ich immer wieder.
Ich habe keinen Fluchtweg, ich habe keinen Blick nach draußen und das macht mich wahnsinnig. Die Kinder haben ihre Schwimmwesten an und sind kreidebleich. Eine Frau klammert sich angstvoll an Luis fest, dem das total unangenehm ist.
Immer wieder stockt der Motor, aus dem Inneren des Schiffes qualmt es. Ich lasse den Bootsarbeiter keinen Augenblick aus den Augen. Er sitzt vor mir auf der Reling und schöpft ab und zu einen Eimer Wasser, um die Kotze wegzuschwemmen. Er hat ein eisernes Gesicht und das alles scheint ihn nicht zu beeindrucken. Gut so, beruhige ich mich, solange er sich noch um die Kotze kümmert, brauchst du dir keine Sorgen machen.
Die Überfahrt dauert mit diesen Schiffen vier Stunden. Karkar ist nicht in Sicht.

Wir waren bis soeben ganz prima mit der Giamsau nach Lae geschaukelt und hatten uns die Fahrt über an einem Nashornvogel erfreut, der, angebunden auf einem Ast, auf dem Weg zu einem Hotel war. In Madang fühlten wir uns wie schon mal zu Hause und waren ganz aufgeregt, denn unser Überseegepäck war dort angekommen: nach drei Monaten auf See!

Unsere grünen Tonnen standen endlich auf dem Kai der kleinen Agmark Wharf, einem nach Hühnchen und Kakaobohnen stinkenden Bootsanleger mitten in Madang. Hier lagen neben anderen die drei Schiffe Biabi, Thomson und Tavur von Noel, dem englischen Plantagenbesitzer. Allen gemeinsam war ein Zustand, der sich schlicht nicht beschreiben lässt. Das Holzschiff Thomson wirkte noch am vertrauenerweckendsten, die anderen waren mehr Löcher mit Rost als andersrum. Hunderte von Menschen hockten im Schatten und sahen zu, wie die schweren Tonnen auf das kleine Boot Tavur gehievt wurden. Ein Gabelstapler brachte dann die große Holzkiste mit den großen, unrunden Sachen. Noch am Hafen wurde sie unter den Blicken der Wartenden auseinandergenommen.
Uns war das enorm peinlich, unsere Bedürfnisse wurden hier vorgeführt und trieben uns das Blut in die Backen.
Nur Filip strahlte auf seinem kleinen roten Bobby-Car, bis es im Bauch des Schiffes verschwand. Wir durften als erste an Bord, nach uns strömten noch 150 Menschen rauf. Jeder Zentimeter

wurde ausgenutzt. Das Schiff lag schwer im Wasser, aber noch fuhren wir langsam zwischen der atemberaubenden Inselwelt hindurch die Küste entlang. Wir hatten alle gute Laune und freuten uns auf die Insel.

Nach einer Stunde ging es plötzlich los! Wir hatten die schützende Küste verlassen und starteten nach Karkar durch, rein in die riesigen Wellen und zu den kotzenden Kindern.
Nie wieder würden wir mit den Kindern bei rauer See in diesen Schiffen übersetzen – die Fahrt blieb als ‚Todesfahrt' in unserer Erinnerung.
Als wir in die Kavailo-Bucht von Karkar einlaufen, ist die Ruhe gespenstisch. Die Bucht allein ist schon ein mystischer Ort, ein ehemaliger, versunkener Vulkankrater. Tiefes Wasser. Ein Erdbeben vor sieben Jahren hatte eine Landzunge versengt und so den Zugang zum Meer verbreitert. Die Menschen aber sind unheimlich lautlos, kein erleichtertes Aufatmen und reaktives Gackern und Kichern, alle gehen gespenstisch leise von Bord, nehmen ihr Gepäck entgegen und machen sich auf den Weg.
Oft mussten wir in den nächsten Jahren zu dem Anleger, um auf die Boote und irgendwelche Kisten zu warten und immer konnte man anhand des Grades der Stille bei den Ankommenden ahnen, wie schrecklich die Überfahrt gewesen sein musste.

Suche nach dem Alltag
Wieder in Gaubin auf Karkar.
Wir machen es uns in unserem Häuschen gemütlich, lassen Mais krachen und die Haustür aufgerissen. „Popcorn!" ist der Ruf, um die schüchternen Kinder hinter den Hecken hervorzulocken; die Mutigeren spielen schon bei uns im Garten.
Und dann ist es ganz einfach: die Kinder spielen und ich sorge für Nachschub.
Was sind die Kinder hier nett, höflich und hilfsbereit!
Vielleicht geht es auch so einfach, weil die andere Arztfamilie für einen letzten Urlaub in Australien weilt und man nicht mehr nach dem Vertrauten äugt.

Aber so leicht es für die Kinder ist, so schwer fallen uns Großen die ersten Tage auf dem wilden Karkar. Spannung liegt in der Luft. Nur langsam tasten wir an das heran, was wie Alltag aussehen könnte, suchen nach Essbarem und gehen auf Tuchfühlung mit dem, was Arbeit heißt.
Der nächste Schritt ist: Tonnen auspacken und eine Babysitterin für Filip finden und jemanden, der uns im Haushalt hilft.
Mit dem, was der Inhalt der Tonnen auslöst, haben wir nicht gerechnet.
Er lässt bei den Kindern Erinnerungen frei und sie verkriechen sich und trauern. Und so hören wir Mira in ihrem Zimmer stundenlang vor sich hin jammern: „Warum bin ich bloß hier und nicht, wo meine Freunde sind..." Auch Luis steht vor uns und schaut uns traurig an: „Ich will sofort meinen Dennis, meinen besten Freund, wieder haben!" Tränen schimmern in seinen Augen. „Ich habe keine Lust mehr, jetzt sind wir schon so lange hier und ich kann immer noch nicht richtig sprechen. Wenn das so ist, will ich nach Hause." Ein andermal weint er plötzlich los und schluchzt: „Keinem aus Deutschland kann ich so richtig erzählen, wie es hier ist. Schön, dass im

Sommer Oma und Opa kommen, mit denen ist es immer schön!"

Mit den Tonnen kommen nicht nur Erinnerungen und ein Stück Zuhause zum Vorschein, sondern auch wieder die Schule in das Leben der Kinder. Aber diese Ablenkung tut gut und so werden Schulzimmer eingerichtet und alles bestaunt, was aus den dicken Paketen kommt. Globulus, die Logofigur der Schule, ein Männchen mit der Welt als Bauch, wird die Kinder gut durch die Schule führen.
Hat Frank in der Zwischenzeit immer mal wieder eine Krise in dem Sinne: ‚Ich weiß gar nicht so richtig, was ich hier soll, bin ich hier wirklich erwünscht und gewollt? Wer will denn eigentlich ein neues Krankenhaus?', freute er sich auf seinen neuen Job und bereitet Mira auf ihre Einschulung vor.

„Ich wünsche mir eine Herzchen-Schultüte mit ganz viel Schlickies drin", überlegt sich die NochzehnmalschlafendannErstklässlerin.
„Sollst du haben. Mit den Schlickies ist das nur so eine Sache, wegen der Ameisen und der Hitze können wir da nicht so viel rein packen!", gibt Frank zu bedenken.
„Macht nichts, Hauptsache ich komme in die Schule. Vier Zähne habe ich schon verloren und meinen Namen kann ich schon lange schreiben."
„Man, und ich muss mir schon wieder ein Loch in den Gürtel machen! Vielleicht sollten wir doch ganz viel Schokolade in Madang einkaufen!", lacht Frank.
So dünn habe ich Frank noch nie gesehen, aber auch mir schlottern die Hosen um die Beine. Was so tägliche Rationen Süßes ausmachen. Hier gehen wir immer zum Kühlschrank, Tür auf: hm, nichts lacht einen so wirklich an, Tür zu. Aber ich habe Bock auf was Leckeres, Tür wieder auf: hm, H-Milch, Karotten, Kohl, Stück alte Salami, Tür wieder zu, dann eben nichts.
Und so sehen sie aus, die Missionare auf den Außenstationen, bei Reis und Tunfisch, Bananen und Ananas – mager, wenn sie nicht eine Frau oder einen Mann zur Seite haben, die/der auch ohne Sahne Torten zaubern kann.
In den ersten Tagen nach dem Einkauf in der großen weiten Welt kommt das große Fressen: endlich einmal eine Käsescheibe zwischen den Zähnen oder Äpfel, die schnell gegessen werden müssen, weil sie sonst schimmeln. Alle heimatlichen Leckereien sind unglaublich teuer und somit abgezählt. Nach zwei Tagen Gaumenfreuden geht es wieder über zu Kartoffeln mit Karotten, Reis mit Mais, vielleicht mal eine Pizza und kurz vor dem Einkauf zwei Minuten-Nudeln mit Kohl.

Suche nach Unterstützung
Wir sitzen beim Mittagessen in unserem Haus, draußen warten die Kinder auf ihre neuen Spielkameraden.
Ich hatte am Morgen in der Krankenhausfrühbesprechung ein *Tok Save* (Mitteilung) gegeben, dass wir zwei Frauen als Hilfe im Haus benötigten, und war gespannt, ob sich jemand melden würde.
„So manchmal mag man sich echt im Haus verkriechen. Man ist ja immer auf dem Präsentierteller!" denke ich laut nach. – „Wie kommst du darauf?" will Frank wissen.

„Na ja, ich habe gerade überlegt, ob ich die Kinder draußen nicht auch zum Essen rein bitten soll, aber irgendwie will ich mal ohne Zuschauer in der Nase bohren."
„Also, Mama!", ruft Mira empört.
„Die Menschen hier sind so nett und fröhlich und hilfsbereit, dass es mir schon unheimlich ist, soviel Lächeln und Winken ist man gar nicht gewöhnt, da werden ganz neue Muskeln aktiviert. Und doch, manchmal brauche ich eine Pause, als müsste ich erst mal den Muskelkater loswerden, fahre ich fort. – „Ja, schon komisch, aber warte, wenn die uns alle gesehen haben, hört das bestimmt auf", meint Frank.
„Mich stört das nicht. Wir sind ja auch neu!", sagt Mira und beißt von ihrem Pfannkuchen ab. Unsere Versuche, Süßkartoffeln oder Bananen den Kindern als die neue Spezialität anzudrehen, sind kläglich gescheitert.
„Aber wie sie manchmal am Zaun hängen oder über die Hecke zu uns schauen, ist schon lustig. Mir wäre das peinlich, so offensichtlich jemanden zu beobachten, aber das schert sie nicht. Hm, vorhin ist Filip gestolpert und hat sich abgequält. Da haben alle gejohlt und sich auf die Schenkel geklopft vor Vergnügen, obwohl er echt am Heulen war. Man könnte meinen, die warten nur darauf, dass wir irgendetwas Idiotisches machen. Schadenfreude ist doch überall die schönste Freude", berichtet Frank.

Mira springt auf: „Mama, da kommt jemand." Es sind drei Menschen, die in unseren Garten kommen. Unter ihnen eine junge Frau, groß, mit einer lustigen Frisur und einem hübschen Gesicht. Wir begrüßen sie herzlich. Die ältere Frau fängt an zu sprechen:
„Wir haben gehört, dass ihr jemanden als Babysitter sucht. Wir sind von Bagabag und das ist meine Tochter Mary."
Mary strahlt nicht nur über das ganze Gesicht, sie strahlt Ausgeglichenheit und Humor aus; mir fallen ihre wachen Augen auf, ihre schönen Hände und strahlend weißen Zähne. Bagabag ist unsere kleine Nachbarinsel, ein Kleinod, das medizinisch von Gaubin mitversorgt wird.
„Mama, die ist nett, nimm die", bestätigt uns Mira und so ist die Entscheidung eine schnelle. Auch der Lohn von einem *Kina* (25 Cent) pro Stunde ist in Ordnung, damit liegen wir im üblichen Niveau.

Zwei Stunden später, ich sitze gerade mit Filip in der Haustür und kraule ihn, als ein Pulk von Kindern um die Ecke biegt. Mittendrin eine Frau, an jeder Hand ein hüpfendes Kind, mit kleinen Rastalöckchen und einer Haltung, so stolz, wie ich sie noch nie gesehen habe.
Krankenschwester Ombien, nicht ganz so schnell, versucht die anderen einzuholen und ruft schon von weitem: „*Dokta, mi gat hausmeri bilong yu. Em ja, Elisa!* (Doktor, ich habe ein Hausmädchen für dich. Hier ist Elisa!)"
Die Kinder, die diese Frau anhimmeln, sprechen für sich und so wird es die zweite Sekundenentscheidung und wir freuen uns über unser Glück.
Zwei Lieben auf den ersten Blick.
Noch weitere kamen an diesem Nachmittag, aber die meisten waren sehr jung und sehr schüchtern und so vertrösteten wir sie auf ‚vielleicht später'.
Elisa sollte uns bis zum Schluss treu bleiben und in unser Herz wachsen, während wir Mary durch den tragischen Unfall nach dem Überfall auf dem Vulkan für uns verlieren sollten.

Suche nach der Nachbarschaft
„Ich gehe mit den Kindern nach Kurum ins Nachbardorf. Elisa will mit", rufe ich Frank zu, der auf dem Weg ist, das Internet der Insel zu prüfen. – „Alles klar."
Der Weg durch den Busch ist grandios.
Filip findet ein Blatt, so groß wie er selbst, und balanciert es grinsend auf seinem Kopf. Elisa streichelt Filip mit ihren Augen. Sie scheint seine Wünsche oder sein Stolpern vorahnen zu können und ist oft bei ihm, reicht ihm etwas oder fängt ihn auf, bevor ich dazu in der Lage bin. Wir kommen an einer Wasserstelle vorbei und sehen Frauen und Kinder mit vielen kleinen Flaschen und Kanistern Wasser holen. Etwas weiter waschen sich einige Männer in einem glasklaren Naturbecken.
„Hier dürft ihr keinen Dreck machen, das ist die Trinkwasserstelle von Kurum", erklärt Elisa. Die kleinen Mädchen, kaum größer als einen Meter, packen ihr *Bilum* voller Flaschen und winken uns kichernd. An ihren Köpfen hängen mehr als zehn Kilo! „Woher kommt das Wasser?" frage ich Elisa, die Filip das Wasser probieren lässt. „Aus dem Vulkan. Es gibt auch eine Geschichte. Hier leben zwei Aale, beide richtig groß. Der weibliche Aal wohnt hier, komm ich zeig ihn dir." Sie deutet auf eine der riesigen Wurzeln, die ins Wasser ragen und tatsächlich, dieses Tier ist gigantisch und fast weiß. Ein oberarmdicker Aal glotzt uns aus seiner Höhle an. Mira rennt quiekend weg, während Luis sich ruhig nähert.
„*No ken touchim.* (Nicht anfassen.) Der Papa-Aal wohnt in dem großen Becken, wo die Menschen sich waschen. Er ist ein *Masalai* (Naturgeist) und hat vor einem Jahr einen Mann aus Kurum getötet. Man weiß nicht, was der Mann gemacht hat, jedenfalls hat der Aal ihn unter Wasser und in die Quellöffnung gezogen." Sie deutet auf eine Höhle, die im Wasser liegt und aus der immer wieder Blasen aufsteigen.

Wir gehen weiter und sehen, an einen Baum gelehnt, drei Jungs sitzen, nackt wie sie geboren wurden. Jeder von ihnen ist mit einer Zwille bewaffnet, was hier dazugehört wie bei uns das Schuhe tragen. Ein kleines Feuer qualmt vor ihnen. Als ich genauer hinsehe, entdecke ich eine tote, wunderschöne, smaragdfarbene Eidechse in der Hand eines Jungen. Während er mich freundlich angrinst, bietet er mir die Eidechse an.
Elisa lacht: „*Kaikai* (Iss)", während Filip sich schnell das Tier greift.
„Halt Filip, der Junge will sie essen. Gib sie ihm zurück!", interveniere ich.
Mit schneller Hand holt er sie sich wieder und wir schauen, wie er abbeißt und sie an seine Kumpel weitergibt. Wir *Waitskins* (Weißen) schütteln uns innerlich und beobachten gebannt das ungewöhnliche Mahl.
Luis sieht Elisa an: „Esst ihr auch Schlange?", fragt er stirnrunzelnd.
„Viele essen Schlangen, ich nicht! Einmal hat meine Mutter einen Topf voll Suppe am Haken über dem Feuer gekocht. Als wir essen wollten, hat sie eine riesige Schlange mit raus geschöpft. Ich bin aus dem Haus gerannt und habe gekotzt. Die Schlange muss in den Topf gefallen sein und meine Mutter hat es nicht bemerkt. Mein Vater war *bel hat* (Bauch heiß = sauer) und hat sie geschlagen", erzählt sie lachend.
Auf dem Weg frage ich sie, ob sie verheiratet ist.
„Mein Mann ist tot. Er wollte nach Bagabag mit dem Speedboot fahren, aber das Boot ist geken-

tert. Nur der Skipper hat überlebt. Man hat ihn nie gefunden, das ist schlimm für mich. Mein Papa ist auch tot, er ist im gleichen Jahr von einem Stein bei einem Erdrutsch erschlagen worden", erzählt sie erst traurig, dann lacht sie. Sie erzählt noch von einem Sohn und verschweigt mir die drei anderen, die auch andere Väter haben.
Elisa – alles einfach, alles easy. Wir gehen zusammen, vertraut wie zwei alte Freundinnen, als hätten wir uns schon alles erzählt und genießen jetzt still unser Zusammensein. Meine Neugier, alles über diese Frau zu erfahren, wie sie geheiratet hat, wo sie ihre Kinder bekommen hat, wie sie aufgewachsen ist, was sie liebt und was ihr Angst macht, ist weg, wie gestohlen oder eher satt von den ‚Ohne-Worte'-Botschaften und sollte nicht mehr so richtig wiederkommen.
Immer wieder wird mich Elisa mit kleinen Portiönchen Lebensgeschichten geschickt füttern, um den aufflammenden Hunger in mir zu stillen, aber eigentlich lehrt sie mich, dass der Augenblick alles ist.
Nie wird sie mich nach meinem Leben vor unserer Begegnung fragen. Für sie bin ich in ihrem Jetzt, eine Frau ohne Vergangenheit.

Sind wir schon Trubel um uns gewöhnt, toppt unsere Ankunft im Dorf unsere Erfahrungen.
Kreischende Kinder um uns, Erwachsene, die uns zu rufen und winken, uns nach unserem Weg fragen, wer wir sind, und uns durch ihr Dorf begleiten.
So stehen wir auf dem Dorfplatz, der eingefasst ist von wunderschön gearbeiteten Hütten aus Palmenblättern und Bambus, umringt von liebevoll angelegten Blumengärten. Schwarze Schweine liegen grunzend unter den Häusern, ein paar magere Hunde streunen umher und überall sind Kinder! Was man nicht sieht sind Autos, Fahrräder, Antennen auf den Dächern und Gardinen vor den Fenstern.

Erst ist es Mira nicht wohl, dann macht sie plötzlich aus ihrer Last eine Tugend und fängt an, die Kinder zu jagen. Mira, die, seit sie sich koordiniert bewegen kann, morgens aufsteht um in eine Rolle zu schlüpfen, wie andere in ihre Klamotten, befindet sich gerade in der Dinosaurier-Phase. Sie flitzt in Utaraptor-Manier auf Zehenspitzen, mit Fingern zu Klauen geformt und filmreifem Gebrülle den vor Vergnügen und Entsetzen kreischenden Kindern hinterher.
Luis ärgert sich einen Augenblick über seine Schwester, um dann als Tyranno die auseinander stobende Menge von der anderen Seite einzukreisen.
Ich bade im Lachen und blicke immer wieder zu den Häusern und dem Vulkanberg, der sich majestätisch hinter dem Dorf erhebt.
Südseekitsch.
Es gibt kein Medium, um diese Schönheit festzuhalten, ich spüre nur die Faszination, die Glückseligkeit und weiß, die Insel hat mich, es ist um mich geschehen!

Wir werfen uns noch in Kleidern in den warmen Pazifik und schlendern am Strand zurück.

Als wir an zwei Häusern, die direkt am Strand gebaut sind, vorbei kommen, staune ich über die Haufen von leeren Klappmuscheln, die im Sand liegen. Manche haben einen Durchmesser von einem halben Meter und sind wunderschön.

„Warum liegen hier so viele Muscheln?", frage ich Elisa.
„Die wurden gegessen. Aber du musst den Kindern sagen, dass sie die im Wasser nicht anfassen dürfen! Wenn die zugehen und ein Fuß ist drin, ist er ab oder du ertrinkst."
„Und was machen sie mit den Schalen?"
„*Nating. Dromoi tasol* (Nichts. Wegwerfen)", lacht sie.
Ich gehe weiter, um zu schauen, ob jemand am Haus ist. Da bemerke ich, dass viele Menschen im Schatten der Bäume auf dem Boden im Sand sitzen, den Rücken zu uns gewandt und einem Mann zuhören, der laut zu ihnen spricht. Unheimlich. Das muss mindestens ein Dorfprozess sein oder eine Mitgiftverhandlung. Leise ziehe ich mich zurück und beobachte gespannt die Szene. „Elisa, was machen die da?" Elisa lacht: „Bingo spielen!"

Unser Stück Strand ist schon in Sicht, wir müssen nur noch vorbei an einer recht großen Landebrücke zwischen Kurum und Gaubin, an der früher, als die Insel in ‚kapitalistischer' Blüte stand, regelmäßig größere Frachtschiffe angehalten hatten, um der Fahrradfabrik und den vielen Geschäften der Weißen Ware zu bringen. Doch als wir näher kommen, erschrecke ich. War die Brücke früher beliebter Treff- und Angelpunkt gewesen, sehen die Holzbohlen jetzt aus wie verbrannte, angeknabberte Salzstangen. Kein Mensch, der sich seine Zigarette dreht, Ukulele spielt oder die Einsiedlerkrebse an den Haken friemelt.
„Was ist denn hier passiert?", frage ich bestürzt.
„*Ol putim faia.* (Sie haben Feuer gelegt.)"
„Warum?"
„Ein Mann aus Kurum hat geangelt. Ein fremder Hund hat ihm einen Fisch gestohlen, da hat er den Hund genommen, in einen Sack gesteckt und ins Wasser geworfen. Der Besitzer des Hundes war so wütend, weil sein Hund tot war, dass er die Brücke abgefackelt hat."
„Aber die ist doch für alle da. Waren die in Kurum nicht sauer?"
Sie zuckt gelangweilt mit den Schultern. „*Mi no save.* (Weiß ich nicht.)"
So ist es, die Dinge kommen, die Dinge gehen.

Erste Schritte – Meine Selbständigkeit lernt laufen

Doktor komm!
Der nächste Tag sollte eine Prüfung für mich werden. Denny hatte mich morgens für die Geburtshilfe und Kinderstation eingeteilt. Nach vier Monaten wäre dann Wechsel und ich würde die Chirurgie und Frauen- und Männer-Stationen übernehmen.
Meine erste selbständige Visite.
Die Schwestern bemerken meinen etwas zittrigen Anfang und stehen mir bei, wo sie können. Ich benehme mich einfach so, wie ich es immer getan habe, setze mich zu den Frauen auf das Bett, was Kichern auslöst, und nehme mir viel Zeit für Erklärungen. Dass ich nicht so falsch liege, bestätigt mir eine Schwester nach der Visite beim Rausgehen:
„*Eh Dokta yu mekim naispela wok!* (He, Doktor du hast gute Arbeit gemacht!)"
Ist die Geburtshilfe noch einigermaßen ein Heimspiel, gruselt es mich vor der Kinderstation. Doch dazu komme ich gar nicht, denn Denny steht plötzlich schweißüberströmt neben mir und bittet mich mitzukommen.
„Kannst du einen Ultraschall bei einem Jungen machen? Er ist von einem Mangobaum gefallen und mit dem Bauch auf den Wurzeln gelandet. Es sieht so aus, als ob er einen Milzriss hat."
Schnell schieben wir den alten Flimmerkasten ans Bett eines etwa zwölf Jahre alten Jungen, der schwer atmend mit geschlossenen Augen daliegt. Seine Unruhe verrät nichts Gutes.
Der Bauch ist schon verdächtig angeschwollen und man spürt bei leichter Berührung darin Flüssigkeit hin- und herschwappen. Der Schall bestätigt die Diagnose Milzruptur. Eigentlich keine Diagnose, die einem sofort das Messer wetzen lässt. Zwei Betten weiter neben dem Jungen liegt ein Mann aus Bagabag, der ebenfalls vom Baum gefallen war und sich die Milz gerissen hatte. Er liegt seit drei Wochen in seinem Bett und wird lediglich beobachtet. Die Blutung hatte sich selbst gestoppt und das Blut im Bauch wird nun langsam vom Körper verarbeitet.
Von zehn Milzrupturen werden in den vier Jahren zwei operiert werden.
Der Zustand des Jungen aber verschlechtert sich beim Zusehen und so müssen wir handeln. „Hast du schon mal eine Milz entfernt?", fragt mich Denny. Ich schüttele den Kopf.
„Ich schon eine, aber ich würde trotzdem den Jungen gerne verlegen. Komm, wir organisieren einen Helikopter."
In der nächsten halben Stunde schwirren wir wie die Bienchen umher, reden die Drähte heiß, versuchen Blut von den Verwandten zu bekommen und den Jungen transportfähig zu machen. Denny schäumt vor Wut: „Peter Barter ist nicht da und einen anderen wollen sie nicht schicken."
Er greift wieder zum Telefon und ich beobachte, wie er in den Hörer schreit, verstehe aber kein Wort mehr. Nach zwei Minuten knallt er den Hörer auf und atmete auf: „Er kommt."

Was für ein Ereignis! Hört man auf der Insel nie irgendwelche anderen Motorengeräusche als nachmittags die zurückkommenden Speedboote und ab und an ein Auto, wird alles am Himmel bestaunt und bejubelt. Ob Patienten, Pfleger oder Frank mit den Kindern, die ganze Klinik versammelt sich am Zaun und wartet mit uns und dem Jungen auf der Trage auf das erlösende Schrapp Schrapp Schrapp Schrapp.

Und endlich ist er zu hören, kreist einmal über die Palmen, landet geschickt auf der freien Grasfläche vor dem Zaun, wirbelt Sand und Gras durch die Luft und lässt uns alle in Deckung gehen. Als die Rotorblätter langsamer werden, schieben wir den Jungen los. Es ist kein Liegeplatz vorhanden und so wird der Junge mit seinem dicken Bauch auf einen Sitz gequetscht.
Plötzlich dreht sich Denny zu mir um und brummelt etwas wie: „Ich fliege mit und pass auf ihn auf. Ich wollte schon immer mal Helikopter fliegen. Morgen komme ich mit dem Schiff wieder." Und schon sitzt er dick und fett neben dem Piloten und winkt uns fröhlich zu. ‚Oh, bitte nein!', schreit es in mir, ‚lass die Patienten nicht mit mir allein, ich bring sie noch alle um!'
So stehe ich da mit meiner leeren Trage und schon dringt er zu mir, der gefürchtete Ruf: „Dokta!"

Es ist ein Mädchen, das eben mit einem Auto angekommen ist. Es liegt da und windet sich in dieser Unruhe, mit flackernden Augen, hoch fiebernd. Die Unruhe ist ansteckend, infiziert wechsle ich innerlich vom Ruhe- auf das Notfalllevel, mache Tempo.
Der Bauch ist hochempfindlich. Die Kleine fegt meine Hand auf ihrem Bauch weg und fängt an zu wimmern. Es muss ein durchbrochener Blinddarm sein und so wird sie sofort für die OP fertiggemacht.
Nun steh ich da ich armer Tor. Schrapp Schrapp, der Helikopter ist weg, also muss das jetzt klappen.
Was ich in dem kleinen Bauch vorfinde, ist eine Katastrophe. Stinkender Eiter und Kot kommen mir entgegen. Der Blinddarm ist erst gar nicht zu finden. In einer verklebten Darmschlinge liegt er abgerissen da. Der Bauch ist so hoch entzündet, dass meine Zweifel, ob das Mädchen das überleben wird, rapide steigen. Wie lange mag sie schon krank sein? Ich versorge das Loch im Darm, spüle den Bauch mit mehreren Litern Infusionslösung, lege eine große Drainage und nähe zu. Den wartenden Eltern mache ich keine große Hoffnung und gehe betrübt auf die Kinderstation, als ich gleich wieder raus gerufen werde:
„*Dokta kam!* (Doktor komm!)"
Der kleine OP-Raum ist voll Menschen mit besorgten Gesichtern, die mir den Weg freigeben. Ich sehe einen Pfleger am Kopf eines kleinen Kindes stehen und den Beatmungs-Beutel zusammenbauen, ein anderer versucht eine Nadel zu legen. Das Kind, vielleicht zwei Jahre alt, hat einen riesigen, deformierten Kopf.
„Was ist los?", rufe ich.
„*Kokonat paitim het bilong em.* (Eine Kokosnuss hat seinen Kopf getroffen.)"
Ich sehe auf den Brustkorb und kann keine Atmung beobachten. Ich hebe schnell die Augendeckel und blicke in riesige entrundete Pupillen. Kein Herzschlag. Der Pfleger hat mit der Beatmung angefangen und sieht mich fragend an.
„*Em i dai pinis* (Es ist tot)", sage ich leise und habe Angst vor dem, was kommen mag.
Es ist so schwer, da zu stehen und nichts zu tun, und so reanimieren wir das Kind eine Weile, um uns dann einzugestehen, dass wir den Satz werden aussprechen müssen. Ich sehe die Eltern an und sage nun laut, dass ihr Kind nicht mehr zu retten ist.
Beide fangen sofort an zu schreien und zu weinen, der Vater nimmt den kleinen Körper und drückt ihn verzweifelt an sich. Wie eine Reihe umkippender Dominosteine wird der Schmerz nach draußen getragen und alle Dastehenden fangen an, ihrer Trauer einen lauten Ton zu geben,

erlauben dem Körper mitzufühlen und sich zu krümmen und zu winden. Egal, ob mit dem Kind verwandt oder nicht, jeder nimmt an dem Tod teil.

Im ersten Schock über die Reaktion auf meine Worte wehre ich ab und denke: ‚Das ist gespielt, wie soll man so plötzlich so schreien und leiden, so schnell den Tod begreifen, das muss Theater sein, so wie die bezahlten Klagefrauen in Saudi...' und dann erfasst mich die Welle, die Energie des Urschmerzes, und schwemmt allen Widerstand weg, die Welt scheint einen Augenblick anzuhalten und ich bin ein fallender Stein und weine mit.

Ganz kurz nur erfasst mich die Angst, dass mir der Tod angelastet werden könnte. Doch das sollte mir in der ganzen Zeit nie passieren. Todesursachen werden hier im Dorfgeschehen gesucht. Die Mutter fällt mir in die Arme und wir halten uns für einen Augenblick, so fest es geht.

Ich muss hier weg.

Der Vater wickelt das Kind langsam ein und die weinende Menschenmenge klettert unter Klagerufen auf das schrottige Auto und weg sind sie.

Verwirrt und wie gelähmt versorge ich die kranken Kinder und hoffe, alles richtig zu machen. Die meisten sind so eindeutig krank, dass ich keine Schwierigkeiten habe, die Diagnosen zu stellen. Bei den vielen Kindern mit Lungenentzündung hört man schon fast im Vorbeigehen, wie die Bakterien sich vermehren und Lungen rascheln; ein Blick reicht, um zu erkennen, wie sie um Luft ringen, zieht sich doch bei jeder Einatmung die Haut tief zwischen die Rippen und Schlüsselbeine ein.

Zum ersten Mal in meinem Leben sehe ich ein TBC-krankes Kind und ahne, dass diese Krankheit mich noch beschäftigen wird. „TBC ist die Todesursache Nummer eins auf der Insel", hatte Klaus mir erklärt. Das Kind ist nur noch ein knochiges Hühnchen und pfeift bei jedem Atemzug. Zwei Monate wird es hier Medikamente bekommen, dann wird es vier Monate auf dem Dorf weiter behandelt werden.

Sind die Visiten geschafft, warten auf dem Bänkchen vor dem Arztzimmer noch viele Menschen. Denny, komm wieder auf die Insel, wie kannst du mich hier alleine lassen!

Begegnungen mit der tierischen und (ein-)getauchten Lautlosigkeit
Am Nachmittag erhole ich mich mit den Kindern am Strand und in der bunten Welt unseres Korallenriffs. Was für eine Farben- und Formenidylle. Das Meer ist wie eine Meditation, eine Tankstelle, die auf Anhieb kreisende Gedanken versenkt und Stress wie einen Grauschleier abwäscht. Auch Filip ist unsere Ladestation, hat dieses Kind doch immer gute Laune. Eine kleine Sonne, die wärmt und lichttherapiert.

Im Meer stehen vier Frauen in ihren typischen langen, bunten Blusen auf den Korallen und fischen mit Schnur und Haken und einer kleinen Holzrolle. Andere sitzen am Strand und waschen Agaven ähnliche Blätter, die sie so lange bearbeiten, bis es nur noch Fasern sind. Die Fasern werden dann auf den durch diese Arbeit enthaarten Oberschenkeln und Knien gerollt, bis ein schöner Faden entstanden ist. Der *Bilum*-Faden.

Keine zehn Schwimmzüge und die Korallen beginnen. Sie sehen aus wie ein versteinerter Garten mit Salat, Bohnen, Petersilie, dazwischen riesige Salatschüsseln und ab und an ein riesiges Gehirn. Taucht man näher ran, kommt Leben in die Starre und man sieht die kleinen Finger aus den Korallen-Enden winken und im Wasser fischen. Korallen sind Tiere! Und kann man lange genug die Luft anhalten, dann tauchen plötzlich Babyfische zwischen den filigranen Zweigen auf, entdeckt man die kleinsten Seesterne und Seeigel und nach dem dritten Mal Luftschnappen begegnet man jeder Koralle wie einem Kindergarten, beobachtet man die Kinderstube des Meeres. Und dann nimmt man sie plötzlich wahr, diese laute Stille. Ich lege mich auf den Grund und schaue nach oben. Die einfallenden Sonnenstrahlen entfalten sich wie ein goldener Fächer und ich mag nicht aufhören, ihrem Flimmern und Tanzen zuzusehen. Mira schwimmt in den Zauber hinein und winkt mir zu. Ich schicke ihr meine letzte Luft als Blase nach oben und tauche in mein vertrautes Element auf, um gleich mit Mira weiter unser Riff zu erforschen.
Wir sind vertieft, als ich plötzlich im Augenwinkel eine Bewegung registriere, die hier nicht hin passt. Erstarrt sehe ich eine große Schlange sich auf uns zu schlängeln. Seeschlangen sind hochgiftig, nix wie weg.
Ich schreie Mira und Luis mit den Händen zu. Wir schießen aus dem Wasser wie Korken.
„Schwimmt an Land, schnell!"
Als ich wieder unter Wasser schaue, sehe ich, dass die Schlange den Kurs geändert hat und sich verzieht. Herzklopfen und erst mal raus.
„Was war denn los!", ruft Luis. – „Eine Schlange!"
„War es eine schwarzweiß gestreifte?" – „Nein, eine braune."
„Ach so", Luis ist enttäuscht.
Für den Reptilienfreak wäre das die Krönung gewesen. Auge in Auge mit dem giftigsten Tier der Welt. Das Gift wirkt so schnell, dass Taucher nicht mehr die Oberfläche erreichen, eins zwei drei: tot.
Wir sollten später des Öfteren das Vergnügen mit den schönen, zebrastreifengleichen, kleinen Schlangen (Banded Sea Snake) haben, ohne an Land zu stürzen, denn diese Tiere sind richtig nett. Sie zählen zu den Sanftmütigen, zu den Neugierigen. An einem Ort in der Nähe von Madang wimmelt es nur so von ihnen im seichten Wasser und doch erzählten uns die Bewohner, dass noch nie jemand gebissen wurde.

Am sicheren Strand beruhigt sich unser Puls. Wo wir sind, sind auch viele Kinder und so wälzen wir uns alle im Sand, buddeln uns ein und bauen kleine Fallen. Plötzlich steht wie aus dem Nichts ein weiß gekleideter Pfleger aus dem Krankenhaus vor uns und grinst. Ich starre ihn, mit Sand paniert und mit Filip Fangen spielend, fragend an, nicht so recht bereit, mich aus dieser Welt locken zu lassen.
„*Dokta! Snek bite!* (Schlangenbiss!)"
‚Welch Zufall', denke ich noch, bis ich den belustigten Blick realisiere. Was müssen die hier bloß über mich denken!

Zehn Minuten später stehe ich verkrümelt und mit tropfendem Haar am Patientenbett. Es ist eine Frau, die im Garten gearbeitet hat und mit dem Bodenholz eine Schlange hochgehoben

hat. Sie kann kaum reden und ihre Augenlider nicht mehr öffnen. „Was für eine Farbe hatte die Schlange?", frage ich. „Schwarz", antwortet sie mühsam und erbricht sich. Ich flitze zum Kühlschrank und nehme das letzte Fläschchen Antivenum (Gegengift) aus der Verpackung. Es ist fast leer!
Ich spritze den Rest, dazu ein Mittel um eine allergische Reaktion zu verhindern und sehe zu, wie die Frau sich zu winden, zu schreien beginnt, um für Sekunden zu erschlaffen und dann weiter zu kämpfen. Ich lege Beatmungsbeutel und Intubationsbesteck bereit und verlasse mich auf die Pfleger, die solche Patienten erstklassig überwachen.

Am Abend, wie immer, mache ich für meinen ruhigen Schlaf einen Kontrollgang und sehe nach dem schwerstkranken Blinddarm-Mädchen, nehme noch ein Kind auf, welches versehentlich Kerosin aus einer Fanta-Flasche getrunken hat, und krieche erledigt ins Bett. Ich drängele mich zwischen den schon schlafenden Filip und die quer liegende Mira auf der Suche nach dem Sardinenfeeling und rufe Feierabend zu allen Muskeln.
Kerosin wird hier für die Lampen benützt und ist für den Magen nicht sonderlich gefährlich – aber für die Lunge, die von den Dämpfen angegriffen wird. ‚Das Rezept wird schon wirken', beruhige ich meine rasenden Gedanken und tauche endlich ab.

On call heißt ‚immer bereit'

Ich bin im Tiefschlaf und sortiere nur ganz langsam das zaghafte Pochen an der Tür aus meinen Träumen aus, als Frank schon ruft:
„Silke, da ist jemand, bist du wach?" – „Ja, ich gehe!"
Klopf klopf und dann höre ich es:
„*Dokta!*"?
Ich öffne die Tür und blinzele in die Kerosinlampe der Nachtschwester.
„*Dokta, liklik meri i dai pinis.* (Doktor, das kleine Blinddarm Mädchen ist gestorben.)"
Oh nein, was für ein Sterben hier.
Die Nacht ist tief schwarz. Stille, kein Frosch mehr, der singt, alle Flughunde sind satt. Aus der Ferne höre ich die Klagegesänge. Diese laute Trauer geht durch Mark und Bein, ein ungehemmter Fluss direkt aus der tiefsten Seele.
Ich bestätige den Tod des kleinen Mädchens und kämpfe mit meiner aufsteigenden Wut. Das Kind muss schon lange gelitten haben, warum sind sie so spät gekommen! Vielleicht haben sie erst die Urwaldapotheke ausprobiert, das Krankenhaus kostet ja zu viel Geld. Vielleicht haben traditionelle Heiler ihr Können versucht, bis sie zugeben mussten, dass dies nichts für sie ist?
Immer wieder schlucke ich die Frage runter, wie lange das Kind schon krank gewesen sei, und erkläre den Eltern ausführlich, dass Bauchweh nicht gleich Bauchweh sei und wann sie schnell kommen müssten und wann sie damit rechnen könnten, dass die Natur das selber regele.
Geduldig komme ich mir vor und merke nicht, dass ich wie ein Cowboy bin, der einem Indianer beibringen möchte, dass Schweins- anstatt Büffelleder für Mokassins viel besser sei, obwohl ich noch nie Büffelleder in der Hand hatte, aber eine Schweinezucht betreibe.
Immer vorwärts schauen. Das nächste Mal wird alles anders.

Die Nachtschwester lacht über meine Bemühungen und fängt an, von früher zu erzählen. Und es hört sich an wie: Früher in der guten alten Zeit.

„Oh Dokta, wenn jetzt Papa Tscharke hier wäre, würde er die Eltern schlagen und aus dem Krankenhaus jagen, weil sie das Kind zu spät gebracht haben. Da flippte er immer aus." Sie lacht weiter über meine weit aufgerissenen Augen. „Und die Schwestern, die am Sonntag nicht in der Kirche erschienen waren, mussten montags in der Frühbesprechung vor allen anderen aufstehen und wurden dafür in das Gesicht geschlagen..."

„Und das war gut?", frage ich ungläubig.

„Na ja, rede du nur, vielleicht ist es besser so."

Die Menschen reden hier voller Respekt von Papa Tscharke, keiner teilt meine innere Empörung mit einer Geste, einem Augenverdrehen oder Kopfschütteln. Es wird noch einige Zeit und viele Betelnüsse dauern, bis das Glorreiche bröckelt und der Krankenhausvorsteher erzählt, warum Tscharke ging. Er hatte aufgegeben. Aufgegeben, den zerknirschenden Kräften die Stirn zu bieten oder vielmehr mit Gleichmut zu begegnen. Immer wieder waren die Versuchs-Gärten Gaubins zerstört worden, immer wieder seine Arbeit, seine Ideen mit dem Buschmesser zerhackt worden, bis die Waagschale zu der Seite kippte, die hieß, nicht erwünscht zu sein. Für Papa Tscharke gewiss unendlich traurig.

Ich kann mir kein Urteil darüber erlauben, warum was hier geschieht, und so werde ich das weiter so machen – nach vorne schauen und höflich bleiben. Ich ahne nicht, wie schwer mir das noch fallen wird.

Am nächsten Morgen um halb acht geht die Achterbahnfahrt weiter. Bitte bitte, Denny, versacke nicht in Madang!

Zuerst schaue ich nach der Schlangenbissfrau und bin froh, sie sitzend im Bett vorzufinden. Und dann geht es wieder rund!

Zuerst einen Blinddarm wegoperieren, dann eine Nachgeburt, die nicht kommen will, mit der Hand herauslösen und dann wartet ein Mann im kleinen OP, der aus einer Wunde am Hals blutet. Er ist total aufgelöst: „Dokta, mir steckt eine Pfeilspitze im Hals, schnell. Bei uns gab es einen Kampf im Dorf und ich wurde hier getroffen." Ich taste vorsichtig seinen Hals ab und beruhige mich, weder eine Schwellung noch eine bedrohliche Blutung.

„Da ist nichts. Wie sieht denn so eine Pfeilspitze aus?"

„Aus Holz mit vielen kleinen Haken."

Ich wasche die Wunde aus und arbeite mich vorsichtig den Stichkanal entlang. Nichts. Der Mann gerät in Panik, völlig sicher, dass dort was sein muss. Ich schicke ihn zum Röntgen. Möglich, dass die Spitze weitergewandert ist und so ungünstig liegt, dass ich sie nicht tasten kann. Aber ich werde ganz sicher nicht zwischen den pulsierenden Kopfschlagadern rumbohren und so überlasse ich, nachdem ich auf dem Röntgenbild nichts entdecken konnte, den Fall den Kollegen in Madang.

Kaum ist der Mann aus der Tür, als sie einen kleinen Jungen bringen, dem ein Angelhaken in der Backe steckt, gefolgt von einem Jungen, dessen rechtes Auge von einem Stock zerstochen wurde.

Eine Erdnuss aus einem Kindernasenloch geangelt und einen Finger wieder angenäht... Einiges gelingt mir, einiges schicke ich aufs Schiff nach Madang.

Ich habe die Hälfte der Visite geschafft, als ich zu einer Schwangeren gerufen werde, die übersät ist mit Schweinebissen an Rücken, Armen, Hals und zwischen den Schenkeln. „Was ist passiert?" frage ich und fange an, den Dreck aus den Wunden zu waschen und die Blutungen zu stillen. „Ich saß am Fluss und habe das Geschirr abgewaschen, als mich ein wildes Schwein überfallen hat!" Ich bin sprachlos. Während anderswo Tiger und Löwen für Angst und Schrecken sorgen, muss man sich hier vor den Raubschweinen in Acht nehmen?
Ich lasse die Wunden offen und dröhne die Frau mit Schmerzmitteln zu.

Das nächste Drama liegt schon im kleinen OP, eine junge Frau, die sich mit Chloroquin das Leben nehmen wollte. Chloroquin ist leicht zu überdosieren und garantiert tödlich.
Schnell den Magen leer pumpen, da die Frau schlapp auf der Seite liegt. Als ich ihr den dicken Schlauch einführen will, kommt Leben in den Körper. Sie schreit und weint und schlägt alles von sich. Ich schicke alle nach draußen und frage noch mal nach, was sie denn geschluckt hat. „Amoxicillin (Antibiotikum)", flüstert sie und ich lasse sie in Ruhe. Auch das gibt es hier also. Bitte bitte, Denny, komm!
Und er kommt mit dem letzten Boot.

Wenn Wahnsinn normal wird und andersrum
Wir können Miras Einschulung doch noch feiern und alles Erlebte sacken lassen. Mira strahlt mit ihrer Herzchen-Tüte und wir tanzen mit ihr über den Rasen. Viele Kinder feiern mit und ich beobachte, wie unseren beiden Großen die ersten Pidgin-Sätze gelingen. Nur Filip hält noch nichts vom Sprechen. Er strahlt sich erfolgreich durchs Leben. Selbst Elisa und Mary, die den Morgen mit ihm unterwegs waren, können seine internationale Fingersprache und ‚lies mir den Wunsch von den Augen ab' problemlos verstehen.

Frank und ich schauen glücklich dem Treiben zu und freuen uns über uns. Ich empfinde uns beide wie Uhrenrädchen, die nahezu perfekt ineinander laufen, sich zuarbeiten, ohne viele Worte harmonisieren und dabei einen guten Rhythmus gefunden haben. Und das, obwohl so mancher Sand immer wieder ins Uhrwerk rieselt oder ab und an ein Blitz in die diffizile Mechanik kracht. Wir sind im Fluss, unterwegs in die gleiche Richtung. Und wenn ein Rädchen nach unten abgleitet und den Mut oder die Geduld verliert, hält das andere die Feder, bis sie sich ausgedehnt hat, und fängt den nach oben Schießenden ab.

So schön der Nachmittag noch ist, ich werde den Nachgeschmack – wie blöd ich mich bei der Arbeit anstelle – nicht los. Ich mag mir gut zureden und mir mit dem Selfmade-Mantra ‚So wie dir ging es auch anderen und sie sind weitergekommen' die Zunge brechen – ich habe den Blick für die Realität verloren und erkenne mich selber nicht mehr. Einem Kerl würde das so nicht ergehen, wieso geißele ich mich selbst?

Dann sehe ich an meinen Spinnenärmchen herunter und spüre meinen riesigen Hinterleib nicht. Es wird noch dauern, bis er platzt.
Die Nacht bricht herein, aber sie bringt keine Ruhe mehr.

Fast jede Nacht wache ich auf und sehe die Schwestern mit ihren Lampen zu Dennys Haus laufen. Wir sind Nachbarn, er ist wieder da und ist *on call* und da mein Bett am Fenster steht, kann ich sie sehen, wie sie vor seiner Tür stehen und erst ganz leise und dann immer lauter klopfen und rufen. Denny schläft tief, und wenn er getrunken hat, schläft er zu tief!

Jedes Mal verfolge ich diese gespenstische Szene und fange innerlich an zu zittern. Ich rufe ‚Denny' in Gedanken, schreie ihn schließlich an: ‚Steh endlich auf, scheiß Sauferei. Das ist deine *On-call-*Woche! So taub kann man doch gar nicht sein!'
Und dann kommt der Augenblick. Die Schwestern drehen ab und ich weiß, was jetzt kommt. Sie hämmern an meine Tür und ich bin dran. Horror, das Adrenalin rauscht durch die Adern und ich habe Angst vor dem, was ich sehen werde, und noch mehr, dass ich nicht weiß, was ich tun soll. Ein Jahr sollte es dauern, bis auf das inzwischen verhasste nächtliche Klopfgeräusch der raus explodierende Schweiß nicht mehr nach Angst riecht, sondern sich das wohlige Gefühl breit macht: Komme, was wolle, ich krieg's jetzt hin!

Aber bis dahin stehe ich oft im Schein der Taschenlampe vor Männern, die sich krümmen, vor Kindern, die krampfen, vor Blut spuckenden Frauen, vor bei Kämpfen verletzten Männern und verfluche meinen Kollegen.
Und manchmal rufe ich ihn wirklich, wie einmal bei einer komplizierten Geburt, die nicht vorangehen möchte, weshalb ich mich zu einem Kaiserschnitt entschließe. Mein erster hier auf Karkar. Jetzt brauche ich ihn, er muss mir assistieren!
„Geht und hämmert so lange an die Tür, bis er kommt. Wenn er nicht hört, schlagt sie ein!", rufe ich und bereite flugs Frau und OP vor. Alles unser Job, wenn es schnell gehen soll. OP, Tisch bedecken, das Instrumenten-Set auspacken, Handschuhe und Kittel hinlegen. Denny kommt rein und schwankt. Er brummelt etwas im tiefsten Bass. So gerne ich Denny habe und ihn achte, ich kann ihn einfach nicht verstehen! Selbst im nüchternen Zustand nicht und jetzt mit schwerer Zunge schon gar nicht. Die Schwester zuckt mit den Achseln, auch sie identifiziert kein Wort. Sein Atem ist narkotisierend.
„Denny, wir müssen eine Sectio (Kaiserschnitt) machen, dem Kind geht es schlecht und der Muttermund ist nach zehn Stunden guter Wehen noch immer nicht vollständig geöffnet." Wieder bleiben die Wörter hinter Dennys Zähnen hängen und ich muss dreimal nachhaken, ehe ich einen Zugang zu seiner Sprache bekomme.
„Das wievielte Kind ist es?", will er wissen. – „Das erste."
„Wieso willst du dann eine Sectio machen?"
Ich bin sprachlos: „Na, um das Kind zu retten!"
Er wirft mir einen wütenden Sprachbrei entgegen, aus dem ich keine festen Bestandteile rauspicken kann. Ich bin hilflos.
Die Schwester bittet ihn noch einmal um eine Kelle. Denny verdreht die Augen und spricht nun

übertrieben in Zeitlupe: „Warum machst du bei einer Erstgebärenden eine Sectio! Willst du, dass sie beim nächsten Kind im Busch verreckt! Hier lässt du lieber das erste Kind sterben, als die Mutter zu gefährden, die bekommt noch genug Kinder. Du bist hier in PNG und kannst nicht bei jedem Problem einen Kaiserschnitt machen!"
Und so schicke ich den aus dem Schlaf gerissenen OP-Pfleger Steven wieder nach Hause und hüte die sich quälende Frau. Denny steht schweigend neben mir und kämpft mit seinen immer wieder zufallenden Augen. Ich spüre die Spannung im Raum. Die anwesenden Schwestern sind sauer. Nicht auf Dennys Entscheidung, sondern auf ihn. Wer *on call* ist, hat sich zusammenzureißen, auch in PNG.

Das Kind atmete nicht, nachdem es eine Stunde später im Kerosinschein liegt. Wir beide ringen eine Stunde mit dem Tod und gegen noch mehr Gehirnschaden. Es lebt, aber was wird aus ihm werden? Grübelnd gehe ich durch die Nacht: Habe ich damit irgendwem einen Gefallen getan? Vielleicht verfluchen sie uns später, wenn sie ihr schwerbehindertes, spastisches Kind betrachten? Ich werde es nicht erfahren, aber Dennis Zustand wird am nächsten Tag von Mund zu Mund weitergereicht und Karkar ist empört über den Hochlandmann, der *spak* (betrunken) war.

Kindliche Schreibversuche

Die Tage verfliegen. Während die Kinder begeistert in die Heimschule gehen und Frank als ihren Lehrer ganz super finden, sind wir Großen auf der Suche nach Verbündeten für unsere Erlebnisse. Und da das Mailen funktioniert, wenn auch als neuzeitliche Schneckenpost, so entstehen die ersten Nachrichten und Schreibversuche der Kinder.

Und die sehen so aus: Luis an Großeltern
Liebe Oma und Opa.
Letztens waren im Schrank viele Ecken angeknabbert. Dann haben wir eine Mausefalle aufgestellt. Am Abend war eine kleinere Ratte drin, leider haben wir schon geschlafen. Das blöde war nur, sie hatte sich den Popo eingeklemmt, weil das eine Falle für Mäuse und nicht für Ratten ist. Sie hat noch nicht einmal geschrien, obwohl ihr Popo ganz platt war. Dann hat Papa sie in der Nacht freigelassen und stellt euch vor, sie ist nicht gerannt, wie es sich gehört, sondern wie ein Känguru gehüpft.
Ich würde euch bitten, mir eine Lebend-Rattenfalle zu schicken, denn ich will ein paar als Haustiere haben. Die Niuginis haben auch so Fallen, aber um die Ratten dann zu essen. Die Schule ist leicht. Ich habe nie Hausaufgaben, weil wir alles morgens schaffen. Bald fahren wir nach Madang, dann bekomme ich ein Fahrrad. Viele Grüße von Luis.

Mira erzählt so:
Liebste Oma und liebster Opa.
Ich schicke euch viele Grüße aus Karkar. Ich habe einen Wackelzahn und der ist jetzt draußen. Heute habe ich ihn selbst gezogen, da war ich sehr froh. Ich habe auch eine Schultüte bekommen. Die hat Papa selbst gemacht. Darauf stand *Namba wan de bilong skul bilong Mira long Karkar*

18.02.2002 (Erster Schultag von Mira auf Karkar). An meinem ersten Schultag habe ich das alles gemacht: Einen Bananenkuchen gebacken, in der Deutschstunde habe ich ein Lied gelernt: Hurra, ich bin ein Schulkind. Sachkunde, da habe ich den Unterschied zwischen einer deutschen Schule und einer Fernschule gelernt, Mathematik musste ich anmalen, was ich schon alles kann.
Zwei Sachen konnte ich nicht, Stricken und Handstand.
Ich wünsche mir den Zirkus von Playmobil.
Ich liebe euch total. Mira

Jeden Tag tauen die Niugini-Kinder mehr auf und bilden zusammen ein super Team. Es ist ein fröhliches Leben inmitten der vielen Kinder, die ständig da sind und auch mit uns essen. Luis spricht mit einem Mal viel Pidgin und zieht mit Tomong, einem Sohn der Krankenschwester Ombien, durch das Krankenhausgelände.
Auch wenn morgens Schule bei uns ist und Filip mit seinen Feen Elisa und Mary spielt, sitzt Tomong auf dem Sofa oder still in einer Ecke und liest Bücher. Manchmal ist er so unbeweglich wie ein Möbelstück.
Als ich einmal schnell zwischen zwei Operationen nach Hause komme, um etwas zu trinken, und gerade eine große, rote Landkrabbe hinter dem Küchenherd entdeckt habe, mache ich mir fast ein zweites Mal in die Hose, als ich aus dem Augenwinkel sich am Fenster etwas bewegen sehe. Es ist Tomong, kein *Moning*, kein *Helo*, er versucht sich unsichtbar zu machen. „Warum bist du nicht in der Schule?", frage ich ihn eine Spur zu schroff. „Die ärgern mich wegen meines Auges", antwortet er, das Gesicht hinter einem Buch versteckt. Tomong leidet an dem grünen Star und sieht nach einer misslungenen Augenoperation, die ein Auge wie aufgeblasen aussehen lässt, entstellt aus.
Ich spüre, dass er nicht gehen möchte, und dulde ihn, während ich mir vornehme, die Mutter zu fragen, ob man Tomong nicht helfen könne.

Inzwischen ist die andere Arztfamilie aus ihrem Urlaub zurückgekehrt und wir genießen ein freies Wochenende. Mira ist kaum mehr zu sehen und kommt nur ab und zu mit hochrotem Kopf, um Wasser zu trinken. Da Luis aus dem Bett gefallen ist und eine dicke Lippe hat, braucht er etwas Trost und Ablenkung und so wehren wir uns nicht, als Filip ein kleines Hundemädchen vom Bagabag-Krankenhausgelände geschenkt bekommt, das die Kinder ‚Nullpunkt' taufen. Nullpunkt ist weiß und kurzhaarig.
Als Mira sie ganz vorsichtig zum Kraulen auf den Rücken legt, erschrickt sie so, dass sie Nullpunkt von sich schmeißt. Jaulend und mit eingezogenem Schwanz versteckt sich der Welpe zwischen den Grünen Tonnen. „Mama, da krabbelt etwas ganz Ekliges auf ihrem Bauch!", schreit sie. Vorsichtig sehe ich nach und zähle fünfzehn Flöhe, die über die Haut kriechen und versuchen, sich zwischen den dünnen Haaren zu verstecken. Ihr nackter Bauch ist übersät von eitrigen Bissen und ihre Ohren haben blutige Spitzen. Elisa erbarmt sich des Tieres und knackt mit den Fingernägeln unzählige Flöhe weg. Während Mira den Hund nicht mehr berührt und sich die Ohren zuhält, ist es Filip egal und er trägt ihn stolz überall hin.
Vier Wochen später kam Elisa aufgeregt zu uns gelaufen und erzählte, dass jemand mit Nullpunkt, unserem Hund, auf einem Auto weggefahren sei. Sie habe noch hinterher gerufen. Er-

kannt habe sie denjenigen nicht. Erst Wochen später entdeckte ein Schwesternschüler den Hund auf der anderen Seite der Insel und brachte ihn mit, während wir im Hochland weilten. Dieses Spiel wiederholte sich ein zweites Mal und wieder kehrte er zurück, als wir weg waren.
Um die blutigen, von den Fliegen malträtierten Ohrspitzen wegzubekommen, bearbeitete Elisa den Hund dann mit Diesel, was er leider nicht überlebte.

Kultur der melanesischen Distanzen – *Klostu* (nah) heißt nicht nebenan
Anfang der Woche, Frank ist zum Einkaufen nach Madang gefahren, klopft es an der Tür und eine kleine, junge, magere Frau steht da. Sie erzählt mir, dass sie aus der Familie von Christine, der Krankenschwester von unserem Hinflug, wäre und mir ihr Dorf zeigen möchte. Sie würde uns auch gerne in ihre Sippe aufnehmen.
„Wo ist dein Dorf?" – „Es heißt Liloi und ist *klostu* (nah)", antwortet sie.
An diesem Nachmittag sollte ich erfahren, dass auch die Vorstellung von Entfernung nicht mit unserer konform geht.
„Kinder kommt, wir gehen ein Dorf besuchen", rufe ich, ignoriere die mäßige Begeisterung der zwei Großen und so laufen wir los, barfuß, ich mit Filip auf der Hüfte, ohne alles. Ich habe einen freien Nachmittag, gute Laune und bin aufgeregt, in ein Dorf eingeladen zu werden. Die Frau ist zwar schweigsam, aber nett.

Nach einem Kilometer auf der staubigen Straße biegen wir rechts in den Busch ein. Liloi war mir schon ein Begriff. So hatte uns der dortige Dorfpastor in Madang einen Besuch im Guesthouse abgestattet und uns überredet, ihm fünfzig *Kina* zu geben, da er dringend Messwein und Taufkarten besorgen müsse. Oh, waren wir gutgläubig. Ein Mann Gottes, dem muss man vertrauen können! Das Geld sahen wir nie wieder, sondern später noch einmal die offene Hand, die wir dann aber empört zurückwiesen.

Luis fängt an zu fragen, wie lange das denn noch dauert. „Na ja, sie hat gesagt, dass es ganz nah ist. Wir sind bestimmt gleich da!", beruhige ich ihn. Aber es geht erst richtig los und zwar über Stock und Stein zwischen den Kokospalmen und Kakaobäumen den Berg hinauf. Filip wird schwer, der Hals trocken und Mira und Luis funkeln mich nur noch böse an. Ich frage die Frau, wie weit es denn noch ist. „*Klostu, klostu.* (Nah, Nah.)" Nah heißt um die Ecke.
Die Frau nimmt mir Filip ab und rennt wie ein junges Reh. Plötzlich ruft sie: „Passt auf, *Tanan* (Tausendfüßler). Wenn du auf ihn trittst, pinkelt er dich an und dann tut dir die Haut weh und wird rot." Wir sehen uns das etwa 15 cm lange schwarz-orange gestreifte Tier an. Die Füße bewegen sich in Wellenform und sehen lustig aus. Der Berg ist steil, wir laufen nun im Urwald und sehen noch immer kein Dorf, ab und zu ein Haus, oft eingezäunt gegen Schweine, die sonst die Gärten vernichten. Ich spüre, dass Luis kocht und versuche ihn zu trösten.

Völlig fertig kommen wir an, in diesem wunderschönen, riesigen Bergdorf, und werden gleich in eine kleine offene Kirche geführt, es ist Gottesdienst. Alle drehen sich um und unterbrechen den Gesang. Es war ein langsamer, unheimlicher Gesang, so wie ich ihn noch nie gehört habe.

Ich werde gebeten, etwas zu sagen, auch das noch! Kann ich doch nur daran denken, wie ich alles bei den Kindern wiedergutmachen kann.

Danach geht es den Berg wieder runter. Ich beobachte verblüfft wie diese kleine, zähe Frau verhindert, dass andere mit mir sprechen. Sie zischt dabei unfreundlich und ich komme mir auf einmal wie eine Gefangene vor. Erst jetzt realisiere ich, dass die Frau einen genauen Plan hat und frage mich, was kommen mag.

Sie erzählt mir viel über Christine, was sie alles für sie getan habe und andersrum. Und so ganz langsam bildet sich aus dem Nebel eine Ahnung ab. Wir werden den Eltern vorgeführt, die uns unter Tränen Essen anbieten, das wir aber kaum anrühren. Dann geht es weiter den Weg zurück. Als sie neben mir geht, sagt sie leise und so ganz nebenbei: „Jetzt hast du uns kennen gelernt und bei uns gegessen. Wir brauchen von dir zweihundert *Kina*. Wir wollen uns eine Nähmaschine kaufen. Ich werde morgen vorbei kommen."

Als die Katze aus dem Sack ist, muss ich über diese kleine geschäftstüchtige Frau, die eine Idee hat, schmunzeln. Schlagartig wird mir auch klar, dass ich mich nie von einem Klan adoptieren lassen werde, da ich die vielen Wünsche, die an mich herangetragen würden, nicht erfüllen könnte. So wurde auch Christine immer wieder um Geld gebeten und zum Abschied war es ein Auto, das sie kaufen sollte.

Ist man nicht selbst betroffen, kann man über die vielen Geschichten, die nach dem Motto *Traim tasol* (Man kann es ja mal versuchen) laufen, lachen. Ob es die eben errichteten Strommasten sind, die abgeschlagen werden, um von der Betreiber-Gesellschaft mehr Geld für das verpachtete Land zu erzwingen, oder anderes, man kann es ja mal versuchen. Wenn man dann wieder im Dunkeln sitzt, ist auch egal. Hat man Strom oder Telefon, ist es gut, hat man es nicht mehr, ist es auch gut, es war ja die letzten Jahrtausende nicht anders.

Das ist also meine Lehre mit dem Wort *klostu*. Aber es lehrt mich noch etwas anderes: vielleicht, wie degeneriert ich bin.

Eines Nachts nämlich werde ich zu einem Mädchen gerufen, das sich mit dem Buschmesser beim Öffnen einer Kokosnuss einen halben Finger amputiert hat. Ich frage ihre Familie, woher sie kommen. „Wir sind aus Liloi. Wir haben dich gesehen, als du neulich oben warst." – „Und ihr seid jetzt den ganzen Weg in der Nacht heruntergelaufen. Habt ihr wenigstens Taschenlampen mit?" Ich bin baff. „Nein, wir haben keine Batterien." Die beiden schauen mich verständnislos an. „Aber wir haben keinen Vollmond!" Ich kann es nicht fassen und sehe die vielen Wurzeln und Steine, die *Tanans* und Kurven und überhaupt diesen endlosen Weg vor mir. Sie zucken mit den Achseln und verstehen meine Aufregung nicht. Unvorstellbar, wie die beiden den Weg finden konnten, ohne sich den Hals zu brechen. Sie müssen Katzenaugen haben. Aber so ist es, auch in mondlosen Nächten finden sich diese Menschen in der Natur zurecht.

Definitiv, diese Fähigkeit ist mir abhanden gekommen.

Und dann...

Wir sind wieder am Koffer packen und machen uns für die letzte Etappe unserer Orientierungszeit in den Bergen startklar. Auf nach Kudjip ins Hochland, auf in ein gut funktionierendes Krankenhaus und dann werde ich mein Erfahrungsköfferchen weiter auffüllen, bis komme, was wolle.

Aber es sollte anders kommen, als wir dachten.

Kudjip: Letzter Teil der Orientierung – Zwei Tiefschläge im Hochland

Genug

„Frank, ich kann nicht mehr! In was für einer Scheiße stecke ich hier, ich hänge meinen Beruf an den Nagel. Nicht nur, dass ich so viel Kacke in den letzten sechsunddreißig Stunden gesehen habe, diese Schwester macht mich fertig, ich weiß nicht, wie ich damit umgehen soll!"
Ich habe das Wochenende Dienst, es ist Sonntagmorgen, ich möchte schreien, mir die Bilder aus dem Kopf radieren, aber es kommen nur Tränen, mit denen ich mexikanisch kochen könnte, so brennt es in mir.

Was war inzwischen passiert?
Wir waren mit einem kleinen Flieger der Airlink-Fluglinie vom heißen Madang aus über die Berge in ein grandioses, weit ausgedehntes Tal geflogen, um von dort aus nach einem Zwischenstopp von einigen Tagen weiter mit dem Flieger nach Mount Hagen und weiter mit dem Auto nach Kudjip zu kommen. Will man die *Holdup* (Überfall) gefährdete Straße nach Goroka weiter nach Mount Hagen meiden, gibt es nur eine Alternative: Airlink.
Dass ich den ganzen Flug nach Goroka über kurzatmig und wieder dabei war, die Piloten zu fixieren, lag daran, dass mir zuvor eine unangenehme Geschichte zu Ohren gekommen war. Vor zwei Jahren waren zwei von den Airlink Maschinen bei diesem kurzen Flug nach Goroka ins Gebirge gestürzt und niemand hatte überlebt. Das Fatale, PNG gilt als weltweit schwierigstes Fluggebiet, was sich australische Piloten in ihrem Urlaub als Vergnügen gönnten und mit dem Leben bezahlt hatten. Auch wenn es diese Art Abenteuerurlaub nun nicht mehr gibt, hat jeder, den man auf Airlink anspricht, eine unangenehme Geschichte auf Lager. Ob es der einschlafende Pilot ist oder der geplatzte Reifen, ein Maschinenschaden – man kann alles erleben.
Wie gut, dass ich noch nicht ahnte, was für Geschichten auf uns noch warteten.

Den Bergkamm hatten wir geschafft, ohne ihn zu küssen, und die beiden Niugini-Piloten flogen souverän. Der mit den zwei Streifen saß auf dem Pilotensessel, während der mit den vier Streifen Anweisungen gab. Da wir in diesem tür- und vorhanglosen Flieger direkt hinter ihnen saßen, konnten wir wunderbar alles Geschehen verfolgen. Der Ausblick war atemberaubend, unberührter Regenwald, tiefe Täler mit Wolken, wie mit Zuckerguss verziert, und nur vereinzelte dünne Rauchfahnen, die davon zeugten, dass dort Menschen leben mussten. Manche Berghänge weinten glitzernde Wasserfälle, andere hatten steinige Wunden von Bergrutschen, wieder andere zeigten sich als der grüne, verwilderte Schopf eines schlafenden Riesen.
Herrscherin Natur tanzt hier noch ungezähmt in ihren verschiedenen Gewändern. Menschen, die in den Wäldern leben wie Gäste, hoffen auf Symbiose, hoffen auf die Gnade der Natur, um nicht von ihr zerquetscht zu werden.

Goroka, die zweitgrößte Stadt des Hochlands, konnte man nicht entdecken, da eine dicke Wolkenschicht das ganze Tal ausfüllte. Der Flugschüler flog eine schöne Linkskurve und senkte die Nase nach unten. Nichts war zu sehen außer flächiger, weißer Watte.

Trotzdem ging es steil nach unten. Kurz vor den Wolken rief plötzlich der Fluglehrer mit gepresster Stimme: *„Apim apim apim!* (Zieh hoch, zieh hoch!)"
Dabei krallten sich seine Hände am Sitz fest, als könne er so das Flugzeug nach oben ziehen. Weil es so schön war, flogen wir noch eine Schleife und setzten in gleicher Manier zur Landung an und..."*Apim apim apim*!"
Wer weiß, wie nah wir den Baumkronen oder Hausdächern gewesen sind, die Wolken gaben keine Lücke frei und dies ist ein Flug auf Sicht. Wir drehten ab, flogen in die andere Bergstadt Mount Hagen und warteten, bis die Sonne die Wolken aufgelöst hatte.
Der Schritt aus dem Flugzeug ließ uns alle aufatmen, nicht wegen der Flugkünste, wir waren ja sicher angekommen, nein, wir konnten seit Wochen zum ersten Mal tief einatmen. Kühle Luft, die wir bis in die letzten Bronchienäste zogen. Luftduschen. In den Bergen ist ewiger Frühling und es duftet wie mitten im Schwarzwald.

Zwischenstopp

Wir hatten die Idee, auf dem Weg nach Kudjip in Goroka den Zwischenstopp zu nutzen, um für einige Tage eine befreundete Familie zu besuchen, die fast zeitgleich mit uns aus Deutschland ausgereist und uns inzwischen sehr ans Herz gewachsen war.
Ihre kleine, eingezäunte, bewachte, aber schöne Welt füllte sich mit unserem verbalen Austausch von etlichen: ‚Geht das euch auch so... Habt Ihr auch…?' Dabei mussten wir vom wilden Karkar uns erst an die viele Schließerei von Tür und Tor gewöhnen. Dann hörten wir gebannt den Geschichten über die erlebten Einbrüche in das Haus zu und realisierten, wie sehr unsere Angst vor Gewalt bereits in den Hintergrund gerutscht war. Verwöhnte *Nambis lain* (Küstenmenschen) waren wir geworden.

Ein zweitägiger Ausflug von Goroka aus noch höher in die Berge beeindruckte uns sehr, da hier die Menschen und auch die Dörfer so anders aussahen. Eine ganz andere Atmosphäre lag in der Luft. Kein easy going, Lachen und winkende Hände wie an der Küste. In den Bergen knistert es wie bei einem heranziehenden Gewitter, fühlbare Spannung, es ist ein misstrauisches Beäugtwerden, die Buschmesser liegen nicht locker in der Hand, sie werden geknetet wie Handschmeichler, lauern auf den Funken, der die Spannung zur Entladung bringt.
Empfand ich die Männer an der Küste schon als echte Kämpfer, hatten wir hier wahre Krieger vor uns.

Wir wanderten in ein Dorf, das ganz oben auf dem Bergrücken liegt. Die Erde war glitschig vom Regen, die Häuser rund, hübsch und ohne Fenster. Alle Kinder haben Matsch-Strümpfe und kollektiv laufende Nasen, die Gartenfrüchte wachsen an Steilhängen, die ich ohne Sicherungsseil nicht betreten würde, und wir sehen Menschen, die barfuß und im T-Shirt in der Morgensonne mit steinernen Gesichtern bewegungslos vor ihrem Haus kauern, um sich vom ersten warmen Strahl zum Leben erwecken zu lassen.

Die Nächte sind eiskalt. Und auch wenn über Nacht ein Feuer im Haus die Menschen wärmt, muss ich mich wieder von einem Teil meiner Südseeromantik verabschieden. Hier eine Regenzeit zu überstehen, das ist nicht spaßig.

Das Leben in den Highlands ist knallhart, kalt und Knochenarbeit.

Wort-Geschenke
In einem Dorf saßen Menschen, die ihr Gesicht mit ockerfarbenem Lehm beschmiert hatten.
„Warum haben die sich angemalt?", wollte ich wissen.
„Das ist Trauerbemalung. Es muss jemand gestorben sein", erklärte unser weißer Begleiter, der schon etliche Jahre hier in den Bergen lebt.
„Warum machen sie das?"
„Damit der Geist des Toten ihnen nichts anhaben kann. Es ist ein Schutz."
„Wieso sollte der Geist den Lebenden aus der Familie schaden wollen?"
„Das weiß ich nicht. Ich weiß nur, dass sie hoffen, von den manchmal nicht zur Ruhe kommenden Totengeistern so nicht erkannt zu werden. Es ist aber auch Ausdruck, sich mit der Erde zu verbinden, sich der Natur zu ergeben und zu trauern, bis der Lehm getrocknet ist und abfällt. Als Zeichen der tiefen Trauer hacken sich die Angehörigen auch einen halben Finger ab oder zerreißen ein Ohrläppchen."
„Wieso kommen manche Tote nicht zur Ruhe?"
„Man sagt, dass z.B. die Toten zeigen wollen, dass sie nicht auf natürliche Weise gestorben sind, sondern durch Schadenszauber getötet wurden. Manchmal sind es auch einfach schwierige Persönlichkeiten gewesen."
„Und wie kommen sie dann zur Ruhe?"
Er schaute mich belustigt an: „Du fragst wie eine Ethnologin!"
Ich wurde rot: „Na ja, ich will ja nur verstehen?"
„Ja ja, frag nur weiter! Also, oft wird dann ein Schuldiger ausfindig gemacht und kommt vor das Dorfgericht, manchmal reicht es auch, ein Schwein zu opfern, um den Unruhegeist zu besänftigen. Waren die Menschen schon zu Lebzeiten mächtig oder hatten besondere Fähigkeiten, so verstärken diese sich bei den Totengeistern noch mehr. Davor haben die Menschen hier Angst."
„Ist das *Sangguma*?"
Unser Begleiter zögerte: „*Sangguma* ist, wie von einem Dämon, von Geistern besessen zu sein."
Ich staunte.
„Wie bei den Exorzisten-Geschichten der Katholiken?"
„So in etwa, aber auch Jesus war in dem Bereich aktiv und hat Dämonen ausgetrieben."
Ich staunte weiter.
Er lachte über mein ratloses Gesicht und vielleicht auch über meine Naivität.
„Was meinst du, wie viele Parallelen du zu manchen hiesigen Gebräuchen in Deutschland findest. Hier findet man alles exotisch, aber vieles ist uns gar nicht fremd. In unserem Dorf wurde immer ein Schuldiger gesucht, wenn dem Bauer eine Kuh gestorben war. Oder die Frauen durften menstruierend nicht beim Schlachten dabei sein. Die Kirche hält Menstruation oft noch für den Inbegriff des Bösen, als nicht von Gott gemacht. Aber lassen wir das."

Ich versuchte den Faden wieder aufzunehmen:
„Gibt es auch noch andere Bemalungen?"
„Ja, für ein *Singsing* oder auch einen Kampf."
„Ich habe gehört, dass es hier so viele Stammesfehden gäbe, um was geht es denn meistens bei den Kämpfen?"
„Früher oftmals darum, dass eine Frau vom Nachbarstamm entführt oder ein Schwein getötet wurde. Frauenraub war gar nicht so selten. Heute sind es oft Landstreitigkeiten, Vergewaltigung oder Mord. Vor allem nach Biergelagen gibt es oft Streit, der dann nicht selten tödlich endet. Blutrache ist hier immer noch üblich."
Unser Begleiter hob einen Stein auf und verscheuchte einen mageren, wütenden Hund.
„Der letzte Kampf allerdings geht hier schon über Jahrzehnte. Auslöser war ein totes Schwein. Dann fand man einen toten jungen Mann im Busch. Die Verwandten sind daraufhin zusammen mit den Dorfobersten zum Nachbardorf gezogen und haben ihnen vorgeworfen, den Mann getötet zu haben. Das wurde aber vehement bestritten. Man hat dann später rausgefunden, dass doch der Onkel des Schweinebesitzers den jungen Mann getötet hat, weil er dachte, dieser hätte das Schwein getötet. So ist das."
Ich verstand nicht: „Aber wie haben die das rausbekommen? Der wird sich ja kaum gestellt haben."
Mein Gesprächspartner schmunzelte: „Sie haben den Toten befragt. Wie das geht, habe ich nur erzählt bekommen, willst du es wissen?"
„Hm."
„Also, es gibt mehrere Verfahren, aber eines ist folgendes: Die Menschen gehen davon aus, dass die Toten unter ihnen weilen und man mit ihnen kommunizieren kann. In diesem Dorf wurde ein *Glasman* (Seher) beauftragt. Er hat einen abgeschlagenen Bambus mit Zauberformeln besprochen und so die Seele oder den Geist des toten jungen Mannes aufgefordert, in das Bambusrohr zu schlüpfen und ihnen zu zeigen, wer ihn ermordet hat.
Einige junge Männer mussten das Bambusrohr auf die Schulter nehmen. Der Bambus fing an sich zu bewegen und die Männer mussten sich von dem Rucken leiten lassen. Sie wurden quasi in das Nachbardorf geschubst. Der Bambus suchte sich den Onkel aus, indem er ihm auf die Brust tippte. Der gab es sofort zu und versuchte sich noch zu verstecken."
„Und dann?"
„Ich glaube, er wurde später auch tot aufgefunden und dann der nächste Tote und dann vielleicht wieder ein totes Schwein – ich weiß es nicht mehr."
„Gibt es jemanden, der so etwas schon mal gesehen hat?", fragte ich nach.
„Nicht dass ich wüsste. Ich weiß aber auch nicht, ob ich es sehen wollte."
„Das heißt, du hältst es für irgendwie möglich – wie soll ich sagen – das an den Geschichten etwas Wahres ist? Na ich meine, ob so ein *Glasman* übersinnliche Kräfte hat?" wunderte ich mich.
„Vielleicht?", er lachte, „weißt du, wenn man hier länger lebt, muss man seine gewohnten Denkweisen verlassen."
Er schwieg für einen Moment.
Als er seinen Blick gegen den strahlend blauen Himmel richtete, arbeiteten seine Backenmuskeln, als wolle er die bereitliegenden Worte noch einmal verfeinern oder auf den Wahrheitsgehalt über-

prüfen, „…und manchmal auch ganz aufgeben."
Stille.
„Wissen wir, was Wahrheit ist, wie viele Realitäten es gibt und ob unsere die richtige ist?" Er sah mich lange an und ich hielt die Luft an.
„Ich habe hier so viele Sachen selbst miterlebt, die nicht sein können und doch geschehen sind. Unsere Realität ist genormt und eingeschrumpelt wie ein alter Apfel. Und so denken wir auch, wie ein alter Greis, was er nicht kennt, das gibt es auch nicht. Bis vor fünfzig Jahren waren hier die Kulturen unendlich reich, frisch und uns in vielem weit voraus.
Natürlich kann ich mir nicht vorstellen, dass ein Bambus verzaubert sein kann, dass die Seele eines Toten darin Platz nimmt und antwortet und sich bewegt oder Totenköpfe, die hier von den Verwandten im Haus aufbewahrt werden, sich plötzlich bewegen als Zeichen des Toten. Zu oft bekommen Seher heraus, wer einen Mord begangen hat oder etwas anderes angestellt hat, als dass man das als Zufall abtun kann.
Verstehe mich nicht falsch, es ist gut, dass die christliche Lehre hierher gebracht wurde, sie hilft den Menschen und bereichert das Land, aber es ist noch wichtiger, diese Teile der Kultur und diese Fähigkeiten mit aufzunehmen. Da darf sich nichts ausschließen."

Wir gingen weiter und er erzählte den Rest der Geschichte. Ich hörte zu wie ein Kind in der Märchenstunde: mit der Seele offen für die surrealen Dinge, mit dem Kopf am Schütteln.
„Dieser Kampf flammt nun seit Jahrzehnten immer wieder auf und hat zig Tote auf beiden Seiten gefordert. Wenn hier gekämpft wird, dann immer Auge um Auge, Zahn um Zahn. Wird ein Feind getötet und der Kopf abgeschlagen, muss es genauso gerächt werden. Wird ein Feind getötet und gegessen, wird die Rache genauso aussehen. In anderen Regionen ist das allerdings wieder anders. So kenne ich viele Provinzen, in denen viel mehr die Kompensation in Naturgütern im Vordergrund steht und den Frieden bringt. Hier gibt es jetzt viele Bemühungen, diese vielen Kämpfe zu stoppen, auch die Polizei spielt eine wichtige Vermittlerrolle, aber diese Menschen werden seit Jahrtausenden zu Kriegern erzogen, wie soll sich das alles so schnell ändern? PNG ist ein so junges Land. Es wird noch viel Zeit brauchen."
„Das mit dem Erziehen stimmt", grübelte ich vor mich hin, „das war mir gar nicht so klar. Ich war letztens in einem Dorf und habe mich gewundert. Da saß der Dorfälteste auf einem kaputten Bambusstuhl mitten auf dem Dorfplatz und hat die Kinder beobachtet. Dann ist ein ganz kleiner Babyhund angeschwankt gekommen. Du kannst dir nicht vorstellen, wie mager der war, nur noch Haut und Knochen. Als er an dem Mann vorbeilief, ist der aufgesprungen und hat zu den Kindern gerufen: ,*Kam, kam, paitim em, paitim em!* (Kommt, kommt, schlagt ihn, schlagt ihn!)'
Die Kinder kamen johlend angerannt und haben diesen kleinen Hund mit den Füssen getreten, bis er halb tot war. Immer wieder schrie der Alte: *Paitim em, paitim em.* Er selbst gab den letzten Tritt und setzte sich wieder auf seinen Stuhl.
Ich fand das so schlimm! Und ich habe es nicht verstanden. Es erinnert mich echt an die Hahnenkämpfe, die ich mal gesehen habe. Da wurden den Hähnen beim Training oder vor dem Kampf mit dem Mund Schnaps ins Gesicht gepustet, um sie wild zu machen. Hier werden die Kinder angeheizt, indem man sie auf die Kleinsten hetzt. Ist das so? Wird hier so die Hemmschwelle, Gewalt auszuüben, bewusst niedrig gehalten?"

„Vielleicht. Aber du solltest nicht zu einfach von den Menschen denken oder sie gar verurteilen, denn das Gefüge zu verstehen ist so schwer. Alles geschieht hier um das Gleichgewicht im Dorf nicht zu stören. Die Menschen sind nicht rachsüchtig, sondern wollen alles wieder im Lot haben, in Balance, in Harmonie."
Den kleinen Hund vor Augen konnte ich die Verbindung zur Harmonie nicht finden, aber die Worte setzten sich fest und ich ahnte, dass ich wirklich nichts verstand.

Dieses Gespräch sollte mich noch lange beschäftigen, im Inhalt eine Herausforderung, in der Offenheit ein Juwel.

Eingezäunt mit Amerikanern – Nachhilfe in Sachen Moral

Als wir auf dem riesigen Gelände des Nazarener-Krankenhauses ankamen, wurde uns erst mal von Dr. Jim, dem Chirurgen, der Kopf gewaschen.
Diese Lutheraner! Rauchen und kommen mit langen Hosen zur Arbeit, das geht ja gar nicht.
Und so musste Frank seine Sucht vor den Toren der Klinik befriedigen und ich wurde in ein sehr amerikanisches, bodenlanges Jeanssackkleid gesteckt.
Anders als an der Küste sollte man in den Bergen tatsächlich darauf achten, keine figurbetonten Kleider zu tragen. Auch der Umgang mit dem anderen Geschlecht unterliegt strengen Regeln, sodass ich mit meiner KlopfmalaufdieSchulter-Kumpel-Art aufpassen musste.
Dieses Land hat eine Vergewaltigungsrate von über 50%! Die zweithöchste Rate weltweit.
Man stelle sich vor, über die Hälfte der Frauen muss in ihrem Leben sexuelle Gewalt erleben! Wer sich hier nicht schützt, lebt gefährlich, da sind auch wir weißen Frauen nicht tabu. Mit dem Schützen ist es leicht gesagt. Unbedingt immer genügend Geld bei sich haben, so dass bei einem Überfall kein Unmut aufkommt und frau zur Vergeltung in den Busch gezerrt wird, oder sowieso nicht alleine umherwandern. Vergewaltigung ist hier so etwas wie ein Kavaliersdelikt, Bestrafung, Unterdrückung und Kontrolle der weiblichen Freiheit.
Vor allem, wenn die Männer hier Bier trinken, brechen sie aus.
Es ist dieses so eng gewobene soziale Netz: so segensreich es ist, es hat auch seine dunklen Seiten. Für junge Menschen ist es oft zu eng und einschnürend, es macht sie zu einem Glied in der Kette, das zu funktionieren hat ohne aufzubegehren. Mit Kumpel Alkohol werden diese Ketten für Stunden gesprengt und die Aggressionen entladen sich. Und wo kann man besser seine Macht und Potenz zeigen, als den Frauen anderer Gewalt anzutun?

Meinen Wachmacher erhielt ich mit Elisa, als wir einmal am Strand von Kurum zurück liefen. Ein paar Halbstarke aalten sich im Wasser und riefen mir etwas auf *Takia* (Dorfsprache) zu. Mit meiner Südseeromantikbrille auf der Nase winkte ich fröhlich zurück, fühlte mich gut und war mir sicher, dass sie mir einen guten Tag wünschten oder dass sie sich freuten, mich zu sehen. Elisa schnauzte sie an, aber ich verstand sie nicht.
„Was haben sie gesagt?", wollte ich wissen.
„Ach nichts", meinte sie.
„Sag schon!"

„Sie wollen deinen weißen Arsch haben!", sagte sie und ging weiter.
Das war eine heilsame Ohrfeige, wie auch die vielen Frauen und Kinder, die ich später im Krankenhaus wieder zusammenflickte, weil sie vom Weg aus dem Garten oder der Schule abgepasst wurden. Die Kinder waren traumatisiert, über die Frauen allerdings staunte ich, waren sie doch immer sehr cool und gefasst. Nie habe ich eine weinend oder geschockt erlebt. Als ich einmal Elisa fragte, wie schlimm es für die Frauen ist, vergewaltigt zu werden, winkte sie voller Stolz ab: „Ach, sollen sie meinen Körper ruhig nehmen, damit berühren sie mich hier nicht." Dabei schlug sie sich auf die Brust und lachte.

Das Gelände war unglaublich groß, mit vielen Weißen, die unter sich waren und wieder über uns Lutheraner den Kopf schüttelten, als unsere Kinder sich sofort mit den Niugini-Kindern zusammentaten. „Oh, they are talking Pidgin?", wunderten sie sich.
Schon am nächsten Tag war ich mitten drin mit meiner Jeansmontur und staunte. Es gibt für alles Fachärzte, genug Geld, erstklassige Geräte, immer Gebete und viele Patienten. Ich schaute mir alles aus meiner mir zugelegten Distanz an, bis ich nach drei Tagen den Dienstplan in die Hände gedrückt bekam – ich war gnadenlos mit eingeplant und morgen sollte mein erstes Dienstwochenende sein. Jetzt bete ich mit.

Samstag
Das kleine Baby hörte einfach auf zu atmen und die Mutter schrie auf. Ich rannte hin, beatmete Mund zu Mund und massierte das kleine Herz, bis mir ein Beatmungsbeutel gereicht wurde. Nach den vielen toten Kindern von Gaubin war ich dann überrascht, als das kleine Wesen wieder ins Leben zurückkam und normal weiter schnaufte.
Das war der erste Streich am Samstagmorgen und der zweite folgte zugleich. Es war ein Epileptiker, der bei einem Anfall ins Feuer gefallen war. Die Verbrennungen waren furchtbar und schon eiternd.
Epilepsie gibt es hier relativ häufig und man meint, dass die Zuckenden immer ins Feuer fallen. Aber überall brennt auch immer etwas in ‚Pyromanien', ob in der Küche zum Kochen, im Haus für die Wärme, am Abend auf dem Dorfplatz, anstelle der Straßenlaterne, ein glimmendes Holzstück in der Hand, um am Strand ein Feuer für die gefangenen Fische zu machen oder sich die Kippe anzuzünden: Feuer ist der Begleiter.
Das andere Problem bei Epilepsie ist, dass kaum jemand regelmäßig Medikamente einnimmt und so sind die Menschen in ständiger Gefahr. Später sollte ich einen toten Jungen sehen, der einen Anfall beim Hochklettern auf eine Kokosnusspalme hatte, ein anderer Mann ertrank beim Fischen.

Danach versorgte ich endlos röchelnde Kinder und Machetenwunden von jungen Männern und Frauen. Während die Männer auf die Frage, was passiert sei, stolz antworteten: *„Pait! (Kampf!)"*, sagten die Frauen: *„Man bilong mi paitim mi. (Mein Mann hat mich geschlagen.)"*
Wer Mitleid mit den armen Frauen hat, liegt im Hochland damit allerdings nicht immer richtig. Wenn an einem Abend die Frau ums Haus gejagt wird, sieht man nicht selten am nächsten Tag

die Frau mit schwingendem Stock hinter dem Mann her rennen. Hochland-Frauen sind für ihre Schlagkraft berüchtigt.

So fuhren wir später im Gebiet der Hulis an einem Gartengrabhäuschen vorbei, in denen die auf unnatürliche Weise gestorbenen Toten ruhten, als ich bei einem besonders hübschen fragte:

„Und was ist hier passiert, wieder ein Getöteter durch einen Stammeskampf?"

„Nein, hier liegt ein Mann, dem seine Frau den Penis abgerissen hat."

„Ach so!"

Das erzählte unser Begleiter ohne Regung oder die Stimme zu heben, nichts Ungewöhnliches, nur meine Kinder schluckten.

Auch unser Administrator in Gaubin wurde von seiner Hochland-Frau nach Hause geprügelt, wenn er mit seinen Kumpanen das Geld auf dem Markt versoffen hatte. Da ging sie los, die Gute, mit einem Stock in der Hand und Wut im Bauch, und James rannte, die Hände schützend über dem Kopf gelegt und um Gnade bettelnd, nach Hause – und nebenbei verlor er sein Gesicht vor diesen Kumpanen.

Leben die Hochland-Frauen noch ein traditionelleres Leben, bedeutet das für sie auch, Macht zu haben und sich der eigenen Kräfte und Fähigkeiten bewusst zu sein. Die Küstenmenschen unterliegen hingegen den mit dem Meer strandenden Einflüssen, sind somit viel westlicher beeinflusst, irritierbarer und vor allem haben die Frauen an Selbstbewusstsein und Macht eingebüßt.

Am Abend wurde ich, inzwischen völlig fertig, zu einem etwa 38-jährigen Mann gerufen, der starke Bauchschmerzen und etwas altes Blut erbrochen hatte, ‚Kaffeesatz' wird das genannt, klingt fast lecker, nach ‚Gemütlich und Butterkekse dazu'.

Sein Gesicht hatte eine schmutzig graue Farbe und es ging ihm nicht gut. Der Bauch war in der Magengegend druckempfindlich, aber ansonsten butterweich. Er wurde auf Typhus behandelt und lag schon einige Tage hier. Medikamente oder auch Stress können schnell ein blutendes Magengeschwür verursachen.

Die diensthabende Schwester war jung und auffallend hübsch, aber intuitiv misstraute ich ihr. Ein ansehnlicher Fuchs im Schafspelz, dem ich jetzt auftrug, dem Mann ein Ulkus-Medikament zu geben und mich sofort zu rufen, wenn er wieder erbricht oder keine Besserung auftreten sollte. Vorsorglich sollte sie ihn schon mal für eine Operation fertig machen.

Ich misstraute mir, weil ich ihr misstraute und dabei ein schlechtes Gewissen hatte.

Ich entfernte kurz danach eine vier Tage in der Gebärmutter in kleinen Fetzen verbliebene, alte, schon stinkende Nachgeburt. Einen Tag hatte die Frau nach der Geburt gewartet, drei Tage war sie dann hierher gelaufen. Es war das zehnte Kind gewesen und die Nachgeburt war fest in die Gebärmutterwand hineingewachsen.

‚Ein Königreich für ein Bett', dachte ich noch und sank neben Filip ins Koma.

Als in der Nacht das Telefon am Bett klingelte, wusste ich nicht, was schrecklicher war, das ‚Klopf-Klopf-Dokta' von Gaubin oder jetzt per ‚Riiiiing' aus den Träumen gerissen zu werden. Ich rannte zur Station und wurde von der jungen hübschen Schwester empfangen: „*Man husait trautim blut*

em i dai pinis. (Der Mann, der Blut erbrochen hat, ist gestorben.)"
Ich eilte an ihr vorbei zu ihm und da lag er am Boden, das Kinn schon hochgebunden, die Augen und Ohren mit Watte verstopft, seine Frau streichelte ihn laut weinend, während die anderen Verwandten schluchzend die Sachen zusammenpackten.
Ich hielt inne, irgendetwas hatte mich eben irritiert, was war es? Es war wichtig. Ich hatte so ein schlechtes Gewissen, nicht sofort den Mann operiert zu haben, dass ich nicht drauf kam, was komisch war. Wie ein Häufchen stand ich vor den Trauernden und versuchte zu erklären, was passiert war.
Und dann traf es mich – in diesem Augenblick einer Bruchteilsekunde beim Vorbeieilen an der Schwester.
Es war ihr Gesicht, ihr Blick.
Das feine Grinsen und die Augenbotschaft: ‚Ich habe hier Macht. Du kleine weiße Wurst tanzt nach meiner Pfeife und ich hau' dich in die Pfanne und grille dich, wann immer ich will.' Ich war geschockt und fühlte mich verwundet. Das Gefühl ‚Was denkst du so schlecht über diese Schwester, du Vorurteilsbeladene, wie kannst du nur… Rassistin' wich einer Wut, die aus Unglauben und der Not, nicht das Richtige getan zu haben, geboren wurde. Aufbäumend klagte ich sie an:
"Warum hast du mich nicht gerufen. Ich habe dir doch gesagt, du solltest doch…"
Ich bellte gegen eine Festung an, wie das angeschossene Kaninchen, das den Jäger fragt, warum er Spaß daran hat, auf kleine unschuldige Kaninchen zu schießen.
Das eisige Grinsen antwortete ruhig: „Es war eben schon zu spät."
Und dann passierte etwas, was ich nicht erwartet hatte, was aber meine vor der Inquisition stehende Intuition freisprach: Als ich die Akte des Toten forderte, um zu dokumentieren, was geschehen war, nahm der Fuchs diese vom Stapel, ließ sie grinsend vor meinen Augen in seiner Kitteltasche verschwinden, ohne mich aus den Augen zu lassen, und ging.
Mit ihr ging auch die Eiszeit aus meinen Adern und ich kochte: ‚Wie kann man so dreist sein. Na warte du Luder, dich werde ich verpetzen.'

Sonntag
Als Dr. Jim am nächsten Morgen über seine Station ging, bat ich um eine Minute und fing vibrierend an, ihm die Geschichte von heute Nacht zu erzählen. Ich war mir sicher, der Fuchs würde abgemahnt, wenn nicht gar schmählich aus dem Areal verstoßen werden oder im Knast landen.
„Sie hat mich zu spät gerufen!", war mein erster, aber auch letzter Satz. Wieder geschah etwas völlig Unerwartetes, Dr. Jim fuhr mir über den Mund, knurrte final: „Jeder gibt hier sein Bestes", und ließ mich stehen.

Aber ich stand nicht, ich hob ab, dieses graue Gesicht vor Augen, das jetzt verschnürt war und in die kalte Erde musste, weil ein Mensch keine Lust hatte mich zu rufen oder Lust hatte, ihn sterben zu sehen – und keiner rächt ihn? Wah!

Ich durfte nicht weiter implodieren, denn der Kreißsaal rief. Auf der Pritsche hinter dem weißen Vorhang lag eine junge Frau, die Beine angewinkelt, und versuchte ihr erstes Kind auf die Welt

zu bringen. Während ich mich bemühte, mir schnell einen Überblick zu verschaffen, kroch die Eiszeit zurück in mein Blut und langsam drehte ich meinen Kopf.
Sie stand hinter mir und ihr Grinsen, ihr wissender Blick traf mich wie tausend Nadelstiche. Ich fühlte mich versetzt in einen billig gemachten Horrorstreifen als ahnungsloses Opfer einer durchgeknallten Schwester Frankensteins.
Aber ich war nicht das Opfer, sondern die Frau und das in ihr steckengebliebene Kind.
„Ich habe schon fünf Mal mit der Saugglocke gezogen. Aber sie ist immer abgerissen!", berichtete der Fuchs unaufgeregt, und ihre Stimme verriet, dass sie um ihr Fehlverhalten wusste.
„Warum wurde ich nicht früher gerufen. Ihr dürft nicht mehr als dreimal ziehen!"
Ein doppeltes Grinsen war die Antwort. Ich schluckte es runter und machte mich verbissen an die Arbeit.
Die Frau stöhnte unter einer neuen Wehe und ich sah den kleinen, vom vielen Ziehen verformten Kopf zwischen den Schamlippen hervortreten und wieder zurücksinken. Meine Gedanken rasten, eigentlich war der Kopf schon weit, jetzt schneiden würde dauern, also versuchte ich es noch einmal selbst. In der nächsten Wehe erweiterte ich den Dammschnitt und in der darauffolgenden schob ich vom Bauch aus mit. Der Kopf folgte und ich fragte mich, wo das Problem gewesen war. Es war ein Sterngucker-Kind, lag also mit dem Gesicht nach oben. Das erschwert die Geburt ohne Frage, aber was haben die Schwestern bloß vorher gemacht?
Der kleine Junge rührte sich nicht, kein Herzschlag, kein Atmen.
Ich fing sofort an, ihn wiederzubeleben, und das kleine Herz folgte meinem Wunsch und schlug. Aber jedes Mal, wenn ich die Atemmaske zur Seite nahm und den Brustkorb beobachtete, passierte nichts. Das Kind fing nicht an zu atmen. Ich wollte den Kampf nicht aufgeben, bis ich nach einer Stunde der Mutter den kleinen Körper zum Sterben in die Arme legte.
Und wieder passierte etwas, was ich noch nicht erlebt hatte: die Mutter ergab sich nicht ihrem Schmerz, sondern sie fing die sich verziehenden Schwestern mit ihrer gewaltigen Stimme ein und es regnete Beschimpfungen. Die Frau war keine einfache Buschfrau, die nicht kapierte, dass gerade etwas ordentlich schief gelaufen war, sie schrie zu Recht:
„Warum habt ihr den Doktor nicht früher geholt?"
Stunden später wird die Familie mit Pfeil und Bogen vor Dr. Jims Haustür stehen und Kompensation, d.h. Ausgleich in Form von Schweinen oder Geld, fordern.

Im Stechschritt komme ich bei Frank an und explodiere endlich:
„Warum ruft mich diese Frau immer zu spät! Frank, ich kann nicht mehr! In was für einer Scheiße stecke ich hier, ich hänge meinen Beruf an den Nagel! Nicht nur, dass ich so viel Kacke in den letzten 36 Stunden gesehen habe, diese Schwester macht mich fertig, ich weiß nicht, wie ich damit umgehen soll!"

Unter den aufgerissenen Augen der Kinder beruhige ich mich und deckele den Ausbruch auf halber Strecke. Frank stellt mir einen Kaffee hin und streicht mir über den Kopf.
„Hier ist alles o.k., da brauchst du dir wenigstens keine Sorgen machen."
„Aber warum macht Jim dem kein Ende?"
Ich nehme Filip auf den Schoß und schlage hektisch ein Bilderbuch auf, aber mein Jüngster flüch-

tet vor meiner blitzenden Aura und sucht Schutz bei seinen Geschwistern, die auf den Betten herumhüpfen.
„Kann ich dir nicht sagen. Wer weiß, was passieren würde, wenn er sie entlässt."
Ich laufe durch die Zimmer wie ein Tiger und als das Telefon wieder klingelt, gehe ich erst gar nicht ran, sondern gehe zurück in die Höhle der Schwestern.

Es ist wieder der Kreißsaal.
Als ich die Geschichte der unglückseligen Frau höre, kann ich es nicht fassen. Früh am Morgen war eine Frau hier aufgenommen worden, die in einem *Aid Post* auf dem Dorf versucht hatte, ihr erstes Kind zu bekommen. Als der Kopf schon zu sehen war, ging es nicht weiter. Auch nach dem Dammschnitt kam das Kind nicht. Was nun? Die Frau wurde, so wie sie war, in ein PMV (kleiner öffentlicher Bus) gesetzt und fuhr erst mal Stunden über die Berge.
Hat sie überlebt.
Aber jetzt kommt es: als sie hier morgens aus dem Bus stieg, wurde sie in den Kreißsaal geschickt und dann bis nachmittags vergessen! Über Stunden war einfach nichts geschehen.
Das hat sie überlebt, das Kind nicht.
Als ich dann vor ihr stehe, ist die Frau auf dem Weg ihrem Kind es gleichzutun, das Bett ist voller Blut und es läuft weiter wie aus einem Wasserhahn. Vielleicht ist die Gebärmutter gerissen? Ich rufe nach Dr. Jim und dem Ultraschallgerät. Negativ. Schnell ist das Kind mit der Saugglocke rausgezogen. Der Muttermund hat einen langen Riss und blutet stark.
Jetzt schnell. Alles liegt voller Tupfer und Tüchern. Ich brauche Platz zum Nähen und will alles zur Seite schieben. Und da passiert es.
Zwischen zwei Mullpäckchen liegt versteckt eine dicke Kanüle. Alles ist mit frischem Blut satt durchtränkt. Da ich die Sets nicht kenne und nicht ahne, dass eine Nadel dort sein könnte, greife ich beherzt zu und direkt in die Spitze hinein. Man sticht sich öfter mal beim Operieren, bisher hat mich das immer kalt gelassen, aber jetzt reiße ich mir den Handschuh runter und betrachte meinen blutenden Finger. Der Stich ist tief, ich hatte gut zugelangt
Ich tu etwas, was ich bisher noch nie getan habe, ich fange an, sofort noch mehr Blut rauszudrücken und rufe nach Desinfektionsmittel. Nach fünf Minuten arbeite ich weiter. Als eine Schwester mir den Nadelhalter halten soll, sticht sie sich ebenfalls.
„Desinfiziere es!", rufe ich in der Hektik.
„Ah, maski (Ach was)", winkt sie ab.
Ich weiß nicht warum, aber ich bestehe darauf – zum Glück.

Dr. Jim kommt und hört von unserem Missgeschick. Er sieht sich die Akte an und murmelt: „Die Frau ist aus den Bergen, dann wird sie kein Aids haben. Wir haben Virustatika da für den Notfall, aber ich denke, das brauchen wir nicht. Ich lasse die Frau aber sofort testen." Ich nicke cool.
„Wenn du fertig bist, gibt es noch eine Schnittverletzung, bei der viele Sehnen durch sind, kommst du dazu?"

Und dann sitzen wir ganz nah beieinander, zwischen uns die abgedeckte Hand, die fast abgeschlagen ist, und ich halte mich fest an der Ruhe, die Jim verströmt. Er ist ein lustiger Mann, ein Fels,

nicht zu schockieren, gebraucht und geliebt von allen. Ich beobachte, wie er die Augen schließt und nach innen sinkt. Es dauert eine Ewigkeit der Stille und ich merke, wie ich absacke und immer wieder das Wort ‚Aids' wie ein Echo durch meinen Kopf schallt.
Stille wie ein Strudel.
Er ist wieder da und erklärt, während er anfängt, die Enden der Sehnen zu suchen: „Es gibt hier so viele Kampfverletzungen, dass ich jedes Mal in mich gehen muss, um zu entscheiden, was ich mache. Manchmal sehe ich es nicht ein, dass ich Stunden hier sitze und Sehnen flicke, dann lasse ich auch mal einen Daumen ab oder einen Finger unbrauchbar. Wie kann man diese Gewalt bekämpfen, wenn man alles wieder repariert. Aber diesen werde ich machen, nicht zuletzt, um dir ein paar Tricks zu zeigen."
Während wir operieren, kippe ich fast um.
„Ich werde die zweite Nacht für dich übernehmen. Es war wirklich ein ungewöhnlich hartes Wochenende", murmelt Jim und entlässt mich.

Montag
„Die Frau ist HIV positiv! Wieso habe ich euch nicht gestern Abend die Medikamente gegeben!" Dr. Jim tobt durch sein Büro.
Die Schwester und ich stehen vor ihm, erstarrt wie zwei Stehlampen, weil wir nur zur Einrichtung dazu gehören wollen, alles andere geht uns nichts an. Wir nehmen unsere blauen und weißen Pillen entgegen, hören die lange Aufzählung von Nebenwirkungen, den Satz „Dr. Silke, sie müssen aufhören zu stillen, sofort" und gehen wie zwei Schatten von uns selbst nach Hause, die Endlichkeit unseres Lebens vor Augen.

Zu Hause erwartet mich ein hochfiebernder kleiner Filip, für den eine kleine Welt zusammenbricht, dass er nicht mehr an meiner Brust ruhen und tanken darf. Den Nachmittag über heulen wir beide abwechselnd.
Der Versuch, uns mit dem nahegelegenen Markt abzulenken, geht auch in die Hose. Es ist dort völlig vermüllt und dreckig, die Stimmen sind rau, und auch wenn ein Mann nur um Streichhölzer bittet oder ein anderer das Wechselgeld zurückgibt, meint man einen Streit zu verfolgen. Schließt man die Augen, befindet man sich nicht in einem summenden Bienenschwarm, es ist ein Hunderudel vor einem Kaninchenbau, viel Knurren, viel Bellen.
Während man sich auf Karkar mit großen Holztrommeln, *Garamut* genannt, verständigt und sogar eine ausgeklügelte Sprache hat, um die Menschen aus den Gärten zu einem Verstorbenen oder aber zu einem *Singsing* zu rufen, braucht man hier im Hochland nur lauter zu bellen. Die Stimmen sind so eindrucksvoll, dass sie alle Berge überwinden.

Geordnete Flucht unter die Flügel der Wantok
Die Versuche, die nächsten Tage normal weiterzuarbeiten, scheitern an den Nebenwirkungen der Medikamente, Filips Kranksein und der Bewegungsunfreiheit der Kinder, die das Gelände nicht verlassen dürfen.

Mit der Nachricht, dass der Mann, der HIV-positiven Frau negativ getestet worden sei, aber ein weiterer Test der Frau wieder positiv ausgefallen war, packen wir unsere Sachen und fahren vorzeitig ab.

Weil ich auch noch nicht genug Angst habe, hören wir uns auf dem Weg zum Flugplatz eine Stunde lang die Geschichte des Fahrers an, der auf dieser Strecke vor einem Monat in einen *Holdup* geraten war. Die sechs *Raskols* (Verbrecher) wollten kein Bares, sondern den Wagen, leider mit ihm und einem kanadischen Pärchen, das auf dem Weg zum Einkaufen war. Mit einem Gewehr an der Schläfe rasten sie mit ihnen davon, bis sie aus einer Kurve flogen, sich überschlugen und alle *Raskols* aus dem Wrack davonrannten. Er überlebte verletzt und überlegt seither jedes Mal auf dieser Route, warum er nicht endlich nach Hause nach Amerika fährt. Das kanadische Pärchen war aus dem kaputten Auto gekrochen, an den Flughafen gefahren und auf Nimmerwiedersehen nach Hause geflogen.

Wir kriechen bei unseren Freunden in Goroka unter, unseren Wahlverwandten, unseren hiesigen *Wantok*. Hier dürfen wir uns hängen lassen und verliere ich mich im Netz ‚www. Nadelstichverletzung.com'. Das hätte ich bleiben lassen sollen, denn jetzt geht mir der Allerwerteste richtig auf Grund. Man lese: ‚...Kanülenstichverletzungen haben das höchste Ansteckungsrisiko, noch weit vor dem Geschlechtsverkehr mit einer HIV-positiven Person, da das infizierte Blut direkt tief ins Gewebe gebracht wird und schnell in die Blutbahn gelangen kann.' Hatte ich mir von dem Vorgang bisher kein Bild gemacht, so lesen es nun meine Augen, bevor ich das rote Kreuz in der rechten oberen Ecke erreiche.

‚Die Viren treten ein und nehmen sofort ihre Aktivität auf. Eine Viertelstunde nach der Infektion sind Viren im Blut schon nachweisbar. Eine Expositionsprophylaxe (die Tabletten, die ich am nächsten Tag erhalten habe) ist deshalb nur dann effektiv, wenn sie innerhalb der ersten halben Stunde eingenommen wird.'

Ich bin ein positiv denkender Mensch, aber mit dieser Information brach ich meine Zukunft ab.

Weil das Chaos so schön ist und deshalb kein Unglück alleine kommt, brechen Frank und ich uns jeder eine Krone aus dem Zahn und müssen nach Ukarumpa, einem amerikanischem Ghetto mitten in den Bergen, wo es einen Zahnarzt gibt.

Dorthin geht es per Flugzeug. Mit dem Flieger zum Zahnarzt, wenn mir das einer mal erzählt hätte! Aber das Edelmetall in der Hosentasche beschert uns den schönsten Flug in einem kleinen MAF-Flugzeug (eine Einpropeller-Cessna), den wir jemals hatten.

Seit wir die Berge kennen, wissen wir, auf was für einem paradiesischen Fleckchen wir arbeiten dürfen, und freuen uns auf unsere noch paradiesischere Insel, nicht ahnend, dass wir sie nach wenigen Monaten fluchtartig werden verlassen müssen.

Auf der Suche nach der Normalität – Jeder Tag eine Herausforderung

Durchgeschnittene Kehlen
„Silke, komm mit, wir haben zwei junge Männer mit durchgeschnittenen Kehlen und eingeschlagenen Köpfen in der Kühlkammer." Es ist Nacht, Klaus steht vor mir und ist unruhig. Es ist sein letzter Arbeitstag und meine erste Woche seit Kudjip.
„Was sind das für Männer?"
„Kannst du dich noch erinnern, dass wir einen alten Dorfchef hier mit diagnostiziertem Darmkrebs hatten?" – „Ja, wir haben ihn vorgestern zum Sterben ins Dorf verabschiedet."
„Genau, dort ist er auch gestern verstorben."
„Ich verstehe nicht."
„Die Leute aus dem Dorf haben die beiden jungen Männer für seinen Tod verantwortlich gemacht. Heute Nacht sind sie getötet worden. Die Polizei soll kommen, aber das Dorf muss erst Diesel auftreiben und hinbringen, sonst können sie nicht fahren."
„Ich versteh immer noch nicht, es war doch klar, dass er Krebs hatte!"
„Der Tod einer wichtigen Person oder eines jungen Menschen ist hier nie normal, es steht immer jemand oder etwas dahinter, der oder das den Tod verschuldet hat; oder der Tote hat etwas getan, sodass er sterben musste."
„Und wie sollen sie ihn getötet haben?"
„*Sangguma* (Schadenszauber)."
Ich bin geschockt und möchte keine jungen Männer mit durchschnittenen Kehlen sehen. Die Polizei kommt und es herrscht Aufregung im Krankenhaus.
„Was ist *Sangguma*, Denny?", frage ich meinen Kollegen.
„Nichts, das gibt es nicht!", schnauzt er mich an und verzieht sich.
Noch drei Tage liegen die Toten in der Kühlkammer und dann werden sie vom Dorf abgeholt; der Polizei wird der Fall entzogen. Ein Dorfgericht soll Recht sprechen.

Monate später werden wir mit einigen Niugini-Kindern und Krankenschwestern bei uns zu Hause sitzen und uns einen teils hier auf der Insel gedrehten Film aus den achtziger Jahren ansehen, in dem es um *Sangguma* geht. Eine Frau stirbt bei der Geburt des Kindes. Die Hebamme, die aus einer anderen Region kommt, wird für den Tod verantwortlich gemacht. Sie soll die Frau mit *Sangguma* getötet haben. Sie rettet ihr eigenes Leben, in dem sie flieht. Ein junger Mann aus dem Dorf beginnt, für die Hebamme zu kämpfen, und versucht die Dorfbewohner darüber aufzuklären, dass es kein *Sangguma* gibt und die Frau unschuldig ist. Der Film hat ein Happy End, die Hebamme kehrt zurück und alle wissen nun, dass sie nicht unschuldige Menschen verurteilen dürfen. Plötzlich ruft eine Krankenschwester: „Eh Dokta, den Mann, der die Hebamme rettete, kennst du!"
„Nein, weiß ich nicht", ich überlege. „Doch, das ist der alte Mann mit dem Darmkrebs!" – „Den wir nach Hause geschickt haben und für den dann zwei getötet wurden?"
„Ja, genau!"
Wie tragisch! Der Film hat ein gutes Ende, die Mission des Mannes aber nicht. Er hat nicht über-

zeugen können und wurde nach seinem Tod gerächt.
Wie auch, was seit Jahrtausenden richtig ist, kann nicht von heute auf morgen falsch sein.

Wir als Familie haben unser Leben auf Karkar wieder aufgenommen.

Die Kinder sind überglücklich. Filip ist wieder gesund, auch wenn er immer noch eine riesige Milz hat. Ohne Brust beschloss er nun, keine Windeln mehr zu brauchen, nicht mehr mittags zu schlafen und es mit dem Sprechen zu versuchen, ganz nach Niugini-Art: Luis heißt ‚Nu' und Nudel heißt ‚Nunu'. Er liebt seine beiden Feen, singt ohne Unterbrechung und beschäftigt sich viel mit den Tieren.

Otto ist unser neuestes Mitglied. Ein wuscheliger Welpe, auf den – nach ‚ist der süß' – alle sauer sind, bis auf Filip. Während die Großen mit Plakaten gegen ihn vor der Haustür demonstrieren, versuchen wir seine Beißwut mit Knochen zu kanalisieren.

Mira versucht, zwei Vögel aufzupäppeln und macht ihre ersten Schreibversuche. Einer an die Großeltern klingt so:

> hallo eucch in bfabum trididloeuepoi – schbas mus sain.
> Ale susamen grues ich euch muesli
> Schoen das ia balt komt
> 100 chare, solane hab ich auf euch gewatet
> tues mainen tapferen weltbumla jest
> tues mira

> Hallo euch in bfadum… - Spaß muss sein.
> Alle zusammen grüß ich euch Müsli.
> Schön, dass ihr bald kommt.
> 100 Jahre, solange habe ich auf euch gewartet.
> Tschüss meine tapferen Weltenbummler jetzt
> tschüss Mira

Und so ist es, bald werden meine Eltern kommen und es wird ein Fest werden und eine Katastrophe.

Unser Sein im ‚Input-Sortieren-Zyklus'

Frank und ich sitzen in der heißen Mittagssonne vor unserem Haus und beobachten mal wieder das Treiben. Luis, mit seinem ersten *Kapul* (Baumbär) Hatschie im *Bilum* um den Hals hängend, flitzt mit seinem Fahrrad und Kakadu vorbei und winkt uns strahlend zu. Inzwischen quasselt er Pidgin, als hätte er nie etwas anderes gesprochen.
„Geht's gut heute?", fragt mich Frank.
„Ja, so langsam ist mir nicht mehr so kotzig von den Medikamenten. Na, will ja nicht meckern, rettet ja vielleicht mein Leben. Denkst du eigentlich jeden Tag an den Tod?"

„Nein, wieso sollte ich?", fragt er erstaunt.
„Ich denke jeden Tag daran, nicht nur jetzt wegen des blöden Stichs, immer und immer, vor allem wenn ich beim Scheißen bin."
„Also, Silke!"
„Na ja, ich muss immer daran denken, dass ich irgendwann nichts mehr von mir gebe."
Ich sollte nicht so reden, aber Scheiße ist ein gutes Wort, mit dem richtigen Klang. Gäbe es Wortanwälte, so würde ich gerne die Verteidigung von ‚Scheiße' übernehmen.
„Machen die eigentlich eine Abschiedsfeier für die andere Arztfamilie?", zerstreut Frank meine Gedanken.
„Ich glaube nicht. Sie selbst haben ein paar eingeladen." – „Uns auch?" – „Nein". Wir schweigen einen Augenblick.
Filip ist hingefallen, sofort ist ein Niugini-Kind da, hebt ihn auf, klopft die Grashalme von dem nackten Bauch und streichelt ihm über den Kopf.
„Frank, es ist echt paradox, ich habe in meinem Leben noch nie so kriegerische Menschen erlebt wie jetzt im Hochland und gleichzeitig noch nie so fröhliche, hilfsbereite und herzliche. Schau dir unsere Kinder und ihre Freunde an, was für ein Unterschied. Ich dachte immer, unsere Kinder sind gut drauf und sozial, aber wenn ich sie vergleiche, sind die Kinder hier viel entspannter, sehen sofort, wenn jemand Hilfe braucht und helfen ohne zu fragen. Und obwohl oder vielleicht auch weil sie kaum was haben, sind sie viel glücklicher. Was meinst du, woran das liegt?"
„Ganz einfach, wir haben es hier nicht mit einer Individual-, sondern mit einer Kollektivgesellschaft zu tun. Hier zählt die Gemeinschaft."
„Aber das macht auch nicht immer glücklich. Gestern wollte ich eine Frau zur Sterilisation holen. Sie hat zehn Kinder und beide, sie und ihr Mann, wollten keine mehr. Aber dann standen sie beide da und meinten, dass das Dorf beschlossen hat, dass sie noch mehr Kinder bekommen sollen! Stell dir mal vor, da kommt der Bürgermeister an die Tür und sagt: ‚Der Gemeinderat hat beschlossen, dass ihr nicht verhüten dürft.' Und dann wollen sie die Kondome einsammeln und außerdem soll Mira zur Stärkung der Dorfgemeinschaften mit dem Metzgersohn aus dem Nachbarort verheiratet werden, damit auch keinem die Blutwurst im Kühlschrank ausgeht."
„Du regst dich darüber auf, aber du kannst dich in so ein Denken auch überhaupt nicht rein versetzen. Vielleicht stört die das gar nicht so, weil sie es nicht anders kennen."
Ich denke nach.
„Du hast recht. Ich glaube, was die Menschen hier auch glücklich macht, ist, dass sie völlig eng mit der Mutter – oder den Müttern aufwachsen. Auf der Station siehst du kein Kind in einem Extrabett schlafen, die Kleinen schlafen ganz eng an die Mama gekuschelt unter ihrer Decke. Ich habe mal Denny gefragt und er meinte, er habe noch nie von einem Kind gehört, das dabei zu Schaden gekommen sei und ein Wort für plötzlichen Kindstod gäbe es gar nicht.
Es wäre doch interessant, nachzuforschen, wann und warum die Babys aus den europäischen Betten verbannt wurden. Bei den Wikingern oder Rittern jedenfalls gab es noch große Gemeinschaftslager.
Wenn du dir eine Katzenmutter vorstellst, die ihr Katzenjunges nachts aus dem Körbchen schmeißt, würde jeder sie als Rabenmutter bezeichnen, aber bei uns westlichen Menschen ist es umgedreht, da wirst du schief angeguckt, wenn kein Kinderbett dasteht.

So sehr das hier eine patriarchalische Gesellschaft ist, der Platz des Kindes ist bei der Frau. Oder vielleicht gerade deshalb. Vielleicht hat ja in den Industrienationen der Mann das Baby aus dem Bett gedrängt, weil er langsam immer mehr seine Macht und Rolle verliert und so seine Position sichern will?" Ich muss lachen.
„Und dabei passen nachgewiesenermaßen Frau und Mann nicht zusammen in ein Bett."
„Genau, Mann schnarcht und Frau wacht", schmunzelt Frank.
„Die Kinder werden auch immer getragen und nicht nur, weil es Viecher gibt."
„Aber das ist es doch wieder. Unsere Kinder werden von früh an auf unsere Gesellschaftsform vorbereitet. Sie müssen sich als Individuum sehen, schlafen eben alleine und sitzen alleine im Kinderwagen. Karren könnten die hier auch bauen, das gibt es keinen Mangel an Phantasie oder Materialien. Aber sie sind die Symbiose gewöhnt und so ertragen sie diese absolute Nähe eines Neugeborenen. Die deutschen Frauen sind anders erzogen und haben wie die Tiger eine andere unsichtbare Grenze, der niemand zu nahe treten darf.
Ich kann mir gut vorstellen, dass man, so durch die Welt getragen, entspannter ist. So gesehen, hast du mit deiner Art unsere Kinder gesellschaftsunfähig gemacht!"
Ich lache.
Wir reden weiter, bis ich zu einem Notfall gerufen werde.

Input

Es ist ein Mann, der einen Kampf unter Jugendlichen schlichten wollte und nun blutend im kleinen OP liegt. Denny ist auch da und hat schon einen Zugang gelegt.
„Der Mann hat zwei Messerstiche in den Brustkorb bekommen, einen rechts, einen links."
„Warum haben sie gekämpft?", frage ich, während ich mir Handschuhe anziehe.
„Es sind doch Wahlen, die Stimmauszählung ist fast abgeschlossen. Ich habe vorhin mit meiner Familie im Hochland telefoniert, die können das Haus nicht mehr verlassen! Überall gibt es blutige Kämpfe, die Klane schlagen sich gegenseitig die Köpfe ein. Es ist wirklich eine gefährliche Zeit, ganze Dörfer müssen zum Teil fliehen und sich in Sicherheit bringen. Hier auf Karkar hat es gestern einen Toten gegeben, jetzt ist der Kampf ausgebrochen. Wir werden noch mehr Verletzte bekommen. Jedes Mal das Gleiche!"
„Liegt das am Wahlsystem?"
„Auch. Jeder Distrikt kann einen Kandidaten ins Rennen schicken. Wenn er dann nicht gewinnt, dreht seine *Lain* (Großfamilie) durch. Es liegt aber auch an unserer Mentalität, die Männer lieben den Kampf."
Der glatzköpfige Mann hat einen durchtrainierten Körper. Er sitzt aufrecht da, die Augen geschlossen und konzentriert sich auf seine Atmung. Er ist Lehrer.
„*Mi... sotwin* (Ich habe Luftnot)", sagt er abgehackt. Es ist das Loch in seiner rechten Seite. Ich höre beide Lungen ab, beide sind getroffen und eingefallen. Jetzt müssen wir schnell handeln. Wir stechen zwei neue Löcher, um Schläuche einzuführen, die Blut und Luft absaugen können, und erschrecken über die Menge an Blut, die sich in dem Auffangglas sammelt. Die Einstichstellen vernähen wir. Denny brüllt zu den vielen halbnackten Jungs, die den Mann begleitet und hierher geschleppt haben. „Wir brauchen Blut! Alle Mann hoch ins Labor, wir brauchen viel Blut. Rennt

ins Dorf und bringt viele zum Blutspenden mit, jetzt, beeilt euch!"
Die Jungs rauschen ab und wir bringen den Schwerverletzten auf die Station.
Die Burschen kommen zurück. Das Labor sei zu. Denny lässt den zuständigen Pfleger rufen, aber er kommt nicht.
Mein werter Kollege stürzt aus dem Krankenhaus, zerrt den Labormann aus seinem Haus und liefert sich einen heftigen Streit mit ihm. „Was ist los?", frage ich. – „Er sagt, der andere sei *on call*, aber der sei einfach auf sein Dorf gegangen. Ich sagte ihm, dass wir einen Notfall hätten und er antwortete, dass sei ihm egal, er habe frei!"
„Geh", sagt Denny, „ich operiere noch einen eingeklemmten Leistenbruch – mache ich aber alleine. *Yu go.* (Geh.)"

Sortieren

Beim Rausgehen treffe ich Garry, einen der fähigsten Pfleger und frage ihn, ob es denn eine Abschiedsfeier für den scheidenden Arzt gäbe.
Er sieht mich lange prüfend an, bis er schließlich sagt:
„Nein, gibt es nicht, unser Abschiedsgeschenk ist, dass wir ihm verzeihen."
Ich bin fast sprachlos: „Wie, was verzeiht ihr?"
„Die letzten vier Jahre", er lächelt fein und geht.
Seine Sätze berühren mich so, dass mir die Tränen kommen.
Keine Zeit für Gefühlsduselei und Scham und Trauer und..., das alles wird verschnürt, wie die Toten hier, und weitergehen, immer weiter, nicht nachdenken, nicht rasten, schneller, renn, sie überholen dich sonst von rechts, die Bilder und Gefühlsleichen, die du schon alle weggepackt hast.

Input

Tatsächlich sitzen im Gang noch drei von Kampfspuren völlig verdreckte Männer und warten darauf, versorgt zu werden. Gut so, sie vertreiben die Geister.
Alle drei haben von Steinschleudern eingeschlagene Schädel und Stichwunden. Ein Knochen ist für so einen abgeschossenen Stein kein Gegner. Ein Auge ist auch verletzt, der Knochen zerborsten und das Lid fast abgerissen.
Ich frage nach den Gegnern, ob es bei ihnen auch Verwundete gäbe. Unwillkürlich gleiten meine Augen an den Männern herunter und sehen die Buschmesser und auch selbstgemachte Zwillen. An einer großen Steinschleuder ist ein Blasenkatheter aus dem Krankenhaus als Gummi befestigt.
„Viele, aber sie können nicht hier herkommen. Die Straße ist blockiert", berichtet die Frau des mutigen Mannes mit den durchstochenen Lungen. Ich habe sie bisher nur am Rande wahrgenommen.

Wir sehen uns an.
Ich werde klein, vielleicht weil ich jemand bin, der weiß, wie man sich einen Actionfilm ansieht. Sie weiß, wie man in einem Film lebt und mehr noch, sie durchschaut meinen Makel. Aber ihre Augen heben mich zu ihr auf, zwei Menschen, die in einem Augenblick ein dickes Band zwischen

sich knüpfen, rausgelöst aus dem kolonialen, imperialistischen Kampf der Kulturen zwischen Schwarz und Weiß.
Zwei Frauen unter sich.
Sie gibt mir ihre Liebe und ich versuche sie in meine Hände fließen zu lassen, um ihren Mann zu retten.

Sortieren
Karkar ist wie ein Wespennest: läuft alles gut, summt der Berg. Gibt es irgendwo eine Störung, rauscht eine stille Post durch den Busch und jeder schwärmt aus, den Stachel ausgefahren, und orientiert sich an dem unsichtbaren Warnsystem, das sich wie ein Spinnennetz über die Insel gelegt hat. Nur wir Weißen bleiben, wenn wir uns bewegen, manchmal an den klebrigen Fäden hängen, ohne zu wissen, was wir tun sollen, ahnen aber nichts Gutes und verkriechen uns.

Es ist mein letzter Tag *on call* nach einer Woche, in der ich jede Nacht unterwegs war, und so mache ich müde meine Abendrunde.

Input
Der mutige Mann hat schon vier Beutel Verwandtenblut bekommen, aber noch immer füllen sich die Auffang-Gläser am Boden. Ich frage die Vielen, die nah an seinem Bett harren, wie viele Menschen inzwischen aus seinem Dorf gekommen seien.
Keiner sieht mich an, denn keiner ist gekommen. Vielleicht können sie nicht, sie sind im Kampf.
Dieser Mann darf nicht verbluten, ich werde hektisch und rede auf die Verwandten ein, die wie erstarrt zu Boden schauen. „Wenn er kein Blut bekommt, stirbt er!"
Ich frage die Schwestern, welche Studenten Blut geben könnten, aber es gibt nur einen, der zu der Blutgruppe passt. Ein Beutel würde nicht reichen, also wieder an die Verwandten appellieren. Ich werde wütend, weil sich nichts bewegt.
„Wir brauchen mindestens vier Beutel." Mein Ton wird scharf.
Ich übersehe die Peinlichkeit, die über der Szene hängt, will das, was nicht möglich ist, nicht sehen. Keiner wird mehr kommen.
Denny ist noch immer im OP. Ich stelle mich neben ihn. „Denny, was können wir noch für den Mann tun?" – „Was willst du?!", raunt er mich an. „Eine offene Thorax-OP (Brustkorb-OP)? Wenn die kein Blut mehr organisieren können, ist das eben so, dann können wir nicht helfen. Hat er Sauerstoff?" – „Ja." – „Geh nach Hause."
Ich ziehe den Schwanz ein und gehe.

Mitten in der Nacht wache ich auf und erschrecke: das Licht ist noch an, der Generator brummt. ‚OP-Notfall', sagt mir mein Adrenalin, dann dringt das Klopfen durch und der Alarmpegel schraubt sich weiter nach oben.
„Was ist los?", frage ich die Schwester an der Tür. „Der Mann mit den Stichwunden stirbt."
Wir rasen los. „Und warum ist der Generator an?" – „Denny operiert noch immer." – „Was denn?"

– „Na, den Leistenbruch. Er musste den Bauch aufmachen und war zwischendurch essen und Tee trinken. Aber er ist bald fertig."
Ich habe einen enormen Respekt vor eingeklemmten Leistenbrüchen, die Anatomie ist kompliziert und, wie man sieht, kann es eine Herausforderung sein. Wie geduldig die Menschen hier sind. Sie sind dankbar, dass es überhaupt einen Arzt gibt. Als wir ankommen, geht der Generator aus und taucht alles in Schwarz. Und Stille.
Die Stimmung auf der Station ist unbeschreiblich.
Diese Dunkelheit, nur am Ende des Ganges leuchtet eine Kerosinlampe ihr weiches Licht. Man spürt die vielen Menschen, manche liegen unter ihren Moskitonetzen, einige unruhig, andere schwitzend, stillend, die meisten die Augen zum Sterbenden gerichtet; oder die anderen unter den Betten der Kranken, die ihre Sinne bei den Kranken haben; ich sehe einen alten Mann, der ohne alles auf dem Betonboden liegt und seinen Kopf auf ein Nackenbänkchen gelegt hat.
Tuscheln und Töpfe klackern, aber anders als am Tag, die Nacht dämpft. Taschenlampen leuchten auf, es riecht nach Wunden, nach Körpern.
Ich laufe durch den Gang und erkenne die Patienten blind durch die Nacht, an ihrem Geruch. Sogar Gips riecht. Leicht ist der Mann mit dem faulenden Finger, den seine Frau abgebissen hat, zu orten, auch leicht unser Querschnittsgelähmter, der einen Blasenkatheter hat und nach Urin riecht.
Die Schwester mit der Kerosinlampe kommt nach und der gelbe Schein vergoldet, was eigentlich eisenhart ist. Der Tod hat sich in den Raum gedrängt wie ein Teig, der alle Öffnungen verklebt, einen niederwalzt.
Die Burschen mit ihren nackten, muskulösen Oberkörpern und den blitzenden Buschmessern stehen da wie Statuen, ernst, aggressiv, als würden sie den Tod längst akzeptiert und die Rachepläne schon fertig durchdacht haben. Bevor sie ihn umsetzen, verfolgen sie das Sterben, um die nötige Wut und Kraft zusammenzubekommen. Das Röcheln, die Schnappatmung: Anabolika für die Blutrache.
Der mutige Mann ist nicht mehr zu retten. Ich verfolge seine letzten Atemzüge und ertrage es kaum, nichts zu tun und ebenso wenig das Gefühl, nicht genug getan zu haben. Der Tote wird verschnürt und verschwindet in der Nacht.
Seine Frau umarmt mich und dankt meinen Händen, auch wenn sie nicht heilen konnten.

Ich liege lange wach im Bett und lasse erst los, als der Himmel unschuldig babyblau schimmert.

‚Gibt es nicht' gibt's nicht: deine Realität soll auch die meine sein
Gleich am nächsten Morgen hält der englische Plantagen- und Bootsbesitzer mit einer Staubwolke vor dem Krankenhaus und ruft mich zu sich.
„Ich habe hier eine Frau, die bei mir im Laden arbeitet. Eine sehr kluge und nette Frau. Ich möchte, dass du mal mit ihr sprichst. Sie hat vor zwei Wochen *Sangguma* bekommen und nimmt jetzt furchtbar ab. Hast du von *Sangguma* gehört?"
„Ja, aber ich weiß nicht viel. Was weißt du?"
Noel reagiert komisch. Auch er scheint es vermeiden zu wollen, darüber zu reden.
„Kann ich dir nicht sagen. Es gibt verschiedene Arten." Er winkt jemandem zu.

„Bist du schon einmal dem nackten Mann auf der Straße begegnet, der immer hier entlangläuft, ohne zu grüßen oder zu reden? Das war ein Freund von mir, der in Lae als angesehener Anwalt gearbeitet hatte. Eines Tages erhielt er einen Brief mit verzaubertem *Kambang* (Muschelkalk). Nachdem er ihn aufgemacht hatte, ist er verrückt geworden und wandert seitdem ohne Hose über die Insel. Das nennt man *poisoning* (vergiften)."

Ja, ich kenne ihn, den einsamen Bärtigen. Ab und zu sitzt er auch auf der Mauer vor dem Krankenhaus und ruht sich aus. Ab und zu hat er wieder eine geschenkte Hose an, die bei jeder Begegnung wie eine Zeitrafferaufnahme mehr und mehr von ihm abbröckelt. Mein Gehirn arbeitet schnell und sucht Erklärungen für die Verrücktheit und hat schnell Lösungen parat. Aber etwas irritiert mich mal wieder.

Noel erzählt weiter:

„Ich habe vor einem halben Jahr ein Mädchen ins Krankenhaus gefahren, die *Sangguma* bekommen hat. Ihr sei gesagt worden, sie werde ein Flughund werden und so hat sie sich danach auch verhalten. Sie aß nur noch Papaya und verhungerte im Krankenhaus. Keiner konnte ihr helfen. – Nimm es ernst Silke!"

Mit eingelegtem Gang ruft er mir im Anfahren noch zu: „Wegen des Kampfes gestern vermittelt die Polizei schon zwischen den Dörfern. Es ist jetzt ruhig. Ein paar Schwerverletzte habe ich nach Madang verschifft. *See ya.* (Bis bald.)"

Natürlich nehme ich es ernst. Wenn die Menschen hier mit Zauberei und schwarzer Magie aufwachsen und leben, muss ich es ernst nehmen. Auch wenn ich damit anecke, ich muss Krankheiten richtig verstehen können, sonst kann ich auch nicht helfen, und wenn Zauberei dazu gehört, muss ich das als Realität akzeptieren, wie auch immer ich darüber denke.

Intuitiv weiß ich, dass der Schlüssel zu den Menschen hier darin liegt, zu glauben, was sie glauben, und sich zu bemühen, möglichst eine Ebene zu schaffen.

Und ganz nebenbei, wenn es um Beweise geht, wer kann sich da schon aus dem Fenster lehnen, ich kleine Wurst tu es nicht. Ein Forscher, für den von vornherein klar ist, dass das, worüber er forscht, nicht sein kann und darf, ist kein Forscher.

Die Frau sitzt vor mir, eine zierliche Person, modern gekleidet und erzählt leise: „Ich bin die Straße entlang gelaufen, als ein Mann aus dem Gebüsch kam und mir den Weg versperrte. Er hat mich nicht angefasst, sondern mir *Sangguma* gegeben und ich bin ohnmächtig zu Boden gefallen."

„Kannst du beschreiben, was er dir gegeben hat?", frage ich nach.

„Es war wie eine Kraft. Wie ein Blitz, der durch meinen ganzen Körper gegangen ist. Als ich aufwachte, war er weg, aber seitdem kann ich nicht mehr essen und fühle mich sehr krank."

„Weißt du, warum er dir Schlechtes will?"

„Vielleicht sind manche eifersüchtig auf mich. Ich arbeite bei Noel in der Bank, das gefällt einigen nicht."

„Kanntest du den Mann?"

„Nein. Als ich ihn gesehen habe, wusste ich aber, dass er ein *Sangguma* ist."

Was soll ich ihr raten? Ich bin nicht darauf vorbereitet und völlig unwissend. Meine eilige Erklä-

rung, warum diese Frau tatsächlich nichts mehr isst, ist naiv wie simpel: Suggestion! Genauso, wie es enorm starke Selbstheilungskräfte gibt, so wird es auch das Gleiche im Negativen geben.
Als wir in Goroka waren, starb ein junger Mann aus der Nachbarschaft. Eine Woche zuvor wurde er von einer Frau verflucht, weil er Mist gebaut hatte. Sie sagte „bis nächste Woche bist du tot' und so war es auch. Alles logisch, die Angst hat ihn umgebracht, die Bahnungen im Kopf waren auf Tod gerichtet und so kam es auch.
„Glaubst du an Gott?", frage ich sie.
Sie zögert.
„Glaubst du an etwas, was über allem steht?", formuliere ich um. – „Ja."
Ich empfinde etwas, weiß aber nicht, wie ich es sagen soll.
„Es gibt etwas Mächtigeres als *Sangguma*, etwas, das über allem steht. Wenn du daran glaubst, an diese höhere Macht, wird dir der schlechte Zauber, von einem *Sangguma* gegeben, nichts mehr anhaben können. Du kannst eine Kraft durch eine stärkere Kraft stoppen und auflösen. Und es gibt diese stärkere Kraft. Eine, die über unsere Welt hinausgeht, wie auch immer du sie nennst", ich zögere, „ich weiß nicht, ob ich das richtig gesagt habe?"
Die Frau schweigt, das Gesicht in ihre Hände gelegt. Minuten vergehen, bis sie langsam den Kopf hebt und mich zum ersten Mal ansieht. Sie lächelt. „Danke, das wird mir helfen. Danke, dass du meine Geschichte angehört hast und mir geglaubt hast." Sie gibt mir die Hand und geht.
Noel rief mich eine Woche später an um zu berichten, dass es der Frau wieder gut gehe und sie wieder essen könne.

Etwas wackelt und rüttelt an meinem kulturellen Standbein und ich grübele darüber nach, was mich so verwirrt. Es wäre genial, alles aus seinem Boot über Bord schmeißen zu können, um sich wie ein Baby alles anzuschauen, in einer absoluten Offenheit ohne Sozialisation, erlernte Filter und Sortiermaschinen. Und danach könnte man Schritt für Schritt seine Wahrheiten wieder ins Boot holen oder auch draußen lassen.
Ich war nie offen für Esoterik und habe mich mit meinem übergroßen Realitätssinn dem überlegen und befreit gefühlt. Sartre war meine Muttermilch, der Existenzialismus mein Weltbild, Simone massiert mein Rückgrat und zieht mir die Schultern nach hinten. ‚Mach die Augen auf und sei wachsam', flüstert sie mir täglich ins Ohr.

Die nächste Begegnung mit *Sangguma* sollte für weitere Beben sorgen. Ich ahne noch nicht, wie sehr mein Bötchen noch in Seenot geraten wird, so dass fast alles über Bord fliegt.

Kaum ist die Frau gegangen, wird der zweite Mann mit zerstochener Lunge von der Ladefläche gehievt. Wieder kooperieren die Männer vom Labor nicht. Was ist bloß los? Als Denny nachts ein verletztes Kind gebracht wird, sind die beiden nicht aufzufinden. Das Kind verblutet.

Eine neue Zeit beginnt – Ikarus hebt ab

Motivationsschub
Die andere deutsche Familie ist nun auf das Boot gebracht worden und gleitet leise davon. Mit dem Davongleiten platzt endlich mein dicker Spinnenleib und ich nehme wahr, wie viel ich schon gelernt habe.
Denny ist ein klasse Kollege, auch wenn er erst zögernd seine Chefrolle übernimmt.
Die Arbeit beginnt nicht nur Spaß zu machen, sie wird zu einem Genuss.

Ein Aufatmen geht durch das Personal und das neu aufgeschlagene Kapitel erfasst alle und gibt Energie frei für einen Motivationsschub. Hat mich vorher die Lethargie aller so fertig gemacht, ist davon keine Spur mehr vorhanden.

Dann die Nachricht, dass die nach Australien geschickte Blutprobe der Hochland-Frau aus Kudjip nur teilweise positiv ausgefallen war. So pfeffere ich die Medikamente in den Wärmeschrank und das Herz an den rechten Fleck zurück.
Die gute Laune verbessert sich noch weiter, als wir die Nachricht erhalten, dass Ende des Sommers Barbara, eine deutsche Lehrerin, für unsere Schulkinder zu uns kommen soll.
Frank ist inzwischen auch vormittags so gefordert, dass der Unterricht der Kinder nicht nur ständig unterbrochen, sondern, zur Freude der Kinder, mehr und mehr zum Erliegen kommt. Aber es ist nicht die Architektur, die ihn im Atem hält, sondern so wichtige Dinge wie Rasenmäher reparieren, Türen aufschließen, Särge zimmern. Seine Zufriedenheit geht in den Keller und so sehnt er sich nach einer Lehrerin für die Kinder.
Im September wird sie kommen: Eine junge Frau aus Deutschland, die direkt nach ihrer Ausbildung zur Laborantin, ein freiwilliges Jahr bei uns verbringen will. Das wird gut. Ikarus schwebt.

Kaum ist die deutsche Familie verschwunden und wurde Filips zweiter Geburtstag mit vielen Kindern, Spielen und Eis gefeiert, kommt der Mann einer Niugini-Lehrerin, der in unserer direkten Nachbarschaft wohnt, auf mich zu und spricht mich an:
„Hey Dokta, ich weiß nicht, ob du es nicht gemerkt hast, aber eigentlich kommen die Kinder vom oberen Gelände nicht hier runter und unsere Kinder gehen nicht über die kleine Brücke zu ihnen." Der Ton ist bestimmend, das Gesagte nicht nett und ich nehme die Provokation an:
„Warum sollen die Kinder nicht runter kommen?"
„Weil es Kinder sind, die unsere schlagen und Sachen kaputt machen."
„Und wenn sie das machen, weil sie hier nicht runter dürfen?"
Mein Ärger steigt. Seine Kinder waren mit den anderen deutschen Kindern befreundet, eigentlich deren einzige Freunde, und damit genossen sie auch einige Privilegien. Man muss dazu sagen, dass im unteren Teil des Geländes der Administrator, die Ärzte und eben auch Lehrer wohnen und im Oberen die Schwestern und Arbeiter.
„Das ist mir egal, ich möchte nicht, dass mein Sohn Schwierigkeiten bekommt. Das ist schon seit Jahren so und so soll es bleiben", weist er mich zurecht.

Ich versuche, mich nicht einschüchtern zu lassen: „Ich will kein Streit mit euch, wir sind hier Gäste. Aber ich halte nichts von einem Zwei-Klassen-Gelände. Mit den Kindern, die jeden Tag zu uns kommen und bei uns essen und spielen, gab es noch nie Probleme. Ich werde das Problem im *Board Meeting* (Sitzung des Krankenhausrates) vorbringen und die können dann entscheiden."
Ich scheine das Richtige gesagt zu haben, denn er lenkt ein: „Lass das, es ist kein offizielles Gesetz. Mach, was du willst."
Die Begegnung ist mir unangenehm, aber ein Leben ohne diese Kinder aus dem ‚Ghetto' wäre hier undenkbar. Wir machen weiter wie bisher und die Nachbarschaft bleibt eine nette.

Ein paar Tage später werde ich nachts senkrecht im Bett stehen und wissen: in meiner Laufbahn ist mir der erste Kunstfehler passiert.

Ikarus' harte Landung – eiskalt erwischt

Es ist eine Masern-Epidemie, die uns plötzlich in Atem hält und Denny eilt auf das Schiff, um Impfstoffe zu organisieren.
Ein Baby mit Down-Syndrom stirbt, einer Zehnjährigen kriechen die Viren in den Kopf und machen aus dem fröhlichen Mädchen ein zähneknirschendes, schreiendes, Augen rollendes, krampfendes Bündel. Die Mutter weint wochenlang.
Und wochenlang erinnere ich mich an endlose Diskussionen in den Berliner Kindergärten. Damals stand ich an der Wand und sollte mich rechtfertigen, warum ich mein Kind durchgeimpft hatte. Was würde diese Mutter hier denken, wenn ich ihr das erzählte? Es wäre eine Ohrfeige.
Ich finde gut, alles kritisch zu hinterfragen und nicht allen Trends blind zu folgen, aber jedem leidenschaftlichen Impfgegner würde ich gerne die Studien aus der Hand nehmen, ihn an das Bett dieses Kindes führen und auch das Weinen der Mutter hören lassen.
Das zehnjährige Kind ist sogar geimpft worden, aber die Kühlkette war auf dem Weg in das Dorf wohl unterbrochen worden und der Impfstoff kaputt gegangen. Das ist die Realität.

Als am Abend eine blutende schwangere Frau kommt, fluche ich, denn Steven, der OP-Pfleger, ist nicht da und sein Ersatzmann mit Denny in Madang. Also sieht unser Team für den anstehenden Kaiserschnitt so aus: Ein nicht angelernter Pfleger macht die Narkose und ein blass gewordener Student, der noch nie am OP-Tisch gestanden hat, assistiert mir. Keiner weiß, wo sich was befindet. Der eine sucht eine Ampulle Diazepam durch alle Schubladen, der Student versucht die zitternden Hände in die klebrigen Handschuhe zu bekommen und ich spiele Squash und bin der Ball.
Es muss schnell gehen, die Frau hat eine Nachgeburt, die komplett den Gebärmutterausgang verschließt und unter den Geburtswehen angefangen hat zu bluten. Der Muttermund ist schon sechs Zentimeter offen, die Geburt nicht mehr zu stoppen.
Zuerst klappt die Narkose gut, aber als ich das Bauchfell aufreiße, setzt die Frau sich auf, steigt hinter dem OP-Tuch auf wie Poseidon aus dem Meer und greift mit beiden Armen und weit aufgerissenen Augen nach ihrem Bauch.
Ich erstarre.
Für eine Sekunde bin ich sechs Jahre alt und versetzt in eine Geisterbahn. Es sind zwei Arme, die

aus der Dunkelheit auf mich zukommen, Angst krallt mein Herz und ich verschließe beide Augen mit meinen Händen. Alle Geisterfahrten in den nächsten Jahren waren vergeudetes Geld, denn die Hände waren von Einfahrt bis Ausgang vor dem Gesicht.

Ich lache den Schreck weg.

Mehr Ketamin-Betäubungsmittel, verrutschte Tücher wieder richten, weiter machen. Der Schüler fängt unter dem ungewohnten Mundschutz und beim Anblick von Blut und offenem Fleisch an zu schwitzen, lässt plötzlich die Haken sinken und sackt weg.

„Halte ihm die Beine hoch", rufe ich und versuche das Kind rauszuholen.

Es ist ein Frühchen und nicht nur das, es sind zwei, schlapp wie zwei nasse Lappen.

Auf Karkar hagelt es Zwillinge, so viele wie im ganzen Land nicht, und so wundere ich mich nicht. Die Schwester, die mir die Kinder abnimmt, ist unerfahren, weiß nicht, was sie machen muss, und ich weiß nicht, wem ich jetzt zuerst helfen soll.

Ich flitze rüber zu den Kindern, sauge sie ab und beatme die beiden abwechselnd, bis sie zu atmen und zu stöhnen anfangen.

„Holt Sauerstoff!"

„Es gibt keinen Sauerstoff." – „Hat Denny die Flaschen mitgenommen?" – „Nein, gestern waren sie noch voll."

Ich flitze mit einem neuen Paar Handschuhe zurück zu der Frau, schiebe die Gebärmutter wieder rein und fange an zu nähen.

„Dokta, die Babys atmen nicht mehr!"

Wieder zu den Kleinen und beatmen, die kleinen Herzen schlagen, aber sie wollen nicht mehr atmen, ich übergebe den Beatmungsbeutel und nähe weiter. Immer wieder haste ich von der Mutter zu den Kindern.

„Dokta, draußen wartet der nächste Notfall."

Ich beeile mich – Ping Pong.

Die Mutter überlebt. Die Zwillinge nicht.

Genauso wie der junge Mann, der vor der Schwingtüre liegt und wartet.

Er hat einen riesigen, eingeklemmten Leistenbruch, fiebert und ist schon nicht mehr ansprechbar. Alles wieder richten, Ping Pong, den nächsten Schüler holen lassen und zeigen, wie man halbwegs steril bleibt. Den Mundschutz lasse ich weg. Das Stück Darm, das sich durch die Bruchpforte geschoben hat und das ich jetzt schnell freilege, ist schwarz und stinkt. Der Pfleger, der den Schlafenden überwacht, merkt nicht, dass er aufhört zu atmen.

Er verfolgt eine riesige schwarze Spinne auf dem Boden und zerdrückt sie, in eine Ecke gedrängt, mit dem großen schnellen Zeh. Wir haben oft tierischen Besuch im OP aber das stört alles nicht, solange es nicht die Beine hoch krabbelt.

Irgendwann registriere ich unbewusst, dass etwas am Liegenden anders ist, lasse dann alles fallen, renne um die Tücher herum und reanimiere ohne Erfolg. Operation gelungen, Patient tot, und das vor seiner ersten Heirat.

Ich stelle wütend die Musik lauter und beruhige mich, dann gehe ich nach draußen. Die Verwandten, die auf dem Bänkchen vor dem OP warten, schütteln nur den Kopf. Kein Klagen, kein Heulen. Ich entschuldige mich, dass ich nichts mehr habe tun können, zeige ihnen den schwarzen Darm und erkläre, was ich gemacht habe. Sie wehren mein Sorry mit den Händen ab. „Er hat sich ver-

steckt, der *Longlong* (Verrückte). Schon lange ist er damit rumgelaufen. Keiner durfte es sehen."
Sie schimpfen über den Toten, der ihr Sohn ist, und lassen ihn in der Kühlkammer liegen, weil kein Auto zu finden ist.

Und dann sitze ich nach zwei Stunden Schlaf erstarrt im Bett und weiß: Ich habe ein großes Bauchtuch nicht rausgezogen, Ping Pong, bei der Schwangeren! Es war eine blöde OP gewesen, aber das hätte mir nicht passieren dürfen.

„Denny wir müssen die Frau noch einmal operieren. Ich habe ein Tuch vergessen. Ich habe sie gefragt, ob sie sich sterilisieren lassen möchte und sie ist einverstanden. Dann ist es wenigstens nicht umsonst", erkläre ich am nächsten Morgen.
Denny glaubt mir nicht, und als wir länger als eine Stunde den Bauch durchwühlt haben, ohne etwas zu finden, lacht er: „Siehst du, nichts. Beruhige dich." – „Wir können ja eine Röntgenaufnahme machen", schlage ich vor. – „Wir haben keine Filme. Wir haben hier jeden Zentimeter abgesucht, hier ist nichts!"
Ich bemühe mich, es zu glauben, aber mein Bauch weiß, dass es noch da drin ist.

Das Tuch sollte mir später fast das ärztliche Genick brechen.

Neue Diagnose
Die Stimmung im Krankenhaus kippt plötzlich.
Nachdem uns die Männer aus dem Labor immer wieder Bauchschmerzen machen, häufen sich die Todesfälle, zu denen wir zu spät gerufen werden. So bleiben zwei Babys in Beckenendlage mit dem Kopf stecken und sterben, obwohl wir Ärzte auf dem Gelände sind. Gerüchte kommen in Umlauf, dass James, unser Administrator, Geld veruntreut, woraufhin Männer in sein Büro stürmen und versuchen, ihn raus zu zerren. Dann wird Ula, unser Pflegedienstleiter, bedroht, weil er eine Krankenschwester entlassen hat, deren Mann sich eine Zweitfrau genommen hat. Unser *Security* (Sicherheitswächter) muss wegen Unsichtbarkeit und zu lauter Schnarchgeräusche entlassen werden.
Unruhe!
Denny nimmt instinktiv die Unruhe persönlich. Er ahnt, dass unter anderem seine Frauengeschichten nicht gut ankommen, zumal er sich nicht zwischen einer Frau aus Karkar und einer aus Madang entscheiden kann. „Ich muss gehen. Die Menschen akzeptieren mich nicht mehr, sonst würde das alles nicht passieren. Ende des Jahres bin ich weg, wenn nicht früher!"
Ikarus ist wieder unten. So gibt es wenig Entspannung.

Umso mehr freuen wir uns über Marianne, die bei uns am Strand sitzt, und wir genießen den Augenblick. Sie ist eine lustige ältere Schwedin, die sich auf ihrer Weltreise in Afrika verliebt hat und dort hängen geblieben ist. In Sambia leitet sie seitdem mit ihrer Familie ein Safari-Hotel. Wir haben sie in Madang kennen gelernt, spontan zu uns eingeladen und ich lausche nun genüsslich ihren spannenden Lebensgeschichten.

Als sie mich nach dem Land fragt, will sie auch wissen, ob es etwas wie das afrikanische Voodoo hier gäbe. Ich erwähne *Sangguma,* aber ich sage auch, dass ich nicht viel darüber weiß und von den Menschen hier nicht viel darüber erfahre. „Das kann ich mir vorstellen, ihnen wurde wahrscheinlich bisher auch nie geglaubt, wenn sie erzählen, was sie erleben und was sie können. Wer möchte schon gerne ausgelacht werden!"
„Wie ist es in Afrika?", frage ich nickend.
Da erzählt sie mir eine Geschichte.
„Es war erst letztes Jahr, als mein ältester Sohn, der jetzt dreiundzwanzig ist, plötzlich krank wurde. Er hatte rasende Kopfschmerzen und wurde innerhalb von einer Woche so schwach, dass wir ihn liegend in das große städtische Krankenhaus brachten. Es wurde alles gemacht, sogar eine Computertomographie. Die Ärzte haben nichts gefunden.
Es war so schlimm! Immer wieder krümmte er sich von den stechenden Schmerzen, die als Attacken kamen und gingen. Er nahm nichts mehr zu sich und magerte ab. Die Ärzte gaben ihn auf und schickten ihn nach Hause. Als wir dort ankamen, standen zehn junge Männer vor unserem Tor und warteten. Unter ihnen war ein Arbeiter, den mein Sohn vor einem Monat hatte entlassen müssen, weil er immer wieder Schrauben und Hühner mitgehen ließ. Der Älteste trat vor und sagte: ‚Wenn ihr wollt, dass euer Sohn wieder gesund wird, müsst ihr uns eine Abfindung für den Mann geben, den er entlassen hat. Sobald wir das Geld haben, nehmen wir den Zauber von eurem Sohn.' Wir zahlten sofort und die Kopfschmerzen hörten schlagartig auf. Es dauerte nur Stunden und er kehrte ins Leben zurück."
Und da ist es wieder das Gefühl, von etwas irritiert zu sein, wie bei meiner letzten Begegnung mit Noel. Ich kann es nicht fassen.
Ich sehe sie an und dann weiß ich es. Ich vermisse etwas, das in mir ist.
Ich höre keinen spöttischen Unterton bei Marianne oder Noel, nichts zwischen den Zeilen, das mir signalisierte: ‚Alles nur Humbug, alles erklärbar.' Diese Menschen glauben an das, was sie erlebt haben. Falsch, sie haben es selbst erlebt und aufgehört, nach Erklärungen zu suchen. Ich rette mich, indem ich über sie schmunzle, aber es lässt mich nicht mehr los.

Wie eine Blinde versuche ich, ohne von meiner Umgebung Licht zu bekommen, mich einem Gebiet zu nähern, von dem ich nicht weiß, wo es anfängt und wo es endet. Ich taste, eiere vorbei an zig Warnschildern und ausgelegten Schlingen. Mein Weltbild hat einen Riss bekommen, der Spalt wird immer größer, meine Kittversuche immer schwächer.
Ich nehme die neue Diagnose *Sik bilong ples* (Krankheit des Dorfes = Krankheit, die verursacht wurde und nicht durch westliche Medizin heilbar ist) in meinen Katalog der Top-Ten-Erkrankungen auf und frage nach *Sangguma* wie nach Schnupfen oder Bauchschmerzen und erlebe Erstaunliches.
Eine andere Welt und – Vertrauen.

Überfall – Clash der Kulturen

Null sind alle Fünfe
„Ein Speedboot ist untergegangen!", ruft Elisa, als sie morgens in das Haus kommt. Die See tobt, es ist Ende Juli und die Stürme und Regenzeit beginnen langsam. „Wie viele waren auf dem Boot?", will Frank wissen.
Seine letzte Fahrt wäre um ein Haar genauso geendet. Der Sprit ging mit der letzten Riesenwelle aus und das Boot wurde von dem nächsten Brecher in die Bucht geschleudert.
„Fünf und der Fahrer. Eine Frau und zwei Kinder sind ertrunken."
Die Unfälle reißen nicht ab.
In Kurum, unserem Nachbardorf, bangen sie noch um ein Boot, das abgetrieben wurde. Es war schon auf Sicht, als der Motor ausging. Die Menschen an der Küste sprangen mit Dieselkanistern in ihre Kanus, aber konnten nicht durch die hohen Wellen kommen. Die Strömung erfasste das Boot, auf dem die Männer verzweifelt ruderten. Sie wurden nach Manam abgetrieben und überlebten.
Eine größere Katastrophe ereignete sich eine Woche zuvor bei der Überfahrt von der Nachbarinsel Bagabag. Piraten griffen das Boot an, töteten alle Männer und verschleppten die Frauen, darunter eine Lehrerin, die Noel sehr gut kannte. Die Insel steht unter Schock. Auf der gleichen Strecke war im Jahr zuvor ebenfalls ein Boot überfallen worden, genauso, wie auf der Strecke nach Madang, dort hatten die Piraten hinter einer kleinen Insel gewartet. Die schwer beladenen Bananenboote mit ihren 40 PS-Motoren hatten keine Chance. Gefunden wurden nur die leeren Speedboote und die angeschwemmten Leichen der Männer. Eine Frau wurde in der Sepik-Region ausfindig gemacht, sie wird dort gefangen gehalten. Die Familie bemüht sich mit der *Taskforce* (Spezialeinheit der Polizei) um die Befreiung.
Die Geschichten lassen uns das Blut in den Adern gefrieren und wir fragen Paul, den Sohn Noels, was an den Geschichten wahr ist. Er verstrickt sich in Widersprüche und wir merken, dass er uns beruhigen möchte.
Aber er erzählt auch, dass sein Vater von den Dorfbewohnern der Vermissten aufgesucht worden sei. Noel habe seherische Fähigkeiten. Er konnte die Spur der Lehrerin zwei Tage lang verfolgen, dann brach die Verbindung ab. Auch einen alten Mann, der den Überfall verletzt überlebt hatte, konnte er ‚orten'. Als die Familie sich auf den Weg machte, lag der Mann tatsächlich in dem Krankenhaus, das Noel gesehen hatte, war aber seinen Verletzungen erlegen und lag in der Kühlkammer. Die Spur der Frau wurde verfolgt und sie war auch in Begleitung einiger Männer an der Nordküste gesehen worden, aber gefunden wurde sie nicht.
Wir schwören uns, zumindest mit den Kindern immer mit dem PS-starken Boot von Paul zu fahren und verdrängen die Geschichten.

Und nun sollen wir morgen selbst wieder raus aufs Meer.
Wir alle sind aufgeregt und voller Vorfreude. Bald werden wir unsere Eltern in Madang begrüßen.

Mira packt sich eine Kiste voller Zitronen aus dem Garten und beschließt, alleine auf den Markt

zu gehen und sie zu verkaufen. Wir schicken Elisa als Spionin hinterher. Als die Kleine zurückkommt, hat sie eine Überraschung im Haar. Die Kiste leer, das Kleingeld in einer Hand, so rennt sie um die Ecke. „Schaut mal!"
Es ist ein kleines Flughörnchen-Baby, das sich in ihrer Mähne vergraben hat und dort wohnen bleiben soll. Es ist winzig, weich und zahnlos, so dass wir es mit einer Pipette füttern müssen. Während der Nacht schläft es in einer leeren Kokosnuss und meckert sich in den Schlaf. Dodik soll es heißen und wird heiß geliebt, so heiß, dass es mit nach Madang an den Flughafen darf.
„Und wie viel Geld hast du?", fragt Luis neugierig.
„Ich hab noch nicht gezählt. Die Kiste war viel zu schnell leer! Ich wollte viel länger da sitzen! Eins war lustig. Da war eine alte Frau und wollte welche kaufen, aber sie konnte kein Pidgin. Ich hab dann mit den Fingern gezeigt, was sie kosten, aber sie hat mir immer zu viel gegeben. Schau, ich habe so gemacht." Sie hebt eine Hand und zeigt zwei Finger: „Und die Frau hat mir immer dreißig Toia gegeben, das war echt lustig. Aber ich wollte sie nicht beschummeln, es haben ja auch alle geguckt und gelacht. So ging das hin und her, bis mir eine Frau gesagt hat, dass man hier anders die Finger zeige. Die Finger, die weg sind, werden gezählt! Bei fünf ist also hier kein Finger oben und bei null alle. Find ich lustig."
„Mir ist auch so etwas passiert. Vorhin habe ich Tomong beim *Bis* (Fangen) spielen im Spaß die Zunge rausgestreckt, da hat er gelacht und hat gesagt, dass man das hier nicht machen darf. Ich hab gefragt ‚warum' und er hat gesagt, dass man damit jemanden anmachen möchte, ihr wisst schon, dass man mit ihm ins Bett möchte." Er kichert.

Elisa kommt hinterher gebummelt, streichelt liebevoll das schlafende Knäuel in Miras Locken und sagt lachend: „Schönes Tier, meine letzte Geldbörse habe ich aus so einem Fell gemacht."
Mira ist empört und ich muss sofort an den Missionarsjungen denken, der uns erzählt hat, dass er mal eine tolle Katze hatte. Irgendwann war sie verschwunden, sie haben lange gesucht und gewartet und dann getrauert, bis er eines Tages im Dorf einen Mann mit einer Felltasche sah und sich wunderte, dass die Fellzeichnung seiner vermissten Katze so ähnlich sah.

Aura
„Frank, irgendetwas braut sich auf der Insel zusammen, irgendetwas liegt in der Luft. Es ist nicht nur, dass im Krankenhaus so schlechte Stimmung ist. Wir sollten echt aufpassen!"
Wir sitzen vor der Tür und genießen den Vollmond. Keine zwanzig Meter entfernt schlummern meine Eltern in dem kleinen Guesthouse von Gaubin wie ein Schatz, den wir hüten müssen. Wie Wilde haben wir uns gefühlt, als wir in die Stadt kamen. In unseren besten Klamotten sahen wir neben den strahlenden *Bubus* (Großeltern) wie ausgebleichte, zerrupfte Hühner aus. Jemand kommt in unsere neue Welt mit einem Hauch von Heimat, gefüllten Koffern mit tausend Kinderwünschen drin und dem Vertrauen, von uns durch die fremde Welt geführt zu werden.

„Ja, aber behalte das mal für dich, die Kinder, vor allem Luis, haben große Ohren für solche Geschichten. Es ist nicht gut, wenn sie das mit bekommen. Aber wir sollten schon vorsichtig sein", gibt Frank zu bedenken.

„Hast du gehört, dass gestern ein Speedboot hier in Kurum am Strand überfallen wurde?" – „Ja, der *Tok Win* (Wind Gerede = Gerüchte) sagt, dass einige *Raskols* (Verbrecher) aus dem Gefängnis ausgebrochen sind und sich auf Karkar verstecken." – „Stimmt, einige Patienten haben berichtet, dass sie in ihren Gärten bedroht wurden, und manche getrauen sich nicht mehr hierher, weil sie durch das *Dogowan* laufen müssten (nahe am Krankenhaus gelegene Gebiet)."
Plötzlich muss ich kichern: „Ist das doch alles wieder so lustig?" – „Nee, eigentlich nicht. Bisschen viel, alles!"
Ich distanziere mich blitzschnell, schaue von oben herab auf die Angst, die uns das alles machen sollte, und betrachte die Szenen wie einen Film, einen spannenden Streifen, der vor mir abläuft. Das ist kein Kinderspiel, das ist hart antrainiert, sonst würde ich die ganzen Dinge, die ich hier sehe, nicht in dieser Menge aushalten.
„Was steht morgen an?" holt mich Frank aus den Gedanken. „*Singsing* in Kurum."

Vorspiel
Die Hälfte ihrer Zeit lernen meine Eltern die eine Seite des Gesichtes von PNG kennen. Die Tanzgruppe aus Kurum, die ich organisiert und bezahlt habe, überraschte uns sehr.
Nicht nur, dass sie Mira, geschmückt als kleine Tänzerin, in ihrer Mitte aufnehmen, sie heißen auch meine Eltern würdevoll willkommen. Barbusige, junge Tänzerinnen mit Geschenken und Essen kommen zu ihnen, hängen Muschelketten um ihre Hälse und der *Papa bilong singsing* (Chef der Tanzgruppe) überreicht einen selbst geschnitzten Würde-Stab.
Die Schokoladenseite – geschmückte, nette Menschen, lachende Kinder, Meer, bunte Fische und Korallen.

Bei der folgenden Inselrundfahrt ziehen die ersten schwarzen Wolken auf. Das Auto ist voll beladen, Luis und Mira sitzen mit ihren Freunden und Mary in Gutelaune-Stimmung auf der Ladefläche und singen aus vollem Hals:

> *Pusi i slip long ananit long diwai* (Die Katze schläft unter einem Baum)
> *Han bilong diwai bruk kilim pusi dai* (Der Ast bricht ab und tötet die Katze)
> *Forog i kam lukim, kisim foto long em, palai i kam lukim, tanim tanim tel.*
> (Ein Frosch kommt und macht ein Foto, eine Eidechse kommt und dreht an ihrem Schwanz).

Warnung
Als wir an der Weggabelung zum Unruhedorf Bafor vorbeikommen, sehe ich zwei Männer im Vorbeifahren auf die Straße springen und die Hand heben, wie man es tut, wenn man mitgenommen werden möchte.
Ich weiß nicht, was ich in der Schnelle wahrgenommen habe, aber ich steige nur zögernd auf die Bremse und halte an. Beim Einlegen des Rückwärtsganges sehe ich einen von ihnen im Rückspiegel und zögere wieder. Die Körpersprache stimmt nicht und die Augen sind auf die Entfernung sogar sichtbar rot unterlaufen.

Ich hebe den rechten Fuß, lasse ihn in der Luft stehen und halte die Zeit an. Blitzgedanken klopfen Ratio und Unterbewusstsein ab, um eine richtige Entscheidung zu treffen: ‚Kifferbrüder... werden schon kein Ärger machen... wenn ich jetzt weiter fahre, sind sie bestimmt sauer...' Aber irgendetwas sagt mir, dass ich besser aufs Gas treten sollte!

Die Jungs rennen los und haben das Auto schon fast erreicht, als ich plötzlich wahrnehme, dass ich panische Zeichen von der Ladefläche bekomme. Mary und zwei neben ihr sitzende Männer bedeuten mir wild, ich solle los fahren. Mary schreit: „Go go go, Mama go!"

Und ich düse ab, beobachte, wie die Jungs brüllen und uns die Fäuste zeigen, einen Stein hinterher werfen.

Zehn Kilometer weiter fängt das Auto an zu rumpeln und wir bleiben stehen. Ein Nagel hat einen Reifen geplättet. Alle springen aufgeregt von der Ladefläche und reden auf mich ein. „Mama, du kannst nicht zurückfahren, wir müssen jetzt ganz um die Insel. Die warten bestimmt auf uns!", ruft Mary, die Männer und Frauen nicken zustimmend.

Der Film läuft weiter.

Ich liebe es, Mama genannt zu werden, und in meiner Gutelaune-Stimmung bleibe ich cool, spiele das Geschehene runter und fühle mich unverletzbar und unantastbar.

Wir haben Besuch, es darf nichts passieren! In drei Stunden sind die Jungs nüchtern und haben uns vergessen. Gespielt gelassen gebe ich scheinbar nach und wir erreichen, nachdem uns die Plantagenbesitzer, die zum Glück in der Nähe des rostigen Nagels residieren, Pannenhilfe geleistet haben, in der Dunkelheit Gaubin.

Für uns nicht sichtbar brauen sich weitere Gewitter zusammen, während wir eine Vulkanbesteigung planen. Stanley, ein *Wantok* (eine Sprache = Verwandter, Bekannter) von Elisa, hatte in den letzten Wochen bereits einige Gruppen aus Madang den Berg hochgeführt und so baten wir ihn um Begleitung.

Wir fragen auch, ob er meine, dass es o.k. wäre, zu dieser Zeit zu gehen. Uns ist nicht wohl. Wir klopfen ab, sammeln Stimmen, aber keiner antwortet so richtig. Nur mein Vater hat so richtig große Lust, in den Krater zu schauen.

Em orait, no ken wori. (Es ist in Ordnung, macht euch keine Gedanken)', hören wir nur. Eigentlich wollte ich mit, aber es ist so viel in der Klinik los, dass ich bleibe.

Vollentladung

Sechs Uhr morgens, Frank fährt mit allen los. Es ist ein Trupp von drei Männern, Mary, den zwei Kindern Tomong und Kaili und den Großeltern unterwegs zum Dorf Kilden, dem Nachbardorf von Bafor.

Die Katastrophe ist nicht mehr abzuwenden.

In dem Dorf Kilden gesellt sich ein kleines Mädchen zu ihnen und der Trupp beginnt mit dem Aufstieg auf den Berg Uluman. Bevor sie das Dorf verlassen, tritt einer der Landbesitzer in den Weg und verhandelt mit Stanley das Wegegeld – unüblich und wenn, dann gehandhabt wie Schutzgeld. Mein Vater Rolf gibt dem Mann die vereinbarten 20 *Kina* und sie gehen weiter. Der

Aufstieg dauert vier Stunden durch den satten Urwald.

Stanley beobachtet zwei Männer, die sich in einiger Entfernung aufhalten und dann verschwinden. Als die Gruppe Rast an einer kleinen Hütte macht, fällt auf, dass jemand da gewesen sein muss, denn ein Holzstück glimmt, und zwar so eines, wie es Raucher mit sich herumtragen, um ihre Zigaretten anzuzünden. Eigentlich nichts Ungewöhnliches, denn viele Männer haben Hütten in den Bergen, in denen sie übernachten, wenn sie auf Jagd sind.

Endlich erreichen sie den Krater und bewundern den magischen Ort. Aber sie können keine lange Pause machen, denn Wolken ziehen auf und der Vulkan verdeckt sein Gesicht. Auch hat die Sonne bereits ihren Höhepunkt überschritten und wird der Weg zurück noch lang.

Keine halbe Stunde später, als meine Mutter Rena um eine kleine Wegbiegung geht, schnappt die Falle zu. Hinter ihrem Rücken springt ein maskierter Mann hinter einem Baum hervor, ein langes Buschmesser hoch erhoben. Rena dreht sich um und sieht ihn auf sich zu rennen. Das Messer fliegt durch die Luft, wie in der Absicht, sie zu treffen. In ihrem Schock und ihrer Angst dreht sich meine Mutter um und versucht, den Abhang hochzuklettern.

Sie hört gleichzeitig, wie Rolf angegriffen wird.

Die Schreie sind furchtbar. Vier brüllende, maskierte Männer umzingeln ihn, sie schwingen ihre Buschmesser und einer droht mit seiner Pistole. Vieles, was sie schreien, ist nicht zu verstehen, nur zwei Sätze sind eindeutig: „White man go out, never come back, this is our land!"

Sie stehen direkt vor ihm und die Wut ist entfesselt. Jetzt kann alles passieren.

Denn immer wieder schreien sie: „I kill you!" und es fehlt nur ein Funke und sie werden es tun. Rena rennt weiter den Berg hoch, als ein weiterer Mann brüllend hinter einem Baum hervorschnellt und sie bedroht.

Ein Schuss fällt.

Rolf schreit immer wieder: „Stop, I give you my money."

Jetzt schlagen sie zu. Ein Messer trifft seine Hand und verletzt ihn, auf den Rücken saust die breite Seite eines Buschmessers nieder.

Rena gibt ihre Flucht auf und schmeißt ihren Fotoapparat auf den Boden. Zwei *Raskols* kommen, durchsuchen ihre Hosentaschen und fordern sie auf mitzukommen. Sie sind zu sechst. Als sie zu den anderen stoßen, liegen Rolf, Robin und Stanley nebeneinander auf dem Boden. Rena muss sich neben sie legen und wird, wie zuvor Rolf, mit dem Buschmesser auf den Arm geschlagen. Als Stanley nach ihr schauen möchte, rauscht ein Messer auf seinen Kopf nieder. Blut fließt.

Rena wird befohlen sich hinzusetzen – sie gerät in akute Lebensgefahr. Mit der Pistole an der Stirn wird ihr Geld gefordert. Sie hat keines.

Wieder wird sie durchsucht, muß sie Schuhe und Socken ausziehen, sich wieder hinlegen – und wird wieder geschlagen.

Währenddessen muss Rolf seinen Gürtel, die Schuhe und die Uhr ausziehen. Immer wieder misshandeln und durchsuchen sie ihn.

Schreien.

Der dritte Mann, Mary und die Kinder sind nicht zu sehen.

Die Liegenden hören den nächsten Befehl:

„White lady, get up and go!" Sie reißen meine Mutter an den Haaren und lassen sie laufen.

Sie weiß nicht, ob etwas ihren Rücken treffen wird, aber sie geht.
„White man, get up and go!" Rolf steht auf und geht seiner Frau hinterher.
Wann kann man sich sicher sein, dass nichts mehr passiert?

Wann wird die unglaubliche Angst weichen, welche Wunden schlägt sie, welche Narben werden immer schmerzen? Wie reagiert ein Mensch, der dem Tod ins Gesicht gesehen hat und wie kann sich ein Mensch wieder aufrichten, der so gedemütigt wurde?

Es ist halb vier, als Frank zusammen mit Luis auf die Ausflügler in Kilden wartet. Er sieht Stanley, der früher als meine Eltern im Dorf ankommt. *„Papa mipela i gat liklik problem. (*Papa wir haben ein kleines Problem.*)"*, informiert er ruhig und joggt wieder den Weg zurück.
Luis erzählt später, dass alles so undramatisch schien. Als die Vier zusammen um den Hibiskusbusch kamen, redeten sie miteinander, keiner weinte, keiner schrie. Erst als sie vor ihnen standen, sah er, dass Opa in Strümpfen und Oma barfuß war. Dann sah er Rolfs Hand bluten und Stanleys Kopf dunkel schimmern. Die vier wirkten so gefasst, dass er alles aufregend, aber nicht schockierend fand.

Ich stehe mit Filip an der Hand auf der kleinen Brücke und warte. Unser Auto rast in die Einfahrt und bleibt in einer aufsteigenden Staubwolke vor dem Krankenhauseingang stehen. Ich sehe, wie Menschen abspringen und jemand stürzt. Sie verschwinden im *Outpatient* (Ambulanz). Hat mein Unterbewusstsein längst begriffen, dass etwas Schlimmes passiert sein muss, ist die Leitung zum Bewusstsein dagegen lang.
Wie in Zeitlupe sehe ich meine Mutter auf mich zu kommen.
Ich winke ihr fröhlich.
Sie hebt beide Arme und Schultern, als würde sie sich für etwas entschuldigen. Was ist mit ihren Augen? Etwas krallt sich in mein Fleisch, etwas beißt sich fest in meinen Gedärmen, meinem Herzen.
Es ist die tiefe Bestürzung in ihrer Augen, etwas, das ich noch nie bei ihr gesehen habe und kaum ertrage. Warum hebt sie die Schultern, warum tut sie das?
Jetzt sehe ich, dass sie keine Schuhe trägt, dass ihre Kleidung staubig und zerrissen ist, aber ich verstehe nicht!
Sie kommt und nimmt mich in die Arme, als möchte sie mich trösten. Für einen Augenblick bin ich Kind mit einem Kind an der Hand. Ein Kind muss man trösten, weil es sehen muss, wie die Mutter aussieht, was mit der Mutter gemacht wurde und was nicht sein darf.
Einem Kind muss man sagen, dass es keine Schuld hat, weil es immer meint, am Unglück dieser Welt schuld zu sein. Streichle sie weg, meine Hilflosigkeit, baue mein Kartenhaus wieder auf und schau mich nicht mehr so an, bitte!
„Es ist passiert. Wir sind überfallen worden!"
Nein!!!
Sie ist eine Mutter, die ihr Kind kennt und es vor sich selbst schützen möchte, weil sie ahnt, dass eine Frage mich nicht mehr loslassen wird: ‚Warum habe ich nicht auf meine innere Stimme gehört?'

„Als wir den Berg runterkamen, sind wir in einen *Holdup* geraten."

Ich merke nicht, dass sie mich verschont. Gefasst wirkt sie, so ruhig, dass ich im Glauben bleibe, der Überfall sei wie ein Kinderspiel abgelaufen: ‚Halt! Geld oder Leben!' rufen die Raskols in zehn Meter Abstand. Man nimmt die Hände hoch, kann in Ruhe seine Geldbörse rauskramen und sich freikaufen. Danach ist der Spuk vorbei, die Diebe im Busch verschwunden und weiter geht's, mit ein bisschen Herzklopfen und einer guten Story. Quasi Schema F eines PNG-Überfalls.

„Wo ist Rolf?" – „Er ist an der Hand verletzt. Stanley hat eine Kopfwunde." – „Wo sind die anderen?" – „Ich weiß es nicht, Mary und die Kinder sind weggerannt."
Die Bombe schlägt ein und zerreißt mich fast. Es ist eine rasende schäumende Wut, die wie eine Wolke frei wird, gemischt mit lähmender Angst.

Ich bin wieder erwachsen und nicht nur das, ich werde ein Tier. Ein Bluthund, der immer tief unten im Zwinger schlummert, ist los und erfasst mich. Ich weiß, dass er da ist, ich ahne, was er kann, habe seinen Atem schon mal gerochen, weiß, dass er in Jugendjahren am kurzen Halsband sich selbst gebissen und fast zerfleischt hat. Noch nie war er nach außen los und noch nie habe ich mich so elementar gefühlt, noch nie war ich den Menschen hier so nah.
Ich habe meine Distanz verloren und mein Herz beginnt langsam im Rhythmus der Menschen hier zu schlagen.

Bitte bitte, Mama, hör nicht auf, in mein Ohr zu flüstern, dass alles nicht so schlimm war, sag es immer wieder. Erzähl mir später, wie sehr ihr gelitten habt, nicht dass der Bluthund meine Schuld riecht und umdreht.

Ich will meinen Vater sehen, übergebe Rena und Filip Elisa und stürme ins Krankenhaus. Denny ist da und ich spüre an seinen arbeitenden Backenmuskeln, an dem Schaum in seinen Mundwinkeln, wie auch er kocht; er brüllt und scheucht.
Die Handwunde meines Vaters sieht im Vergleich zu Stanleys aufgeschnittenem Kopf klein aus und ich versorge sie nur oberflächlich, als wolle ich etwas vertuschen.
Diese Situation sollte symptomatisch für die nächsten Tage sein. Ich übersehe den Stichkanal des Messers, das Rolf getroffen hat, wie ich den Stichkanal in ihre Seele übersehe, während ich meine, die großen Löcher stopfen zu müssen.
Ich sehe es und sehe es doch nicht. Ich schäme mich, aber halte nicht inne. Mein Bluthund will keine Wunden lecken, er will rächen.

Erst Jahre später sollte ich verstehen, warum ich die Augen für meine Eltern verschlossen habe.
Die ersten Stunden sind furchtbar, bis begreiflich wird, was geschehen ist, bis erkenntlich ist, was zu tun ist.
Denny schließt das Krankenhaus, überall stehen Gruppen von Menschen und diskutieren, Autos brechen mit Suchtrupps nach Kilden auf, Frank unter ihnen; sie kommen leer zurück, fahren wieder los, telefonieren, Hilfe suchen, die Polizei hat kein Benzin, Scheiß drauf, wir brauchen die

Taskforce, PNGs legendäre Polizei-Spezialeinheit, telefonieren, die *Taskforce* ist auf Karkar; wo sind sie?

Die Nacht bricht rein, müde kehren die Autos zurück. Die Mütter von Tomong und Kaili sehen die langsamen, traurigen Scheinwerfer kommen, die müden Gesichter, die schüttelnden Köpfe, die die Hoffnung zerschlagen, die Kinder mögen zurückgekommen sein; sie brechen zusammen. Das Klagen der Mütter, ihr Weinen dringt in jedes Haus, unter jede Haut und begleitet uns in den Schlaf.
Ich stehe neben den im Staub knienden Frauen und traue mich nicht, ihnen in die Augen zu schauen. Auch wenn ich niemanden außer Stanley darum gebeten hatte, meine Eltern zu begleiten, so hatten die anderen sich doch so sehr gewünscht, mitzudürfen – auch Mary –, weil sie noch nie auf dem Vulkan gewesen waren. Ich ließ sie mit und fühle mich nun verantwortlich.

Erste Nacht
Der nächste Morgen beginnt mit einem Stromschlag. Was in der Nacht ruhen konnte, ist blitzartig wieder da.
Wir werden gerufen, als der dritte Mann der Truppe, der fliehen konnte, in Gaubin ankommt. Er sitzt völlig zerkratzt und erschöpft im Schatten eines Mangobaumes. Die Hoffnung, er wisse über die anderen Bescheid, bläht sich auf, aber er war alleine geflohen, hatte sich durch den Busch geschlagen. Die Blasen zerplatzen.
Was mag den Kindern passiert sein, falls sie gefangen wurden?
Alle Mitarbeiter des Krankenhauses füllen die Autos. Frank, den ich die nächsten Tage kaum sehen werde, weil er über die Dörfer rast, fährt mit und die Suche wird fortgesetzt.
Während meine Eltern die Kinder hüten, versorge ich die Klinik, operiere die Notfälle, bekoche die zurückgelassenen Kinder der Kollegen, telefoniere und sorge dafür, dass ich nicht eine Sekunde lang Zeit habe, das Warten und die Ungewissheit zu spüren.

Gegen Mittag kommen die Autos zurück, ich sehe sie kommen und weiß, dass etwas passiert ist. Der Platz vor dem Krankenhaus ist voller Menschen, Menschen schreien, ich sehe wie Tomong von einem Mann aus dem Auto getragen wird. Hinter ihm steigt Kaili aus und läuft hinterher, den Kopf gesenkt. Ich rase zu ihnen und begleite sie in den kleinen OP.
„Kaili, haben sie euch gefangen, ist euch etwas passiert?"
Kaili flüstert, sie steht unter Schock: „Nein, wir sind weggerannt, als wir den Schuss hörten und haben auf dem Berg übernachtet."
Ich atme auf und weiß nicht, was ich getan hätte, wenn sie geschlagen oder vergewaltigt worden wäre. „Habt ihr Mary gesehen?"
„Nein, die ist in eine andere Richtung gerannt."
Oh nein, verdammt!
Die Kinder sind am Ende ihrer Kräfte. Ich versorge ihre Kratzer und wir bringen sie zu ihren Familien.
Ich rase mit Töpfen voller Nudelsuppe hin und her.

Tomongs Mutter ruft mich in das Haus. Ihr Sohn liegt auf dem Boden und hat Schmerzen in seinem zerstörten Auge. Ich gebe ihm Morphium, während er zu erzählen beginnt. Seine Familie sitzt um ihn herum und wir weinen.

„Wir sind beim Abstieg um eine Kurve gegangen, als uns die *Raskols* den Weg versperrten und deine Mutter angriffen. Wir waren hinter ihr. Als wir den Schuss gehört haben, rasten wir den Berg hoch. Das Mädchen aus Kilden führte uns, es kannte sich gut aus. Wir sind gelaufen und gelaufen, immer den Berg hinauf.

Ich konnte wegen meines Auges nicht so schnell. Es wurde kalt und fing an zu regnen. Die Mädchen sind weitergegangen, aber ich wollte nicht mehr. Ich bin alleine zurückgeblieben und habe mir ein Loch in die Erde gegraben, weil es schon dunkel wurde. Dann ist was ganz komisches passiert. Ich bin in der Nacht dreimal aufgewacht. Erst habe ich ein wildes Schwein gesehen, es stand da und hat mich beobachtet. Ich habe keine Angst gehabt, ich wusste, dass es mir nichts tun würde. Dann hat sich ein *Mumut* (Beutelratte) hierher gelegt."

Er deutet auf seine rechte Schulter und Nacken. Langsam entspannen sich seine Züge und die Sprache wird langsamer.

„Es hat mich gewärmt. Die ganze Nacht hat es bei mir gelegen und ist erst am Morgen gegangen. Das dritte Mal hat mich ein Flughund geweckt, er war auch ganz nah über mir. Die anderen habe ich nicht mehr gefunden, aber ich wusste, dass sie in der Nähe sein müssten. Ich hatte so Angst, dass die *Raskols* mich finden würden, dass ich nach dem Aufwachen sofort auf einen Baum geklettert bin. Die ganze Zeit saß ich dort. Ich habe dann jemanden kommen hören und war ganz still. Plötzlich ist mein Onkel vor dem Baum stehen geblieben und hat gesagt: ‚Komm runter Tomong.' Er war alleine. Ich kletterte runter und er trug mich auf seinem Rücken ins Dorf. Die beiden Mädchen waren schon dort, das kleine Mädchen hatten sie schon am Morgen zurückgeführt."

‚Wie konnte der Mann Tomong gefunden haben? Es hört sich so an, als habe er gewusst, auf welchem Baum er säße. Und es kann auch nicht sein, dass ein wildes Tier sich zu einem Menschen kuschelt!', rätsele ich vor mich hin.

Eine Frau steht auf: „Tomong, du bist von drei Tieren bewacht worden, diese Tiere darfst du niemals mehr töten, sie sind deine Beschützer. Es waren deine *Tumbuna* (Ahnen), die bei dir waren." Alle nicken ehrfürchtig.

„Hast du Mary gesehen?", fragt Tomongs Mutter. – „Nein, niemanden."

Sie nimmt seinen Kopf auf den Schoß und Tränen fallen auf ihre streichelnden Hände. „Er hat Fieber", sagt sie und sieht mich fragend an.

„Das ist o.k., das ist die Erschöpfung. Er bekommt Flüssigkeit über die Infusion. Wenn er morgen noch fiebert, gibst du ihm etwas gegen Malaria."

Ich lasse sie allein und schaue nach Kaili.

Die Familie lässt mich ein und ich befinde mich in einem kleinen, überfüllten Raum. Kaili wird von ihrer Oma gehalten, die hinter ihr sitzt und ihre Haare krault.

Kaili sieht furchtbar aus. Das sonst so fröhliche Mädchen ist eingefallen, schaut traurig und reglos zu Boden, Tränen laufen über ihre Wangen. Die Oma klagt, schreit und weint. Plötzlich holt sie aus und schlägt Kailis Mutter, die neben ihr sitzt und aussieht, als würde sie nichts lieber tun, als selbst ihre Tochter halten und mit ihr weinen. Schläge prasseln auf sie nieder, die sie demütig entgegennimmt, ohne sich zu schützen oder zu wehren. Was ich sehe, verstehe ich nicht, und ich dämliche

Kuh rufe in meiner Bestürzung: „Nicht schlagen!"
Die Frau, die neben mir steht, flüstert:
„*Pasim maus.* (Halt den Mund.) Das ist die Mutter von Kailis Papa. Sie ist sauer, weil Kailis Mutter nicht gut auf sie aufgepasst hat. Sie hätte das Unglück verhindern müssen und sie erst gar nicht mitgehen lassen dürfen."
Jetzt verstehe ich auch, was die Oma schreit. „Mein Enkelkind, wie konnte dir so etwas passieren. Ah, meine Kaili, dein Vater war nicht da und deine Mutter hat dich gehen lassen. Ah!" Und wieder schlägt sie in wilder Wut zu, während sie Kaili wie eine Gefangene hält, die langsam nach vorne kippt.
Ich halte es nicht mehr aus und gehe, bevor ich mich wieder nicht zügeln kann.
Das Gefühl, schuldig zu sein, breitet sich in mir aus wie Gift; schuldig meinen Eltern gegenüber, den Kindern, Kailis Mutter, Mary, den Kranken, die aus Kilden nicht mehr kommen dürfen, und weil's so schön ist, auch den *Raskols* gegenüber.
Weil ich die Jungs nicht mitgenommen habe,
weil ich mir eingebildet hatte, hier erwünscht zu sein.

Ein blaues Auto rast auf den Krankenhausplatz. Schwerbewaffnete Männer steigen aus. Sie haben blaue Uniformen an, die hochgekrempelten Ärmel geben Muskelpakete frei. Es sind keine Männer, es sind Erscheinungen. Es sind keine Polizisten, es sind Killer, wie Tarantino sie sucht und liebt. Sie haben alles schon gesehen, den Menschen durchschaut, das Böse verdaut und einen Auftrag:
Die *Taskforce* ist gekommen.
„Wir haben die Namen aller *Suspects* (Verdächtigen). Wo ist das kleine Mädchen aus Kilden, das dabei war?"
Denny deutet auf unser Auto, Frank und ich stehen neben ihm. Die vielen Menschen haben sich respektvoll zurückgezogen. Der Polizist lehnt sich an das offene Fenster des Rücksitzes und fragt das Mädchen nach den Namen der *Raskols*. Sie muss sie nicht nennen, sie muss nur nicken. Ihre Augen sind riesig, aber sie bestätigt tapfer einen nach dem anderen.
Er nickt befriedigt und wendet sich an uns: „Wir haben dem Dorf ein Ultimatum gegeben. Wenn sie bis morgen die *Suspects* nicht ausgeliefert haben, brennen wir das Dorf nieder."
Die Männer ziehen sich ins Auto zurück und ich starre entsetzt Denny an: „Die können doch nicht ein Dorf niederbrennen!"
Denny zuckt die Achseln: „Was wisst ihr Weißen schon. Wir können! Was anderes verstehen die Menschen hier nicht. Sie gehen doch selbst so miteinander um!"

Wo ist Mary?
Warum kommt sie nicht? Dass sie sich verlaufen hat, kann sich keiner vorstellen. Hat sie so viel Angst, dass sie sich versteckt? Ist sie verletzt? Hat sie doch einer erwischt? Immer wieder gehe ich mit Elisa alle Möglichkeiten durch.
„Ihr hättet nicht über Kilden laufen dürfen. Es gibt sicherere Wege. Es war auch nicht die richtige Zeit. Man kann an den Wolken erkennen, ob etwas passieren wird, an der Art, wie sie an den Bergen hängen. Vielleicht haben sie auch auf dem Berg zu viel geredet. Man darf oben nicht sprechen."

Plötzlich bin ich auf Elisa zum ersten Mal so richtig sauer. ‚Vorher nichts sagen, obwohl wir gefragt haben, aber hinterher die große Klappe', denke ich und sage laut: „Aber Stanley hat sich das doch ausgesucht. Wir haben doch keine Ahnung, wo es sicher ist und wo nicht. Warum habt ihr dann die Kinder mitgehen lassen, wenn ihr wusstet, dass etwas passieren würde? Warum habt ihr nichts gesagt?"
„Ihr habt nicht richtig gefragt."
Ich koche, sage aber nichts mehr.

Es wird dunkel und damit klar, dass Mary nicht kommen wird.
Noch glaube ich daran, dass sie gleich durch das Tor laufen müsste!

Zweite Nacht

Am Abend diskutieren Frank und ich uns die Köpfe über die *Taskforce* heiß. Am ersten Abend stellen wir uns noch die idiotische Frage, ob wir das zulassen können, dass Dörfer niedergebrannt werden.
Am folgenden Tag schon werden wir uns grummelnd daran gewöhnt haben und irgendwann ihre Methodik nicht mehr verurteilen. Und die ist ultra hart: Es wird niedergebrannt, geschlagen, erschossen, ohne zu zögern, ohne Rechenschaft ablegen zu müssen.
Uns stehen die Haare zu Berge über die Geschichten, die man in der Zeitung liest oder erzählt bekommt: ‚Versehentlich greift eine Bande Jugendlicher ein Auto an, in dem *Taskforce* Männer sitzen, die eröffnen sofort das Feuer. Ein *Raskol* wird nackt auf die Motorhaube gefesselt und so fahren sie mit ihm durch das Hochland, andere werden hinter das Auto gelegt, sechs wie auf der Hühnerstange, und es werden ihnen die Füße zerschossen.'
Drei mit solch zerschossenen Füßen werde ich später in der Klinik sehen. Sie kommen, weil sie immer noch so Schmerzen haben. Ich werde beim Anblick ihrer verkrüppelten Füße erbleichen. Richtig, so können sie kaum laufen, geschweige denn jemanden überfallen. Eine wirksame Methode.
Wie sehr die Polizei die Kriminellen durch ihre rüden Methoden in Schach hält und eine völlige Eskalation der Gewalt verhindert, sollten wir ein Jahr später verfolgen können, als die australische Regierung es nicht mehr aushielt und mit erhobenem Zeigefinger die Polizei PNGs rügte: ‚Du du du, so könnt ihr aber nicht mit den Verbrechern umgehen. Das ist ja wie im Mittelalter. Viel zu brutal. Wir schicken mal ein paar Jungs von uns rüber, die zeigen euch mal, wie das geht! Ihr Wilden ihr!'
Gesagt, getan. Für ein halbes Jahr sollte die *Taskforce* geschult werden, in dieser Zeit übernahmen die australischen Jungs die Einsätze in den Bergen. Nach vier Wochen wurde das Training abgebrochen und beschämt musste man zugeben, dass das Ziel nicht erreicht worden war. Die Zwischenbilanz zeigte einen so explosionsartigen Zuwachs an Delikten, dass die Australier ihre Sachen packten. Und wenn man die *Raskols* nach dem Grund fragte? ‚Wir haben ja nichts zu befürchten, die Australier sind so nett zu uns!'

Ich bemühe mich um meine Eltern, trommele gegen die verschlossene Tür zu der Kammer der Trauer und des Mitleids für sie. Sehe ihre riesigen Blutergüsse von den flachen Seiten der Buschmesser, höre ihre Geschichten, beobachte ihren Rückzug, ihre Stille, wie sie uns gefasst den Rücken freihalten, anstatt einen Ort zu bekommen, an dem sie schreien und toben dürfen.

Am nächsten Morgen liefert Kilden der *Taskforce* einen Mann aus und sie bleiben erst mal vom Feuer verschont. Der Mann ist Bandenmitglied, war aber beim Überfall nicht dabei. „Wir haben ein weiteres Ultimatum gesetzt. Wenn sie uns bis morgen nicht alle ausliefern, werden wir sie suchen. Den ersten, den wir erwischen, schießen wir ins Knie, den zweiten in die Hüfte, der dritte ist tot", klärt der Leiter der *Taskforce* und unterstreicht seine Aussage mit dem Gewehr. Keiner zweifelt, dass er meint, was er sagt.
„Wir halten uns aber bei dem Dorf etwas zurück, da wir Mary nicht gefährden wollen."
Ich frage Denny, wie sie so sicher sein können, dass das Dorf wüsste, wo sich die Männer versteckt hielten.
Der Blick sagt alles: „Natürlich wissen sie es. Die Familie hält immer zusammen!"

Die kommenden und abfahrenden Autos halten uns am Leben. Dazwischen ist Stille. In meinem Kopf höre ich kein Blutrauschen, das Blut ist geronnen; kein Atmen mehr, ein unendliches Luftanhalten. Ich muss los, nur hirnlose Geschäftigkeit rettet vor dem Ersticken; nicht stehen bleiben, wer geht, der lebt.

Die Dörfer werden mobilisiert und suchen zusammen mit Gaubin nach Mary. Informationen kommen und gehen. Drei *Raskols* sind gesehen worden. Der Tag zieht sich zwischen Vakuum und Schwirren. Die *Taskforce* macht sich bereit, um in der Nacht die *Raskols* zu jagen. Ich sehe, wie Denny bei ihnen steht. Ich sehe, wie er ein Gewehr in die Hand gedrückt bekommt und durchlädt. Ich sehe ihm für einen kurzen Moment in die Augen. In seinem ersten Blick ist Wärme, im nächsten Kampflust.
„Ich geh mit. Bleib du hier und schau nach allem", erklärt er kurz.
Er steigt auf und der Trupp verschwindet in den Abend.
Mein liebenswerter Kollege, der mir während der OPs seine eigenen Gedichte vorträgt, der mir vorschwärmt, was für eine Frau er braucht, eine schlaue, eine intellektuelle, um dann doch bei den Schwestern zu bleiben, er will heute Nacht ein bisschen Rambo sein!

Die Glocke wird geläutet und alle versammeln sich in der großen Halle. Sie haben Mary nicht gefunden. Es wird die dritte Nacht sein, die sie draußen schläft. In den Bergen ist es kalt. Man glaubt Spuren gefunden zu haben, einen Schuh und Fußspuren. Alle Informationen werden zusammengeworfen und beraten, was zu tun ist. Ich sitze zitternd auf der Eingangstreppe und merke, wie unterschiedlich wir handeln.

Es wird beschlossen, Spurensucher zu rufen.
Es wird beschlossen, einen *Glasman* (Seher) zu befragen.

Frank und ich kehren zu unserer Höhle zurück, von außen nach innen, und berichten den zuhause Gebliebenen den letzten Stand. Die Kinder sind erstaunlich gut drauf und wir bewundern Rolf und Rena, wie liebevoll sie sich um die Drei kümmern und ausharren.

Dritte Nacht

Nachts schlägt die *Taskforce* zu und sie fangen den ersten mit Knieschuss. Er wird zur Erstversorgung nach Gaubin gebracht. Ich sehe mit Luis, wie das blaue Auto kommt. Ich sehe nicht, dass mein Sohn in diesen Tagen lernt, was Hass ist.

Denny kommt zu mir, er ist nicht wiederzuerkennen: „Dokta, komm, du musst das Knie versorgen, ich lege mich hin. Die anderen haben wir nicht erwischt."
Ich gehe in den kleinen OP, bin ganz ruhig und sehe ihn.
Ein schmales Bürschchen, voll mit *Buai* bespuckt, blutend, die Augen von den Schlägen zugeschwollen, die Hosen zerrissen, starr vor Angst. Warum bin ich so ruhig? Soll ich gegen das aufsteigende Mitleid kämpfen oder meinen Bluthund rufen; wo ist der?
Er sieht mich kurz an, das Bürschchen, es ist der Blick eines Kindes, welches glaubt, dem anderen nur eine Sandschaufel weggenommen zu haben, und nicht versteht, was um ihn herum jetzt geschieht. Das Maß an Naivität oder was auch immer es ist, tut weh. Auf so einer kleinen Insel weiß man doch nach einer Stunde, wer der Verbrecher ist, zumal sich die *Taskforce* hier aufhält.

Wo ist meine Wut und wieso spüle ich ihm den glatten Durchschuss nicht mit brennendem Jod aus und lass ihn vor mir tanzen, räche den Blick meiner Mutter?
Ich bin ruhig, ich bin fast zärtlich, weil das meine Überlegenheit ist. Ich strafe ihn mit Liebe und frage wie eine Mutter, ob es denn weh tue. Meine Faust auf seiner Nase wäre nur eine von vielen gewesen.
Ich muss raus.

Alle Speedboote von Karkar werden gestoppt. Ein weiteres Ultimatum läuft. Die anfängliche Sicherheit, Mary werde kommen, bröckelt. Ich frage Garry, ob heute die Spurensucher zum Vulkan gefahren werden sollen, aber er winkt ab: „Nein, heute bleiben wir alle hier, keiner darf Gaubin verlassen." – „Warum?"
„Wir dürfen die *Customs* (Zeremonien) der Seher nicht stören. Auf dem Berg gibt es Gebiete, in denen Geister wohnen. Jeder, der so ein Gebiet betritt, ist gefangen und verwirrt. Seine Augen drehen sich auf die andere Seite des Kopfes und er weiß nicht mehr, wo er ist. Er kann auch nichts mehr hören, leider auch nicht die Stimmen, die ihn suchen."
„Wie kann man so jemanden finden und befreien?"
Garry schmunzelt: „Das wissen unsere Seher. Heute Nacht werden wir auch auf den Berg gehen und ihm Essen opfern."

Einen Tag lang nichts tun, das geht nicht! Wir rufen unsere weißen *Wantok* zur Hilfe. Sir John, auf der Insel als Sohn eines Plantagenbesitzers geboren, hat sein Leben hier verbracht. Er wird uns schon sagen, was wir tun können. Vielleicht eine Belohnung aussetzen?
„Das ist eine gute Idee. Mein Hund ist mal entführt worden. Ich habe hundert *Kina* Belohnung versprochen und am nächsten Tag war er wieder da", rät er uns. – „Und wieviel?" – „Nicht zu viel und nicht zu wenig ... tausend?!"
Ja, dieses Denken ist vertraut. Hei, sind wir eifrig am Werk, wir kaufen Mary zurück! Entwerfen,

Zettel drucken, hämmern und nageln und schon hängen sie, unsere ‚Wanted'-Papiere, in ganz Gaubin und auf dem Markt. Hei, wir sind so emsig, dass wir einen Kardinalfehler begehen: Wir lassen unser Projekt nicht von den Einheimischen absegnen. Geht gar nicht!

Dann trifft die Nachricht ein, dass Kinder den Bandenchef, der auch die Pistole trägt, mit Mary in seiner Gewalt gesehen haben. Er halte sich in einer Hütte in der Nähe des Dorfes Kilden versteckt und werde nachts mit Essen versorgt. Die *Taskforce* schwirrt aus um die Spur zu verfolgen, setzt aber auf Deeskalation, um Mary nicht zu gefährden.
Drei *Raskols* stellen sich überraschend freiwillig. Von Mary wissen sie nichts. Von der Familie des Bandenchefs werden vierzehn Familienmitglieder in Sippenhaft genommen.

Die vierte Nacht bricht an
Falls Mary verletzt in den Bergen läge, schwänden ihre Überlebenschancen. Sollte sie da nicht lieber gekidnappt worden sein?

Die Glocke läutet und wir treffen uns wieder zum *Wanbel bung* (*Wanbel* = ein Bauch/Einigkeit, Treffen). Es herrscht langes Schweigen, dann sammeln wir gute Energien und schicken sie Mary. Danach wird besprochen, was die Seher gesehen haben und welche Opfer gebraucht werden. Es herrscht Einigkeit, egal ob Denny, Regierungsbeamte, Lehrer oder die Pastoren sprechen: über *Masalais* (Naturgeister) wird so selbstverständlich geredet wie über die Spurensucher.
Einige halten zu Beginn noch verschämt die Hand vor den Mund: ‚Andere glauben... aber ich als guter Christ ja nicht!' Als wir signalisieren, dass uns alle Mittel recht sind, bleiben die Hände mit der Zeit unten.
Eine Schwester kommt zu mir und erklärt es mir ganz einfach: „Heute Nacht werden Bräuche zur Besänftigung der Berggeister durchgeführt. Dokta, Gott hat diese Geister selbst gemacht, also bete ich dafür, dass die Geister Mary freigeben."
Wie sehr müssen sich diese Menschen verstellen, damit sie nicht ständig gegängelt und in Frage gestellt werden? So fühlen die Niuginis sich also vor uns Weißen. Sie rechnen mit unserer ständigen Suche nach etwas, auf das wir missbilligend mit dem Finger zeigen können.
Die Erklärung der Schwester, die für das ganze Krankenhausgelände spricht, ist bestechend einfach und vereint zwei Seelen in der Brust. Würde man die eine Seele verbieten, verkümmerte mit ihr die andere wie ein aus dem Gleichgewicht gebrachter Seiltänzer.
Wir sind doch hier, um unseren Horizont zu erweitern. Die Erklärung war doch genial wie einfach, und habe ich der Frau mit *Sangguma* nicht ähnliches erzählt? Ich will nichts mehr vorgespielt bekommen, wir sehen doch, dass die westliche Oberfläche das wahre Gesicht nur dünn verhüllt. Und so spenden wir selbstverständlich Brot und Reis als Gaben, die um vier Uhr nachts über den Kraterrand geworfen werden, um die Geister milde zu stimmen.

Die Beratenden sind noch in der großen Halle versammelt, als eine Frau auf einer Bambusliege in den Krankenhauseingang hineingetragen wird. Sie sieht schlecht aus, grau im Gesicht und schmerzverzerrt. Ich frage, was los ist.

„Ich habe drei Monate nicht geblutet, jetzt habe ich große Bauchschmerzen."
Die Diagnose ist klar, denn der Bauch ist dick und man spürt schon das Blut darin schwappen. Es ist eine Eileiterschwangerschaft, die geplatzt ist und jetzt in den Bauch blutet. Eigentlich kein Problem, aber gerade die Männer vom Labor kraxeln zur Stunde die 1400 m hoch, um die Opfer darzubringen. Ich hatte einen von ihnen gebeten zu bleiben, aber die beiden Revoluzzer haben eigene Prioritäten und sind gegangen.
Die Frau ist so blutleer, dass sie nach Luft japst und ich um ihr Leben bange. Werden die Menschen durch z. B. Malaria langsam blutarm, können sie unglaublich niedrige Werte aushalten, wie eine Frau, die bei Hb 1.8 (Normal 12-14 g/dl) noch den Gang gefegt hat. Aber der plötzliche Verlust ist gefährlich.
Woher Blut nehmen? Die Männer, die sie getragen haben, passen mit der Blutgruppe nicht. Mit einem Pfleger zusammen gehe ich in das Labor und lass mich selbst anzapfen. Blutgruppe null negativ, geht immer. Ein halber Liter ist bei den Mengen, die ich aus ihrem Bauch geholt habe, lächerlich. Vielleicht würde sie glauben, sie müsse sterben, sollte sie erfahren, dass sie das Blut einer Weißen in den Adern hat. Ich werde es nicht erzählen.
Die Menschen in weiten Teilen des Hochlandes haben eine lange Tradition des Aderlasses. Einmal natürlich, um Krankheiten auszuleiten, dazu werden z.B. gestaute Venen mit einem kurzen Pfeil angeschossen, aber auch, um sich vor Kämpfen fit zu machen. Man entledigt sich des ‚schweren' Blutes. Mal schauen, wie ich mich morgen fühle!

Am nächsten Tag passiert wieder nichts. Die Spurensucher sind unterwegs, obwohl alle sicher sind, dass Mary von dem Bandenchef gefangen gehalten wird. Wir hören, dass Noel befragt wurde.
Er habe mehrfach, wider der allgemeinen Stimmung, gesehen, dass Mary verletzt sei und in der Nähe eines Dorfes läge, dass Mom heiße, zwischen den Dörfern Kilden und Bafor gelegen. Menschen gehen los, um zu suchen.

Und da stehen plötzlich unsere Herzensfreunde, ein Ärzte-Ehepaar aus einem anderen Krankenhaus, vor uns in der Tür, nass mit roten Augen von dem unruhigen Meer. Sie waren auf einem Seminar bei Madang gewesen und wollten uns zur Seite stehen.
Ein Geschenk des Himmels, weil wir für einen Augenblick loslassen dürfen. Sie öffnen uns die Augen, in dem sie uns ‚erlauben', uns aus dem Geschehen herauszuziehen. Sie ermutigen uns, klare Positionen zu beziehen und deutliche Worte zu sprechen. Doch das Boot wartet schon bald wieder auf sie; und so gehen sie mit einem Brocken meiner Schuld auf ihrem Rücken im Tausch gegen die noch spürbare Wärme der Hand auf der Schulter.

Kaum sind sie fort, eilt Frank los, um die Spurensucher einzusammeln. – Nichts!
Erschöpft sitzen sie in der großen Halle. Froh, irgendetwas für sie tun zu können, bereite ich Töpfe voller 2-Minuten-Nudeln mit Mais zu und bringe sogar sechs Kopflampen mit, damit sie sich nicht in der Nacht verlaufen, denn sie rasten nur, sie ruhen nicht.
Wieder sitzen wir in der Halle da und ziehen all unsere Energien zusammen zu einer geballten Kraft, die den Berg umflirtet und Mary umhüllen soll.

Als wir unseren Administrator James sehen, hält er einen ‚Wanted' Zettel in der Hand. Auch die anderen sind abgerissen. Er kommt zu uns und platzt: „Ihr müsst das sofort rückgängig machen. Diese Idee mit der Belohnung ist *Bullshit* (Mist). Habt ihr euch nicht überlegt, dass ihr damit nur neue Probleme erzeugt? Es wird nicht nur Neid erzeugen und Streit säen; die Tausendkina-Jäger, die jetzt unterwegs sind, sind eventuell auch daran schuld, dass die Geisterbeschwörungen gestört wurden und Mary jetzt weiter unsichtbar bleibt. He, hier läuft alles nach den vorgegebenen *Customs* (Ritualen)!"

„Verdammt, James, das tut uns leid, daran haben wir nicht gedacht. Oh nein! Wie können wir das denn wieder rückgängig machen? Kannst du uns helfen?"

„Ich kann es versuchen, aber es hat schon Schaden angerichtet. Macht einfach nichts mehr, was ihr nicht mit uns absprecht. Es ist genauso *Bullshit* den Spurensuchern Essen zu geben. So machst du sie nur faul und mit den Taschenlampen blind. Wir Niuginis sehen nur mit den Augen allein nachts viel besser."

Ich bin peinlichst berührt, in Demut, aber auch wütend: „Und warum sagt ihr uns das erst alles, nachdem ihr die Zettel aufgehängt habt und nachdem die Scouts den letzten Bissen runter geschluckt haben?"

„Ihr habt ja nicht gefragt!"

Ich beiße die Zähne zusammen, Frank hält mich am Arm fest und zieht mich weg.

„Lass es, er hat Recht, wir haben Mist gemacht. Wir hätten es wissen müssen. Das war eine beschissene westliche Idee."

Das waren keine Regentropfen auf das fein gesponnene, feinfühlige kulturelle Netz, das war eine Bombe. „Es gibt jetzt inzwischen so viele Fettnäpfchen, die unsere Spuren tragen, dass wir uns zusammensetzen sollten. Vielleicht geht ihr besser runter von der Insel, das würde deinen Eltern und auch den Kindern gut tun", schlägt Frank am Abend vor. Mein Inneres bäumt sich auf, obwohl ich weiß, dass er recht hat. „Ich kann nicht, ich muss Mary sehen und wissen, was hier passiert."

„Ich kann ja bleiben." Ich fange an zu zittern: „Nein, bitte Morgen noch. Ich kann noch nicht loslassen."

Als die Krise kam, hatten wir funktioniert, wie wir es gelernt hatten. Das zuckende Herz wollte etwas Gutes tun, alles professionell durchregeln, immer oberes Fahrwasser behalten. Weißes Herz – weißer Instinkt: weißer *Bullshit*.

Ich muss mich nun wie eine Schlange häuten, um zu wachsen, und aus meinen Wurzeln schlüpfen. Beschränkt war ich in meinem Mauerwerk, bin ein Faden jetzt aus dem Arsch der Spinne aus dem Niemandsland, wehe durch die Luft, auf der Suche nach einer neuen Heimat.

Uns wird ein kurzer Einblick hinter die Fassade gewährt und wir sehen ein uraltes, phantastisch funktionierendes Netzwerk, handfeste spirituelle Gesetze und Rituale, weiße und schwarze Magie.

Die fünfte Nacht

„Frank, was tun wir, wenn Mary das nicht überlebt?" – „Ich glaube, dann sollten wir gehen." – „Denke ich auch. Wenn sich herausstellen sollte, dass der Anschlag eigentlich eine Strafe gegen

uns ist, müssen wir das auch. Das darf am Arbeitsplatz nicht passieren", spinne ich den Faden weiter.
„Eins ist klar, wenn sie uns weiter hier haben wollen, müssen sie es uns deutlich sagen und auf uns aufpassen. Wenn unseren Kindern etwas passiert, werden wir unseres Lebens nicht mehr froh!" –
„Lass uns auf morgen hoffen."

Sechste Nacht
Die *Taskforce* versucht sich zu beherrschen und sucht weiter nach Mary und den Verdächtigen. Die Spurensucher suchen weiter, ohne ein Lebenszeichen zu finden.

Dieses Warten bringt in einem alles zum Erliegen, ein Dauerkrampf, unruhige Beine, die nicht still stehen dürfen. Tagsüber wird man von der Hoffnung getragen, abends bricht sie zusammen und laufen die Tränen. Wir fallen in die nächste Starre, bis man aufschreckt und wieder versucht positiv zu denken. Die Niuginis warnen uns, wer Mary aufgäbe, entziehe ihr die Energie zum Überleben.

Man gewährt uns keinen Einblick hinter die Kulissen, wir werden ausgezogen.

Wir ziehen uns zurück, weil wir nur noch Fehler machen können, so nackt wie wir dastehen, wir stören. Endlich höre ich die Botschaft ‚Geht und lasst uns alles regeln, ihr habt es nicht drauf, nicht hier.' Ich packe alles zusammen und verschwinde mit den Kindern und meinen Eltern von der Insel. Aber ich kann nicht loslassen. Es ist die Schuld, die mich kettet, es ist die Verantwortung für Mary; sie ist nicht nur unsere Babysitterin, an mir hängt traditionell mehr, ich bin ihre *Mama*. Frank bleibt, um auf sie zu warten und unsere Position zu vertreten.

Zehnte Nacht
Christine unterhält sich mit meinen Eltern, ich springe mit den Kindern an einem Strand bei Madang herum. Jede verstrichene Stunde ist ein Geschenk. „Da kommt ein Helikopter!", schreit Luis plötzlich. Wir halten inne und verfolgen den blauen Vogel von Peter Barter, dem Hotelbesitzer und Beschützer Karkars, der aus der Richtung von Karkar kommt.

„Da ist bestimmt Mary drin!", ruft Mira. Wir rasen in die Stadt und treffen Florence, eine Schwester von Gaubin. „Sie haben sie gefunden, Mary lebt!", ruft sie uns entgegen.
Nach zehn Nächten!
„Wo, was ist passiert, wo ist sie, hat die *Taskforce* sie befreit?" Lachen und Tränen überschlagen sich. „Sie liegt im Krankenhaus und ist verletzt. Ich habe gehört, sie war in eine Schlucht gefallen."

Marys Geschichte – Suche nach einem Happy End

Tot darf keiner sein
Das ist nicht Mary! Diese eingefallene Frau ist nicht Mary!
Zehn Tage Busch haben ihr alles Menschliche genommen. Sie ist zerzaust, die Augen sind erloschen und stumpf, irren umher wie ein halbverhungertes Tier auf der Suche nach einem Bissen. Ihr Mund bewegt sich ständig, als würde sie auf etwas Imaginärem rumkauen. Ihre Schwester steht neben ihr und reicht ihr Wasser.
Langsam trete ich an ihr Bett, die Phantasie einer gefühlsstarken Umarmung und verbindender Tränen der Erleichterung über das Happy End ist verflogen.
„Hallo Mary."
Sie sieht mich kurz an ohne mich zu sehen, weint leise vor sich hin und ist mit den menschlichen Überlebensgrundlagen beschäftigt. Ein Arzt kommt zu mir. „Wir wollen ein Röntgenbild machen. Wie es aussieht, ist ihre Wirbelsäule gebrochen. Sie kann ihre Beine nicht bewegen."
Die Worte sind wie Hiebe. – Das wird alles, sie lebt, das kriegen wir alles hin und wenn wir sie nach Australien fliegen müssen…

Sie sollte für immer ab dem Knie gelähmt bleiben. Wie oft sollten ihre Füße verbrannt werden, um sie zum Leben zu erwecken. Es sind tote Füße, gestorbene Ehe, ungeborene Kinder, ein Leben, das am Stock gehen wird.

Ich umarme sie kurz, spreche mit ihrer Schwester und gebe ihr Geld, damit sie Essen und alles andere kaufen kann. Aber ich weiß, dass ich mich nicht freikaufen kann.

Später wird sie erzählen, dass sie geflüchtet ist und sich versteckt hat. Als sie sich am nächsten Morgen etwas zu essen besorgen will, stellt sie sich auf einen Stein, um an einen Zweig mit Beeren zu gelangen. Der Zweig bricht und sie fällt mehrere Meter tief in eine kleine Schlucht. Sie schlägt mit dem Rücken auf einem großen Stein auf und kann sich nicht mehr bewegen. Sie schreit und ruft, versucht den Morgentau von den Blättern zu trinken, kriecht Millimeter weit, auf dem Po rutschend, zu Blättern und Wurzeln, die sie am Leben erhalten.
„Ich habe nie aufgegeben. Ich wusste, dass ich gefunden werde. Immer wieder habe ich Kraft gesammelt. Ich wusste, dass ich nicht sterben werde. Dann habe ich Stimmen gehört. Ich habe gerufen, aber meine Stimme war ganz anders vom vielen Rufen, ganz heiser und tief. Als die zwei Männer mich gesehen haben, sind sie erschrocken und weggerannt, weil sie glaubten, einen *Masalai* (Geist) zu sehen. Sie waren auf dem Weg zu ihren Gärten. Immer wieder habe ich gebettelt, ich bräuchte Hilfe und sie sollten keine Angst vor mir haben. Ich denke, sie wussten von dem Überfall und dass ich die Frau sein müsste, die gesucht werde."
Sie wurde genau in dem Gebiet gefunden, welches Noel beschrieben hatte. Die Männer halfen ihr und sie wussten von den tausend *Kina*.

Die *Taskforce* schießt den Bandenchef nieder. Denny übernimmt die Notversorgung und verlegt ihn nach Madang. Als er seinen Namen bei der Krankenhausaufnahme sagen soll, verstirbt er. Ein anderer *Raskol* ist weiterhin auf Flucht, aber die *Taskforce* verlässt die Insel. Frank und Denny verlassen ebenfalls die Insel, denn es gibt Fragen.

Wie sollen wir weiterarbeiten?!

Denny wird vorgeworfen, den Mann nicht richtig versorgt zu haben; er wird bedroht. Wir grübeln: War der Überfall eventuell gegen uns gerichtet gewesen, hatten die Männer gewusst, dass das meine Eltern sind? Hatten wir etwas falsch gemacht? Wenn ja was? – Wer gewährt uns Sicherheit?

Ron, unser Chef aus Madang, sitzt mit uns zusammen. Als Mann aus Karkar weiß er, was passiert ist. „Ich habe mich informiert, die sechs *Raskols* waren alles Männer aus der Stadt. Es ist jetzt sehr wichtig, heraus zu finden, ob der Überfall was mit euch zu tun hat oder mit Gaubin. Nach dem, was ich bis jetzt weiß, ist es nicht so. Ihr seid bei den Menschen beliebt und ich habe nicht gehört, dass sich jemand über euch geärgert hat. Alle sprechen gut von euch. Gaubin läuft auch gut, selbst wenn Denny aneckt. Das waren Jungs, die Geld haben wollten, denen die Stadt den Kopf verdreht hat."

„Aber die Männer haben auch gerufen, dass wir Weiße uns nicht mehr blicken lassen sollen!", wende ich ein. – „Ja, der Berg ist für uns Karkar-Menschen heilig. Möglich auch, dass es rassistische Äußerungen waren, aber das ist nicht so wichtig."

„Das waren also alles keine Karkar-Männer?"

Ron windet sich etwas:

„Doch, sie sind von Karkar, einer ist auch ein Cousin von mir, aber sie haben Karkar verlassen und sind nicht mehr in den Dörfern integriert. Es sind *Trabel Mangis* (Jungs, die Ärger machen), die viel Marihuana rauchen und auch im Dorf für Probleme sorgen." Ich verstehe es nicht, aber ich bin erleichtert, rede mir immer wieder ein, dass sie vielleicht doch nicht wussten, dass es meine Eltern waren.

„Drei Gruppen mit Weißen aus dem Madang-Krankenhaus sind in den letzten Tagen mit demselben Führer von Kilden aus auf den Vulkan gegangen..." Ron nimmt mir die Hoffnung mit einer Handbewegung: „Ich bin mir ziemlich sicher, dass sie wussten, wen sie da vor sich hatten.

Aber Karkar hat ein enormes soziales Problem. Es sind drei Problemfelder: Erst einmal ist es überbevölkert und es fängt schon an, dass das Land knapp wird und die Menschen zu eng aufeinander wohnen. Ein Vater muss sein Land auf die Söhne verteilen, so dass jeder einen eigenen Garten hat. Traditionell ist es immer noch so, dass die Frauen nach der Heirat zu den Männern ins Dorf ziehen und die Gärten bestellen.

Die Familien haben jetzt immer mehr Kinder, nicht zuletzt, weil die Medizin immer mehr rettet und so das Gleichgewicht zwischen Tod und Geburten aufgehoben hat. Es ist auch nebenbei für euch Ärzte eine große Verantwortung, dafür zu sorgen, dass dieses Gleichgewicht durch gute, aggressive Familienplanung wieder hergestellt wird. Es wird sonst mehr Kämpfe und Tote geben.

Dann haben wir aber auch einen Generationen- und einen Kulturkonflikt – neu gegen alt. Die jungen Menschen wollen den alten Sitten und Gebräuchen nicht mehr folgen, sie wollen nicht mehr auf die Alten hören. Sie werden durch die Stadt und auch das Fernsehen heiß gemacht auf ein Leben, das sie nicht bekommen. Dazu kommt, dass sie inzwischen eine gute Schulbildung haben, aber nichts damit anfangen können, da es kaum Ausbildungsplätze und Arbeit gibt. Es ist klar, dass sie dann rumhängen, das Dorfleben mit der Gartenarbeit und so nicht mehr mögen, aber keinen Platz mehr haben, wo sie etwas wert sind, wo sie gebraucht werden, ihre Fähigkeiten und ihr Wissen an-

bringen können. Viele gehen in die Stadt und dort unter. Wir müssen versuchen, ihnen wieder einen Platz zu geben, einen Weg zu finden, wie sie ihre Träume, aber auch die alten Werte leben können."
Langsam fange ich an, die Tragik dieses Landes zu begreifen.
Dieses Land muss in Überschallgeschwindigkeit eine Entwicklung nachholen, zu der andere Länder Jahrhunderte lang Zeit hatten. Sie hatten gerade mal fünfzig Jahre. Es ist genauso, als würde meine Mutter erlebt haben, wie Schwerter über dem Amboss geschlagen wurden, als würde mir meine Oma abends am Bett die Geschichte ihrer Cousine erzählen, die von den Wikingern geraubt wurde.
In dem festen stabilen Dorfgefüge hatte jeder seinen Platz und seine Funktion.
Auch wenn die Küstenregionen im Gegensatz zu dem Hochland, durch Handelsbeziehungen und Völkerbewegungen einen ständig kulturellen Wandel mitmachten, kommt die Kolonialisierung und Christianisierung einem Tsunami gleich, der durch das Land gefegt ist. Die Suche nach dem, was überlebt hat und der Wiederaufbau haben eben erst begonnen. Aber nach der großen Welle bleibt keine Ruhe, um ein Gefüge wieder herzustellen, denn die Schleuse ist offen und weitere Wellen aus dem Westen schwappen in das Land und verwirren fortan.
Während die Frauen langsam ihre Potenz und neue Aufgabenfelder erkennen, kommen die Männer immer mehr ins Straucheln. Wen wundert also, dass der eine oder andere anfängt, um sich zu schlagen.

„Was sollen wir jetzt machen?"
„Bleibt von der Insel fern, fahrt in den Urlaub. Ich werde mich darum kümmern. Was mich sorgt, ist, dass einer erschossen wurde. Bei uns Niuginis ist es egal, was derjenige angestellt hat, die Familie steht hinter ihm und will sich rächen." – „Auch wenn sie von der *Taskforce* gewarnt wurde?" – „Ja, das ist egal. Tot darf keiner sein."
Meine Eltern könnten also noch ein Ende des Ganzen miterleben, aber sie möchten vorzeitig gehen, da sie sich nicht sicher fühlen und die Buschmesser tragenden Männer nicht mehr ertragen können.

Erst kurz vor unserer Ausreise nach Deutschland kann ich es zulassen, mich auf die Suche nach dem Schrecken zu machen. Erst dann kann ich den Mut aufbringen, innerlich den Berg barfuß zu erklimmen, das Echo der Schreie und der Angst einzufangen, den Ort aufzusuchen, wo Tomong geschlafen hatte... Endlich die Tränen fließen lassen dürfen. So lange konnte ich die große Gefühlsleiche nicht aus dem Keller holen, nicht einmal, nachdem ich selbst einen *Holdup* erlebt hatte, der jedoch nach Schema F verlief.

Erst Jahre später kann ich klar begreifen, was mich für meine Eltern hat blind sein lassen:

...hätte ich ihre Geschichte in mein Inneres eingelassen...
...hätten wir gehen müssen.
Wir hätten alles zusammenpacken und das Land verlassen müssen,
aber dazu bin ich noch nicht bereit gewesen.

Tsoi Island

„Was können wir so taoistisch Positives aus dem ziehen, was war?", frage ich in den blauen Himmel.

Frank und ich liegen am Strand, außer Reichweite für etwaige Nachbeben oder Rufe, auf einer kleinen melanesischen Insel.
Haben wir die dunkle Seite der melanesischen Kultur gespürt, so lassen wir uns hier von den Hula-Hula-Tönen der Polynesier einlullen. Nie wieder sollte ich solch entspannten Menschen begegnen.
Sie haben ein Lebensgefühl, welches als pulverisierte Droge die Welt verändern würde.

„Ich glaube, uns hat das ganz schön die Augen für dieses Land geöffnet. Ich weiß auch, dass ich eines nie mehr machen werde: etwas alleine entscheiden oder tun. Alle Entscheidungen oder Wünsche gehen in die Gemeinschaft, in ein Gremium und dieses wird es ausführen oder zumindest absegnen", überlegt Frank.
„Auf alle Fälle."
Ich würde gerne etwas sagen, aber es ist mir peinlich, weil oberkitschig und doch wahr. Ich verschiebe es.
„Wo es mir noch die Augen geöffnet hat, ist, dass wir gewohnt sind, alles aus unseren Händen zu geben. So ein Vorfall in Deutschland? Da bräuchtest du nichts tun, außer 110 wählen. Aber wir geben nicht nur Verantwortung ab, eigentlich fast alles. Die Menschen hier sind es gewöhnt, völlig autark zu sein. Alles, was sie zum Leben brauchen, können sie selber machen. Ihre Häuser, Geschirr, Tische Stühle, Essen sowieso, Kleider, Werkzeuge, Boote, sogar Gericht halten sie selber, Medizin finden sie im Busch, einfach alles. Wie heißt das noch mal, irgendwas mit Sub?"
„Subsistenzwirtschaft", hilft mir Frank.
„Genau. Sie brauchen kein Geld und sie brauchen auch kein "Kauf nix Tag". Unsere berufliche Spezialisierung hat zur Folge, dass wir nicht mehr überleben könnten. Wir haben auch kein soziales Netz mehr, das weiter als maximal bis zur nächsten Haustür reicht. Die Kinder sind im Kindergarten, Oma und Opa im Altersheim."
„Du kannst die Zeit nicht zurückdrehen. Auch für die Menschen hier. Es ist genial, was die Menschen hier noch können. Respekt. Aber ohne unsere Gesellschaft säßest du jetzt nicht hier."
„Schon, aber vielleicht kann man in seiner kleinen Welt wieder mehr kleine Netze spinnen."
Ich trau mich, auch wenn ich Franks Stoßseufzer schon im Ohr habe:

„Es mag sich jetzt total blöd anhören, aber als es auf Karkar ganz schrecklich war, hatte ich das Gefühl, wie als wäre ein Fass Liebe aufgegangen."
Frank stöhnt auf.
„Silke, kaum liegst du wieder an einem Strand, hast du deine rosa Brille auf. Komm mal in die Realität zurück. Gerade sind vier Menschen verletzt worden, eine bleibt ein Krüppel, einer ist tot und du laberst von Liebe, bleib mal auf dem Teppich!", raunt er und setzt sich auf.
„Du hast Recht, aber es ist so. Ich suche nach meiner Wut, aber die ist weg, eigentlich, seitdem ich diesem Bürschchen ins Gesicht gesehen habe. Ich meine aber auch nicht die *Raskols*. Ich war auf

alle sauer, hatte das Gefühl, von allen verletzt worden zu sein, sogar wenn ich den Berg angeschaut habe. Das ist jetzt weg.
Vielleicht, weil die Menschen sich nicht mehr verstellt haben, vielleicht weil sie uns in den Hintern getreten haben?

Aber eigentlich weiß ich es: weil sie uns, wenn auch für kurz, den Finger an den Puls ihres Lebens haben halten lassen."

„Wie du redest, wie in einem Groschenroman: Dr. Sommer auf der Südseeinsel!" Er lacht und ich schubse ihn.
„Ich versteh ja, was du meinst, sülz nur weiter."!
„Weißt du, es ist, als wären wir jetzt per Du. Sie sind nicht die exotischen, romantischen ‚primitiven Eingeborenen', wie sie letztens von einer Touristin im Guesthouse genannt wurden oder hat sie sogar ‚Wilde' gesagt? Wenn ich mit den Schwestern oder Denny rede oder auch hier, ist es so, als wäre ich farbenblind geworden. Ich sehe nur Menschen, wie du und ich. Klar mit einer anderen Kultur, aber da ist etwas verschmolzen.
Das ist nicht Respekt oder Toleranz nach unserem alten Prinzip. Es ist Nähe und Liebe, wie ich sie nicht kannte.
In diesem Land habe ich sowieso das Gefühl, mit allem per du zu sein, man kennt die Flugzeuge, weil es sowieso nur eine Handvoll gibt, wie auch die Piloten, man duzt sich mit dem Innenminister, hat den Präsidenten keine zwei Meter vor sich, und wenn etwas passiert, ist es immer wie in der Nachbarschaft."
„Interessant nur, wie viele mit dir per du sein wollen oder können. Ich glaube, dass sind nicht viele", wendet Frank ein. Er sollte Recht behalten.
Ich denke nach, über dieses neue Gefühl, sehe auf das Meer und ein Feuerwerk erfasst mich, ein unendliches Wohlgefühl, Champagner in den Adern, Schmetterlinge für die Verliebtheit in den Augenblick, endlich ist es zurück!
„Ich verstehe es nicht, es ist so Schlimmes passiert, aber ich sitze hier und sehe dieses glasklare Wasser, höre die Kinder singen und trommeln und finde, ich bin der glücklichste Mensch der Welt. Ich könnte kotzen vor Dankbarkeit, mich schütteln, wenn ich mir so zuhöre. Ich kann mich manchmal gar nicht mehr aushalten."
„Hm."
„Glück macht süchtig."
„Und blind!"

Wir fangen neu an – The bright side of life

Gerüchte

Hallo oma und opa
wi get es dia, mia get es gut
hapt ia auch aaaaaaaaaaaah
geschrin alz ia wida su hause wat?
toes Mira

Hallo Oma und Opa.
Wie geht es dir, mir geht es gut.
Habt ihr auch aaaaaaaaaaaah
geschrien als ihr wieder zu Hause ward?
Tschüss Mira

Die Kinder rufen ‚Juchu!', werden stürmisch begrüßt, mit Tieren überhäuft und nicht mehr losgelassen. Die Menschen und Schwestern rufen ‚Juchu!, ihr seid wieder da, es tut uns alles so leid, wir wollen euch, wir passen auf euch auf' – und sie sind nett, nett, netter... Frank und ich rufen: ‚Ist das alles wieder schön hier!', und kauen zwischen dem Haareraufen schmunzelnd eine *Buai* (Betelnuss) nach der anderen.

Wir sitzen seit unserer Ankunft auf dem schönen Karkar jeden Tag mit Denny und dem *Law and Order Man* (Gesetzeshüter) aus dem Nachbardorf Marup auf unserer Terrasse und bekommen den neusten *Tok Win* (Gerüchte) zu hören. Er ist ein Mann mittleren Alters mit einer natürlichen Autorität und Ruhe im Blut. „Ihr wisst, dass die Familie des Toten *Trabel* (Ärger) macht und sich rächen will?", beginnt er langsam. – Pause! – „Jetzt habe ich gehört, dass sie sich einen Anwalt nehmen wollen und euch", er sieht uns an, „verklagen wollen." Sein Mund ist voller *Buai*, er nimmt sich weitere aus der Schüssel, die wir hingestellt haben.
„Wieso uns?"
„Weil ihr die *Taskforce* aufgefordert habt, Mary zu finden."
Gekaute Pause.
„Heute Nachmittag kommen die *Big Men* (Dorfchefs) aus Kilden und Bafor, um euch *Wan Bel* (Ein Bauch = Einheit) zu geben. Der *Big Man* von Bafor ist ein schwacher Mann, ihm tanzen die Jungs auf der Nase herum, deswegen gibt es dort immer wieder Ärger."
Gespuckte Pause.
„Wir haben im Dorf ein gutes Programm für die Jugendlichen, ich finde, das läuft ganz gut."

Dass er kein Aufschneider ist, erkenne ich ein paar Monate später, als ich vor dem schlichten Sarg stehe, aus dem Männer die Nägel wieder herauszuziehen. Er steht mitten auf dem Dorfplatz von Marup und ich soll die Todesursache bestätigen.

Die Spannung ist unerträglich und mir ist mulmig. Immer wieder erhebt Mr. Law and Order seine löwenstarke Stimme, die sich wie ein unsichtbarer Schutzschild zwischen die Menschen legt. Immer wieder geht eine Bewegung durch die Menge, die im Kreis um den Sarg steht. Wie ein Dompteur steht er in der Mitte des Platzes, scheucht sie zurück und beruhigt das unhörbare Brüllen und Fauchen. Alle Krallen sind ausgefahren, dazwischen die Kinder mit ihren großen ängstlichen Augen.

Ein junger Mann ist geköpft worden – von hinten. Sein eigener Bruder hat das Buschmesser genommen und nach dem Streit dem davonlaufenden Bruder den Kopf abgetrennt, vor aller Augen. Der Gestank aus der Kiste ist so bestialisch wie der Anblick. Der Kopf hängt nur an einem kleinen, letzten, vorderen Halslappen. Ich knie mich nieder und versuche meinen Job zu machen. Wo ist meine Distanz? Das letzte Mal habe ich bei einem geschlachteten Schwein die Luftröhre bewundert, die glatten, bläulichen Knorpelspangen, schön und gleichmäßig, wie ein sich aufrollender Farn – die wunderbare Fantasie der Natur, eine kleine Anatomie-Auffrischung.

Der Mensch hier ist keine zwanzig Jahre alt und hatte keine Chance. Ich bestätige die Todesursache und darf wieder gehen. Mr. Law and Order schaffte es, dass kein weiterer zu Schaden kommt und erhält meinen tiefsten Respekt.

„Wo sind eigentlich die vier *Raskols*?", frage ich Mr. Law and Order anschließend. „*Long kalabus* (Im Gefängnis). Sie werden einen Prozess bekommen, aber da müsst ihr nicht hin, die Protokolle von deinen Eltern reichen." Er hat keine Eile beim Reden, sein Fluss ist ein Plätschern. Ich sehe zu Denny, der sich an die Wand gelehnt hat. Unter der heißen, schwülen Mittagssonne, nach dem Arbeitsmarathon am Morgen, schwimmt er in diesem Plätschern dahin und fallen ihm die Augen zu. Seine Frauen setzen ihm zu, gestern Nacht haben sich seine Favoritinnen gekloppt. Heute haben wir eine Krankenschwester weniger, sie ist nach Madang abgehauen.

„Wie wahrscheinlich können sie ausbrechen?", will Frank wissen. Mr. Law and Order grinst genüsslich, zieht die Augenbrauen hoch und schweigt.

„Wird Mary eine Kompensation erhalten?", fällt mir ein.

„Ich wundere mich selbst, weil ich noch nichts gehört habe. Die Leute von Bagabag haben sich bisher ruhig verhalten, viel zu ruhig. Mal sehen, was kommt", antwortet er.

„Was ist mit dem Mann, der Mary gefunden hatte und seinen tausend *Kina*?", will Frank wieder wissen. – „Wir haben mit ihm verhandelt, er bekommt jetzt ein Schwein", sagt er grinsend. Er spuckt den roten Brei in die Blumen und sieht Frank an: „*Yu gat simuk*? (Hast du eine Zigarette?)"

Zu Recht sollte Mr. Law and Order gegrinst haben. Nach einem Jahr war keiner der Schweren Jungs mehr im Bau. Noch ein halbes Jahr später wurde einer bei einem Überfall an der Küste Madangs erschossen, die anderen kehrten scheinbar bekehrt nach Karkar zurück und buddeln seither in den Gärten. Den Bruder des erschossenen *Raskols* sehe ich oft auf der Straße Karkars. Das erste Mal halte ich erschrocken die Luft an. Er sieht mir in die Augen und nickt mir fast unmerklich zu. Ein kleines Nicken, welches mir sagt, dass ich seine Rache nicht zu fürchten habe. Es nimmt mir die Angst und lässt mich bei den nächsten Begegnungen weiteratmen.

Am Nachmittag kommen die *Big Men* und man sieht, wie viel Mühe es ihnen macht, vor uns

zu stehen. Wir reichen das *Buai* herum und die Stimmung lockert sich. Der *Councillor* (Bürgermeister) von Bafor tritt vor: „Es wird eine große *Peace Ceremony* (Friedenszeremonie) geben. Wir arbeiten einen Vertrag für diese aus. Ihr könnt euch auf Karkar frei bewegen. Wir haben alles im Griff, ihr habt nichts zu befürchten." – „Wir freuen uns, wieder hier zu sein und den Menschen auf Karkar einen guten Service geben zu dürfen", entgegne ich höflich.
„Was ist eigentlich mit dem sechsten *Raskol*?", hakt Frank nach, ihm ist nicht nur nach ‚Ach, wie haben wir uns doch alle lieb' zumute. Die Männer tauschen Blicke aus. „Er ist in Kilden. Ja, gestern hat er wieder Ärger gemacht. Bei einem Fußballspiel hat er einen Vierzehnjährigen verprügelt. Wir haben ihn gejagt, aber er ist im Busch untergetaucht. *Tasol no ken tingting planti.* (Aber ihr müsst nicht viel denken.)" – Na dann, ist doch wieder alles lustig.

Diese *Peace Ceremony,* man kann es nicht anders sagen, wurde dann doch ein dickes Ding. Es begann mit viel Vorbereitung, Rednerbühne zimmern, Fahnenstange aufstellen und zwanzig Schweine von unserer Nachbarinsel Bagabag holen. Viele wurden eingeladen und kamen dann an dem besonderen Tag, an dem das Interesse an Frieden und Sicherheit groß war. Mir wurden symbolisch und stellvertretend für alle, die in Gaubin arbeiten, ein Bilum und eine Schweinezahnkette um den Hals gehängt. Ein Bäumchen wurde gepflanzt, alle bekamen zu essen und es wurde getanzt. Als Höhepunkt wurde ein Vertrag unterschrieben, der alle umliegenden Gemeinden aufrief, für Gaubins Sicherheit zu sorgen. Ein guter Tag. Gut auch unser ‚Heilfleisch' – was geschehen ist, ist geschehen – weiter geht's.

Jedes Mal sind es die Kinder, die uns aus dem Ernst des Lebens herausholen und in ihre heile Welt locken. Mit den Niugini-Kindern wird es immer spaßiger und intensiver. Alles finden sie spannend: unsere Kinder-Diskos, Miras Geburtstag, zusammen Brot backen, Seifenblasen pusten, Bücher lesen, singend und johlend um die Insel fahren. Egal, ob einer im Bett liegt oder mal einen Hänger hat, sie sind da und immer gut drauf.

Malaria hatten wir inzwischen alle einmal und es ist tatsächlich, wie wenn man in Deutschland ab und an eben eine Erkältung bekommt. Es fühlt sich an, als käme ein ICE angerauscht. Es kommt mit Macht und schon liegt man mit Kopf- und Gliederschmerzen flach und fiebert vor sich hin. Steigen die Medikamente schnell ein, ist der Zug weg, so schnell, wie er gekommen ist, und man arbeitet weiter.
Malaria ist eine Sache des Zustandes des Immunsystems. Hat man mal wieder über seine Grenzen hinaus gearbeitet, erwischt es einen. Wer keine Angst vor Malaria hat oder eine stabile Frohnatur ist, wird viel weniger damit zu kämpfen haben. In der Klinik muss man aufpassen, da oft der durch eine andere Krankheit oder Operation geschwächte Körper einen Malariaschub bekommt, der leicht untergehen kann, denn man erkennt nicht immer die klassischen Symptome. Mal ist es nur Bauchweh oder Kopfschmerzen oder Rückenschmerzen. Malaria hat seinen Schrecken verloren, auch wenn Luis mich später noch unfreiwillig in große Angst versetzen sollte.

Seelensuche

„Dokta kam mipela mas tok tok wantaim yu. (Doktor komm wir müssen mit dir reden.)"
Ich mache Visite auf der Kinderstation, die rappelvoll ist. So viele TBC-kranke Kinder und es werden immer mehr.
TBC ist eine gruselige Krankheit. Ein Bakterium, das sich überall im Körper festsetzen kann, sogar an der Haut, wenn man in einen TBC verseuchten *Buai*-Haufen tritt. Es kriecht neben der Lunge in den Bauch, in die Knochen, Wirbelsäule, Lymphknoten und bei Kindern besonders gerne in den Kopf. So kommen die Kleinen mit Krämpfen zu uns und sind halbseitig gelähmt, für immer geschädigt.
Die Eltern, die mich soeben zu sich rufen, kamen mit einem Kind, das Lungen-TBC hat. Es ist zwei Jahre alt und seit zwei Wochen nur am Schreien. Ich dachte, es habe vielleicht Angst vor mir oder halte das Krankenhaus nicht aus und wollte nach Hause, aber die Schwester erzählt, es brülle Tag und Nacht.

„Mama, wir möchten zurück auf das Dorf. Das Kind weint nur und wir sind uns jetzt sicher, dass es dort seine Seele vergessen hat!" – Seine Seele vergessen.
Die jungen Eltern berühren mich, und auch wenn ich überrascht bin und schnell eine innere Erklärung parat habe, nehme ich sie ernst. „Geht, aber versprecht mir, dass ihr wiederkommt, das Kind braucht die *Marasin* (Medikamente). Wie lange braucht ihr?"
Sie sehen sich an: „Zwei Tage, wir kommen wieder!" – Ich bin nachdenklich.
Nach zwei Tagen sehe ich sie wieder auf dem schmalen Eisenbett sitzen und strahlen. Ihr Kind ist nicht mehr wiederzuerkennen und wird die nächsten Wochen der Friede in sich sein.

Über die Heilmethoden in den Dörfern erfahre ich wenig. Als ich einem kleinen Mädchen den Blinddarm herausoperiere, lerne ich ihren Vater kennen, der in Liloi wohnt. Er ist groß, mit klarem Gesicht und hat eine ruhige, angenehme Ausstrahlung.
Er stellt sich als Medizinmann vor. Sein Wissen über die Apotheke des Urwalds ist unglaublich, seine Art offen und interessiert und so freunden wir uns an. Er erzählt mir, es gäbe Medizinmänner und -frauen, die mit Kräutern heilen, und andere, die es mit Ritualen und Beschwörungen tun. Sein Heilkräutergarten sei gerade von Schweinen zerstört worden und so könne er momentan nicht viel arbeiten.
Wir sitzen lange zusammen und ich staune immer wieder über sein Wissen und viele Krankheiten. Er erzählt mir, welche Rinde sie bei Schlangenbissen benutzen, welche Liane zum Töten von Fischen benutzt wird und auch, um sich das Leben zu nehmen, welche Blätter bei Durchfall oder Malaria helfen. Ich sauge alles mit großen Augen ein, aber nach zwei Sätzen habe ich den Namen der Pflanzen schon wieder vergessen. Wir beschließen zusammenzuarbeiten. Ich solle ihm sagen, was man schneiden müsse und was spezielle Medikamente brauche, und er wolle mir sagen, welche Kräuter ich auch im Krankenhaus gebrauchen könne.
Aus dem Projekt wird nicht viel mehr bleiben, als die Lust dazu. Wie gerne würde ich mir die Zeit nehmen, in die Dörfer zu gehen, um mit den Heilern zusammenzusitzen und mehr über ihre Künste zu erfahren.

Es ist auch das Bedürfnis, dem Wort ‚primitiv' den Kampf anzusagen. So basieren hochgelobte, nichtwestliche Heilkünste wie z. B. Ayurveda aus Indien auf dem Ritual, d.h. der Zeremonie. Hier stehen die Heilkünste der Menschen dem in nichts nach; es sind ihre Besprechungen, ihre Heil-Tänze und heilenden Hände, die Menschen gesund machen.

Wie gerne würde ich das können: mich z.B. vor einen Kranken setzen, meine Finger über ihn gleiten lassen, ohne ihn zu berühren, um dann zu wissen, dass die Nieren ein Problem haben oder die Lunge krebszerfressen ist. Hier kann man das.

Auch wenn es keine Wundermedizin ist und auch hier keiner Krebs besiegen kann, so besitzt die Magie eine unglaubliche, unmessbare Kraft, und wenn sie nur das Immunsystem in Energie getränkte Tücher hüllt, in eine Kraftbrühe einlegt, nach Hause führt.

Zu alldem habe ich keine Zeit. Wir sollten in den nächsten Monaten überrollt werden mit ausgemergelten, hustenden Gestalten.

Mäuschen sein – Ein Wochenende Full House

Wir sind Buschkanaka

„Man, ist das voll bei euch, das ist ja wie in einem Kindergarten." Christine ist da! Wir haben sie gerade durchnässt vom Boot abgeholt, für ein Wochenende Entspannung in der alten Heimat. Christine, unser Rettungsengel von Port Moresby. Sie arbeitet in der Krankenpflegeschule in Madang.

Wir sind inzwischen in das neu renovierte Haus unserer Vorgänger im Gaubin-Areal umgezogen und freuen uns über viel Platz und schöne Zimmer. Frank ist beim Kochen und auf dem Boden tummeln sich Kinder, die Ligretto oder Kuhhandel spielen. Luis und Laurence versuchen sich im Schach, während das am T-Shirt hängende Flughundbaby nach den Figuren angelt. Laurence ist inzwischen der beste Freund von Luis; er ist einer der eineiigen Zwillinge, die oft bei uns sind und auch zu Mama Ombien gehören. Laurence und sein Zwillingsbruder Leonard sind zarte Kinder, mit Stimmen für ein Solo in einem Knabenchor. Ihr Bruder Tomong sitzt wie immer im Sessel, wie immer ein Buch nah an sein Auge gedrückt, und ist versunken. Bücher sind für alle der Hit, vor allem solche wie ‚Das ist mein Körper'. Die Ecken der Seiten mit der nackten Frau und dem nackten Mann, und wie ein Kind gezeugt wird, sind am schwärzesten abgegriffen von den vielen kleinen Händen. Haben sie anfangs schamvoll schnell weitergeblättert, wenn ich ihnen über die Schulter geschaut habe, so kommt jetzt die eine oder andere Frage.

„Ja, das ist immer so, deswegen fällt es mir gar nicht mehr auf", antworte ich Christine. „Schön habt ihr's. Wenn ich jetzt noch duschen könnte, wäre ich glücklich!" – „Oh, wir haben gerade kein Wasser. Aber ich kann die Pumpe anstellen. Wenn der Tank auf dem Dach überläuft, kannst du unter der Regenrinne duschen", bemerkt Frank. Christine lacht.
„Welcome home, ach, wie habe ich das vermisst. In Madang ist es schon schön, aber wer mal im Busch gelebt hat, will nicht mehr tauschen."
Während Christine vor dem Haus steht und auf das Wasser wartet, decke ich mit Carol den Tisch. Carol ist der Ersatz für Mary und bisher nur Ersatz, weil wir alle unsere fröhliche Sonne vermissen. Carol ist grundehrlich, schnell, und auf sie ist Verlass. Aber sie eckt an, weil sie einen strengen Ton hat. Die Kinder fluchen über sie, Elisa ist auch ganz unglücklich und beschwert sich öfter: *„Eh meri i laik bosim mi! Maski!* (Die Frau möchte mein Boss sein!)"
Später erzählt mir Carol, dass sie vorher bei der Polizei gearbeitet hat und man so eine *Pasin* (Art) dort lernt. Seitdem weiß ich sie besser zu nehmen und schätze sie über alles. Carol kommt von der anderen Inselseite Waskia und ist nicht verheiratet. „*Mi less* (Keine Lust). Die Männer schlagen die Frauen doch nur und schicken sie arbeiten. Ich will mein eigener Boss sein!", erklärt sie mir stolz.

Barbara, unsere neue Lehrerin, kommt rein. Sie wohnt seit vier Wochen in unserem alten Haus, das zum Schulhaus der Kinder umfunktioniert wurde. Wir freuen uns unglaublich über sie und ihr Geschick als Lehrerin. Filip nimmt sie sofort an der Hand und zieht sie zu der Lego-Kiste: *„Babala kam."*

Ich bin glücklich, die Sonne geht langsam unter, es duftet nach gutem Essen, die Frösche beginnen ihr Konzert, ich habe keinen Dienst und nette Menschen um mich herum.
„Sag mal, was ist ein *Masalai,* Silke?" fragt Barbara unvermittelt.
„Ich war vorhin mit Elisa schwimmen. Wir sind dann den Strand nach links gelaufen. Weißt du, dort wo die Bäume ins Wasser hängen?" – „Ja."
„Plötzlich hat sie gesagt, ich soll ruhig sein und nicht sprechen. Sie hat irgendetwas von *Masalai* gesagt."
„In dem Gebiet dort wohnt ein Geist. *Masalais* sind Naturgeister. Sie können ganz verschiedene Gestalt annehmen, auch menschliche, sogar von jemandem, den du kennst. Wenn du in ihrem Gebiet laut bist und sie störst, kann jemand krank werden. Wenn du den Strand nach rechts entlang läufst, kommt eine Bachmündung mit wunderschönen Mangroven. Dort wohnt auch ein *Masalai*. Interessant ist, dass die Niuginis dort hineindürfen, wir Weißen aber nicht, außer wir sind mit ihnen seelenverwandt. z.B. wenn wir einen Niugini als unseren Bruder ansehen und umgekehrt. Luis dürfte dort rein, wurde ihm gesagt." Für meine Kinder sind *Masalai* eine Selbstverständlichkeit.

Frank lacht und erzählt.
„Als wir unsere Waschmaschine bekamen, war es mit Elisa und Mary echt lustig. Ich erlaubte mir einen Scherz, als ich sah, wie sie auf die rumpelnde Maschine starrten. So was hatten sie bisher noch nie gesehen. Ich gesagte zu ihnen, darin sei ein *Masalai* und wasche! Das hättest du sehen sollen, die sind zwei Meter zurückgesprungen. Ich habe ihnen danach alles Technische gezeigt und sie haben sich schlapp gelacht", erzählt Frank und für Elisa noch mal auf Pidgin, die sich lachend auf einen Stuhl setzt. *„Tru, tru. Mipela buschkanaka nogut tru.* (Wahr, wahr, wir waren echte Buschkanaka.)" *(Buschkanaka* = Schimpfwort, wie: ‚hinter dem Mond leben').

„Ich möchte euch noch mehr fragen. Alles ist so neu hier", fährt Barbara fort. „Ich habe am Strand und auch in den Dörfern beim Vorbeifahren gesehen, dass Frauen oben ohne rumgelaufen sind. Was gibt es da für Regeln, dürfte ich das auch?" Ich gebe die Frage an Elisa weiter, die wieder was zum Lachen hat: „Barbara darf das nicht, weil sie noch keine Kinder hat. Du, Mama, kannst *Susu nating* (nackte Brust) rumlaufen. *Susu bilong yu i pundaun pinis.* (Dein Busen ist schon runter gefallen = hängt.)"
„Stichwort nackig", fällt mir ein, „Noel hat mir letztens etwas Interessantes erzählt und zwar, dass der Einzug der T-Shirts in PNG ganz schön schädlich war. Früher hatten die Menschen immer so wenig wie möglich an, auch die Frauen sind immer oben ohne rumgelaufen, bis die Weißen kamen und die Menschen sich hier immer mehr verhüllten. Jetzt haben wir ja eine wahre Second Hand Kleider-Schwemme aus Australien.
Irgendwann ist es Forschern dann aufgefallen, dass die Menschen mit den Kleidern immer kränker wurden. Vor allem Lungenerkrankungen nahmen zu. Wenn man bedenkt, wie oft man hier am Tag nass wird, ist das eigentlich ganz logisch! Ob du ins Meer springst, schwitzt oder dich ein Regenguss erwischt, irgendwie bist du immer nass oder am Trocknen. Nackte Haut trocknet schnell, ein T-Shirt braucht zigmal so lange! Und so laufen die Menschen, vor allem an der Küste, dauernd mit feuchten Klamotten rum. – Darauf muss man erst mal kommen!"

„Stimmt, aber propagier mal im Krankenhaus, dass alle wieder nackig rumlaufen sollen. Die Zeit kann man nicht zurückdrehen!" Barbara denkt immer praktisch.

„Wie ist es eigentlich, wenn hier Kinder geboren werden, ist da der Mann dabei?", lautet ihre nächste Frage. „Nie. Reine Frauensache. Aber inzwischen finde ich das sehr angenehm, da die Frauen sich ganz anders fallen lassen, es bleibt ruhiger und konzentrierter. Auch in Deutschland habe ich schon manchmal gedacht, ob es nicht besser wäre, der Mann warte draußen. Es ist für ihn ja oft eine hilflose, erschreckende Geschichte, vor allem wenn es keine leichte Geburt ist; viele Frauen geben sich auch anders. Aber man ist ja fast kein guter Mann, wenn man nicht dabei ist."

Christine kommt wieder rein und gesellt sich zu uns: „Was ist denn das für eine bellende Ratte da draußen?" „Das ist Spotty, Miras Töle, kommt in den nächsten Eintopf!", frotzelt Frank. „Du wirst lachen, letztens habe ich mir mein Mittagessen aus der Pfanne genommen, da fand ich einen gebratenen Gecko zwischen den Kartoffeln. Der muss von der Decke gefallen sein! Eingefroren habe ich auch schon einen! Habt ihr für den Hund bezahlt?"
„Wir haben ihn von Marys Mutter, sie hat nur abgewunken und gesagt ‚*Mi less long mani.* (Ich habe keine Lust auf Geld.)'
„Haben viele auch nicht, haben ja alles!"
„Ja ja, als Noel mir vor ein paar Monaten sagte, die Menschen seien hier nicht arm, war ich empört. Jetzt weiß ich, was er meinte, und kann ihm nur Recht geben," erinnere ich mich.
„Letztens ist mir zum ersten Mal aufgefallen, dass ich hier noch nie Bettler gesehen habe. Das finde ich sehr bezeichnend für dieses Land. Man denkt im ersten Augenblick: oh, die laufen alle barfuß, haben Löcher in den Kleidern und fünf Kinder an der Hand, denen kann es ja nur schlecht gehen. Dann hat man plötzlich selber Löcher in der Hose, trauert keinem Strom oder fließend Wasser hinterher, sieht, dass die Kinder hier alle wohlgenährt und glücklich sind und könnte sich selber sinnlos vermehren. Hier machen Kleider keine Leute, alles unwichtig. Ihre Unabhängigkeit ist ihr Reichtum. Schade, dass PNG zur Spielwiese der Entwicklungsmaschinerie der Weltbank und anderen geworden ist. Das kann man aber nicht stoppen, PNG ist ein reiches Land und der Kapitalismus ein Krake. Hier würde sich keiner als arm bezeichnen, oder?"
„Das gilt aber nicht mehr für die Städte", schränkt Frank ein und wendet sich an Christine. „Hast du die Geschichte über das Fischereiprojekt in der Zeitung gelesen?" fragt Frank.
„Nein, erzähl!", fordert sie ihn auf.
„Die EU wollte hier den lokalen Fischmarkt unterstützen und hat Gelder zu Verfügung gestellt. Alle waren *amamas* (glücklich). Endlich könnten auch die kleinen Fischer zu einem regelmäßigen Einkommen kommen. Den ersten Monat lief es hervorragend und die im Projekt eingebundenen Fischer lieferten. Im nächsten Monat waren es schon weniger, dann lieferte eigentlich keiner mehr. Alle hatten einmal ein paar *Kina* in der Tasche und waren damit glücklich. Das Projekt war in den Sand gesetzt und die Gelder auch."
"So ist es."
Sie sieht Frank über die Schulter: „Hm, lecker! Na Frank, was macht die Arbeit? Schon die Schnauze voll oder hast du dich dem melanesischem Tempo angepasst?"
„So kann man es auch nennen. Ich versuche gerade, meinen Job als Stationsmanager loszuwerden,

damit ich mal zu meinem eigentlichen Job komme. Aber wie das hier so ist, braucht alles seine Zeit. Nächstes Mal, wenn du kommst, kannst du schon das schöne Haus *Win* und ein Hühnerhaus bewundern. Man muss ja mal ausprobieren, was die lokalen Materialien so hergeben und was die Baumeister hier für ein Augenmaß haben."

„Und du Silke? Du sitzt hier bald alleine mit den vielen Kranken?"

„Lästere nur!", entgegne ich.

„Na ja, die Geschichten von Denny dringen schon bis Madang vor. Die Schwester, die weggelaufen ist, hat jetzt in Yagaum angefangen (Ca. 20 km entferntes Krankenhaus von Madang). Wird aber immer noch fleißig besucht!"

„Ach, deshalb ist Denny so oft in der Stadt!" – „Ganz im Ernst, wer kommt, um ihn zu ersetzen?"

„Ich weiß es noch nicht! Don sprach von einem Arzt, der zwanzig Jahre Berufserfahrung habe, schon in Australien war und in England als Krankenhaus-Manager gearbeitet hatte."

„Das hört sich an, als wollten sie ihn hier weg haben. Versetzen. Wo arbeitet er jetzt?"

„Er ist ein Mann aus Karkar und wohnt in Ulun, dort wo Elisa herkommt."

Christine zieht ihre Stirn in Falten.

„Oh je!! Hört sich nicht so gut an. Ich kenne Ulun, dort wohnt auch der *Former Bishop* (Spitzname für den ehemaligen Distrikt Präsidenten der protestantischen Kirche). Ein gefährlicher Mann, der mit Zauberei arbeitet."

Sie deutet unbemerkt auf Laurence, der noch immer spielt.

„Sein Vater ist an einem Osteosarkom (Knochenkrebs) erkrankt. Der *Former Bishop* verhinderte, dass er ins Krankenhaus gebracht wurde, denn er wollte ihn selbst behandeln. Er ist dann ganz elendig und schnell gestorben. An seinem Grab behauptete *Former Bishop* dreist, ihm habe nur ein Tag gefehlt, um ihn zu heilen. Er hat sein Dorf ziemlich im Griff. Er möchte auch nicht, dass Tomong am anderen Auge operiert wird und verbaut dem Jungen so seine ganze Zukunft."

Ich wehre Christines Zweifel ab, weil ich keine andere Chance habe. Es wird schon gut gehen mit Dr. Baka wie der neue Arzt heißt.

„Ansonsten haben wir immer mehr TBC-Kranke. Als ich letzthin in Madang war, wurde ich angesprochen, ob es einen TBC-Outbreak (Ausbruch) auf Karkar gäbe. Ist ja ein bisschen peinlich, dass Madang schon einen Terminus für das Problem gefunden hat und wir noch dabei sind, uns zu wundern", lenke ich ab. – „Hast du keine Angst, dich oder die Kinder anzustecken?", fragt Barbara, nicht ohne Sorge. – „Nö, TBC ist nicht besonders infektiös. Wenn du engen Kontakt hast, viel Stress, dann bist du gefährdet." Ich versuche es runterzuspielen, vor allem, weil die Kinder zuhören. Aber ich habe wirklich keine Angst, mich anzustecken.

„Na, dann musst du ja Angst haben, denn Stress hast du ja genug", argumentiert Frank.

„Tragt ihr eigentlich Mundschutz?" – „Nein."

„Warum gibt es einen Outbreak?" will Barbara wissen.

„Ganz klassisch ist es: die alte Oma, die hustend im Haus sitzt, überall hinrotzt und keine Lust hat, ins Krankenhaus zu kommen. Die Kinder kommen dann zu uns, wir behandeln sie, schicken sie nach Hause und dort werden sie weiter angehustet. Das zum einen. Karkar hat aber auch ein immenses soziales Problem durch die explodierende Überbevölkerung. In den Häusern wird es enger, das Essen für den einzelnen knapper, die häuslichen Probleme nehmen zu, Druck und Gewalt sind oft an der Tagesordnung. Da freut sich der Tuberkel."

Barbara scheint einem Gedanken nachzuhängen.
„Die Gewalt hier ist schon gewöhnungsbedürftig. Mira hat erzählt, dass die Kinder in der Schule auch geschlagen werden?" – „Ja, das ist zwar verboten, aber hier schlägt jeder noch zu und mit allem, was es so gibt. Vor ein paar Wochen hatte ich ein Kind im Krankenhaus, das einen kompletten Schuhabdruck des Lehrers im Gesicht hatte. Da waren die Eltern aufgebracht. Ansonsten werden sie von den Eltern dazu angehalten, auf solche Weise die Kinder in Schach zu halten."

„*Kaikai* (Essen) und jetzt ist genug mit den Gruselgeschichten!", beschließt Frank. Ich gebe den Niugini-Kindern ihre vollen Teller. Meine Geste, sich zu uns zu setzen, winken sie ab und verkrümeln sich an den Wohnzimmertisch. „*Maski, pulap tu mas.* (Lass, ist uns zu voll.)" Luis betrachtet seine Hände und sagt plötzlich: „Papa, stell dir mal vor, was unsere Hände schon alles in ihrem Leben getan haben. Schon komisch!" Wir halten inne, schauen auf unser lebendes Besteck und jeder schweift einen Moment durch das Leben der Hände, was sie gefühlt, gedrückt und gehalten haben. Der Gedanke macht Spaß, aber der Hunger beendet mit einem gemeinschaftlichen Lachen den Gedanken und die Achse Auge-Mund-Magen ist wieder im Lot.

„Carol, du hast dir ja die Haare geschnitten!", bemerkt Barbara, als diese das Wasser bringt. Carol lacht und meint:
„Ja, ich hatte Kopfschmerzen. Wenn ich meine Haare schneide, sind sie weg. Mama, ich geh, bis später." Unsere beiden Feen gehen. „Kommen die nachher wieder?", wundert sich Christine. „Es ist erstaunlich", kommt mir in den Sinn, „Am Anfang habe ich zu Elisa und Mary gesagt, dass ich sie nur den halben Tag bräuchte und auch nur bezahle, da ich ja danach zu Hause wäre und eigentlich auch das Bedürfnis hätte, ein paar Stunden inkognito zu sein. Sie haben ,ja, ja' gesagt und dann mittags auch aufgehört zu arbeiten. Aber sie sind nicht gegangen. Den ganzen Nachmittag saßen sie gackernd mit einem Fotoalbum von uns auf dem Sofa oder haben *Bilums* geknüpft. Ich habe dann ab und zu nachgefragt: ,Na, wollt ihr nicht nach Hause?' Aber sie meinten: ,Nein, es ist nett hier.' Jetzt kann ich mir es ohne sie gar nicht mehr vorstellen. Wir machen eigentlich alles zusammen."

Es wird still am Tisch, die Nachtgeräusche treten ein. Zwischen dem Essensgeklimper fragt Mira plötzlich leise: „Ist es eigentlich schrecklich in der Hölle?"
Alle hören schlagartig auf zu essen und schauen sie an:
„Was?"
„Ob es schlimm in der Hölle ist?" wiederholt sie.
„Wie kommst du denn da drauf?" will Frank wissen.
Miras Stimme bebt und ihr Kinn kräuselt sich, als die Tränen schon laufen: „Das haben die Lehrer mir bei der Schulwoche in Orobika gesagt!" – „Was?"
„Na, dass, wer nicht an Gott glaubt oder nur an die Entwicklung des Menschen, also ihr wisst schon, dass wir von den Affen abstammen und uns entwickelt haben, glaubt, in die Hölle kommt. Haben die gesagt! Und jetzt weiß ich nicht, was ich machen soll!"
„Das haben die wirklich in der Schule gesagt?", hakt Barbara nach. – „Ja!"
„Das hat die Wissenschaft doch bewiesen, warum sollte man das denn wieder als falsch sehen? Und

morgen sagt man wieder, dass die Erde eine Scheibe ist?", Luis ist empört. „Mira, mach dir keine Sorgen, sollen die erst mal beweisen, dass es eine Hölle gibt, und dann noch, ob Gott wirklich gesagt hat, dass man darin schmoren muss." Wütend isst er weiter. „Du darfst weiter an die Affen glauben, das wird dir ja auch Globulus erzählen", beruhigt sie Frank. Mira wechselt ihre Gefühle und lächelt wieder.

„Das verbreitet sich interessanterweise immer mehr", grummelt Frank. „Warum fällt man bloß in diese reaktionären Extreme zurück?", denke ich beim Kauen laut nach. „Auf die Neuguineaner wird mit dem Finger gezeigt und Oh und Ah geschrien, weil die schwarze Magie mit schlimmen Hexenverfolgungen und Morden eine Renaissance im Hochland erlebt, ohne Frage schlimm, aber ist die westliche Welt fortschrittlicher? Da ist es wieder: die Geschichte wiederholt sich. Glaubt man endlich einen Gewinn, eine Errungenschaft gemacht zu haben, im 21. Jahrhundert angekommen zu sein, die Welt zum Guten nach vorne zu bringen, tauchen Dinge auf, die wir als überwunden betrachtet haben. Ist es die Suche nach den alten Wurzeln und Werten, um der verwirrenden, schwindelig machenden Entwicklung Einhalt zu gebieten?"

Plötzlich kreischt Leonard auf, schüttelt sich und bleibt lachend stehen. Aus dem Augenwinkel habe ich Finettchen, unseren größten Flughund gesehen, wie sie wild mit den Flügeln geschlagen hat, um zu uns an den Tisch zu fliegen. Am Morgen hatte sie es geschafft und war im Müslitopf gelandet. Jetzt war sie losgeflogen und unglücklich auf dem Rücken von Leonard gelandet. Die anderen Jungs kugeln sich: „*Yupela harim? Em i singaut olsem baby!* (Habt ihr das gehört, er hat geschrien wie ein Baby!)", feixen sie. Er droht lachend mit der Faust, fängt die Kleine ein, die unbeholfen über den Boden hüpft, und trägt sie zurück zu ihrem Henkelkorb.

„Wie geht es Mary? Sie ist doch wieder hier bei euch, oder?" Christine will es wissen, aber ich schlucke.
„Ich hätte fast gesagt, ‚gut, ist wieder ganz die Alte'. Sie erzählt mir auch jeden Tag, dass sie Fortschritte mache. Heute hat sie mir ihre frischen Brandblasen an den Füssen gezeigt, die ihre Mutter mit kochendem Wasser gemacht hat, und sie hat mir beteuert, sie würde jetzt ihre Zehen spüren. Ich glaube, wir machen uns beide was vor. Der Gipstorso ist jetzt ab, der Knick in der Wirbelsäule ist nach wie vor der gleiche und ab dem Knie spürt sie nichts. Ich glaube auch nicht, dass sie richtig übt, auch mit dem Gehwagen nicht. Ich dachte auch immer, dass sie eine starke Frau sei, ist sie auch, aber sie zieht sich immer mehr zurück. Am Anfang habe ich versucht, sie zu uns zu locken, sie solle sich einfach nur in den Sessel setzen, aber sie kommt nicht. Wir hatten überlegt, sie auszufliegen, aber die Ärzte meinten, dass eine Operation keine Verbesserung bringen würde."
„Hat sie eine Kompensation bekommen?", fragt Christine. – „Nein."

Luis hat wieder eine Eingebung: „Stellt euch mal vor, wie die Welt aussähe, wenn nur ein kleiner Teil der Geschichte anders verlaufen wäre."
„Zum Beispiel?", nimmt Barbara den rollenden Ball auf. „Na, wenn z.B. Hitler im ersten Weltkrieg erschossen worden wäre." Er sieht auf die Uhr. Es ist fünf nach sechs, Ende der Überlegungen. Die Kinder sind schneller mit dem Essen fertig, denn es ist Samstag und damit Fernsehtag.
„*Mi kaikai pinis* (Ich habe fertig gegessen)", sagt Filip, steht auf und setzt sich zu Laurence auf den

Schoß, der beginnt ihn durchzukitzeln. Ein zweiter Blick zur Uhr und Luis flitzt zum hinteren Fenster, welches zum Krankenhaus ausgerichtet ist. Zu dritt fangen sie an zu schreien:
„*Mosso onim paua!*" (Mosso, mach den Strom an!)"
Später werden sie „*Wowol, onim paua!*" rufen.
Mosso, Angestellter des Krankenhauses als ‚Mädchen für alles' wurde erwischt. Er vögelte zwei Mütter von kranken, stationären Kindern gegen fünf *Kina*. Die Frauen brauchten das Geld für die Krankenhausgebühr, Mosso eine Lektion und so entließ ihn das Krankenhaus nach zwanzig Jahren Toiletten schrubben und Müll sammeln.
Die Drei lachen, als sie zurückkommen. „*Ol raunim Clinton gen* (Sie jagen wieder Clinton = Adoptivsohn von James, dem Administrator)", freut sich Glenn.
Diese diebische Freude, wenn es andere trifft.
„Vorhin habe ich gesehen, wie er ums Haus rannte, die Mutter mit einem Stock in der Hand immer hinterher. Jetzt muss er auf einem Bein stehen und sein Papa steht daneben", berichtet Luis.

Der Generator räuspert sich, die kalten Neonröhren flackern und die Terrassentüre öffnet sich leise. Als kämen kleine Heinzelmännchen, so füllen sich die Stühle und Bodenplätze mit lauter Kindern. Von fünfzehn Kindern ist nur ein Mädchen darunter, die sich auf den entferntesten Platz schleicht. Christine quietscht. „Ja, was ist denn hier los! Ich sehe schon, ihr habt euch gut eingelebt. Das passt zu euch. Die Kinder fühlen sich hier offensichtlich wie zu Hause? Wollen die nicht heim?"
„Nein. Laurence hat mir gestern gesagt, sie fänden es so schön bei uns, weil sie so viel machen dürfen, ohne dass jemand schimpfe, und dass hier nie gehauen werde und sie so viel fragen dürften", erklärt Luis und guckt den Film weiter.
Wochenende ist Kinozeit, es wird zehnmal Harry Potter geschaut und so lange Wallace und Grommit gesehen, bis alle Kinder den Text synchron mitsprechen können – bis zum nächsten Paket von Oma.

„Moment, Christine, ich rufe noch Paul an, wir sind morgen zum Tauchen verabredet. Ich will von ihm wissen, wie viele Kinder wir mitnehmen können". – „Oh, morgen geht es mit Paul raus? Da freue ich mich aber." Christine reibt sich die Hände. „Ja, das ist zurzeit unser sonntägliches Vergnügen!" – „Hast du einen Tauchschein?", will sie wissen. – „Nein, aber Paul meint, er werde mir das schon beibringen. Barbara, du und er, ihr werdet mich schon zwischen euch nehmen, gell?" Barbara nickt und freut sich. Paul war inzwischen ihr Geliebter geworden.

Plötzlich klopft es und ich halte den Atem an, aber es kommt. „Dokta!" – „Was ist? Ich bin nicht *on call*." – „Denny braucht dich für einen Blinddarm. Er hat noch einen anderen Notfall." – „Ich komme." Ein Blinddarm ist schnell gemacht und abends bei guter Musik sogar ein Vergnügen.

Trockener Schnitt

„Das habe ich ja noch nie erlebt! Schau mal!", rufe ich Steven, dem OP-Pfleger, zu, der sich mit einem Skalpell die Fingernägel erst schneidet und dann säubert. Auf dem Tisch liegt ein vielleicht zehnjähriger, spindeldürrer Junge.

Denny hatte gebrummelt, er sei sehr blutleer und der Zustand so schlecht, dass man mit der OP nicht warten könne. Aber etwas ist seltsam, weil Denny gar nicht richtig erklärt, weshalb er den Jungen nicht operieren will. Er verdrückt sich weiterhin brummelnd auf die Kinderstation. Als ich den ersten Schnitt an dem flachen Bauch mache, verharre ich und starre auf die klaffende Haut.

„Steven, es kommt nicht ein Tropfen Blut! Guck hin, nichts!"
„Ih, Dokta, *Sangguma*!"

Es ist ihm rausgerutscht und man sieht, wie gerne er es wieder einsammeln würde, dieses verbotene Wort. Aber mir geht ein Licht auf. Vielleicht hat Denny mir deswegen die Operation überlassen. Ich öffne den Bauchraum und entferne einen vereiterten, gammeligen Wurmfortsatz. Weiterhin lässt sich kein Blut blicken, es versteckt sich im Zentrum, bei Mama Gehirn und Papa Lunge. Ich verbrauche nicht einen einzigen Tupfer!

„Lebt der Junge denn noch, Steven?" – „Ja ja."
Ich bin fassungslos.

„Sind genug Verwandte für eine Bluttransfusion da?" – „Ja, vier, sie sind schon im Labor." – „Wie kann so etwas sein. Schau, ich nähe die Haut, nichts passiert! Selbst ein totes Schwein blutet mehr." Ich nähe den Schnitt zu.

„Warum ist es *Sangguma*?", frage ich scheinbar nebenbei.

„Weil *Sangguma*-Frauen dem Menschen das Blut nehmen können, ohne dass man etwas am Körper sieht." Er stöpselt sich das Stethoskop in die Ohren, um mein Fragen zu beenden.

Immer wieder *Sangguma*! Ich will mehr wissen, aber ich komme nicht dran. Alle schweigen sich aus. Immer wieder versuche ich es, aber es ist wie in einem Lasernetz vor dem Tresor: zwei, drei rote Lichtlinien schleiche ich mich heran, aber bei der vierten geht der Alarm los und der Mund zu. Ich bin noch zu ungeschickt.

Ich hänge den ersten Beutel Blut dran und gehe.

Als ich am Kreißsaal vorbeigehe, sehe ich Licht und Stimmen. Ich stecke meinen Kopf rein und sag' mal kurz gute Nacht. Was sehe ich: Die Hand der Schwester verschwindet gerade in der Scheide der frisch Entbundenen, die andere greift die Gebärmutter vom Bauch und presst diesen zusammen. Eine manuelle Lösung einer Nachgeburt, die nicht kommen will? ‚Warum schläft die Frau dann nicht? Hätten ja auch einen von uns rufen müssen', überlege ich. „Was ist das Problem?", frage ich die Krankenschwester. – „Nichts, die Geburt war o.k., ich hole nur die Blutklumpen raus!" Die Frau jammert, ich hole tief Luft. Immer nach vorne schauen. „Blutet sie zu stark?" – „Nein, normal." – „Wieso benutzt ihr die komplette Hand dafür?" Sie merken, dass ich nicht *Wan Bel* (Ein Bauch = einverstanden) bin und schauen sich hilflos an. „Wer hat euch das beigebracht?" – „Die Hebamme aus Madagaskar."

Soralina, die Hebamme, ist seit zwei Monaten wieder weg. Sie war durch ein Austauschprogramm der Amerikaner hierher gekommen, sprach aber kein Pidgin und führte sehr problematische Praktiken durch.

„O.k. Sorry. Die Gebärmutter ist so gebaut, dass sie das Blut selbst nach draußen bekommt. Wenn eine Frau geboren hat und sie nicht verstärkt blutet, lasst sie einfach in Ruhe. Gebt es bitte an die anderen weiter, ich sage es morgen früh, nein übermorgen."

Einen Augenblick lang hatte ich vorhin gezögert, weil ich mir sicher war, dass hinter dieser Praxis ein tieferer Sinn stecken müsse, da Soralina schließlich aus dem madagassischen Busch kam.
So ist es, man geht doch immer davon aus, dass im Tun ‚nicht-westlich' beeinflusster Völkern tiefer Sinn, Weisheit, Wahrheit oder eine uralte Erfahrung stecken müsse. Das ist mal wieder unser gönnerhafte Blick auf den ‚edlen, weisen Wilden'.
So nehmen wir die Völker, denke ich vor mich hin, sie sind nicht nur einfach da und zu respektieren, sondern sie müssen uns schon was bieten, wenn wir uns mit ihnen auseinandersetzen sollen. Ich hole mir ja auch keine Katze ins Haus, damit ich sie nur füttere, nein nein, sie zu streicheln wirkt antidepressiv, und sie ist förderlich für die soziale Entwicklung meiner Kinder.
Kann man sich einen Film mit Indianern vorstellen, ohne die Erwartung, dass hinter allem, was sie sagen, eine tiefe Weisheit stecke? Auch ein Buddhist darf keinen Schwachsinn von sich geben, er muss uns erleuchten; und wenn er sagen würde, er stünde den ganzen Tag nur deshalb, weil ihn gerade Hämorrhoiden plagten, wären wir bitter enttäuscht über so viel irdische Banalität. So bringt uns der Afrikaner seine Trommel, der Pole ist für geklaute Auto-Witze gut, der Türke macht uns dönermäßig multikulti; alles muss seinen Sinn haben, uns bereichern oder zumindest zum Dampfablassen nützen. So ist es, andere Völker werden mystifiziert oder verdammt.
Soralinas mitgebrachte Praxis lassen wir ruhen und eine Katze darf eine Katze sein.

Sonntags-Tauchen

Ich sinke in die Tiefe.
Wir waren vorbeigefahren an kleinen, verträumten Stranddörfern, durchpflügten das klare blaue Wasser, drosselten den Motor für die springenden Delfine und warfen auf einem vorgelagerten Riff den Anker. Die Flaschen sind schwer, wie ein fetter Frosch ließ ich mich vom Boot fallen und probierte, durch das Mundstück zu atmen. Tauchen hat mich bisher nie interessiert, was soll da anders sein als beim Schnorcheln?
Jetzt recke ich meine Hand und sinke in die Stille. Ich sinke, bis ich auf den Korallen stehe und den Kindern oben winke kann, dann sehe ich mich um und will schreien. Ich bin in einer neuen Welt und fühle mich wie frisch geschlüpft. Tausend bunte Fische, neben die ich mich setzen und an deren Alltag ich kurz teilnehmen kann. Was für ein Frieden hier.
Paul taucht ab. Ich sehe an der Riffkante hinunter und es scheint senkrecht in die Unendlichkeit zu gehen. Das All des maritimen Universums. Es macht mir Angst und so drehe ich mich zu der Abbruchkante und gleite hinunter. Ich will wieder schreien. Was für eine Schönheit!
Ich gleite nicht an grauen Felsen hinunter, sondern an einem Wunderwerk an Formen und einem Feuerwerk an Farben. Welch ein Meister war hier am Werk, die Oberwelt würde sterben für so ein Talent!
Es ist für die Fische gemacht, die sich zwischen den filigranen, gehauchten Korallen schlängeln, sich die Schuppen an bizarren Geweihen schubbern. Ist man an einer roten Orgie vorbei, kommt das blaue Zimmer mit orangenen Sprenkeln, mit lila Fischen, die sich von blauen Flitzern putzen lassen. Ich bin so überwältigt, dass meine Brust zerspringen möchte von den vielen Ohs und Ahs, die im Mundstück hängen.
Es ist nicht für die Fische gemacht, die sind Teil der Inszenierung, es ist für sich selbst passiert.

Paul kommt und prüft meine Luft. Seine Flasche ist noch voll, meine halb leer. Er bedeutet mir, langsamer zu atmen. Ich brauche keinen Tiefenrausch, ich bin im Farbdelirium, meine Sinne zwitschern und jubilieren. Wie konnte ich bisher ohne das leben, wie soll ich an die Oberfläche kommen und das hier unten lassen! „Atme langsam, du hyperventilierst", mahne ich mich. Wir schwimmen weiter an einem Feuerfisch vorbei, setzen uns, um einen Schwarm Barrakudas vorbeizulassen, bis Barbara aufgeregt mit der Hand wedelt. Sie schwimmt auf eine Koralle zu und streichelt etwas. Jetzt erst sehe ich die schlafende Karettschildkröte, die sich schnell davon macht. Paul sieht nach uns.

Plötzlich fühle ich eine Spannung und sehe mich um. Paul bleibt senkrecht im Wasser stehen und deutet ins Blaue. Und da sehe ich sie kommen. Es sind zwei Haie. Im Wasser sehen sie riesig aus, jeder mindestens vier Meter lang.

Sie sehen uns an, ganz langsam ist ihre Bewegung. Zack, ziehen sie vorbei und kommen wieder, etwas näher. Wir tun nichts. Ich klebe an der Wand und mein Herz klopft ambivalent hin zu den Haien, weg von den Haien.

Was für schöne Tiere! Riffhaie sind nicht gefährlich und doch so majestätisch, dass man stramm steht. Paul hatte mir auf dem Boot erzählt, man spüre es, wenn man in ein Hai-Revier rein schwimme. „Wie spürst du das?" – „Du spürst es, die Atmosphäre ändert sich."

„Ich werde es nicht merken", war ich überzeugt. „Ist schon mal was mit Haien passiert?"

„Unser Skipper Warai war mal speerfischen. Als er einen großen Fisch getroffen hatte, kam ein großer Hai auf ihn zugeschossen. Warai wollte den Fisch aber nicht hergeben und klemmte sich ihn deshalb unter seinen Arm. Da biss der Hai zu, war also aus Versehen, sozusagen." Ich war beruhigt.

Langsam ziehen wir uns zurück und verlassen das Hai-Gebiet.

Gleich platze ich, aber wir müssen langsam hoch. Es ist ein Urschrei, mit dem ich auftauche. „War das geil, Barbara, wann gehen wir wieder?"

Die Kinder kommen ins Wasser gesprungen. Da ich zwei Atemmundstücke habe, tauche ich zuerst mit Luis und Mira und dann mit den anderen die restliche Luft weg, liege mit ihnen am Abgrund und verdaue das Erlebte. Wir sehen unter Wasser, wie Paul mit seinem Kumpel an den Rand taucht und sich festhält. Sie haben selbstgebaute Harpunen in der Hand und keine Flaschen auf dem Rücken. Freediving.

Lange schauen sie so in die Tiefe und plötzlich tauchen sie ab, verschwinden im Nichts, selbst zum Raubfisch geworden. Wir warten und warten, eine Ewigkeit. Ich halte innerlich die Luft an, wie man beim Füttern eines Kindes immer selbst den Mund mit aufmacht. Ich bin schon tot.

Wie ein Torpedo schießt dann plötzlich zuerst Pauls Freund und dann er selbst nach oben, eine Blutspur von den durchbohrten Riesenfischen nach sich ziehend. „Wie tief tauchst du ohne Flasche?", frage ich Paul später auf dem Boot. „Zwanzig Meter. Auf der Insel, von der Danny herkommt, ist das ein Volkssport. Aber nicht ungefährlich. Letzten Monat ist ein 14-jähriger Junge zu tief gegangen und hat es nicht überlebt. Das passiert jedes Jahr."

Wir erzählen bei der Rückfahrt von der Schildkröte. Laurence warnt uns: „Ich fasse keine Schildkröte im Wasser an. Ich weiß zwei Ereignisse. Ein *Casin Brata* (Verwandter) von mir wollte eine vom Kanu aus fangen, eine riesige, grüne. Er packte sie am Halspanzer und dann zog die Schildkröte den Kopf ein. Dabei klemmte sie seine Hände ein. Er konnte nichts machen, die Schildkröte zog mit ihm durch das Wasser. Erst am nächsten Morgen entdeckte ihn ein Boot mit Weißen, die ihn befreiten. Ein anderer Mann aus Kurum wurde auch so runter gezogen und ist ertrunken."

Diese Sonntage sollen für mich wie vollendete Schokolade werden: jede Bootsfahrt in diesem Meer, mit diesen Leuten, in diesem Frieden, in dieser anderen Welt – sich im Wasser Flossen wachsen lassen, den Fisch in mir raushängen – alles ist wie ein Stück Schokolade auf die Zunge zu legen und dann nicht mehr zu bewegen. Spüren, wie die Masse zerfließt, warten, bis die Energie und die Endorphine anfluten und man die Ekstase verzappeln möchte, während man den zähen süßen Tropfen durch den Hals und Körper hinabgleiten fühlt.
Diese Sonntage enden zufrieden und ausgetobt; vom Boot an den Strand springen, nass ins Auto steigen; die Kinder grölen mit ihren Knabenchor-Stimmen, laut und mehrstimmig; die warme Luft streichelt den Arm am Fenster, wir fahren gegen die untergehende Sonne, die Schatten der Palmen und Menschen in Gold getaucht. Die Menschen winken und lachen und kennen uns. Ich bin zu Hause.

Fragte man Mira, so würde sie im Schulaufsatz ‚Was war dein schönstes Erlebnis?' die Minuten schildern, die wir mit einer Hand am Bootsrand, mit dem Körper im Wasser neben dem fahrenden Boot uns ziehen ließen, die Köpfe unter Wasser, um die Delfine zu sehen. Sie spielen direkt vor uns mit dem Boot, kommen zu zweit aus dem Nichts, springen aus dem Wasser, machen perfekte synchrone Drehungen und sind wieder weg. Plötzlich vier, sechs, die um uns herumwirbeln, wir hören, wie sie sich untereinander absprechen. Sie verabreden sich zum gemeinsamen Springen. Diese hohen Rufe sind so ein Sog! Welche Saite wird da in unserem alten Gedächtnis angezupft und schwingt in einem so verführerischen Ton. Ich denke an den Film ‚Rausch der Tiefe', den Freediver, der in 180 m Tiefe dem Ruf seines Delfins folgt. Ich kralle mich fest, weil ich auch dazu gehören möchte. Dann sind sie plötzlich weg.

Zu ‚Was war mein unangenehmstes Erlebnis unter Wasser' würde mir der Tauchgang mit John, dem Mann von den Solomon Islands, einfallen. Beim Anziehen hatten wir uns noch locker über das Matriarchat unterhalten, das auf seiner Insel praktiziert werde. Er wolle wieder mit seiner Frau dorthin zurück, weil er das System auf Karkar *nogut* (nicht gut) fände. „Wenn die Frauen das Sagen haben und ihnen das Land gehört, ist es viel friedlicher. Es gibt keine Korruption, keinen Streit, keine Kämpfe. Ich habe mir das hier lange angeschaut und lass mich lieber von meiner Frau führen, als das hier."
Er lacht und nimmt seine Harpune, was mich zusammenzucken lässt. Ich habe eine Verabredung mit der Schönheit und nicht mit dem Tod. Aber ich sage nichts, kann ja auch zum Schutz sein. Wir tauchen ab, schwimmen über einen Stachelrochen hinweg, bis er mir mit der Hand deutet, ich soll mich an der Wand festhalten und warten. Er schießt zwei Fische, zieht eine Schnur durch die Kiemen und reicht sie mir mit den zappelnden Tieren.
Da sitze ich nun, die Beutehalterin, und versuche die Blutspur mit der Hand wegzuwedeln, sehe schon hundert Haie mit ihren rasiermesserscharfen Zähnen auf mich zuschwimmen.
John kommt mit dem nächsten Fisch, einem großen Lippfisch. Da schießt er direkt auf mich zu, ein kleiner Hai. Es ist der Bruchteil einer Sekunde von seinem Erscheinen bis zu seinem er-

schreckten Verschwinden, aber seine Bewegungen entblättern sich vor mir wie ein Daumenkino. Mein Körper ist ebenso elektrisiert von seiner Eleganz wie von seiner potenziellen Gefährlichkeit. Er war keine Armlänge von mir entfernt.
John schenkt ihm keine Beachtung, erst als in der Ferne größere Kaliber auftauchen, verziehen wir uns. Die Lippen des Lippfisches trösten mich über diesen Zwecktauchgang hinweg. Wohl geformter Mund, in unendlicher Weichheit. Ich kann nicht aufhören, sie immer wieder zu berühren. Mira beugt sich plötzlich vor, küsst den Fisch und quietscht vor Vergnügen.

Mira an Großeltern

Hallo Oma und Opa
Wie get es euch. mir get es gut
Wir haten eine klein Fledamaus die ist jetzt tot.
Wier wan 3 male mit Pol schwuemen geganen.
Das erste Mal haben Barbara und ich und Luis ganz file Delfine gesen.
die andere beiden geschichden azele ich nicht hahahahaha.
Tues Oma und Opaaaa hahahahahah

Wie geht es euch, mir geht es gut.
Wir hatten eine kleine Fledermaus, die ist jetzt tot.
Wir waren dreimal mit Paul schwimmen gegangen.
Das erste Mal haben Barbara und ich und Luis ganz viele Delfine gesehen.
Die anderen beiden Geschichten erzähle ich nicht, hahahahaha.
Tschüss Oma und Opa hahahahahah

Dr. Baka – Lektion zwei in Sachen Melanesian Culture

Schwarze Fäden

Grobe, schwarze Fäden halten die Haut zusammen und erinnern mich sofort an den vernähten Bürzel einer gefüllten Weihnachtsgans, nur zum Zwecke lieblos verschlossen. Darunter sind drei Sehnen durchtrennt, aber das sehe ich nicht. Der Frau aus dem Dorf Ulun wurde bei einem Streit mit einem Buschmesser in den Unterarm gehackt. Sie kam gestern Abend nach der Attacke sofort nach Gaubin.

„Kannst du die Finger ein ganz bisschen bewegen?", bitte ich die Frau und frage den Stationspfleger Napoleon: „Wieso sind die Finger nicht geschient? Die Naht soll nicht gleich wieder reißen." Die Finger hängen schlaff.

„Dr. Baka hat die Sehnen nicht repariert", knurrt Napoleon aus dem Mundwinkel. Ich stutze und mich beschleicht ein Gefühl, dass ich gekonnt wieder verscheuche. Noch traue ich mir nicht selbst, noch bin ich geblendet von einem Mann, der meine Hoffnung ist, der so viel Erfahrung haben muss, dass ich ihn verblödet anhimmle, in meiner Mäuschenmanier. Er ist ein Karkar-Mann, der alle Nasen und Systeme kennt, der weiß, wo Hasen laufen und wie man sie fängt, der Chef-Sein im Blut hat und den Laden hier auf Vordermann bringt. Seit zwei Wochen arbeiten wir zusammen, er bossmäßig, ich hörig.

„Warum hat der andere Arzt die Sehnen nicht genäht?", frage ich die Frau aus Ulun. „Ich verstehe es auch nicht, er sagt, das kann man später machen." Ich wechsele den Verband und denke: ‚Wird schon richtig sein, vielleicht ist das ja sogar besser.' Muss so sein.

Ein Luftballon füllt sich unmerklich in mir seit Tag eins mit meinem neuen Kollegen, bläht sich auf; und darin sind die unbeobachteten Beobachtungen wie jene, dass mein Kollege nie im OP und auch zu keiner Geburt erscheint. Darin schwirren seine holden Worte über nötige Verbesserung der Kommunikation – wie wahr –, aber die prallen ab und an mit dem Bild eines Arztes zusammen, der mich und andere morgens nicht einmal grüßt und sich an keine Absprache hält; sein Blick ist eingefangen, die Botschaft klar „I will fuck you off!"

Ich gehe durch die volle chirurgische Station und bin stolz, weil alle, die in den Betten liegen, von mir versorgt und operiert wurden, als meine eigene Chefin und alles ist gut geworden.
Dr. Baka treffe ich auf dem Gang und spreche ihn an: „Ich habe gerade die Frau aus Ulun verbunden. Ist es besser die Sehnen später zu vernähen?" – „Man kann beides machen, ich hatte gestern keine Zeit, also habe ich nur die Haut verschlossen. Ich mache es heute."

Die Frau aus Ulun sollte unser Katalysator werden, der Anlass, uns beide in den Ring zu schicken. Am nächsten Morgen wechsele ich den Verband und stolpere über die gleiche buckelige Naht. „Sind die Sehnen gestern nicht genäht worden?", frage ich die Frau. „Nein, ich habe den ganzen Tag gewartet. Er hat sich nicht blicken lassen." Mein Kollege war *on call* und so war ich nachmittags nicht mehr auf der Station gewesen.

Und wieder und wieder springt mir morgens bei der Visite am Bett der Frau aus Ulun der zugeflickte Gänsebürzel entgegen und mit ihm gart ein Gefühl im Ofen der Kulturen, das schließlich fertig ist. ‚Vielleicht kann er es ja gar nicht, und ist es ist nicht möglich, das vor mir zuzugeben? Oder er kann kein Blut sehen?', überlege ich. Habe ich ihm bisher alles abgekauft, sollte ich langsam die Luft aus meinem Ballon lassen, bevor er mit mir davon schwebt oder explodiert!

Wieder spreche ich ihn an: „Was ist mit der Frau aus deinem Dorf?" – „Ich mache das noch, habe es vergessen." Jetzt vorsichtig sein, immer nach vorne schauen. Ein falscher Ton, ein falsches Wort und der Ring ist eröffnet.
„Das nächste Mal rufe mich doch, wir können das zusammen machen. Wenn man lange nicht operiert hat, muss man ja erst mal wieder reinkommen." – „Was redest du da, natürlich kann ich es. Ich bin dir in allem überlegen, das ist nicht dein Land und du hast keine Ahnung!", faucht er mich an. Es ist der Atem eines Tigers, keines Hauskaters.
Ich bleibe ruhig. „Richtig, ich bin Gast und habe in vielem keine Ahnung. Aber wir brauchen hier auch kein Spielchen spielen. Warum auch immer, du hast noch keinen Fuß in den OP getan und das geht an so einem Krankenhaus nicht. Ich werde die Frau nähen."

Je länger ich in den vor sich hinblutenden Kanälen rumstochere, desto wütender werde ich. Frisch durchtrennte Sehnen zu finden ist manchmal schon schwer, jetzt sind sie so zusammengeschnurrt, dass ich sie nicht erwischen kann. Ich fluche und die Frau flucht auch, weil ich sie jetzt nach Madang schicken werde und weil sie versteht, dass der Mann aus ihrem Dorf sie aus Stolz zu ihren Ungunsten versorgt hat. Seine Lücken zu zeigen scheint ihm nicht möglich zu sein, schon gar nicht vor mir. Bin ich körperlich auch noch größer als er!

Als ich die Frau zwei Monate später in der Sprechstunde sehe, hängt ihre ganze Hand leblos nach unten. Ein Nerv wurde bei der Operation in Madang geschädigt: ‚Fallhand'. Wir beide kochen vor Wut. Sie darf es nicht zeigen, außer in meinem Kämmerchen, aber ich fange an, meine verbalen Messer zu wetzen.

Frank ist für zwei Wochen in Goroka und wir machen zu Hause Weiberwochen. Elisa und Carol schlafen bei mir und Barbara ist auch immer da. Es ist gut, dass zu Hause alles prima läuft, denn das Krankenhaus saugt mich auf.

Am nächsten Tag geht es weiter. Es muss etwas passiert sein, denn mein neuer Kollege kommt heute gar nicht mehr zur Arbeit. Garry gesellt sich auf der Kinderstation zu mir: „Silke, heute Nachmittag gibt es ein *Board Meeting* und du musst kommen." – „Was ist heute los?"
„Wir waren gestern in Madang auf einem Treffen und haben dort erzählt, was Baka hier für einen Mist macht. Wir stehen alle hinter dir, alle, die hier arbeiten. Bei dem Treffen haben wir durchgesetzt, dass Baka nicht als Krankenhauschef eingesetzt werden wird. Du wirst OIC (Officer in Charge = Krankenhausleiter). Seine Probezeit wurde jetzt erst einmal verlängert. Wenn er sich komplett verändert, wirst du den Job wieder los. Seine Frau tobt gerade über den Markt und brüllt alles zusammen, weil sie sicher war, dass ihr Mann OIC wird. Silke, Baka ist Karkar-Mann, wir wollen ihn

alle wieder loswerden, aber das wird ein hartes Stück Arbeit werden."
„Garry, ich will nicht OIC werden, dazu bin ich nicht hier und dazu bin ich auch nicht der Typ!"
Garry grinst: „Du machst das schon, wir stärken dir alle den Rücken!" – „Nur als Team!" – „O.k., nur als Team, aber du unterschreibst alles."

Déjà-vu mit den dunklen Wolken

Die folgenden Tage sehe ich Baka nicht mehr, aber ich spüre, wie sich wieder Spannung auf der Insel aufbaut. Ein unsichtbares Netzwerk ist wieder am vibrieren. Dann kommt er für eine Stunde, versorgt seine Station. Danach tagelang kein Baka mehr. Man sieht ihn jeden Tag mit dem Krankenwagen über die Insel rasen, für seine privaten Zwecke versteht sich, und alles, was das ‚Team' anordnet, boykottiert er. Wenn er da war, kommen die Schwestern und bitten mich, alles zu kontrollieren, weil er immer mehr Fehldiagnosen stellt und zunehmend falsche Dosierungen oder Therapien anordnet.

Die Spannung lässt mich zuckersüß sein und ich versuche mein Gemüt damit zu tränken, dass er Mensch ist und zwar einer, der offensichtlich unter Druck steht und ein fachliches Problem hat. So werden die Worte, wenn wir uns begegnen, offener und gibt es sogar Momente, in denen wir wissen, dass wir uns an einem anderen Ort unter anderen Umständen gut verstehen würden.

„Baka, lass uns wie zwei Erwachsene hier arbeiten und reden. Lass uns das Krankenhaus deiner Insel nicht in den Dreck fahren." – „Ich habe bei der Gesundheitsbehörde sowieso schon einen Antrag gestellt, dass das Krankenhaus sofort geschlossen wird, der Zustand ist skandalös."
Ich schlucke, das kam unerwartet und trifft mich, aber es schmeckt nach heißer Luft. „Das ist morgen, heute habe ich einen Blinddarm zu operieren und bitte dich, dazu zu kommen. Irgendwann bin ich nicht da und es kommt ein geburtshilflicher Notfall. Was machst du dann? Das sind hier deine Leute! Am Mittwoch müssen wir nach Madang und kommen erst am Samstag zurück!" – „Ich komme." – „Um sechs, wenn der Strom angeht?" – „O.k."
Er kam nicht.

Aber er stand am nächsten Morgen plötzlich vor mir im Gang des Krankenhauses, mit einem Triumph in seinem Lächeln, und wedelt mit einem Röntgenbild. „Was siehst du?", sein Ton ist chilischarf. – „Bin ich hier vor Gericht?" – „Mal sehen, jedenfalls werde ich das auf dem Ärztekongress nächsten Monat vorstellen, mit deinem Namen!"
Es riecht wieder nach Raubtier.
Und mein Fluchtprogramm befiehlt mir Rückzug.
Ich nehme das Röntgenbild und sehe eine Bauchaufnahme mit einem auffälligen wurmähnlichen weißen Etwas darin. Ich verstehe noch nicht.
„Das ist eine Frau, die letztes Jahr hier einen Kaiserschnitt bekommen hat." Er genießt mein Gesicht, in dem noch Wolken hängen. Seine Überlegenheit lässt ihn tatsächlich wachsen. Er hat eine Waffe in der Hand und scheut nicht, diese zu gebrauchen und vorher die Katze im Sack noch zu schütteln und scharf zu machen. „Und am nächsten Tag wurde sie sterilisiert!"

Natürlich entgleitet mir das Gesicht, als mir bewusst wird, was passiert ist. Das Röntgenbild zeigt das Tuch, dass ich bei der Horror-OP im Bauch vergessen und nicht wiedergefunden hatte.
Der weiße Wurm auf dem Bild ist der eingenähte Metallfaden, den man für solche wie mich, erfunden hat. Was war noch damals, waren das Röntgenpersonal auf dem Dorf oder der Fixierer leer? Irgend so etwas. Ich bin geliefert!
‚Was soll ich tun!' Teufelchen raunt mir schon zu, es Denny in die Schuhe zu schieben: ‚Los, nach vorwärts verteidigen!' Aber Engelchen kontert golden: ‚Wenn er uns jetzt auch noch beim Schwindeln erwischt, sind wir gesichtslos, natürlich hat er das OP-Buch schon durchgeschaut und weiß, dass du die Operierende warst.' Ich setze an, mich zu verteidigen: ‚Es war eine schwierige OP, ich wollte die Kinder retten.' Tu's nicht, zeige keine verwundbare Stelle, er wird dich vierteilen.
Er liest meine Gedanken und grinst überlegen.
„Egal wie die Situation war, dass darf nicht passieren!"
Ich stimme ihm zu. Einem Niugini-Arzt ja, aber nicht einer Weißen.
„Ja, das ist mir passiert. Wenn du das gegen mich verwenden möchtest, dann tu es, ich werde dazu stehen. Warum ist die Frau hier?" – „Die Frau ist hier, weil sie einen fortgeschrittenen Muttermundkrebs hat. Sie wird hier schnell sterben. Das Tuch ist nur ein Zufallsbefund. Ich habe im Bauch einen Tumor gefühlt, als ich ihren Bauch abgetastet habe." Es ist passiert und nur ein schwacher Trost, dass die Frau deswegen nicht hat leiden müssen.

Immer mehr ziehe ich mich zu den Kindern zurück. Laurence und Leonard ist es egal, was mein Job ist, ob ich Fehler gemacht habe, was für eine Haut ich habe. Egal, wie viele mich als ‚Dokta' in den Arm nehmen und zuflüstern, dass sie auf meiner Seite stehen, egal ob ich einen Brief vom gesamten Personal für den LHS (Lutheran Health Service) in der Hand halte, in dem sie sich über Baka beschweren und darum bitten, dass er geht und ich bleibe. Ich stehe im Brennpunkt und nur die Kinder sehen mich im O-Ton.

Die erste Katastrophe

Wir sitzen schon auf der Ladefläche des Autos. Es ist Mittwochmorgen, die Kinder sind zappelig und ich freue mich tierisch, dem Krankenhaus gleich davonzufahren. Ein vereinbartes Gespräch mit Ron in Madang und der leere Kühlschrank legitimieren uns, für ein paar Tage zu verschwinden. Plötzlich sehe ich Baka im Krankenhauseingang. Sofort ist er wieder da, der Druck der letzten Tage, die letzte Nacht im kleinen OP und ich brülle: „Hast du den Mann verlegt?" Sein Körper löst das Seil der Guillotine. Ich wollte die Geschichte abhaken, aber ahne es schon. Jetzt! Er sieht mich an und schüttelt den Kopf.
Ein Windhauch, gefolgt von einem dumpfen Schlag und ein Kopf rollt. Ich weiß nicht, welcher. Mein Bluthund knurrt und zerrt an der Leine, ich will ausflippen, endlich ausbrechen aus dem Spiel ‚wie wahren wir unser Gesicht'!
Er hat es mir versprochen! Gestern. Dreimal habe ich es mir versichern lassen, zehnmal habe ich es gesagt: „Der Mann muss nach Madang, sofort." – „Ich verspreche es, du brauchst dich um nichts kümmern. Ich besorge einen Helikopter oder setze ihn auf ein Boot, die Familie ist schon unterwegs in Kurum und heuert gerade eines an. Alles ist organisiert." – „Baka, wir haben kein

einziges OP-Set (Sterile Instrumente) mehr, er braucht eine Darm-Operation, er muss weg!" – „Ich habe gesagt, ich verspreche es und jetzt – piss off!"

Als der zu verlegende Mann, vielleicht Anfang dreißig, Hochschullehrer, vor vier Tagen ankam, hatte er Bauchschmerzen und alle Anzeichen für eine Typhus-Erkrankung. Die Therapie half ihm zuerst und er lag am nächsten Tag zufrieden im Bett, aß ein wenig, klagte nicht. „Wie geht es dir, ist das Fieber wiedergekommen? Haben die Medikamente geholfen?" – „Ja, wunderbar, danke. Mir geht es viel besser. Schau, ich sitze schon wieder. Danke Dokta."
Ich kann nicht anders, ich sehe ihn lange an und bewundere seine höfliche Bescheidenheit. Ich zögere, weil mir ein Gedanke kommt: Ich habe nie einen Kranken meckern hören, auch wenn Dinge mal schief liefen oder etwas vergessen wurden. Die Toleranz an der Küste scheint schier unermesslich gegenüber den Helfern im Krankenhaus zu sein.
Etwas anderes ist mir noch aufgefallen, denke ich weiter, ich habe nie jemanden erlebt, der aus zumindest körperlichem Leiden einen Nutzen gegenüber anderen gezogen hat. Wenn es weh tut, tut's weh; wenn vorbei, dann vorbei.
Wie oft hatte ich in deutschen Krankenzimmern gesehen, dass Gesichter, gerade noch am Gackern, plötzlich schmerzverzerrt waren, sobald die Tür aufging und z.B. der Ehemann hereintrat. Theaterleben; da sitzen die Akteure am Frisiertisch, Männlein wie Weiblein, und betrachten die Schminktöpfchen vor sich. Da gibt es welche mit Inhalt Schmerz, Krankheit, dosierte Schwäche, immer trifft es mich, ich opfere mich auf; und dann wird aufgetragen, ob dick oder dünn, es verfolgt ein Ziel, wie fast alles, was geschieht: Aufmerksamkeit zu bekommen. Das Defizit in unserer Gesellschaft scheint riesig zu sein.
Ich stehe noch immer da und wundere mich. Hier gibt es keine Frisiertische.

Dann gingen die Bauchschmerzen des Lehrers wieder los, aber auch nicht so, dass ich ihn sofort operieren wollte. Das Krankenhaus war brechend voll. Wenn ich nicht am Operieren war, sah ich mir reihenweise Röntgenbilder von TBC-Lungen an, hetzte hierhin und rauschte dorthin, atmete tief hier und fluchte dort. Es waren so viele OPs, dass ich keine sauberen Instrumente mehr hatte. In der Wäscherei türmte sich alles, der Sterilisator arbeitete non stop – wenn der Strom da war. Baka war nicht zu sehen. Gestern früh schlurfte er durch den Gang auf seine Station zu. Ich zeigte ihm den kranken Lehrer und gab den Verlegungsauftrag. Es wäre noch genügend Zeit gewesen.

Während ich vom Auto springe, raucht mein Kopf, driftende Gedanken wie qualmende Reifen. Einen Blinddarm oder Kaiserschnitt würde ich auch mit einem Einmal-Skalpell machen, auch ohne Tücher und Schnick Schnack, aber es ist nichts dergleichen. Es wäre ein größerer Darmeingriff, vermutlich haben Typhusbakterien den Darm zerlöchert. Für so große Darmoperationen brauche ich gutes Werkzeug.
‚Ich mach es!', streite ich mit mir.
‚Nein, mach es nicht. Wenn es schief geht bei der Lage hier, kann es Ärger geben. Wenn ich ihn mitnehme, schafft er es noch, dann wird er vernünftig operiert. Aber es geht um Leben und Tod. Mach es!' ‚Nein, du darfst nicht!' Ich war gewarnt worden, keine Operationen zu machen, die ich von meiner Fachrichtung her nicht kann, außer es geht um Leben und Tod. Zu viele Kollegen sehen

weiße Ärzte hier nicht mehr gerne und lauern auf solche Gelegenheiten.
Und ich wusste, wie ich mich auch entscheide, es ist verkehrt.

Aus der Magensonde kommt gelbliche Flüssigkeit. Der Lehrer hat die Augen geschlossen und sitzt neben dem Motor auf der schmalen Bank. Sein Bruder hält ihn davon ab, nach vorne zu kippen, der Pfleger auf der anderen Seite hält die Infusion hoch. Wir alle sitzen in Pauls Boot. Das Meer schlägt uns in den Rücken, wir sind nass, seine Kotze auf dem Boden mischt sich mit frischem Meerwasser. Mein rasender Puls ist schon in Madang, hat den OP vorbereitet, die Retter haben die sterilen Hände vor der Brust gefaltet und warten auf uns. Mein Puls trägt die Hoffnung wie eine Fackel mit sich. Meine Augen aber sind in seinem Gesicht und sehen es grauer werden. Dieser Mensch verfällt vor meinen Augen. Seine fünf Kinder warten im Dorf auf seine Rückkehr, seine Frau auf seine Zärtlichkeit, aber sein Leben nimmt einen anderen Weg.

Alles braucht so lange!
Der bestellte Krankenwagen ist nicht am Anleger, telefonieren, warten. Pauls Schwester ist mit dem Auto da und hilft uns sofort, wir rasen in das Krankenhaus. Frank und ich haben eigentlich eine Verabredung mit Ron, es soll eine Krisensitzung wegen Baka werden, aber er darf nicht sauer sein, wenn er warten muss.
Notaufnahme.
Schnell eine der rumstehenden Liegen schnappen und rein. Die Notaufnahme ist verlassen.
Wir schreien um Hilfe.
Eine füllige Schwester mit einem Gesicht ‚schon im Feierabend' schlurft herbei. Eine Jüngere überholt sie und übernimmt den Lehrer. Es ist von mir keine Übergabe, es ist ein Hilferuf: „Bitte, dieser Mann muss sofort in den OP!"
„O.k." Das ist alles, was sie sagt und ich sehe, dass ihr Puls nicht angekurbelt wird. Sie tut ihren Job und fängt an, die Personalien aufzunehmen. Mein Funke ist nicht übergesprungen. „Bitte! Er hat keine Zeit mehr!"
Ich will keine Versprechen mehr, ich brauche Aktion, fühle mich wie Schumachers Schwester, der gerade das Lenkrad weggenommen wurde – Leerlauf. *„Dokta yu ken go mipela harim tok bilong yu.* (Doktor, geh, wir haben gehört, was du gesagt hast.)"
Ich lasse den Krankenpfleger, der von Gaubin mitgefahren war, um die Infusion zu halten, bei ihm, mit der Bitte, weiter auf die OP zu drängen, und gehe. Ich gehe wie durch Watte und warte auf mein Lenkrad oder aber den erlösenden Crash. Ich gehe in die Sonne, das getrocknete Salz kribbelt auf der Haut, ich fühle mich so beschissen. Es wird nicht gut ausgehen.

Das Gesicht des Lehrers wird mich mein Leben lang begleiten, es wird immer wieder in den Waagschalen der Gerechtigkeit auftauchen, wenn es nicht schon mit seinen Zähnen an meinem Gewissen nagt.

Wir eilen vom Krankenhaus zu dem Guesthouse, wo Ron schon auf uns wartet. „Was ist das Problem mit Dr. Baka?", fragt er uns ohne Umwege.

Ich bin froh, dass Frank den Anfang macht, und ich Zeit habe, meine Gedanken zu sortieren. „Das Problem ist, dass er so gut wie nie arbeitet. Das größere Problem ist aber, wenn er arbeitet, macht er viele Fehler und boykottiert Silke als seine Vorgesetzte. Da Silke eigentlich nur noch im Krankenhaus ist, da sie ständig operiert und so gut wie immer *on call* ist, liegt meine eigene Arbeit zur Zeit ganz flach."
Ron sieht sehr angespannt aus. „Was habt ihr getan, damit er sich wohlfühlt?"
Die Frage überrascht mich, aber sie ist gut.
„Die ersten zwei Wochen hatten wir fruchtbare Treffen, auch bei uns im Haus, in denen wir diskutiert haben, wie wir die wichtigsten Probleme in den Griff bekommen können. Wir haben ihn alle um seinen Rat gefragt. Ich habe mich sehr zurückgehalten und ihm meinen Respekt gezeigt, ist ja seine Insel. Ich war von seinem Know-How sehr angetan und bin gar nicht auf die Idee gekommen, dass er Fehler machen könnte. Nach zwei Wochen ist er plötzlich nicht mehr zu den Frühbesprechungen gekommen und auch immer öfter nicht auf seine Stationen." Ich überlege kurz, prüfe mich selbst. „Ich war immer sehr höflich und habe gefragt, ob er Probleme habe und ob ich ihm helfen könne. Aber er verneinte und kam trotzdem nicht. Ich gehe nun seit vier Monaten auf ihn zu, immer wieder, aber es verschlechtert sich immer weiter. Was noch dazu kommt: er operiert nicht. Sollte er ein Problem damit haben, dass ich es ihm beibringe, respektiere ich das. Ich habe ihm vorgeschlagen, er möge nach Madang gehen, um ein Training zu absolvieren. Das will er aber wohl nicht."

Ich merke plötzlich, wie ausgepowert ich bin. Tränen schießen hoch. Mein Bauch und meine Backen ziehen sich zusammen, es kribbelt in der Brust. Aus dem Nichts tauche ich in die letzte Nacht zurück und sehe mich im kleinen OP am Kopf eines Mannes stehen. Er ist vollkommen ruhig. Es riecht nach Blut. Als die Taschenlampe den Kopf des Mannes erhellt, sehe ich nicht viel, der Schädel ist unverletzt, das Gesicht mit den Augen o.k., die Nase ebenfalls o.k.
Dann öffnet er den Mund und ich kralle mich an der Holzpritsche fest. Die Lippen gehen auseinander und immer weiter und noch mehr, es hört nicht auf, als wolle er mich verschlingen! Beide Backen sind fast bis zu den Ohren aufgeschlitzt. Wie schrecklich!
Er war in seinem Haus überfallen worden, als er schlief. Aufgeschreckt wollte er schreien und bekam ein Messer zwischen die Zähne. Die scharfe Klinge spaltete seine Backen, sein Gesicht, und wie ich erst später sah, seine halbe Zunge. Er kannte die Männer nicht und kämpfte um sein Leben. Frau und Kinder waren aus dem Haus gerannt und haben sich im Busch versteckt.
„Was wollten sie?" – „Ich weiß nicht. Geld habe ich keines."

Franks Hand im Nacken verscheucht die Bilder und Tränen. Seine Berührung tut gut.
Ron hört konzentriert zu: „Ich war auf der Insel in meinem Dorf, um die Stimmung einzufangen. Dadurch, dass auch ich von Karkar bin, kann ich nicht nach Gaubin kommen. Ich kann ihn auch nicht zu mir her bitten und ihn verwarnen."
„Warum nicht?", platzt es aus mir heraus. „Weil er ein Kind Karkars ist", erklärt Ron ruhig. „Aber wer kann denn etwas tun? Er ist doch noch in der Probezeit. Auch wenn er von Karkar ist, er schädigt doch seine eigenen Leute. Ron, ich arbeite lieber allein als so!"
Er schüttelt den Kopf: „Uns sind die Hände gebunden. Wir müssen das LHS (Lutheran Health Service) in Lae einschalten."

Das Stück im Kulturentheater heißt jetzt also: ‚Wie werde ich einen *Wantok* los, ohne dabei zu Schaden zu kommen.'
Wir sind an die Grenzen unserer Mitspielfreudigkeit angekommen und hilflos.

Wantok-System

ist eigentlich der wichtigste Begriff in PNG. Es zeigt: im Weltbild ist der Klan das Zentrum.

Alles was geschieht, ob ein Haus gebaut oder eine Heirat beschlossen wird, alles dient dem Wohl des Klans und nicht dem Individuum. Und alles dient der Harmonie innerhalb des Klans.
Wenn einer aus dem Klan direkt eines Vergehens beschuldigt wird, so fühlt sich der ganze Klan mitangeklagt und wird sich als Gruppe verteidigen. Was nicht heißt, dass jeder machen kann, was er will, mitnichten, es gibt ein ausgeklügeltes Rechtssystem innerhalb eines jeden Dorfes; wer Mist baut, muss sich dem stellen.
Gibt es aber Schwierigkeiten von außen, so ist sich der Klan immer selbst am nächsten und tritt er als Einheit auf. Mit anderen Worten, die Frau eines verfeindeten Nachbarklans zu rauben ist o.k., im eigenen Revier zu wildern dagegen nicht.
So ein System bietet jedem Mitglied maximalen Schutz und Sicherheit.
Es heißt aber auch, dass es nur dann harmonisch ist, wenn alle mehr oder weniger gleich sind. Sticht einer heraus, weil er mit einer Idee anfängt, Geld zu verdienen, so ist er zur unbedingten Solidarität mit allen seinen *Wantok* verpflichtet. Wird dieses nicht eingehalten, so muss er mit Schaden rechen. Zu spüren bekam es unser Bekannter aus dem Nachbardorf Kurum, dem in der Nacht Zucker in den Tank seines neu gekauften Speedboots geschüttet wurde.
Ein junger Arzt aus Karkar, der in der Hauptstadt arbeitet, kam einmal, um seinen kranken Vater in Gaubin zu besuchen. Er kam inkognito an Land und versteckte sich in unserem Guesthouse. Auf meine Frage, ob er denn sein Dorf nicht besuchen werde, verneinte er mit den Worten: „Wenn ich mich dort blicken lasse, werden Wünsche an mich herangetragen, die ich nicht erfüllen kann, und ich muss immer mehr Geld dalassen, als ich habe, also gehe ich erst gar nicht hin. Ich würde mich schämen und sie wären enttäuscht."
Aber Vorsicht. Hier geht es nicht um Neid. Es ist der Wille einer Gesellschaft keine Herrschaft zuzulassen, die nicht geteilt wird. Und immer wieder, es geht darum, das Gleichgewicht wieder herzustellen.
Es kommt noch hinzu, dass jeder versucht, in seinem Dorf ein *Big Man* zu werden. Der Dorf-Chef (eine Art Bürgermeister) ist also nicht gewählt oder erbt auch nicht den Titel, sondern muss ihn sich erarbeiten durch sein erfolgreiches Leben, durch seine Persönlichkeit und vor allem durch Großzügigkeit.

> In diesem System liegt Bewegung und Wettbewerb zum Wohle des Klans. Auch die Polygamie, im Hochland vor allem die Heirat mit Frauen aus anderen Klanen, dient nicht dem Vergnügen, sondern schafft politische Allianzen, um den Einfluss und das Prestige des Mannes und seines Klans zu stärken. So gilt allgemein: Der Klan bin ich und ich bin der Klan. Nestbeschmutzer gibt es nicht.

Ron erzählt uns nicht, dass Gaubin Bakas letzte Chance ist. Er erzählt nicht, dass er – aus ich weiß nicht, wie vielen Krankenhäusern – wegen der gleichen Schwierigkeiten schon rausgeflogen ist und sich nicht mehr blicken lassen kann. Er erzählt nicht, dass, wenn hier jemand versagt, er nicht abstürzt, sondern die Leiter hochfliegt. Er erzählt nicht, dass er geahnt hat, was passieren wird. Wir sind keine Mitspieler, wir sind die Figuren bei dem Kegeln.

„Frank, ich versteh es nicht! Ron ist eine Autorität, warum nimmt er Baka nicht beiseite und liest ihm die Leviten?" Ron ist gegangen. Frank und ich sitzen noch da und verarbeiten das Gespräch. „Hast du es nicht gesehen?" – „Nein, was?" – „Seine Schweißperlen auf der Stirn!" – „Ich versteh immer noch nicht, warum?"
„Weil er weiß, was passieren kann, wenn er einem von seiner Insel ans Bein pinkelt und nicht nur das, sondern sogar seinen Job wegnimmt. Vielleicht wäre er real in Gefahr." – „Lieber lassen sie ihre eigenen Leute bluten?" – „Vielleicht."
Frank sollte Recht behalten.

Am späten Nachmittag sehe ich den Krankenpfleger, der uns mit dem Lehrer nach Madang begleitet hat, vor der Türe stehen und mache schnell auf. „Hallo Dokta, ich werde gleich nach Kubugam fahren und ein Boot nach Gaubin zurück nehmen. Ich wollte nur Bescheid sagen, dass der Lehrer gestorben ist."
Ich muss mich setzen.
„Haben sie ihn operiert?" – „Nein, es ist erst nach zwei Stunden ein Arzt in die Notaufnahme gekommen. Während er ihn dann untersuchte, ist er gestorben." – „Danke, dass du gekommen bist. Wir sehen uns morgen."
Ich bin so müde. Ich möchte so gerne weinen, aber ich finde sie nicht, die Tränen von vorhin. Baka, das Stück Zucker in meinem Mund ist aufgebraucht, jetzt spucke ich mit Galle.

Der nächste Akt findet in unserem alten Haus in Gaubin statt.
Baka, James und der versammelte Krankenhausvorstand sitzen mir gegenüber. Das Treffen war eingefädelt worden, um Ron genug Stoff zu liefern, damit man Baka beim LHS (Lutheran Health Service) anschwärzen könne. James, als Mann des Hochlands, ist mutig und trägt die Vorwürfe rhetorisch geschickt vor.
Und das Schauspiel beginnt: „Natürlich missbrauche ich das Krankenhausauto und es ist auch wahr, dass ich für die Kommunikationsstörungen in der Klinik verantwortlich bin, aber das sind doch Peanuts gegenüber den Problemen, die der LHS in Lae hat und macht. Wie viel Geld wird

dort veruntreut? Wer arbeitet da überhaupt? Was von dort kommt, ist eine grottenschlechte Politik, keine Programme, keine Linie!", schlägt Baka zurück.

Die Häupter von Demok und Mailong sinken immer tiefer, sie schweigen betreten und unsere guten Vorsätze sind zunichte. Zu dritt wollten wir ihn packen.

Ich kann mich nicht mehr zurückhalten. „Stopp, Baka. Bevor du keine gute Arbeit leistest, hast du nicht das Recht mit dem Finger auf andere zu zeigen. Wir sitzen hier, um die Probleme mit dir zu lösen und es geht nicht um LHS-Politik."

Wahrscheinlich habe ich zuviel gesagt.

Baka lässt seine Wut raus und zeigt sein wahres Tigergesicht. „Wage es nicht noch einmal, mich anzusprechen! Von einem Weißen lass ich mir gar nichts sagen, von einer weißen Frau schon gar nicht. Das wird mein Krankenhaus werden und du hast hier nichts mehr zu suchen. Wage es niemals mehr, auf mich herabzuschauen!"

Keiner der Herren hebt den Kopf, sie schweigen, bis Baka den Raum verlässt.

Ich gehe nach Hause und heule vor Wut. Was wird passieren müssen, bis das hier ein Ende hat.

Die zweite Katastrophe

Es ist eine blutjunge Mutter, die mich an die Grenzen des Ertragbaren bringt, weil sie mit frischem Schnitt am Bauch auf dem Meer verblutet.

Seit dem misslungenen *Bung* (Treffen) sind die Fronten klar. Frank und mir ist auch klar, dass wir eigentlich gehen müssten, um wieder einmal nicht im Wege zu stehen, aber wir erwarten Besuch. Meine Freundin mit Mann und drei Kindern hat die teuren Tickets schon in der Tasche. Also entschließen wir uns, einen Kurzurlaub einzuschieben und zu unseren Freunden nach Etep zu fahren. Die Entscheidung fällt leicht, weil ein arbeitswütiger Student aus Madang für drei Monate in Gaubin mitarbeiten wird.

Wir fahren und die Katastrophe tritt ein. Die Frau ist 20 Jahre alt und will ihr erstes Baby bekommen, aber es dreht sich nicht in den Geburtskanal. Jimmy, der Student, wird es mir hinterher so erzählen:

„Ich bin zu Baka gelaufen und habe gesagt, dass wir einen Kaiserschnitt machen müssen. Er antwortete, er komme gleich, ich solle schon mal anfangen. Ich fing an, aber er ist nicht gekommen. Ich habe ihn wiederholt rufen lassen, denn ich bin Student und darf das gar nicht alleine machen.

Als er dann endlich kam, bemerkte ich, dass er überhaupt keine Ahnung hat. Seine Hände zitterten und ich musste alle Schritte ansagen. Die Operation war schwierig und die Gebärmutter riss ein, als ich das Kind herausholte. Ich habe vorher noch nie so etwas Schwieriges genäht, aber Baka weigerte sich, die OP zu übernehmen."

„Lebt das Kind?"

„Ja. Am Morgen habe ich nach der Frau gesehen und bemerkt, dass im Bauch Flüssigkeit sein muss. Eine Naht muss aufgegangen sein und sie blutete nach. Als ich Baka dazugerufen hatte, sagte ich, wir müssten sie noch mal aufmachen. Das ist ja manchmal nur eine kleine Sache. Aber er sagte: ‚Nein'. Ich habe dann auf das Meer gezeigt, es war sehr rau, wie sollen wir sie nach Madang rüber kriegen? ‚Lass uns nachschauen', habe ich immer wieder gebettelt. Nein. Es gab auch keinen

Helikopter. Ich besorgte Blut und Baka ein Boot und wir legten sie drauf. Was sollte ich tun, ich musste mich dem beugen, was er sagt. Die Überfahrt war schrecklich und ich konnte zusehen, wie der Bauch immer dicker wurde. Als wir ankamen und sie in den Krankenwagen trugen, starb sie. Die Ärzte in Madang tobten, als sie die Geschichte hörten. Der Gynäkologe wollte unbedingt eine Obduktion machen, um Baka dann anzuzeigen. Sie hätten schon lange auf so eine Gelegenheit gewartet. Aber die Familie der Frau weigerte sich. Baka hätte alles getan, um ihr zu helfen, alles andere werde sie nicht mehr zum Leben erwecken. ‚*God i givim, God i kisim* (Gott gibt und Gott nimmt)' sagten sie und nahmen die Tote mit."

Jimmy und ich schmeißen Gaubin so gut wir können.

Frank und ich warten auf Besuch aus Deutschland, um dann endlich von der Insel abhauen und sagen zu können: „Wir bleiben in Madang. Entscheidet euch, wen ihr in Gaubin haben wollt." Und wieder versuchen wir jeden Tag abzuschätzen, wie groß die Gefahr für uns ist, lauschen dem *Tok Win* und rücken immer enger mit dem Personal zusammen.

James spricht mit Frank vor unserem Haus: „Baka fängt an zu drohen, aber nicht nur gegen euch, auch gegen mich. Er sagte, ich solle gut auf meine Tochter aufpassen. Frank, lass uns bald gehen, ich werde auch verschwinden." – „O.k." – „Ich schicke meine Tochter zu Verwandten und meine Frau auch." Schwarze Wolken über Karkar.

Meine Freundin wird kommen und wir werden gehen. Wir werden sagen, wir sind Gäste und das ist nicht unser Streit. Unsere Fremdheit wird zu unserem Schutz und ist nicht länger ein Makel. Aber bis dahin wird mein Leben immer vielschichtiger, wie eng anliegende Scheiben. Eine Scheibe ist meine Familie, eine Baka, eine das Chefin-Sein, eine andere die vielen Geschichten, die ich im Krankenhaus erlebe. Die Scheiben sind kein Ganzes mehr, sie rotieren jede in ihrem eigenen Rhythmus, auch in entgegengesetzten Richtungen. Ich bewege mich zwischen ihnen hin und her, immer eine neue Rolle einnehmend, mich mal mehr, mal weniger zerreibend.

Es ist ein heißer Nachmittag, als ich zu einer Geburt gerufen wurde. „Dokta, wir haben die Frau *excercisen* (laufen) geschickt, dann hat sie das Kind ganz plötzlich in der Küche bekommen."
Ich schlüpfe in meine Schlappen und wir eilen in den Kreißsaal. „Wie weit war sie, und das wievielte Kind ist es?" – „Es ist das fünfte und sie war bei sechs Zentimeter." – „Was ist das Problem?" – „Dem Kind geht es schlecht, es hat grünes Fruchtwasser aspiriert."
„Florence, schicke keine Frau weg, man weiß nie, wie schnell es geht, vor allem, wenn es nicht das erste Kind ist." – „O.k."
Wir kämpfen um das Kind, aber es stirbt nach drei Stunden.
Ich habe keine Kraft mehr, kann den Tod nicht mehr abwehren. Mit Tränen in den Augen und dem kleinen Bündel in den Armen gehe ich in den Kreißsaal. Die Mutter sitzt noch auf dem Entbindungsbett und isst. Ich gestehe ihr, dass wir das Kind nicht retten konnten. Sie isst weiter. Ich wiederhole meine Worte, sie blickt mich kurz an und sagt. „*Em orait!* (Es ist in Ordnung!)"
Wir haben die Rollen vertauscht, nicht sie ist geschockt, ich bin es.

Ich sehe, wie die Frauen im Raum anfangen zu tuscheln, dann tritt eine nach vorne und sagt. „*Dokta, no ken wori.* (Dokta, mach dir keine Sorgen.) Im Dorf gibt es Probleme, deswegen ist das Baby eben jetzt *bagarap* (kaputt). *No ken wari, no ken ting ting planti.* (Reg dich nicht auf und denk nicht viel.)"

Und weil im Krankenhaus das Gesetz der Duplizität herrscht, wird am Abend das zweite Baby sterben – und ich meine Kraft verlieren.
Ganz nebenbei ist die Duplizität faszinierend. So sehe ich in den Jahren zwei Jungen am gleichen Tag, die beide Arme gebrochen haben. Sie laufen den Tag gemeinsam durch das Krankenhaus. Hatte ich Monate lang keine Eileiterschwangerschaft, so kommen zwei hintereinander. Stirbt einer erwartet, geht noch ein zweiter unerwartet.
Ich gehe schnell in den Kreißsaal. Eine durch Malaria hoch fiebernde Frau soll entbinden. Auf dem Dorf hatte sie mehrmals gekrampft und man kann davon ausgehen, dass das Kind schon über den Mutterkuchen mit dem Parasiten infiziert ist. Die Fruchtblase war irgendwann geplatzt und Wehen setzten ein. Die Mutter hat keine Kraft, das Kleine in die Welt zu pressen, und so helfe ich mit und möchte es so gerne vom Leben überzeugen.

Tod

Das Kind hat die Augen geschlossen, es verzieht den Mund, wenn es nach Luft schnappt. Gierig saugt es die Luft ein, macht den Mund ganz groß, damit mehr hereinkommt, japst und sieht dabei plötzlich hässlich aus, wie ein alter Mann, wie ein frisch geangelter Karpfen an Land. – Dabei ist es doch ein Baby, frisch geboren, rosig, unendlich weich, duftet nach frischem Leben, totale Unschuld, absoluter Reinheit.
Der Tod ist hässlich.
Die Lippen färben sich blau, die Wangen ergrauen, die Beine sind weißgelblich und fleckig.
Dieses Japsen ist so grausam, es durchbricht die Stille. Ein Herzschlag ohne Zukunft, ein Körper für nichts geschaffen, getragen und genährt.

Um etwas zu tun, hebe ich die Augenlider mit einem Finger an und leuchte mit einer Taschenlampe auf die Augen. Sie haben ihren Glanz verloren, die Pupillen sind riesig und entrundet. Leere. Es ist hoffnungslos. Das Gehirn ist kaputt.
Während ich mich hinter meinen professionellen Handlungen verstecke, wandere ich auf einem schmalen Grad. Auf der einen Seite darf ich abheben, schwebe über der Szene wie eine Voyeurin, über allen Dingen sozusagen. Mir ist sogar manchmal zum Lachen. Groteske Mimik hat der Tod, ein Horror-Schauspiel. Ich lasse mich nicht treffen, oh nein, meine Seele ist medizinisch weiß, eingeseift, und ich freue mich über den Tod, der darauf ausrutscht und an mir vorbeischlittert.
Auf der anderen Seite ist der absolute Abgrund, ein Strudel von unvorstellbarer Stärke und Schwärze, der zieht, der begreift, der um die Absolutheit, die Endgültigkeit weiß, der mit dem Schmerz der Mutter verschmilzt, der mit der verlorenen Zukunft, den ungeborenen Kindern, der nicht gefundenen Frau des sterbenden Kindes ein paar Schritte tanzt. Auf dieser Seite verliere ich den Glauben an alles.

Der Tod hat, während ich die Taschenlampe ausdrücke, auf dieser unritterlichen Seite einen Spalt durch die Türe gefunden und diffundiert, kriecht durch mich wie eine Infusion, ein Kampfgift, das beginnt zu lähmen, bis in die letzte Faser. Und ich begreife die Einsamkeit, begreife die Schlichtheit des Todes, ahne, dass vielleicht nichts dem folgen wird, noch nicht einmal etwas wie ein aufsteigender Rauch einer ausgeblasenen Kerze. Nichts. Nichts?

Ich sehe der Mutter in die Augen und schüttele den Kopf: „Das Baby wird sterben. Ich kann nichts mehr tun."
Die erschöpfte, glühende Mutter fängt leise an zu weinen, nimmt ihr Kind auf den Arm und wiegt sich hin und her, dem Kleinen über den Kopf streichelnd.
Noch ein Atemzug. Die Pausen werden länger. Stille.
Ist es jetzt tot? Nein, noch ein Aufbäumen, ein Versuch, Luft zu saugen, immer verzweifelter, der Körper giert nach Sauerstoff. Stille.
Ich fühle den Puls, der leise an meinen Finger pocht, wie ein Anklopfen, als will er sagen „Hey, ich bin noch da."
Meine Gedanken füllen die langen Sekunden. Jeder Mensch steht dem Tod zwei- oder dreimal im Leben sehr nahe. Durch den Verlust eines Geliebten, Krankheit, Unfall oder einfach so, weil man dreißig geworden ist oder zu lange über die Sterne nachgedacht hat. Es sind Momente, in denen wir plötzlich für einen Augenblick hinter den Vorhang schauen dürfen oder müssen. Es ist wie ein Muskelkrampf, der sich löst. Ich muss lächeln: es ist ein zweiter Arschmuskel, Sphinkter ani', der uns ein sauberes Leben beschert. Wir wissen um die Scheiße in uns und wissen, wie der Gestank des Todes unser Leben begleitet und es vermiesen könnte, und plötzlich erschöpft sich der Dauerkrampf, die Dämpfe finden den Ausgang und wir riechen den Tod. Bevor es uns umhaut und wir uns entleeren, zack, ist alles wieder dicht.
Es geschieht unwillkürlich, unkontrollierbar und das nervt.

Ärzte quälen sich portionsweise, tägliches Muskeltraining. Ich fühle mich privilegiert, weil ich mich durch andere Menschen mit dem Tod reiben und für mein Leben lernen darf.
Mein erstes Aha-Erlebnis hatte ich während meines Studiums, als ich bei einem halbglatzigen Mann, um die 65 Jahre, am Bett saß, nachdem er erfahren hatte, dass er an Darmkrebs erkrankt ist. Er stöhnte laut auf und sagte: ‚Das ganze Leben habe ich gearbeitet, jetzt bin ich endlich Rentner. Ich dachte, jetzt geht es erst richtig los. Und nun ist es vorbei?' Diese tiefe Trauer über das Leben, das er sich für die Zukunft aufgespart und nun verloren hatte, drückte mich in den Augenblick.
Seine Trauer und Erkenntnis gibt mir den Mut, meine Wünsche zu leben. Auch viele an Krebs erkrankte Frauen, die ich begleiten durfte, nahmen die Krankheit irgendwann als Chance. Meist, nachdem sie aufgehört hatten, sich mit der Frage ‚Warum, warum ich?' zu quälen: ‚Jetzt werde ich machen, was mir gut tut. Endlich!' Sie hatten oft für andere gelebt, bis sie durch den Krebs aufgewacht sind und sich selbst gefunden haben.
Als Zeugin darf ich lernen, ohne zu erkranken.

Ich taste wieder den Puls und hoffe, nichts zu spüren. Das Warten auf den nun ultimativ letzten Schnapper ist demütigend. Jeder sehnt sich, die innere Spannung lösen zu dürfen, um endlich zu

schreien oder Kaffee trinken gehen zu können.
Es ist soweit, alles hat aufgehört zu arbeiten, der Körper hat schon begonnen zu zerfallen, das Baby ist tot. Die Mutter fängt an zu klagen, immer lauter und heftiger, sie windet sich in ihrem Schmerz und ruft immer wieder: „Mama jah, Mama jah." Sie drückt den kleinen Körper an sich und deckt ihn liebevoll mit dem Leintuch zu.

Wer jetzt wagt zu sagen, dass dieser Tod einen Sinn hat, dem springe ich an die Gurgel.
Tod ist meist zufällig, nie gerecht und immer sinnlos.

Die Mutter packt schniefend ihre Sachen zusammen und nimmt das Bündel. Wir sehen uns an und ich falle in den Abgrund. Wir umarmen uns und weinen, bis sie sich aufrichtet. *„Tenkyu dokta. (Danke, Doktor.)",* sagt sie und geht.

Ich verkrieche mich in mein Office, um meine Wunden zu lecken, und weine, weine plötzlich über all die Kinder, jungen Frauen und Männer, die ich habe sterben sehen. Die letzten Monate haben zu viel Energie abgesaugt, ich bin wehrlos.
Die Toten ziehen an mir vorüber, so viele Kinder, so viele Babys, die kleine Lynn, die mit ihrem dicken Bauch voller Milz alle zwei Wochen zu uns kam, um sich Blut geben zu lassen. Sie hatte Thalasaemie (vererbte Blutarmut) und war vier Jahre alt. Eines Tages gab ihr Körper auf.
Ich sehe Baiba nackt, nur noch Haut und Knochen mit irrem Blick durch den Gang torkeln. Sie war keine zwanzig, seit einem Jahr verheiratet ohne Kinder und verlor den Kampf gegen Muttermundkrebs. Die Familie hatte sie aufgegeben, sie aß Geschenktes von den Mitpatienten, die sich vor ihr nicht fürchteten. Sie wurde zum Schluss verrückt und verblutete langsam. Da keiner mehr zum Blutspenden kam, tropfte das Leben einfach aus ihr heraus.
Ich höre die Schreie des Vaters, der um sich schlägt, den Kopf gegen die Wand donnert, sich an das tote Kind krallt, welches gerade an einer Gehirnhautentzündung gestorben ist, höre die Härte der Ohrfeige am Bett des toten Babys mit Lungenentzündung, die der Vater der Mutter beim letzten Atemzug verpasst: *„Mi tok wanem? Mi tok, karim bebi long haussik sapos em i sik. Yu kilim em.* (Was habe ich gesagt? Ich sagte, nimm das Baby und geh ins Krankenhaus, wenn es krank ist. Du hast es getötet.)", höre die Stille der jungen Frau, die ohne ein Wort und Blick das Bündel Leiche packt und geht.

Oder der Mann mit frischer Tuberkulose, der anfing, Blut zu spucken. Er kämpfte wie ein Bär. Wir standen alle um sein Bett. Seine Frau knetete ihm seine Zehen, die er nicht mehr fühlte, die Mutter stand am Kopf und zerrte und zog an den Haaren, als wolle sie den Schmerz umleiten und herausziehen. Keiner wollte ihn gehen lassen. Man sah, dass er geliebt wurde. Die ganze Familie war da, junge Männer in ihren kurzen Hosen mit einer kleinen Umhängetasche aus einer Mehltüte gebastelt, aus der die Spitze des Buschmessers herausschaute, junge Frauen und ihre Kinder. Sie standen mit großen Augen da und beobachteten still das Geschehen.

Die Kinder sind bei allem dabei. Sie sind die ersten, die die Schreie der Mütter und den ersten Atemzug des Babys hören, und sie verfolgen den letzten Herzschlag, das laute Trauern und Begraben. Die Häuser mit ihren dünnen Wänden, das Leben im Dorf: es ist eine gläserne Welt, in der sie alles mitbekommen. Wenn diese Kinderaugen erwachsen werden, haben sie alles gesehen. Es ist gut, dass sie mit Tod und Leben aufwachsen, aber manche Kinderaugen haben zu viel gesehen, hätten eine Hand nötig gehabt, die sie schützend wegzerrt, wenn z.B. das Buschmesser den Onkel aufschlitzt oder der Vater den Fuß in den Bauch der Mutter versenkt. Diese Augen kann nichts mehr beeindrucken.

Der Atem des TBC-Kranken fing an zu rasseln und die Unruhe wurde größer. Wir hatten keinen Sauerstoff mehr, um das Leiden des Mannes zu lindern. Plötzlich bäumte er sich auf, stöhnte und das Licht ging aus! Eine Frau schrie auf, ich duckte mich instinktiv und hörte mein Herz in den Ohren. Es war zehn Uhr nachts, Wowol hatte pünktlich den Generator ausgeschaltet und wir standen alle im Dunkeln. Die erste Taschenlampe, die gefunden wurde, blitzte auf und direkt in die weit aufgerissenen erstarrten Augen des Mannes, der keine sechzig war und tot.

Ich lasse die Sterbenden weiterziehen und frage mich, was das bloß ist, dieses Sterben.
Der erste Mensch, den ich während meines Studiums habe sterben sehen, war eine alte Dame, die ich so gerne mochte. Sie saß mit ihrem plüschigen, weißen Angorajäckchen in ihrem Bett und strahlte. Sie wusste, dass sie bald sterben würde, ihr Bauch war voller Krebs. Aber sie strahlte. Jedes Mal, wenn ich das Zimmer betrat, roch es mehr nach Tod und ich hielt den Atem an, alle Haare standen mir zu Berge. Jedes Mal wollte ich mich wieder davonschleichen, aber sie hatte mich gehört und rief: „Da kommt mein Engel!", und sie nahm mein Gesicht zwischen ihre weichen Hände und ich war wie verzaubert. Sie war vorbereitet und ohne Bitterkeit, in ihrem Angorajäckchen, die Bettdecke glattgestrichen wie ein Babypopo.
Als es dem Ende zuging, saß sie halb aufrecht im Bett und hielt die Hand ihrer Schwester und meine. Ihr Atem ging noch regelmäßig. Plötzlich seufzte sie fast lustvoll auf und rief: „Ich fühle so einen Frieden – so einen Frieden, es ist so schön!" Danach wurde ihre Atmung unregelmäßig. Nach einer halben Stunde Luftschnappen war sie tot.
Lange noch habe ich den Körper angeschaut und darauf gewartet, dass er noch einmal zuckte. So sieht also ein toter Mensch aus – wie schnell er kalt wird, eine leere Hülle. Die Schwestern stürzten herein und rissen die Fenster auf. „Damit die Seele raus fliegen kann", meinten sie.
Ich spürte nichts fliegen, keinen Sturm ums Haus, die Welt blieb nicht stehen. Das Dramatische endete banal. Aber vielleicht fehlen mir auch die feinen Synapsen. Bin kein Medium.
Ich war tief berührt, lange noch, und mich ließ dieser Satz nicht mehr los: „So ein Frieden." Da dachte ich, Sterben sei schön, so soll es sein, so wünsche ich es mir. Wie naiv ich war.

Sterben

Ich stelle mir vor, wie es ist, nach Luft zu ringen, irgendwann werde ich es tun müssen. Ich erinnere mich, wie es ist, wenn man sich verschluckt – vielleicht so? Wann schaltet das Denken ab, wann das Fühlen? Und wann wird man vielleicht denken: ‚Aha, jetzt kenne ich das letzte Geheimnis', um gleich zu erkennen, dass diese Erkenntnis verloren ist, da man es weder weitergeben noch nutzen kann.

Wird man vielleicht enttäuscht sein, weil da doch kein Licht am Tunnel ist. Und dann stirbt man und das Ersticken ist einfach nur grausam, kein Schweben, kein Losgelöstsein, kein Licht – kein Frieden. Schade, dass ich nicht nur die alte Frau habe sterben sehen, denn seit hier weiß ich: Sterben ist oft nicht mystisch, auch nicht schön, vielleicht ein letzter, nicht zu verarbeitender Betrug?
Und doch sieht man auch einige, die im letzten Moment des Todes anfangen zu lächeln.
Bin ich deswegen Ärztin geworden, weil ich mit dem Tod einen saufen möchte, weil ich ihn zu meinem Freund machen möchte, weil ich sehen möchte, welche Fratze ich unausweichlich irgendwann ziehen werde? Ist es die Gelegenheit, jahrelang die Gelassenheit zu üben, Frieden schließen mit dem Unausweichlichen?

Die Menschen sterben hier so verdammt früh. Kaum einer überschreitet die sechzig. Vor allem an der Küste rafft es die Menschen dahin. Als wir im Hochland waren, fielen mir die vielen Alten auf. Aber warum ist das so? Ist es das Klima, welches anstrengend und ungesund ist? Die Hitze und die hohe Luftfeuchtigkeit ziehen Energie ab. Wer wenig Energie hat, wird krank.
Wie viele Menschen habe ich schon gesehen, die zu hundert Prozent von Pilz befallen waren? Sie sahen aus wie moosbefleckte Bäume, bei lebendigem Leibe verschimmelnd. Keine sechzig! Das ist doch kein Alter.

Ich bin so müde. An meiner Seele hängen Steine. Mein Körper fühlt sich an, als ob er in den Boden einsinke. Ich sitze in der Dunkelheit meines Kämmerchens und lausche dem Klagegesang der Frauen, lasse den Gedanken freien Lauf.
Es war schön, dass das Baby während seines kurzen Lebens nicht alleine war. Ein kurzes, schönes Leben. Es hat die schnellste aller Abkürzungen genommen, das Fruchtwasser mit der Erde getauscht. Stopp, ich stöhne auf: Was denke ich für einen Schwachsinn. Da gibt es nichts schönzureden. – Aber hier darf ich sterben lassen. Ich habe kein schlechtes Gewissen. Ich bin Botin geworden, praktisch Diplomatin zwischen dem Reich des Todes und dem Leben.
Möchte hier ein alter Mensch sterben, weil er weiß, dass seine Zeit gekommen ist, sind alle vorbereitet und keiner hindert ihn, keiner karrt ihn schnell in das Krankenhaus, keiner käme auf die Idee, dem Tod davonlaufen zu wollen. Der Mensch wird verabschiedet und darf gehen.

Leben und sterben auf melanesisch

Die Menschen hier wissen zu leben und wissen zu sterben. Was ist ihr Geheimnis?
Sterben gehört zum Leben dazu. Sie werden damit groß und Tod und Sterben ist ihr täglich Brot. Es ist nichts dabei, einen Toten zu sehen und anzufassen.
Noch wichtiger aber ist: die Toten sind nicht weg oder ausgelöscht, sondern leben spürbar als *Spirits* (Geister) unter ihnen weiter. Sie nehmen den Lebenden die Angst und zeigen ihnen, dass alles zusammen gehört – die Ungeborenen, die Lebenden und die Verstorbenen. Zwischen ihnen gibt es keine Trennung und die Wege an den Übergängen sind offen.

Doch überlieferte Weltsicht und moderner Einfluss können durchaus zu seltsamen Anekdoten führen.

Dem uralten Glauben nach sind die Ahnen stark, mächtig und weiß.

So gibt es Filmaufnahmen vom ersten Kontakt, in denen man einen alten Hochländer sehen kann, der zum ersten Mal einen Weißen sieht. Seine Augen, sein aufgerissener Mund, seine Gestik zeigen eine so abgrundtiefe Angst und Ergebenheit, dass man weinen und den Opa auf dem Schoß hin- und herwiegen möchte. Dieser alte Mann dachte, seine toten Verwandten zu sehen.

Wer meint, das sei Schnee von gestern, irrt sich. Dieser Glaube ist lebendig. So bekam vor kurzem ein weißer Freund von uns einen Brief von einem Dörfler mit den Worten überreicht: „Wenn du meiner Familie im Totenreich begegnest, kannst du ihnen dann meine Grüße und Wünsche erzählen?"

Ich erinnere mich auch mit Grausen an einen Nachmittagsausflug nach Kurum zu unserem Lieblingsstrand. Mira und ihre Freundin waren mit den Fahrrädern vorgefahren. Es war ein wunderschöner Tag, wir waren entspannt, ließen die Seele baumeln und die Augen sogen die Schönheit der Insel auf. Mit einem Dauerlächeln im Gesicht, sich in uns selbst sonnend, warteten wir, die mit dem Auto gekommen waren, d.h. zwölf Niugini-Kinder, Luis, Filip und unsere beiden Lehrerinnen, an der vereinbarten Stelle am vorletzten Haus des Dorfes. Filip und Luis vergnügten sich mit kleinen, verflohten, dürren Hundewelpen, die neben den Ferkeln wie Gerippe aussahen.

Plötzlich schlug bei mir die friedliche Stimmung um und ich fühlte Panik aufsteigen, als hätte ich Gefahr gewittert. In den letzten Jahren hatte ich gelernt, diese Wellen aufzufangen und ihnen Beachtung zu schenken. Luis hielt inne und sah mich an: „Was ist los, Mama, machst du dir Sorgen, weil die Mädels nicht kommen?" Ich nickte und zögerte noch einen Moment. Vera versuchte mich zu beruhigen: „Die kommen schon gleich." – „Irgendetwas stimmt nicht, ich gehe sie suchen. Bleibt hier, vielleicht haben sie den falschen Weg genommen." Was ich wirklich fürchtete, verriet ich nicht.

Ich kannte das Dorf gut und nahm eine Abkürzung zwischen den Häusern hindurch. Wie still es war. Ein weißer Köter kläffte mich an und schoss auf mich zu. Ich tat so, als ob ich einen Stein aufhebe würde, und schon trollte sich die Töle mit eingezogenem Schwanz davon. Eine alte Frau saß auf dem kleinen hölzernen Kokosnuss-Schaber und rieb die Schale gegen die spitzen Zähnchen. Sie lachte mich an: *„Apinun, yu go we?* (Guten Nachmittag, wo gehst du hin?)" – „Wir wollen beim Point schwimmen gehen, aber ich suche meine Tochter. Hast du sie auf dem Fahrrad gesehen?" Sie schüttelte den Kopf und drehte die Hand, als würde sie eine Glühbirne eindrehen *„Nogut.* (Nein.)" Sie arbeitete weiter und ich eilte.

Die Häuser standen hier dicht an dicht. Ich schaute nach links und sah eine Gruppe von jungen Männern im Schatten zusammensitzen und rauchen. Dem Geruch nach kifften sie. Flaschen lagen herum und Dosen mit dem weißen Paradiesvogel, eine der schönsten Bierverpackungen. Die Mischung von Marihuana und Bier ist hier in den Tropen fatal. Die Menschen vertragen nur kleine Mengen Alkohol und werden eher aggressiv, als beschwingt und lustig.

Plötzlich drehte sich einer der Männer um, sah mich und fing an zu brüllen. *„Hey yu, hey yu, wait!* (Hey du, hey du, warte!)" Bekiffte Leute hatten mir bisher keine Angst gemacht, habe ja selbst oft genug an einem Joint gezogen; auch mein Glaube an das Gute ist ungebrochen. So blieb ich stehen. Die Augen des Mannes waren knallrot. Wie er so auf mich zu schwankte, wurde mir mulmig. Wir standen nun fast Nase an Nase, er stank aus jeder Pore und fing plötzlich an zu schreien: *„Yu gost ya,*

yu wanpela fuking waitpela gost! (Du bist ein Geist, du bist ein fucking weißer Geist!)"
Ich musste fast lachen und antwortete: „Was redest du da, ich bin kein Geist. Ich bin der Doktor von Gaubin. Du hast zu viel geraucht."
Was ich noch eben lustig fand, nämlich für ein nicht reales Wesen gehalten zu werden, wurde ernst. Aus seinen Augen schoss Wut und er tat noch einen Schritt nach vorne. Ich schaute mich schnell um, warum eilt mir niemand zu Hilfe? Die Nachbargärten, in denen eben noch Menschen saßen, waren leer. Ich glaubte es nicht. Aus dem Grotesken wurde ernst. *„ Yu fucking wait gost em i no hap bilong yu. Bai mi kilim yu!* (Du weißer Geist, das ist nicht dein Ort. Ich werde dich töten!)"
Jetzt hatte ich die Hosen voll und ging los, den Mann nicht aus den Augen lassend, der die Hand hob und weiter vor sich hin brüllte. Aus meinem Gehen wurde ein Laufen. Keinen Menschen sah ich, das Dorf war wie ausgestorben. Mein Tempo schüttelte den Verfolger nicht ab und so begann ich zu rennen. Wie ein Hase, der Haken schlägt, lief ich kleine Wege durch das Wirrwarr der Häuser, die Angst im Nacken. Als ich mir sicher war, dass ich den Mann abgeschüttelt hatte, sah ich einen alten Mann, der vor seinem Haus ein Netz flickte. Ich fragte, ob ich bei ihm verschnaufen dürfe. Ein Gedanke kreiste durch meinen Kopf: Der hätte mich jetzt lynchen können, mir hätte keiner geholfen. So fühlt sich eine Treibjagd an, furchtbar, und alle haben weggeschaut. Was nützt es, dass du bekannt bist oder viel gemacht hast, mit einem Mal kippt es und du wirst zum Hassobjekt.
Ich war so entsetzt, dass ich anfing zu weinen. Der alte Mann fragte nicht, was los ist, er ließ mich in Ruhe. Mir fielen Mira und ihre Freundin ein und ich rannte mit Gummibeinen los zu den Wartenden. Von weitem konnte ich Mira erkennen, nur eine kann so durch die Gegend flippen, und ich flennte wieder los. Als ich den anderen kurz erzählte, was los war, kam die Wut, sie paarte sich mit Scham und Furcht, aber sie zitterte in mir und ich frage mich, ob wir hier nur geduldet und ertragen würden? An welch dünnem Faden mag unser Hiersein bloß hängen?
Die anderen blieben gelassen und ich wusste, dass ich ihnen mein Hase-Mäuse-Antilopen-RennenumihrLeben-Gefühl nicht vermitteln konnte.
Wir kamen noch heil nach Hause und der junge Mann ließ sich durch andere bei mir entschuldigen, aber es war wieder ein unangenehmer Blick hinter den Vorhang gewesen. So ist das mit den Toten, die zu Weißen werden.

Es ist auch nichts dabei, nach zehn Jahren die Knochen des Verwandten mit einem Fest wieder auszugraben, zu putzen und wieder neu einzugraben. Unvorstellbar der Gedanke, eine Familie auf dem Dorffriedhof bei Düsseldorf anzutreffen, während sie Oma Kruses Oberschenkelknochen schrubben und das mit einem Korn begießen.
Normal ist es auch, den Totenschädel des Vaters über dem Bett hängen zu haben oder ihn sich bei Festen um den Hals zu hängen. Die Toten nehmen am Leben teil. Normal auch, als Sterbender zu fragen, ob man weiter im Haus wohnen dürfe, man werde auch die Lebenden beschützen. Noch normaler, dass man Verstorbene rufen kann und sie dann z. B. in ein Stück Holz schlüpfen, welches sich zu bewegen vermag und dem man sogar Fragen stellen kann. Uralte Rituale, tausendmal durchgeführt, durch das ganze Land erlebt, für uns ein Rätsel.

Sicher ist es auch wichtig zu wissen, was schlachten ist. So sind die Kinder nachts mit ihren Vätern auf Jagd, töten täglich zur Übung mit Zwille oder Bogen und nehmen auseinander, was sie erlegt

haben. Nicht, dass sie vielleicht keine Liebe zu Tieren oder keine Haustiere hätten, aber wenn der geliebte Papagei vom Hund verputzt wird oder das Kuschelhuhn in der Suppe schwimmt, dann ist das eben so.
Unsere Kinder haben in den Jahren so viele Tiere sterben sehen, dass ich befürchtete, sie könnten verlernen, sie zu lieben.

In unserem körperlichen, alten Gedächtnis ist Töten und Schlachten gespeichert. Je mehr wir uns davon entfernen, je mehr wir Cellophan um das Fleisch packen, das wir bei Edeka oder Plus kaufen und uns vor der Berührung mit dem kalten Muskel ekeln, desto groteskere Formen nimmt dieses Erbe an, wenn es hervorbricht. Da gibt es oft kein Halten mehr und alle sind dann entsetzt über die Menschenfresser und Zerstückler unter uns.
Das ist kein kitschiger Spruch: der Jäger gehört zu unserem atavistischen Gut, ist bei uns aber verkümmert zu einem Mückenklatscher, Schnäppchenjäger oder Paintball-Dasein. Es wäre primitiv zu sagen, das Übel unserer Gesellschaft wäre überwunden, wenn wir wieder des Nachbars Katze spießen und unseren Rivalen aus dem Büro neben an verspeisen würden, aber in Erinnerung an unsere Gene kann man für Verständnis werben z. B. für die kleinen Jungs, die aus jedem Stöckchen eine Pistole machen müssen.

Was mag noch ihr Geheimnis sein?
Sie wachsen ohne Eigentum auf. Na, das ist nicht ganz richtig, natürlich sind sie stolz, ein Buschmesser zu besitzen oder einen Topf ihr Eigen zu nennen. Der große Unterschied zu uns aber ist, dass sie an nichts hängen.
Wir hatten das lange nicht verstanden. Richtig bemerkt habe ich es zum ersten Mal, als Luis einmal wütend nach Hause kam und sich darüber beschwerte, dass sein bester Freund das Taschenmesser, das er ihm geschenkt hatte, seinem Bruder gegeben hatte und der es weiter dem Onkel und... genauso wie das T-Shirt, das der beschenkte Shane (ein Freund der Kinder) einen Tag lang trug, am nächsten Tag dann der Cousin, dann... bis es verschwand und wir es Wochen später in einem Dorf an einem uns fremden Jungen wiederentdeckten. Anhand des T-Shirts konnten wir gut die Verwandtschaftsverhältnisse, wie die Brotkrumen von Gretel, durch die Dörfer verfolgen.
Ich war so neugierig, dass ich Shane fragte: „Macht es dir nichts aus, wenn dein Cousin das neue T-Shirt trägt?" Er sah mir in die Augen und lachte, die rechte Hand am Glühbirne schraubend: „*Nogut, mi givim em. Mi amamas sapos em i werim.* (Nein, ich selbst habe es ihm gegeben. Ich freue mich, wenn er es trägt.)" Es war keine Spur von verstecktem Ärger im Gesicht zu lesen und so nahm ich Shanes Großherzigkeit widerwillig ab.

Es dauerte lange, bis wir wirklich verstanden, dass Besitz den Menschen hier nichts bedeutet. Man kann auch sagen, es darf ihnen nichts bedeuten, da es immer sein kann, dass eine Hand kommt und mitnimmt, was sie gerade möchte.
Wenn dir in PNG jemand etwas anbietet, fragt er oder sie dich, ob du eine Beziehung mit ihm eingehen möchtest. Jeder Tausch wird die Beziehung festigen. Du darfst sie ablehnen, aber wenn du das Geschenk annimmst, gehst du einen Bund ein und man ist sich gegenseitig verpflichtet. Dieser Bund heißt dann: Geben und Nehmen, ich helfe dir und du mir. Das Spiel braucht keine Zauberwor-

te, das Wort ‚Bitte' gibt es in den Dorfsprachen nicht und das hat weitreichende Ausmaße. Wie weit, habe ich noch nicht herausgefunden, aber es ist mehr als Freundschaft.
Alles gehört allen. Und keiner darf mehr haben. Neuguineischer Marxismus.
Ein lebenslanges Training, weltliche Dinge loszulassen, bis in das absolut Extreme: Es gibt kaum eine Familie, die nicht eines ihrer Kinder hat gehen lassen müssen.

Wir dagegen sind in unserer Kultur darauf trainiert, uns mit dem zu beschäftigen, was wir noch nicht haben. Wir alle wollen Spuren hinterlassen und wichtig sein. Wer akzeptiert, dass sich irgendwann keiner mehr an ihn erinnert, keine Geschichten mehr über ihn kursieren, die Baby- und Hochzeitsfotos und geliebten Teetassen auf dem Sperrmüll verrotten dürfen, darf sich während des Lebens lösen von den kleinen und den großen Dingen. Wer es schafft, an nichts zu hängen, findet Frieden.

Was könnte es noch sein? Meine Gedanken kreisen.
Vielleicht, weil die Menschen Teil dieser berauschenden Natur sind, die so fruchtbar wie auch zerstörerisch ist. Man braucht von einem Strauch oder Baum nur einen Zweig abzubrechen und in die Erde zu stecken und er wächst. Es ist unglaublich, eine botanische Orgie, und dann dreht man sich um und kann auf der anderen Seite zusehen, wie der Zaun, den man so mühsam gebastelt hat, wie im Zeitraffer zerbröselt, und wenn er zu Staub geworden ist, ziehen sie weiter, die Horden von Termiten.
So ist hier nichts von Dauer. Und wenn die Viecher das Haus nicht geschafft haben, kommt der nächste Sturm oder das etwas zahmere Meeressalz, was langsam nagt wie eine zahnlose Ratte. Wenn das Haus kaputt ist, baut man sich ein neues, da fließt keine Träne.
So ist alles im Fluss – Zerfall und Wachstum.

Schwupp, da funktioniert er wieder, der Schließmuskel, und fängt mich im Tiefenfall ein. Es drängen sich meine Kinder an die Oberfläche und rufen nach mir; da war auch noch der Blinddarm, nach dem ich schauen wollte. Die Realität holt mich ein und heraus aus der Tiefe; der Kampf gegen bleischwere Arme und Beine beginnt. Ich muss weiter. ‚Du wirst gebraucht' rede ich mir gut zu. Doch wann geht dieses Stück Baka-Theatergeschichte bloß zu Ende; es nimmt mir die Kraft, die ich nicht übrig habe. Sinnieren bringt mich in gefährliches Schwanken.

So dachte ich über Werden und Vergehen – eine Frau, die ein Leben lang durch die Schule der Vernunft gegangen war. Die zwischen Atheismus und Wissenschaft erzogen wurde, die sich den Glauben hart erarbeitet hatte und nicht ahnte, wie sehr sie das Leben zwischen den Papuas noch verändern würde.

Im Exil – Wann hört das Trommeln auf?

In Yagaum
„Mama, ich vermisse Karkar so sehr!"
Luis weint und drückt sein Gesicht in das Kissen. „Ich sehne mich so danach, in meinem Bett zu liegen, das Gesicht ganz nah an dem Fliegengitter, wo ich den Regen heranrauschen höre. Es wird dunkel und die Kröten quaken und dann wird mein Gesicht ganz nass von den Tropfen und sie prasseln auf das Dach – es gibt nichts Schöneres. Ich habe so Angst, dass wir nicht mehr zurückkönnen!"
Und weil Mira es nicht aushält, ihren Bruder weinen zu hören, kommt sie rüber und stimmt mit ein. „Ich will auch zurück, sofort. Papa hat erzählt, das Spotty (unser Hund) jetzt ganz viele Babys bekommen hat und ich sitze hier und kann sie nicht sehen und knuddeln!"
Ich kämpfe gegen die Tränen, muss doch Mut machen, den Kleinen! Jede Nacht weint Filip um Karkar, die beiden Großen sind nun auch an ihr Limit gelangt. ‚Mach ihnen Hoffnung ohne etwas zu versprechen und stelle dein eigenes Jammern zurück', denke ich und sage laut: „Ich weiß genau, wie es euch geht, ich sehne mich auch so sehr nach unserem Zuhause. Es tut mir auch unendlich leid für euch, dass ihr immer wieder so eine Unruhe ertragen müsst. Ich kann nicht versprechen, wann wir wieder dort hinziehen können, aber ich vertraue denen, die daran arbeiten. Frank war ja gerade dort gewesen und hat erzählt, es sähe ganz gut aus. Stellt euch vor, auf Karkar haben sie für uns demonstriert, weil sie wollen, dass wir zurückkommen."
Keiner freut sich.
„Aber wann!", Luis weint weiter.
Während Mira in ihrer eigenen Welt lebt, registriert Luis jede Bewegung in seiner Umgebung und liest unsere Körpersprache und nonverbale Kommunikation perfekt. Wie viel hat er von unserer Angst mitbekommen und wie sehr spürt er, dass Frank und ich täglich zusammensitzen und wünschen, wieder auf dem Treppchen unseres Hauses in Gaubin zu diskutieren?
„Das weiß ich nicht. Weißt du, Baka steht an der Wand und trommelt. Ich weiß nicht, wann er aufgibt, bisher hat er sich geweigert zu gehen. Aber er wird gehen, die Kündigung hat er schon lange in der Hand. Also, sagen wir so: ich bin mir sicher, dass wir Spottys Welpen sehen, bevor sie groß sind."
Den Zeitraum kann sich Mira vorstellen und so schläft sie auf meinem Schoß ein.

Nachdem meine Freundin nach Karkar gekommen war, sind wir alle zusammen, einschließlich Barbara und Carol, nach Madang gezogen. Zuerst weilten wir dort im Guesthouse, bis wir erfuhren, dass das Krankenhaus in Yagaum, welches auch zur lutherischen Kirche gehört, ohne Arzt sei und ich dort einspringen könne.
Drei Monate arbeiten wir nun schon hier. Es ist o.k, aber nicht unser Zuhause – wie soll es weitergehen?

So: Der lutherische Distrikt-Präsident wird es Baka ermöglichen, sein Gesicht zu wahren, indem er ihm verspricht, er könne das Krankenhaus bald übernehmen. Die Weißen würden ja nicht ewig bleiben.

Ich gehe zu Frank und Barbara ins Wohnzimmer, Carol klappert im Hintergrund mit den Töpfen. „Lass uns zusammenfassen", versucht Frank, „Unser Kollege, der hier aufwuchs, schätzt die Lage so ein: wenn Baka aufgäbe wäre er damit erledigt. Auch der Engländer, der hier seit vierzig Jahren lebt, hatte den Kopf geschüttelt und gesagte: ‚Wenn ihr durch den Busch lauft, wer ist da, um die Kokosnuss aufzufangen, die jemand auf euch herabwirft?'"

„Hat er das gesagt?", hakt Barbara nach. „Ja", ergänze ich.

„Er erzählte dann weiter, er habe letztes Jahr Leute auf seinem Auto mitgenommen. Beim Anfahren sei ein Kind von der Ladefläche heruntergefallen. Es starb aber nicht. Doch seitdem habe er nur Ärger, weil die Kompensationsforderungen immer höher stiegen. Obwohl er bezahlt habe, gäbe es keinen Frieden. Er sei zwar der Arbeitgeber für genau diese Familie, aber das sei ihnen egal, sie wollten ihn jetzt zum Aufgeben bringen", berichtet Frank weiter.

Ich ergänze: „Dazu kommt noch, dass ich Steven, meinen OP-Pfleger aus Gaubin, in Madang getroffen habe. Er war ganz aufgeregt und sagte, wir sollten auf keinen Fall zurückkehren, denn Baka drohe wiederholt. Ach, ich weiß einfach nicht, woran wir sind mit dem Gerede. Denn Steve wünscht sich im Hintergrund, mit mir zusammen woanders zu arbeiten und ich soll das in die Wege leiten."

„Ich denke, wir machen am besten so weiter: ich fahre immer wieder mal rüber und lasse die Lage vor Ort auf mich wirken", schlägt Frank vor.

„Hat eigentlich der Überfall auf Elisa etwas damit zu tun?", wirft Barbara ein. Elisa war kurz vor unserer Flucht mit einem Knüppel zusammengeschlagen worden, als sie Feuerholz sammeln war. – „Nein, das sind Landstreitigkeiten, nichts gegen uns", weiß Frank. – „Ich finde es so schwer, hier Menschen einzuschätzen. Wenn du so einen wie Baka triffst, ist er so nett und höflich, der wickelt doch alle um den Finger", sinniert Barbara. – „Stimmt, es ist schwierig, weil alle sehr nett miteinander sind und ein Ort fehlt, an dem sie sich outen."

„Wo wäre das denn bei uns in Deutschland?"

„Aldi!", fällt mir spontan ein.

„Stimmt. Hat mir letztens auch ein Engländer erzählt. Bei ihm in England würde es, wenn eine neue Kasse öffnet, ganz geordnet, höflich und gerecht zugehen, so nach dem Motto ‚Bitte gehen Sie doch vor, Sie haben doch eine Dose mehr in ihrem Wagen'. Als er aber in Deutschland zu Besuch gewesen sei, war er geschockt über die Hektik und die Ellenbogen, die da zum Einsatz kamen", erzählt Frank.

„Ich beobachte auch so gerne die Menschen beim Warten an der Kasse. Wenn einer dreimal aus der Schlange flitzt, weil er was vergessen hat und es dann in den Einkaufswagen wirft, hat er definitiv ein anderes Lebensmuster als derjenige, der beim Warten seine Joghurts nach Farben sortiert. Aldi macht Spaß!", rufe ich begeistert.

„Vielleicht sollte man hier die geflochtenen Matten der Häuser studieren. So wie bei den Spinnen, da erkennt man doch auch an der Netzstruktur, ob eine gekifft oder LSD bekommen hat", spricht der Architekt und lacht.

Ich werde nachdenklich: „Mensch, seit drei Monaten arbeiten wir hier in Yagaum und so langsam läuft es richtig gut. Ich würde es echt vermissen. Morgens kommst du aus der Tür und siehst, wie die vielen Adler sich so langsam mit der ersten Sonnenwärme nach oben schrauben, arbeitest dann mit netten Menschen, dann gehst du nach Jais Aben schwimmen und triffst dort deine

Wantok..., nur die Kinder haben echt gelitten. Noch nicht einmal die Tiere haben geholfen. Die angeschossene Echse ist gestorben und die drei Flughundbabys sind in der Nacht von Ameisen überfallen und gekillt worden. Dann springst du in den Pool im Madang Resort und siehst Karkar in der Ferne und darfst nicht hin!"

Am 5.10. ruft Frank von Karkar an. Dr. Baka hat Gaubin verlassen! Aber ich springe nicht in die Luft, ich werde müde und habe die Schnauze voll von einem Land, das ich eigentlich immer weniger verstehe.

‚Former Bishop'

Ich werde Baka nie wieder sehen …, aber einen Tag später Babak kennen lernen, den ‚ehemaligen Bischof', wie die Einheimischen ihren früheren Distrikt Präsidenten der protestantischen Kirche nennen. Er lebt inzwischen in Ulun auf Karkar. Es klopft plötzlich an der Tür des Arztzimmers. Ich bin mit dem Schallkopf in der Hand in der völlig zerstörten Leber eines jungen Mannes zugange. Endstation Leberzirrhose. Er ist kaum zwanzig Jahre und am Sterben. Das Geburtsdatum weiß hier eigentlich keiner und es wird auch nicht gefeiert. Was ihn und seine vielen Kollegen, die auf der Station liegen, umbringt, ist der selbstgebraute Java- Ananasschnaps, hochgiftig, aber einzige Alternative zum teuren Bier.

Als ich die Tür öffne, ist es wie in einem Märchen. Ein Männchen steht vor mir. Es ist klein, hutzlig, dünn und alt. Ich sehe in seine Augen, seine Lachfalten täuschen nicht über seinen Blick hinweg, der mich wachsam werden lässt. Das ist keiner der Zwerge hinter den Bergen, die jammern, wenn jemand ihre Idylle stört und ihr Gäbelchen benutzt. Es ist ein großer Mann in einem kleinen Körper, gefährlich, schlau, jemand mit Macht und großer Energie. Er ist nicht allein, zwei junge Männer stehen hinter ihm wie Wachhunde. Und wie es sich für einen mächtigen Mann gehört, wird er von einem seiner Beschützer vorgestellt.

„Das ist Babak, er ist gekommen, um mit dir zu reden." – „Kleinen Moment bitte, ich habe noch einen Patienten. Ihr könnt euch auf die Wartebank setzen."

Aber ein mächtiger Mann setzt sich nicht, er geht einen Schritt zurück und verharrt, bis ich den Sterbenden hinausbegleitet habe. Ein Pfleger kommt den betonierten Pfad entlang, übernimmt den Kranken und führt ihn zu seinem Bett zurück.

Es ist ein kurzer Blick, den ich einfange, ein kurzes Zucken des Pflegers, als er das Männlein sieht und sofort zurückweicht. Er bleibt stehen, als habe Babak einen Bannkreis um sich herum, und verzieht sich eilig, untergehakt bei dem jungen Mann.

Babak tritt ein und sieht sich mit einem feinen Lächeln in dem abgedunkelten Raum um. Ich störe ihn nicht. Was tut er? Was, wenn er sich umdreht und einen rotbackigen Apfel in der Hand hält?

„Ich suche eine Kette, eine Schweinezahn-Kette. Ein Arzt aus Madagaskar hatte sie mitgenommen und hierher gebracht, ich muss sie wieder haben!", sagt er leise und sieht mich an.

„Es ist nicht mein Zimmer, ich bin hier nur Gast. Eine Kette habe ich nicht gesehen, aber ich weiß auch nicht, was alles in den Schubladen und Schränken ist. Ich benutze hier nur das Ultraschallgerät", antworte ich.

Als hätten seine Augen längst den Raum durchleuchtet, nickt er: „Ich weiß es jetzt, sie ist nicht hier." Er wendet sich ab, die Spannung wächst, ich fühle mich unwohl, aber nicht hilflos – irgendetwas wird noch kommen, er ist nicht wegen der Kette allein hier.
Noch ist alles lustig.
Während er die Gläser mit den eingelegten Schlangen betrachtet, spuckt er es aus, so nebenbei, wie eine Backe voll *Buai*. „Ich habe mich entschlossen, den Bann von Gaubin zu nehmen. Es wird keine weiteren *Hevis* (Probleme) mehr geben. Ich bin Gaubin wieder zugetan."
Er schweigt für einen Augenblick und ich habe aufgehört zu atmen.
„Es ist Jahre her, aber auch du bist nicht zu mir gekommen und hast dich mit mir ans Feuer gesetzt. Niemand kann auf der Insel arbeiten, ohne von mir das *Wan Bel* (Einverständnis) bekommen zu haben."
War ich atemlos erstarrt, setzt bei diesen Worten wieder alles ein und ich merke eine Wut in mir aufsteigen, spüre, wie mein Körper sich in eine feindselige Haltung bringt und mahne mich zur Vorsicht. Dieser Mann ist gefährlich.
„Wie sollen wir wissen, dass wir zu dir kommen müssen, wenn wir keine *Tok Save* (Nachricht) bekommen? Keiner hat etwas gesagt, auch die Frau aus Ulun nicht, die bei uns arbeitet. Du weißt, wir sind Weiße und kennen eure *Customs* (Regeln) nicht, wenn wir neu ins Land kommen", wehre ich mich.
Es mag etwas passiert sein, was seinen Zorn gegen Gaubin geweckt hat; es mag damals gewesen sein, als dieser Mann wegen Korruption aus dem Krankenhaus gewiesen wurde; vielleicht war er so beschämt, dass er dafür Gaubin verfluchte. Aber er ist weder in meinen Träumen erschienen, noch hat mir Elisa geraten, diesen Mann aufzusuchen.
Er kommt mir dreist und überheblich vor.
„Das hättest du wissen müssen, du bist lange genug auf der Insel. Und du kannst es auch nachholen, ich werde auf dich warten." Er spricht zu mir wie zu Klein-Dornröschen, weil sie doch die Finger nicht von der Spindel lassen konnte, aber zwischen dem Honig aus seinem Mund weht ein eisiger Wind.
Auch wenn meine Ratio sich aufbäumt, glaube ich instinktiv an die Macht und Realität so eines Bannes, wie auch immer es funktionieren mag. Als sich eine Serie von schweren Unfällen an einer Schule in der Nähe von Madang ereigneten, nachdem der Schuldirektor in Unehren entlassen worden war, verdächtigte man auch ihn, einen Bann gesprochen zu haben.
„Ich freue mich, dass du Gaubin wieder wohlgesonnen bist und ich freue mich auch, dich kennengelernt zu haben. Ich bin nach Karkar gekommen, um deinen Leuten einen guten Service zu geben und nicht, um mich in eure Angelegenheiten einzumischen. Wenn ich hätte wissen müssen, dass ich dich treffen muss, so tut es mir leid. Vielleicht werde ich kommen, vielleicht erst mein Nachfolger."
Intuitiv weiß ich, dass ich mich ihm nicht beugen darf. Mein aufflammendes Gefühl, sofort nach Ulun zu gehen, um unseren Frieden auf Karkar zu haben, bremse ich aus. Ich zittere vor Wut und ermutige mich im Stillen: ‚Ich erkenne deine Macht an, aber deine Forderung ist eine Form der Schutzgelderpressung.'

Alles wird gut – Was ist das nun wieder?

Einschusslöcher
„Silke, klostu ol i kilim mi. Klooostu stret! Mi gat second laif nau. (Silke, fast hätten sie mich getötet, ganz nah. Ich habe jetzt ein zweites Leben.)"
James sitzt auf der schmalen Bank vor dem Krankenhaus und hält sich sein Gesicht. Es ist heiß und staubig, und wenn sich etwas bewegt, so befindet es sich im Schatten. Seine Hände zittern wie auch sein Kinn. Er schämt sich seiner Tränen nicht und weint, während er spricht.
„Sie haben auf mich geschossen! Hier her!" Er deutet auf seine Stirn. „Es waren, glaube ich, sechs. Als wir mit dem Auto den Fluss durchquert haben, sind sie aus dem Gebüsch auf die Straße gesprungen. Der eine hat sofort geschossen. Komm, ich zeig dir, wo die Kugeln reingegangen sind, komm!"

Sie waren mit dem Wagen der MCH (Mother and Child Health) unterwegs nach Hause gewesen. Die MCH fährt über die Dörfer, um Kinder zu impfen, zu wiegen und Schwangere zu betreuen. Es ist nicht das erste Mal, dass sie überfallen wurden. Kurz nach unserer Ankunft auf Karkar waren sie oben in den Bergen in einen *Holdup* geraten. Die Krankenschwestern mussten aussteigen und die *Raskols* schnappten sich den Wagen. Aber was für eine Idee steckte dahinter? Mit dem Wagen, den es nur zweimal auf dieser fast autolosen Insel gibt, nach Madang schippern oder ihn schwarz pinseln und denken, keiner erkenne ihn? Keinen Kilometer weiter und die Burschen blieben im Schlamm stecken und rannten davon.

Ich trotte traurig und nervös hinter James her. Kaum sind wir hier, passiert das nächste.
Ich sehe uns, wie wir vor zwei Wochen auf dem Speedboot strahlten. Luis durfte das Boot die ganze Strecke alleine fahren und wuchs mit jedem Kilometer. Die Welpen waren, wie versprochen, noch klein und egal wie verfloht, heiß geliebt. Die Kinder blühten auf, wir wurden so herzlich und dankbar empfangen, und Barbara freute sich, endlich wieder Paul, ihren Geliebten, in der Nähe zu haben.

Ich fahre mit dem Finger über die Einschusslöcher in der Windschutzscheibe. Es gibt nichts zu deuten, der Schütze wollte James töten. Eine Kugel steckt in der heruntergeklappten Sonnenblende, die andere kurz darüber.
„Was habt ihr dann gemacht?", frage ich leise. „Ich habe aufs Gas gedrückt und wir sind weitergefahren. Ich hatte Angst um die Frauen hinten." – „Hast du einen erkannt?" – „Einen kannte ich."
– „Hast du eine Ahnung, warum sie geschossen haben?"
James sieht plötzlich müde aus und hält sich die Augen mit den Fingern. Die Wut und Aufregung weicht und hinterlässt eine traurige Erschöpfung. „Vielleicht dachten sie, wir hätten den Lohn für das Personal dabei, da wir von Biabi kamen." Biabi, Noels Gelände, hat einen Laden mit einer kleinen Bank.

Uns beiden ist bewusst was in der Luft schwebt. Falls dieser Überfall etwas mit Baka zu tun haben sollte, müssten wir beide unsere Familien nehmen und die Insel für immer verlassen. Während unseres Exils in Yagaum war auch James eine ganze Weile in die Berge zu seiner Familie gefahren. Der Brief mit der Bitte um Versetzung liegt bei Ron schon auf dem Schreibtisch. „*No ken wari*. (Mach dir keine Sorgen.) Wir bekommen raus, was los war. Die Kollegen sind schon mit einem Kanister Benzin los, um die Polizei zu holen", beruhigt er mich. „Solltest du nicht besser nach Madang gehen?" – „Nein, ich bleibe, bis das geklärt ist. Ich habe sowieso Ron gebeten, mir einen anderen Arbeitsplatz zu geben. Ich genieße hier als Highlander kein Vertrauen."

Noch am selben Tag waren der Polizei die Namen der sechs Jungs bekannt. Die Dörfer hatten drei Tage Zeit, die Jungs auszuliefern. Es waren Tage des déjà vu. Wir blieben in Gaubin und redeten uns mit verschiedenen *Big Men* die Köpfe heiß und die Zähne rot (durch *Buai*).
Zuerst dachten wir, die Jungs seien Vertriebene aus dem problematischen *Madang Settlement* (illegale Siedlung), die sich auf Karkar versteckt hielten. Ein beliebter Ort dafür wäre die verlassene Plantage in der Nähe von Gaubin, in der gerne jemand untertaucht und den Menschen das Leben dort schwermacht. Aber je mehr *Buai* wir kauten, desto mehr kamen wir an des Pudels Kern. Die Aggressionen der Dörfer, aus denen auch die Jungs stammten, richten sich eigentlich gegen James persönlich. Er habe die Dörfer nicht gleichberechtigt behandelt und so einen empfindlichen Nerv der Menschen hier getroffen, flüstert uns der *Tok Win* (Wind Gerede = Gerüchte) zu. – Na, da gibt es ja auch nichts zu diskutieren, so einer muss weg, egal wie.
Frank und ich sitzen da und schauen uns mit unseren vollen Backen an. Wir hatten mal wieder von nichts eine Ahnung!

Die Jungs wurden ausgeliefert und sollten nach Madang ins Gefängnis gebracht werden. Warum sie da nicht ankamen, erzählte uns wenig später der Dorfsheriff von Karkar auf unserer Terrasse: „Die fünf Jungs sind nicht so wichtig. Wir wollten nur den Anführer der Bande haben, denjenigen, der geschossen hatte. Der ist aber nach Madang abgehauen. Ich bin rüber und habe ihn schnell wieder eingefangen. Ich wollte ihn wieder nach Karkar zum Verhör bringen. Er ist mein Cousin. In der Nacht fragte er mich, ob er mal *pispis* (Wasser lassen) machen dürfe. Na ja und dabei ist er leider abgehauen."
Er erzählt grinsend und ohne rot zu werden.

In anderen Regionen wird die Polizei alle zwei Jahre ausgetauscht, weil sie bis dahin bereits in dem Gebiet in das soziale Netz ihres Gebietes eingeflochten wurden. Diese Einflechtung bringt Verpflichtungen mit sich, die, mit westlichen Augen betrachtet, oft negative Folgen haben. Was wir schnell als Korruption verurteilen, mag für andere lebensnotwendig sein.
James, der Leiter von Gaubin, wollte nach westlichen Maßstäben handeln, weil Entwicklungsgelder nach westlichen Kriterien und Bedingungen verteilt werden. Sein Versuch, sich den Geflechten zu entziehen, wurde ihm übel genommen.
Aber, was wissen wir schon!

Der nächste Administrator wird ein Mann aus Karkar sein und sich lautlos in den Netzen bewegen, ohne dass wir eine Schwingung mitbekommen werden.

Das Pferd von hinten aufzäumen

Die Räumung der *Settlements* in Madang kurze Zeit später wird eine Katastrophe werden. Die offizielle Begründung der Regierung ist, es seien dort *Raskols* untergetaucht. Die *Settlements* sind riesige illegale Dörfer um Madang herum, da sich kaum jemand ein festes Haus dort in der Stadt leisten kann.

Räumen hört sich so nett an, aber als wir bei einem Madang-Ausflug durch die Gegend fahren, erinnert es an Krieg. Die Gärten sind niedergemäht, die Häuser verbrannt, die Schiffe, vollgeladen mit Menschen aus dem Sepik (großer Fluss und zugleich Distrikt) oder anderen Regionen, fahren an uns vorbei – ab nach Hause, auch wenn dieses seit Jahrzehnten nicht mehr besteht. Wir hören, die Menschen leisten Widerstand und es spielen sich dramatische Szenen ab, aber gegen die *Taskforce* hat niemand eine Chance. Wie erstaunlich, in den *Settlements* wohnen nicht die Armen, sondern zu 60% Bankangestellte, Hotelkellner und Lehrer. Eine Stadt wird lahmgelegt.

Erst einmal wird alles kurz und klein geschlagen und dann überlegt, was mit all den Menschen, ohne die die Stadt nicht funktioniert, passieren soll! So empören wir uns in unserer nicht einfältigen Arroganz. Doch da ist es wieder: Was wissen wir schon! Wir wissen, dass die Regierung nicht kopflos handelt, also verstehen wir nur mal wieder nicht die Hintergründe.

So unpassend ist auch die Idee der australischen Regierung mit ihrer Überlegung, dass kein Mensch mehr in PNG abgelaufene Medikamente bekommen soll. Grundidee: Gut. Gleiche Qualität für alle! Ausführung: Eine Katastrophe, weil keiner daran gedacht hat, dass dann die Regale leer stehen, weil das Problem, Nachschub neu zu organisieren, vergessen wurde. Viel Geld und Köpfe für ein zum Teil tödliches Programm.

Und so sitze ich eine Woche später in der Frühbesprechung, als mir angekündigt wird, heute werde ein Mann aus Madang kommen, um Gaubin von den rassistischen Medikamenten zu befreien. Wir könnten ganz Karkar mit Amoxicillin und Chloroquin ernähren oder umbringen, aber alle anderen Medikamente sind entweder so gut wie nie da oder vergoldet, weil teuer in Deutschland mit Spendenmitteln eingekauft oder in großen Containern von fleißigen Rotariern in Australien gesammelt und hierher verschifft worden.

Hochwertige, wenn auch teils abgelaufene, Medikamente kommen da an Land. Anfangs lachte ich noch ab und zu überheblich, wenn ich Kartons mit Hormonen für die Frau in den Wechseljahren aufmachte oder eine Ecke für die 100 Kilo Sonnencreme suchte. Als dann ein sonnenverbranntes Albino-Mädchen aus Ulun vor mir stand, lachte ich schon nicht mehr. So wurden deren mehrere und auch ein paar helle Pferdeschnauzen nach australischem Standard vor Hautkrebs geschützt und das meiste, was erst unsinnig erschien, fand doch noch seine Anwendung. Nur die Hormone düngen jetzt die Sumpfpflanzen.

Betan, unsere Apothekenfrau, und ich hetzen in das Medikamentenlager und versuchen, alle abgelaufenen, lebenswichtigen Drogen kartonweise zu verstecken, wie es auch alle anderen Krankenhäuser tun, wie ich später erfahre. Es gibt genug Studien über die Haltbarkeit der Medikamente über das Verfallsdatum hinaus. Pro Jahr verliert ein Medikament 1% seiner Wirksamkeit. Pharmakonzerne wollen immer Geld verdienen, aber das ist Australien egal, Hauptsache es existiert ein Programm zum Vorzeigen.

Und dann steht er vor uns, der Programm-Umsetzer. Ein Niugini, smart mit kleinem Bäuchlein und vielen Helfern, die ausschwärmen, um das Belastungsmaterial sicher zu stellen. Eine Hausdurchsuchung läuft nicht anders vonstatten. Wir haben gut gearbeitet und grinsen uns heimlich zufrieden an.
Und doch, – wir haben zehn kleine Kartons vergessen.
Streptomycin, das wichtigste Antibiotikum für die Patienten mit TBC-Meningitis, und es gibt aktuell zwei daran erkrankte Babys, drei Kinder und zwei Erwachsene. Mr. Smart hält sie triumphierend in der Hand und gibt den Jungs die Anordnung, alle Medikamente am Strand zu verbrennen.
„Ob ihr Vitamine vernichtet, ist mir egal, aber diese zehn Schachteln sind für sieben Menschen hier überlebenswichtig, die könnt ihr nicht verbrennen!", insistiere ich.
Mr. Smart wird weniger smart. „Auch die werden verbrannt", besteht er darauf.
„Was ist das für ein Programm, welches Menschen umbringt? Wer hat sich das wieder ausgedacht? Warum fangt ihr nicht erst mal an, den Nachschub neu zu organisieren oder die Korruption und den Medikamentenhandel zu bekämpfen? Ich weiß, dass es in POM alles gibt, aber hier kommt nichts an, weil es auf dem Weg hierher verkauft wird. Wenn der Nachschub gesichert ist, gebe ich diese zehn Schachteln her!" Ich bin in Rage. Es entbrennt eine hitzige Diskussion, die mit einem Versprechen endet: „O.k., in Madang gibt es noch neues Streptomycin. Ich werde es aufs Boot bringen und dir schicken", bietet Mr. Smart.
Ich sehe ihn lange an. Versprochen?
„Ich möchte darauf deine Hand haben. Und wenn es nicht stimmt, werde ich dir die Kranken rüber schicken, vor deine Haustür." Er zögert nicht eine Sekunde, um meine Hand zu nehmen und zu drücken.

Ich warte drei Tage. Die sieben Kranken sind ohne Therapie.
Am Telefon wird mir gesagt, der Nachschub sei praktisch schon auf dem Boot. Wir fahren zum Anleger, aber die Schiffe haben nichts für uns dabei.
Am fünften Tag kriege ich ihn an die Leitung, den Versprechensgeber. „Wo bleibt das Streptomycin?", frage ich ruhig. – „Wir haben keines."
„Dann hast du mich angelogen?" – „Ja, ich wusste schon auf Karkar, dass wir keines haben."
„Das heißt, ganz Madang hat keines? – „Ja. Ich habe auch in Lae und POM nachgefragt, kein Vorrat."
„Du meinst, im ganzen Land gibt es kein Streptomycin?" – „Ja."
„Wusstest du, dass wir einen TBC-*Outbreak* auf Karkar haben?" – „Ja."
„O.k., wenn ein Patient stirbt, kommst du für die Kompensation auf, dafür sorge ich."

Ich lege auf, schnappe mir eine Schaufel und lasse mir von den Pflegern die Stelle zeigen, an der die Medikamente vergraben wurden. So sitzen wir den Vormittag wie Aschenputtel am Strand vor dem riesigen Loch und schütteln die verkohlten Fläschchen. Pulver, was sich darin noch bewegt, wird genommen und gehofft, dass es noch Wirkung hat.
Unsere Hilferufe an die WHO und die Gesundheitsbehörde bleiben ohne Erfolg, es ist kein frisches Fläschchen aufzutreiben.
So sind sie, die gut gemeinten Ideen. Von der ersten Welt gedacht, für die Dritte Welt gemacht.

Und dies war eine der unzähligen Entwicklungsgeschichten, die wir in den Jahren hören, sehen und vielleicht selbst kreieren sollten.
Projekte, wie Pflänzchen behütet, gegossen, besprochen von wohlwollenden fremden Händen. Pflänzchen mit dem Genom aus einer anderen Welt, ideal für ein Klima, das es hier nicht gibt.
Aber der Gärtner freut sich an jedem dürren Blatt, das er entdeckt, bis seine Zeit vorüber ist und er in seine Heimat zurückgehen muss oder die bewilligten Gelder aufgebraucht sind.
Das Pflänzchen ringt einige Zeit mit dem Leben, sucht die schattengebende, schützende Hand, um sich dann zu verabschieden. Ratz fatz ist es überwuchert von den tropischen Pflanzen, die hier zu leben wissen.
Es gibt unzählige gute Ideen, die um die Welt fliegen und diese besser machen wollen. Aber viele sind zur falschen Zeit am falschen Ort.
Es sind Ideen, die nicht gelernt haben, den Boden zu befragen, ob er die Wurzeln nähren kann; Ideen, die nicht gelernt haben, aus den Quellen zu trinken, die es gibt; die nicht gelernt haben, den Stimmen zuzuhören, die der Wind mit sich trägt. Sie werden die Stimmen nie verstehen, nur übersetzen können, weil es Gedanken aus einer anderen Welt sind.
Es gibt viele Arten von Ideen, manche verwerflicher als die anderen.
Besonders bedenklich sind diejenigen, die ‚Alibi' heißen oder ‚weiße Weste', aus Ländern, die wie schwer beladene Bäume vor laufender Kamera einen goldenen Apfel über den Zaun zu dem armen Nachbarn werfen. Sie filmen mit manipulierten Kameras, denn die Bilder des Aufpralls sind immer unscharf oder gar schwarz. Keine Bilder des Flurschadens oder der Beulen, kein Foto von vermatschten oder verrotteten Äpfeln oder abgebrochenen Zähnen, ist ja auch nicht so wichtig.
Fast genauso verwerflich sind die, die rufen ‚Hier ist Mr. Know-How, jetzt zeigen wir mal dem Kunta Kinte, wie man die Ketten aufsägt'. Neokolonialismus.
So sind wir einigen begegnet, die nach kurzer Zeit meinten zu wissen, wo der Hase lang laufe, welche Rezepte wofür helfen könnten, was den Menschen fehle und welche Programme, mit ihrer Handschrift natürlich, zu befolgen seien. Was ihnen fehlt ist Demut und die Kunst der Zurückhaltung.
Verständlicher sind die Ideen mit dem Namen ‚Ich verwirkliche mich selbst und bin ein besserer Mensch.' Ashram-Entwicklungshilfe.
Genug! Gelobt seien all die guten Projekte, wie z.B. die Katastrophen-Hilfe.

Geheiligt aber seien all die, die aus dem eigenen Boden der Betroffenen keimen, die aus den Köpfen der Betroffenen kommen, verwirklicht mit den Händen der Menschen im eigenen Land, wie letztens eine Idee aus Bangladesh von Prof. Junus, die dann einen Nobelpreis bekam. Die Revolution kommt von innen.

Tierische Begegnungen der anderen Art
Während sich die Wogen im Krankenhaus so langsam wieder glätten, schlagen sie bei uns zu Hause höher. Es sind die kleinen Viecher, die uns zu schaffen machen.
Nicht das, was immer im Mehl oder Nudelpackungen rumkriecht, die haben wir mittlerweile lieb gewonnen und sind ganz enttäuscht, wenn man Nudeln ins Wasser wirft und nichts Schwarzes obenauf schwimmt oder beim Brotbacken im Sieb zappelt.

Nein, viel kleiner: Ein Bakterium
Zuerst erschreckt uns Carol, die ganz besorgt vor der Tür steht und nicht reinkommen möchte: „Mama mi kus blut. Ai ting mi gat sik Ti bi! (Mama ich habe Blut gehustet, ich glaube ich habe TBC.)" Ich hatte Carol nie bei uns husten hören und so bleibe ich ruhig. Es ist keine drei Tage her, als wir mit ihr, den Kindern, Elisa und Carol am Fluss baden waren und bei der Rückfahrt an einem Dorf angehalten wurden. Ich wurde raus gerufen und rannte zum Dorfplatz. Dort lag ein junger Mann, er war schon tot, mit Blut verschmiertem Mund. „Was war los?", fragte ich.
„Er hat TBC und war beim Fischen, als er husten musste. Dann blutete er plötzlich aus dem Mund und fiel ins Wasser. Wir zogen ihn wieder raus, aber er blutete immer weiter."
Ich versuchte der Familie des Toten zu erklären, was da passiert war – klassischer Blutsturz –, nahm Carol an der Hand, da sie mir gefolgt war, und fuhr weiter. Carol war die Fahrt über sehr unruhig.
„Du brauchst keine Angst haben, du wirst nicht sterben wie der Mann im Dorf. Geh ins Krankenhaus und lass eine Röntgenaufnahme und einen Spucktest machen. Ich höre dich dann dort ab."
Ich höre nichts und das Blutbild ist o.k. Abwarten.
Aber plötzlich fallen mir die Lymphknoten am Hals von Filip ein, die ich schon seit Wochen beobachte und die so gar nicht kleiner werden wollen. Hmm! TBC geht bei Kindern gerne in die Lymphknoten. Stempeltest besorgen?

TBC ist weltweit auf dem Vormarsch. Diese gruselige Krankheit wird uns in Zukunft wieder beschäftigen. Allein, was aus den russischen Gefängnissen an hochresistenten Keimen nach außen getragen wird, ist katastrophal, und wer glaubt, hinter dem heimischen Gartenzaun bewacht von kleinen Zwergen sicher zu sein, der täuscht sich. Die globale Migration ist im vollen Gange und trägt nicht nur unerwünschte Muscheln in die Nordsee und Killer-Ameisen in europäische Böden.

Dann wache ich plötzlich auf und könnte schreien, aber es ist so gruselig, dass ich wie gelähmt bin. Etwas krabbelt in meinem Ohr! Es ist grässlich laut, direkt in meinem Gehirn. Etwas kratzt hinter meinem Trommelfell. Ich gerate in Panik, weil ich sicher bin, dass es sich hinter der schützenden Haut bewegt und dagegen drückt, als wolle es raus an die frische Luft.
Der Horror der Menschheit: irgendwelche Viecher, die sich in die Körper bohren, in irgendwelchen Öffnungen verschwinden und aus Pickeln herauskriechen. „Frank! Komm schnell, du musst in mein Ohr schauen, da ist was drin!"
Frank steht in Unterhose vor mir, nimmt gelassen das Otoskop entgegen und schaut, als hätte er noch nie etwas anderes getan. „Da ist nichts, du bist überarbeitet." – „Natürlich bin ich überarbeitet!", blaffe ich ihn an und ärgere mich, obwohl ich an seiner Stelle nichts anderes geantwortet hätte. Seit Monaten bin ich non stop im Dienst und immer allein. Immer alle Entscheidungen alleine fällen, wie oft wünsche ich mir einen Kollegen oder Oberarzt, der sagt: ,Den Bauch brauchen wir nicht aufmachen.' Ja, ich bin gestresst, aber das Ding in meinem Ohr ist real! Ich bin noch nicht bekloppt, denke ich beleidigt.
„Jetzt geht es wieder los, ich flippe aus, bitte schau nochmal nach!"
Frank ist geduldig und lässt sich nicht aus der Ruhe bringen: „Ja, jetzt sehe ich etwas, ein kleines schwarzes Tier." – „Vor dem Trommelfell?" – „Ja!"

Ich atme auf, weil ich nicht verrückt bin und das Vieh jetzt einfach rausspülen kann. Es ist ein Tier, das aussieht wie ein Mini-Ohrenkneifer. Es windet sich auf meiner Hand und, klein wie es ist, zwickt es mich dann auch noch schmerzhaft. Ich spüle es den Gully runter.
„Und du denkst also, ich dreh schon durch hier, was?", meckere ich Frank halb im Spaß an. „Na, wenn ich dich so sehe, wie du hier ackerst, und wenn du nicht ackerst, mit den Kindern spielst, und wenn du nicht spielst, dann dir den Emergency Room reinziehst, dann kann ich nur sagen, das hättest du dir früher nie angetan."
Ja, ja, aber trotzdem: Es könnte alles noch schlimmer sein.

Carols Symptome verschwanden und Filip blieb gesund.

Unser drittes Jahr beginnt – Wo bleibt die Zeit?

Kompensation
Erst jetzt haben wir so langsam das Gefühl, richtig angekommen zu sein, und schon ist Halbzeit. Ankommen ist auch nicht das richtige Wort. Wir hatten über jene gelacht, die hier schon Jahrzehnte lebten und am Ende resümierten, sie verstünden das Land eigentlich immer weniger. Jetzt ahnen wir den Grund. Wir nehmen uns in unserer Wichtigkeit immer mehr zurück bis zur Frage: wer müsste hier eigentlich wem das Händchen halten? Oder: wir machen ein bisschen Multikulti in Klein-Gaubin – *em tasol* (das war's).

James hat uns Weihnachten verlassen. Er tat mir leid. Er verschob seine Abreise von Woche zu Woche, ohne dass ich verstand, warum. Dann endlich sagte er es mir, als wir zusammen auf seiner Veranda saßen und an unserem Backenkrebs arbeiteten.
„Du siehst so unglücklich aus, was ist los mit dir?" – „Ich kann noch nicht gehen."
„Warum?" – „Ich habe noch kein *Wan Bel*-Treffen mit den Dörfern gehabt habe, die auf mich geschossen haben. Ohne *Wan Bel* kann ich nicht Karkar verlassen. So ist das bei uns."
Ich nicke, aber ich verstehe ihn nicht richtig. Das Opfer sucht die Nähe zum Täter, um sich zu versöhnen. Was bekommt er mit diesem Handschlag? Sicherheit? Das Happy End der Geschichte? Den Frieden, das Buch zuschlagen zu dürfen?
Er bekam sein *Wan Bel* und hielt traurig seine Kompensation auf dem Arm. Es war ein kleines, abgemagertes Schwein, kein großes Quieken von drei fetten Schinken, kein *Mumu* (Erdofen), keine Reden und kein *Tok Sori* (Entschuldigung).
Die Entschuldigung ist ein viel zu kleines Ferkel.
James stieg auf das Auto auf, seine Familie und sein ganzes Hab und Gut passte auf die kleine Ladefläche des Pickups. Etwas irritierte mich, als wir uns verabschiedeten.
Wir alle mögen die Familie, wir haben viel miteinander durchgestanden und erlebt, die Kinder waren befreundet. James schaute mir nicht in die Augen und schüttelte mir auch nicht die Hand. Ich bin ganz beschämt und traurig.
Erst Monate später wurde, zusammen mit dem neuen Administrator, die Arbeit von James aufgedeckt und mit ihr viele heftige Fehler, die er gut vor mir versteckt hatte. Jetzt wusste ich, warum er mich nicht hatte anschauen können.
Aber ohne den *Wan Bel* mit einer Weißen lässt es sich offenbar leben.

Und wieder so eine der Geschichten
„Ich spüre mein Kind seit zwei Tagen nicht mehr strampeln", erzählt die junge Frau, als ich sie ins Arztzimmer bitte. Sie geht auf das Ende ihrer Schwangerschaft zu.
Im Ultraschall sehe ich das Herz des Kindes nicht mehr schlagen; die Schädelplatten haben sich übereinander geschoben.
Als ich der Frau den Tod ihres Ungeborenen bestätige, weint sie nicht, sondern geht, so wie sie reingekommen ist, rüber in den Kreißsaal, um die Geburt einleiten zu lassen.

Am Abend ist das Kind geboren und ich setze mich auf der Station zu ihr ans Bett, nachdem ich mir den kleinen Leichnam angeschaut und nichts Auffälliges gefunden habe.
„Wie geht es dir?" – „Mir geht es gut, aber ich bin hungrig."
„Wie viele Kinder hast du?" – „Das war mein sechstes Kind."
„Hast du schon mal nachgedacht, dich operieren zu lassen?" – Sie lächelt und schaut auf den Boden. Ich habe vergessen zu fragen, wie viele Kinder noch leben!
Sie sieht mir klar in die Augen, als sie antwortet: „Es lebt keines mehr, sie sind alle gestorben."
Mein verblüffter Gesichtsausdruck amüsiert die zuhörenden Frauen der Station. Eine Frau wischt mit dem Rockzipfel den Rotz von der Nase ihres Babys und klärt mich auf: „Die Frau hat einen Mann geheiratet, mit dem ihr Onkel nicht einverstanden ist. Er hat sie verflucht und gesagt, dass jedes Baby, das sie von ihm bekommen werde, sterben wird."
Eine logische Erklärung muss her! Meine Ratio arbeitet blitzschnell: Wenn die Babys alle im Bauch gestorben sind, kann die Angst der Mutter vor dem Fluch sie umgebracht haben, das ist vorstellbar. So was wie ‚self fulfilling prophecy'. Ein Fluchender – ein Empfänger, das kann funktionieren.
„Sind alle Babys im Bauch gestorben?", frage ich sie und bin mir der Antwort sicher.
„Nein, drei habe ich geboren und sie haben eine Weile gelebt. Drei sind in mir gestorben."
Na ja, vielleicht hat sie auf dem Dorf geboren und jemand hat die Kinder umgebracht, denke ich schnell.
„Die drei, die noch lebten, hast du wo geboren?", hake ich weiter nach.
„Hier im Krankenhaus. Ich habe nur das erste tote Kind auf dem Dorf bekommen."
„Waren sie krank, sahen sie anders aus oder waren die Geburten schwer?"
„Nein, sie sahen alle ganz normal aus und kamen schnell auf die Welt."
Seltsame Geschichte. Die Mutter sieht mein Grübeln und lacht.
„Und was kannst du machen, damit das aufhört?", frage ich weiter. – „Nichts."
„Glaubst du an Gott?" Wie kann ich ihr helfen, es muss doch einen Weg geben, sie von dem Fluch zu befreien? „Nein", sagt sie offen und ich höre einen leicht bissigen Unterton.
„Wenn du deinen Klan zusammenrufst und um *Wan Bel* (Einverständnis) bittest? Sechs Kinder, das ist doch genug gestraft!!"
Ich merke, wie sie sich innerlich zurückzieht.
„Ich kann es versuchen. Meine Familie wohnt im Sepik. Ich bin, wie es üblich ist, zu der Familie meines Mannes gezogen. Ich glaube nicht, dass mich viele in meiner Familie hier unterstützen."
„Kann ich dir helfen?" – „Nein, Dokta."
Ich lasse los und rudere zurück auf die ruhige Insel der Fremdheit, die ich genau genommen gar nicht verlassen habe. Ich lasse sie in Ruhe, aber sie lässt mich nicht mehr in Ruhe.

Drei Tage später wird mir nachts ein alter, kleiner, knochiger Mann gebracht, der übel zugerichtet wurde. „Wer hat dich geschlagen?", will ich wissen, während ich in dem kleinen, stickigen Zimmer anfange, die Wunden auszuwaschen.
„Vor fünf Tagen ist doch hier ein Mann aus Dumad gestorben", flüstert der alte Mann durch die zusammengebissenen Zähne.
„Du meinst den mit der Fischvergiftung?", erinnere ich mich mit Grauen. „Ja, ich wurde beschuldigt, den Fisch vergiftet und den Mann umgebracht zu haben." Er schließt die Augen. Ich arbeite

weiter, die Wunden sind alle oberflächlich.
Der Opa tut mir unendlich leid, warum haben sie ihm das bloß angetan?
„Was machst du jetzt, willst du hier bleiben? Wo bist du in Sicherheit?", frage ich besorgt. „Nein, ich gehe zurück, meine Familie ist im Dorf. Ich bin unschuldig, also laufe ich nicht weg." Er lässt seine Augen geschlossen, bis ich gehe.

Ich habe immer wieder gehört und in der Zeitung gelesen, dass vor allem alte Frauen oder Menschen am Rande der Dorfgemeinschaft zu Unrecht beschuldigt werden, *Sangguma* angewendet zu haben. Junge Männer werden dann von den Dorfältesten oder Sehern dazu aufgefordert, diese Frauen zu foltern und ein Geständnis zu erzwingen. Oft werden die Beschuldigten in der aufgebrachten Stimmung wegen eines plötzlich Verstorbenen zu Tode gequält. Manchmal wird ein Feuer unter ihren Füssen angezündet, sie werden lebendig begraben, in den Fluss gestürzt, mit Steinen beworfen..., die Grausamkeit hat keine Grenzen.
So leben die Menschen in einer ständigen, unterschwelligen Angst, einmal selbst zum Schuldigen zu werden.

Am nächsten Tag stirbt ein kleines Mädchen aus dem gleichen Dorf. Sie war an Leukämie erkrankt und von uns nach Madang geschickt worden, ehe sie ihre letzten Tage bei uns verbrachte. Wir haben sie lange bei uns gehabt und so war sie uns ans Herz gewachsen. Den Eltern habe ich immer wieder prophylaktisch versucht zu erklären, was Leukämie ist und das kein *Sangguma* dahinter stecke. Aber ich fühle, dass in ihren Köpfen andere Gedanken arbeiten.
Krankheit und Tod, besonders eines jungen Menschen, haben immer eine übernatürliche Erklärung. In ihrem Weltbild hängt alles zusammen, steht alles gleichberechtigt nebeneinander. Ein Geschehen hat immer einen Auslöser und so gibt es keine Erkrankung ohne Ursache.
Als hintereinander zwei Kinder ohne Schädeldecke und Großhirn geboren werden (Anencephalus), diskutierte man offen, was die Mütter wohl verbrochen hätten, weil ihre Kinder so aussahen. Die eine Frau wurde von ihrem Mann fürchterlich mit einem Stock verprügelt. Er wollte die schlechten Gedanken und Eigenschaften aus ihr vertreiben. Eine Frau muss schlecht sein oder einen schlechten Geist in sich haben, wenn sie etwas so Widerliches zur Welt bringt.

Als die Eltern des an Leukämie verstorbenen Mädchens mit dem zum Bündel geschnürten Leichnam gehen wollen, rede ich auf sie ein, bitte niemanden für den Tod verantwortlich zu machen, aber umsonst. Am Abend liegt der kleine, knochige Opa wieder im OP. Dieses Mal hatten sie ihn fast umgebracht. Der Sohn hat ihn gerettet und hergetragen.
„War es wegen des Mädchens?", frage ich. Der Sohn nickt. „Wir sind nicht von Karkar." Damit ist alles gesagt.
Er schreckt auf, als Stimmen vor dem Fenster zu hören sind. Schwarze Augenpaare verfolgen uns durch die schmale Fensterritze. Der Sohn hat Angst. Die arbeitenden Muskeln seines nackten Oberkörpers sind in gezähmter Kampfbereitschaft. Ich klappe die Fensterscheiben nach oben, nicht ohne einmal nach draußen gerufen zu haben, und rufe zwei weitere Pfleger in den Raum. Die unheimliche Stimmung hat mich mit erfasst und kribbelt durch meinen Körper.
Ich nähe und gipse eilig, will den Opa in seinem Zustand nicht gehen lassen, aber der Sohn

schnappt ihn sich und hat vor, sich mit ihm zu verstecken.
„Wir können euch hier bewachen und morgen mit dem Krankenhauswagen direkt an das Boot bringen. Die Crew wird auf euch aufpassen", schlage ich noch einmal vor.
Er überlegt kurz und entscheidet sich zu gehen. Die Gefahr, dass sie ihm beim Boot auflauerten, sei zu groß.
Ich werde nichts mehr von ihnen hören.

Wieder grübele ich auf dem Heimweg.
Der Gedanke der Schuld bei einer Krankheit ist uns eigentlich auch nicht fremd. Ich erinnere mich an viele Bettkantengespräche mit Frauen, die gerade erfahren haben, dass sie Krebs haben oder ihr winziges Ungeborenes verlieren werden: es ist sofort da, das: ‚Was habe ich falsch gemacht!' Die Suche nach einer Ursache beginnt automatisch: der Arbeitsstress, die Scheidung, der Missbrauch, der Ehemann, der einem das Leben so schwer macht. Und diese Suche ist manchmal auch nicht verkehrt, außer sie richtet sich gegen sich selbst, denn sie birgt das Potential, Dinge zu ändern, sich für den manchmal verbleibenden Rest des Lebens zu befreien, Harmonie herstellen, genauso wie hier.
Und dann kommt mir der Gedanke, ob es vielleicht möglich ist, dass *Sangguma*, nein natürlich die Angst vor *Sangguma*, Leukämie erzeugen kann?

Sangguma

Durst

„Ich weiß nicht, was es so richtig mit dem *Sangguma* auf sich hat oder was es ist, und jeder, den ich frage, weicht mir aus", murmele ich vor mich hin, als ich mit einem Kaffee in der Hand an den gestrigen Abend denken muss.
„Ich kann dir sagen, was ich weiß." Es sind Luis feine Ohren, die mich immer wieder überraschen. Wir sind dabei, zusammen Brotteig zu machen.
„Du?" – „Ja, meine Freunde erzählen mir viel davon und ich kenne auch jemanden, der das kann."
Ich überspiele meine Überraschung, registriere aber den kleinen Stachel, der mich piekst. Es ist Neid, ich bin neidisch, dass ich außen vor stehe und mein Sohn offensichtlich und selbstverständlich mitten drin ist!
„Gerne, leg los!", ermuntere ich ihn.
„*Sangguma* ist wie eine böse Kraft, ein böser Geist, den einige Menschen haben. Mit dieser Kraft können sie anderen schaden oder sie töten, entweder weil sie auf jemanden sauer sind oder sie darum gebeten werden. Hier auf Karkar machen sie es gerne, dass sie den Körper des Opfers öffnen, das Herz raus nehmen und ein faules Stück Holz reinlegen. Sie verschließen die Wunde so, dass man es nicht mehr sieht, wecken denjenigen und dann stirbt er sofort."
„*Sangguma* hat also nichts mit Ahnengeistern zu tun?", stelle ich fest.
„Richtig, überhaupt nicht. Die Ahnen wohnen mit im Dorf und helfen, dass es dem Dorf gut geht. Aber manchmal sterben die Menschen auch langsam an *Sangguma*."
„Wissen sie immer, dass sie *Sangguma* erhalten haben?"
„Soweit ich es verstanden habe, wissen sie es immer und kein Heiler oder Arzt im Krankenhaus kann diese Kraft stoppen. Mir wurde erzählt, dass es nicht mehr viele gäbe, die *Sangguma* beherrschten und wirklich zaubern könnten, aber es gäbe viele, die damit Missbrauch betrieben"
„Das kann ich mir vorstellen."

„Welche der Jungs haben schon mal *Sangguma* erlebt?", frage ich Luis weiter.
„Laurence, aber die Geschichte darf ich nicht erzählen, das habe ich versprochen. Ein anderer Freund von mir sah einmal einen Mann völlig in Panik ins Dorf rennen. Sie selbst saßen gerade beim Essen draußen vor dem Haus. Er schrie, ein *Sangguma* habe soeben ein Schwein in seinem Garten getötet. Es sei plötzlich leblos dagelegen, und als er nachgeschaut habe, warum es starb, habe er gesehen, dass es kein Herz mehr hatte. Die Menschen im Dorf haben sich daraufhin bewaffnet und magische Formeln gesprochen, um sich zu schützen. Sie saßen alle eng zusammen auf dem Dorfplatz und haben gewacht. Sie sahen dann tatsächlich eine menschliche Gestalt am Dorf vorbeigehen. Mein Freund hatte total Angst. – Aber die Nächte sind hier auch komisch. Wenn man alleine im Dunkeln draußen sitzt, kann man alles hören."
„Stimmt. Und wie findet man hier so einen, der *Sangguma* angewandt hat?"
„Das weiß ich nicht. Aber wenn man den Verdacht hat, dass jemand an *Sangguma* starb, kann man zehn Jahre nach seinem Tod die Knochen wieder ausgraben. Sind sie wie blank geputzt, ist

er getötet worden. Sind sie modrig grau, so starb er eines normalen Todes." Luis holt Luft, es sprudelt aus ihm heraus wie aus einem offenen Zauberbuch.

„*Sangguma* kann auch Tierformen annehmen, zum Beispiel ein Hund oder eine Fledermaus, ein Käfer oder ein Kabul und alles beschaffen, was es möchte. Oft befiehlt es dem Menschen, in dem es wohnt, seine Wünsche zu erfüllen."
„Wie eine Schizophrenie", murmele ich eher zu mir. – „Was ist das denn?"
„Wenn jemand krank ist und Stimmen hört." – „Ach so."
„Du weißt viel, ich bin echt beeindruckt."
Plötzlich fallen mir die Tiere ein, die Tomong in der Nacht nach dem Überfall auf dem Berg bewacht haben. „Waren die Tiere bei Tomong vielleicht auch *Sangguma*?", frage ich vorsichtig. „Ja, was glaubst du denn, wusstest du das nicht?", er ist empört. „Nein, hat mir keiner erzählt."
– „Mir schon. Sein Onkel hatte sie zu ihm geschickt, der Mann, der ihn auch gefunden hat. Aber mehr erzähle ich nicht."

Ich muss schlucken über das, was Luis alles weiß, und werde zunehmend aufgeregter. Mir kommt kurz dieser Mann vor Augen, wie er Tomong ins Krankenhaus trug. Er war klein, aber trug ihn mit federnder Leichtigkeit. Sein Gesicht hat sich in mein Gedächtnis eingeprägt, weil es so ausdrucksvoll war. Es war nicht seine Glatze, die so schön glänzte, es waren seine Augen. Sie wollten mit mir nichts zu tun haben, er sah durch mich hindurch wie in Trance und gleichzeitig, als wäre er in der absoluten Realität. Er hatte Tomong im Urwald gefunden, still auf einem Baum sitzend; aber er strotzte nicht vor Stolz, sondern war einfach Teil dieses Geschehens.

„Er kann *Sangguma*, aber das weiß nur die Familie." – „Aber ist *Sangguma* nicht immer ein Zauber, der schadet?" – „Was er zu Tomong als Schutz geschickt hat, das war gutes *Sangguma*. So haben sie es mir erklärt, gutes *Sangguma* ist immer frei. Du kannst es rufen, wenn etwas wirklich Wichtiges passiert. Dann hilft es, manchmal aber auch nicht, es ist eigen.
Böses *Sangguma* ist in einem Menschen drin und benutzt den Menschen für sich. Es ist also nicht frei. Es gibt auch welche, die schlechtes *Sangguma* rufen können. Wenn es den Befehl ausgeführt hat, kannst du es wieder wegschicken. Behältst du es aber zu lange, so setzt es sich fest und du bekommst Hunger auf Fleisch."
„Glaubst du an *Sangguma*?"
Luis sieht mich verständnislos an: „Das ist keine Sache, ob man glaubt oder nicht. *Sangguma* gibt es." Ich sehe meinen Sohn an und bekomme Gänsehaut.

Und da ist es wieder, das unterschiedliche Straßennetz im Gehirn. In frühster Kindheit sind die neuen Wege, die es zu erobern gilt, zweispurig gepaart. Erleben und Fühlen ist noch eins. Früheste kulturelle Erlebnisse gehen ein in einen ureigenen Gefühlspool, ungefiltert, unbewertet, unverfälscht.
Wie wird um mich herum gesprochen, wie werde ich gestreichelt, wo schlafe ich, wie viel Stimmen sind um mich herum, was passiert, wenn ich schreie oder mir weh tue, wie fühlt es sich an, wenn man wütend auf mich ist, wie fühlt sich die Stimmung um mich herum an, höre ich Musik, spirituellen Gesang, Angst, Frieden, Hass, spüre ich Leid, Hunger, höre ich die Schreie von

Generationen oder werde ich geschaukelt im Takt einer Gottheit, oder bekomme ich alles erklärt und gehe durch eine Welt der Bilder und Worte.
Eine Ursuppe entsteht, aus der ein Leben lang geschöpft wird. Soll z.B. eine neu gesammelte Erfahrung oder Situation eingestuft werden in ‚war das gut oder nicht gut', wird dieses Urwissen noch vor der Großhirnrinde angezapft. Sie ist Nahrungsquelle der Intuition und, mit dem Genpool zusammen, unseres Instinktes.

Spätere Erfahrungen werden nicht ohne Gefühle abgespeichert und auch aus ihnen kann gelernt werden, aber nie mehr in der ursprünglichen Unverfälschtheit und Tiefe.
Zu gut hat alsbald die Ratio ihren Job als Torwächter gelernt und schützt mit steigendem Bewusstsein unser Innerstes vor der oft brutalen Realität.
Wenn man ein Baby beobachtet, wie es lacht, aber auch, wie es sich erschrickt oder weint, so spürt man die Absolutheit in seinem Tun. Da gibt es noch keinen Schutzmechanismus; so kann der Knall einer zuschlagenden Tür den Wurm zu Tode erschrecken und ein Kitzeln im Nacken den ganzen Körper zum Beben und Jauchzen bringen. Monate später verliert sich diese Fähigkeit schon.
Mit zunehmendem Wissen können wir uns keine Absolutheit mehr leisten.

Was für einen großen Durst habe ich, auf dem Netz der Papuas herumzufahren oder in die Suppe eines Buddhisten zu fallen oder zu lernen, wie ein Chinese Krankheit versteht. Aber so langsam begreife ich, dass, wenn ich nicht an der Kulturbrust eines Landes gestillt wurde und mein Urpool woanders geprägt wurde, ich nie eine Chance haben werde, eine andere Kultur richtig zu verstehen. Na ja, verstehen schon, aber nicht fühlend begreifen.
Diese Erkenntnis enttäuscht mich und macht mich zutiefst traurig. Zum ersten Mal begreife ich, während ich Luis anschaue, dass meine Kinder hier einen Zugang zu einer anderen Welt bekommen.
Ich werde nie so Trommeln lernen wie ein Afrikaner, auch wenn ich den gleichen Takt beherrsche, oder Buschgeister sehen, wie meine Kinder es können.

Trotzdem.
Ich versuche weiter in die andere Welt der Papuas einzutauchen und zu verstehen, was Zauberei ist, was Hexerei, was Geister, was *Sangguma*. Die Literatur, die mir dazu in die Hände fällt, erschüttert mich zutiefst. Es sind weniger die unglaublichen Geschichten; nach zehn Erzählungen und dem verdautem ersten Schock sind sie einem so vertraut, wie es uns damals mit der *Taskforce* erging. Man erkennt den Rhythmus.
Es ist, dass die Menschen hier, egal ob Polizisten, Pastoren oder aus dem Dorf, genauso wie Missionare oder Ethnologen mit der gleichen Selbstverständlichkeit ihre Geschichten erzählen, wie ich es schon bei Noel und Marianne gespürt habe. Es geht nicht darum, etwas zu glauben oder nicht, es ist eine Tatsache, mit der umgegangen werden muss, auf beiden Seiten, schwarz und weiß.
Hier sehen, erleben und können Menschen etwas und niemand kann sagen, dass dies getrickst oder krank oder Spinnerei ist.

Nach meiner ganzen Auseinandersetzung und meinem Selbsterlebten weiß ich: Ich werde die Zauberwelt Neuguineas nie wirklich verstehen, aber es lernen, sie anzuerkennen und zu respektieren – und! – für möglich zu halten.

‚Zehn' *Sangguma*-Geschichten

Piet Bogner ist einer der Ethnologen, der sich, ebenso wie das melanesische Institut in PNG, mit dem Thema intensiv beschäftigt hat.

Karawe, der Hexenfinder, erzählt.
Karawe lebte in den siebziger Jahren und war Angehöriger des Komengarega-Stammes im Hochland. In seiner Jugend erhielt er seherische Fähigkeiten von einem großen Seher und Heiler, später spezialisierte er sich auf das Ausfindigmachen von *Sangguma*-Hexen. Piet Bogner zeichnete seine Erfahrungen auf.

> „In allen Dörfern unseres Berglandes gibt es Sangguma-Personen, die auch als solche bekannt sind. Man weiß über ihre gefährlichen, unheimlichen Kräfte und vermeidet deshalb jeden unnötigen Streit mit ihnen. Man duldet sie in ihren Sippen, man behandelt sie sogar bevorzugt, um ihnen keinen Grund für einen möglichen Racheakt zu geben. Unter ihnen gibt es sehr mächtige Frauen, die auch öffentlich zugeben, eine Sangguma zu sein.
> Die Sangguma-Personen aller Dörfer kennen sich untereinander und unterhalten Kontakt zu anderen Sanggumas außerhalb des Stammesgebietes. Sie treffen sich häufig zu geheimen Beratungen im Busch, um dort unbemerkt neue Anschläge planen zu können. In jedem Dorf wählen die Sangguma-Personen ein Oberhaupt und seinen Stellvertreter. Dies sind gewöhnlich die beiden erfahrensten und stärksten Sangguma-Frauen, die es verstehen, ihre Anschläge unbemerkt durchzuführen.
> Die übrigen Sangguma-Personen unterstehen diesen beiden gewählten Führern und haben deren Anweisungen zu befolgen. Sie dürfen nicht selbstständig handeln, weil sie aufgrund ihrer magischen Unerfahrenheit mit dem Spiel ihrer Kräfte sich selbst, aber auch andere Sangguma verraten und in Lebensgefahr bringen könnten.
> Wenn also eine Sangguma beispielsweise die Leber [gemeint ist i.f. Herz] eines Schweins oder eines Menschen essen möchte, so muss sie ihre Absicht zuerst der Führerin mitteilen. Diese entscheidet dann mit Ja oder Nein und bestimmt darüber hinaus, ob das ausgewählte Opfer nur krankgemacht oder getötet werden soll. Ist jemand im Dorf gestorben, so begibt sich der Sangguma-Geist der Führerin in der Nacht nach dem Begräbnis sofort in die umliegenden Dörfer und ruft alle Sangguma-Oberhäupter zusammen. Doch nicht die Sangguma-Frauen selbst, sondern ihr Sangguma-Geist, der die gleiche Gestalt annehmen kann, macht sich nun auf den Weg zum Grab. Dabei tragen sie alle ihre geheimnisvollen Sangguma-Lichter in den Händen.
> Ich versuche es noch deutlicher zu erklären: Alle Sangguma-Oberhäupter haben besonders

starke Kräfte in sich. Mit dieser Kraft ist es ihnen möglich, in ihren zweiten Körper zu gehen. Während ihr normaler Körper wie tot auf der Schlafstelle in ihrem Haus liegt, begibt sich ihr zweiter Körper auf die nächtliche Wanderung durch den Busch." (Piet Bogner, *Sangguma*, 1988, S.138-140)

Oder Rambiwe, der Medizinmann, der nachts in seinem Geisterhaus Heilkräuter sortierte.
"Da sah ich auf einmal, nur etwa eine Baumlänge von mir entfernt eine Person auf mein Haus zukommen. ‚Gib acht', sagten mir meine Gedanken. Ich stand unbeweglich neben meinem Kraftbaum. Jetzt erkannte ich, dass es eine Frau war. Auch spürte ich sofort, dass sie etwas Schlechtes im Sinn hatte. Mein Geisterhaus ist nämlich für alle Frauen, Mädchen und Jungen tabu. Die Frau kam mit dem Schatten immer näher an mein Haus heran. Ich konnte ihr Gesicht nicht erkennen. Auf ihrem Rücken trug sie ein gefülltes Netz ... Ich sprang hinter dem Baum hervor und packte sie bei den Armen. Dann zerrte ich sie aus dem Schatten ins Mondlicht. Es war Namba, die Frau meines Bruders.
‚Was hast du hier zu suchen?', fragte ich und drückte sie zu Boden.
Namba antwortete nicht.
Ich drückte noch fester und spürte mit einem Mal, dass ich nicht mehr Namba drückte, sondern meine beiden Hände, die sich zu Fäusten zusammen krampften. Namba war nicht mehr in meinen Händen ... so etwas hatte ich noch nicht erlebt ..." (Piet Bogner, *Sangguma*, 1988, S.160)

Dazu die Geschichte eines Niugini-Studenten, die ihm sein Vater erzählte.
"Als junger Mann war ich sehr an einem Mädchen aus einem nahen Dorf interessiert. Eines Nachts, ich schlief in ihrem Haus neben ihr, wachte ich mitten in der Nacht auf und fand ihren Körper extrem kalt und total unempfindlich auf meine Berührung. Ich versuchte sie zu wecken, aber sie reagierte nicht. Ich war besorgt und wunderte mich, was mit ihr passiert war, und so wartete ich und wachte. Einige Stunden später hörte ich das Flattern einer Fruchtfledermaus. Als ich nach oben schaute, sah ich sie in das Haus fliegen und dann die Wand runter zu dem Mädchen krabbeln. Ich war erstarrt. Plötzlich schüttelte sich das Mädchen, holte und drückte die Fledermaus an ihre Brust, dort verschwand die Fledermaus total in ihr. Ich muss nicht betonen, dass ich voll wach war und mir die Haare zu Berge standen. Ich legte mich nicht mehr neben sie. Ich ging nach Hause und ging nie wieder zu dem Haus des Mädchens."
(F.ü.n. Neville Bartle, *Death, witchcraft...* 2005, S.229-230)

Karawe erzählt weiter.
"Haben sich alle auf dem Friedhof eingefunden, beginnen sie mit der Arbeit. Sie öffnen das Grab und die Leichenkiste, auch wenn sie zugenagelt ist, und zerschneiden die frische Leiche. Das Fleisch wird gerecht verteilt, in Bananenblätter eingewickelt und in den Netztaschen verstaut... Die Sangguma gehen mit ihren gefüllten Fleischnetzen in ihre Dörfer zurück und verteilen dort das Fleisch auf alle anderen Sangguma ...

Ich spreche jetzt von dem geheimnisvollen Licht, das oft in mondlosen Nächten oder eben nach dem Tod und Begräbnis zu sehen ist. Ihr Europäer meint, das sind Insekten, Glühwürmchen. Unsinn. Was würdet ihr sagen, wenn ich behaupte, es seien Flugzeuge?
Sangguma-Frauen, wie Kefo Kefo aus Kambarafaro, die große magische Kräfte haben, können ihre Augen, manchmal sogar ihren ganzen Kopf, zum Leuchten bringen… Manchmal habe ich nachts, wenn ich heimlich Sangguma-Hexen beobachtete und belauerte, ihnen diese Lampen abgenommen. Wenn ich sie berührte, ging sofort das geheimnisvolle Sangguma-Licht aus. Ich hatte lediglich den blutverschmierten, mit Federn geschmückten Holzstab in der Hand. Die Lampen leuchten nur in der Hand desjenigen, der sie gemacht hat …" (Piet Bogner, *Sangguma*, 1988, S.140-142)

Dazu eine Geschichte eines Polizei-Sergeanten aus Wathabung.
„*Wie so oft war ich eines Nachts zusammen mit meinen Freunden unterwegs zu einem befreundeten Dorf, um dort das Mädchenhaus zu besuchen. Auf einmal sahen wir aus der Richtung eines feindlich gesinnten Dorfes ein helles Licht auf uns zu kommen. Wir versteckten uns und warteten. Das Licht kam langsam näher. Es hatte ein seltsames Leuchten, das weder von einer Fackel noch von einer Taschenlampe stammen konnte.*
Zudem wurde es nur etwa einen Fuß über dem Boden getragen. Nach einer Weile erkannten wir den geheimnisvollen Lichtträger. Es war ein Hund, der in seiner Schnauze ein hell leuchtendes Holzstück trug. Doch es war kein glimmendes Holz, das von einer Feuerstelle stammte, sondern der ganze Stab glühte wie der Leuchtstrumpf einer Kerosinlampe. Da wussten wir Bescheid. Es war ein Sangguma-Hund. Bevor das Tier uns bemerkte, stürmten wir gleichzeitig hinter den Büschen vor und schlugen es mit unseren Äxten nieder … das leuchtende Holz fiel zu Boden und erlosch. Wir knipsten unsere Taschenlampen an und sahen, dass der Hund tot war. Sein zerschlagener Körper lag in einer Blutlache.
Am nächsten Morgen kehrten wir vom Mädchenhaus zurück in unser Dorf. Als wir an jener Stelle vorbei kamen, wo wir den Sangguma-Hund erschlagen hatten, fanden wir weder seinen Körper noch Blutspuren … nach drei Tagen hörten wir das Klagegeschrei und das Trauer-Singsing aus unserem Nachbardorf…
Die Angehörigen des Verstorbenen kamen in Rufnähe unseres Dorfes und beschuldigten uns, ihren Mann getötet zu haben: ‚Jetzt sagen wir euch, was geschehen ist. Kurz, bevor Kore starb, sagte er uns, dass er zu eurem Dorf unterwegs gewesen war. Er wollte dort die Leber seines Feindes fressen und ihn töten. Aber vier junge Männer aus eurem Dorf haben ihn überfallen und erschlagen'." (Piet Bogner, *Sangguma*, 1988, S.63-65)

Karewe erzählt weiter eine Geschichte.
„*Zunächst zu der Sangguma-Frau Mofendeme. Wir hatten ihr vier Morde nachgewiesen, die sie auch ohne Leugnen sofort zugab. Sie sagte: ‚Ich werde alle töten, die schlecht von mir denken.' Mofendeme war für uns damals die größte Gefahr im Dorf. Wir schleppten sie hinunter zum Fluss. Dort wurde sie mit zwei Pfeilen erschossen, ihr Körper mit Äxten zerschlagen und*

ihr Kopf mit Steinen zertrümmert. Wir bedeckten die Leichenteile mit schweren Steinen und gingen zurück ins Dorf. Am Nachmittag desselben Tages, wir berieten uns gerade im Männerhaus, tauchte Mofendeme wieder auf dem Dorfplatz auf. Sie schien von der Gartenarbeit gekommen zu sein, denn sie trug gefüllte Süßkartoffelnetze und Feuerholz. Ohne sie anzurufen schossen wir sie nieder und töteten sie ein zweites Mal. Diesmal endgültig. Aus ihren Ohren schossen starke Blutstrahlen heraus. Das war für uns noch einmal der sichtbare Beweis, dass sie eine mächtige Sangguma war. Warum? Das viele Blut war das Blut aller von ihr getöteter Menschen ... Wir gingen hinunter zum Fluss. Als wir die Steine beiseite räumten, wussten wir, dass wir zuerst ihren Sangguma-Geistkörper getötet hatten. Denn es waren weder Mofendemes Leichenteile noch Blutspuren zu finden. Nichts.

Das neuste Sangguma-Erlebnis mit Kefo Kefo (Oberhaupt aller Sangguma-Frauen des Stammes) liegt erst einige Monate zurück. Ihr Bruder wurde über Nacht krank. Er sagte uns allen, dass er plötzlich gespürt hätte, wie irgendetwas in seinen Bauch gekrabbelt und gezwickt habe. Dann habe er stechende, schlagende Schmerzen in seiner Leber bekommen. Sofort sei ihm seine Schwester Kefo Kefo in den Sinn gekommen. Am nächsten Morgen rief Kono alle Bewohner zu einer Dorfversammlung und verdächtigte seine Schwester, ihn krankgemacht zu haben ... Keiner von uns wollte Kefo Kefo fragen, nicht einmal der Council (Bürgermeister). Wir sahen nur Kefo Kefo an, die mit einmal zu lachen anfing. Dann sagte sie: ,Warum seht ihr mich so an! Glaubt ihr etwa nicht den Worten meines Bruders?' Wieder lachte sie und klatschte mit den Händen. ,Ja', rief sie, ,ich habe von der Leber meines Bruders gegessen und ihn krank gemacht. Er wird auch wissen, warum ...'

Kono fing an zu zittern und sagte kein Wort. ... Kono hielt schützend seine Hände über den Kopf und stammelte: ,Lass mich in Ruhe.'

Kefo Kefo wandte sich von ihm ab und sagte zu uns: ,Ich will euch zeigen, welche Kraft Sangguma hat.' Angst und Schrecken fuhr uns allen in die Knochen ... langsam ging sie auf ihren Bruder zu und blieb vor ihm stehen. ,Du weißt, warum!', schrie sie laut und spuckte ihm ins Gesicht. Wie ein Baum stürzte Kono zu Boden und blieb reglos liegen. Kefo Kefo sagte: ,Ihr habt alle gesehen, nicht ich habe ihn getötet, sondern der Sangguma-Geist.'" (Piet Bogner, *Sangguma*, 1988, S.143-144)

Wie ich es verstehe, wird *Sangguma* als ,Etwas' beschrieben, was in den Menschen haust und ihnen Fähigkeiten gibt, aber auch deren Willen beherrscht. Anders als Zauberei, die meist von Männern verübt wird und die dazu Gegenstände wie Steine oder verzaubertes Pulver benutzen, wird *Sangguma* durch projizierende Fernübertragung begangen. Es reicht oft, das Opfer aus der Ferne zu fixieren, um es ohnmächtig zu machen oder zu töten.

Manche *Sangguma* sind auch fähig zu dematerialisieren. So können sie Organe von Toten oder noch Lebenden entfernen, ohne diesen zu berühren, das Organ aber können sie allen anderen vorzeigen. Eine andere Möglichkeit ist es, den Körper so zu verschließen, dass kein äußeres Zeichen sichtbar ist.

Ein Theologiestudent erzählt aus seiner Kindheit über eine Frau, die gerufen wurde, um die Todesursache eines plötzlich Verstorbenen herauszufinden. Nach getaner Arbeit verlangte sie nach einem lebenden Huhn, weil sie, vielmehr ihr Geist, Hunger verspüre.

„*Sie sagte ihm, er soll das Huhn in der Nähe der Tür auf den Boden setzen. Die alte Frau machte keine Anstalten, sich dem Huhn zu nähern, aber starrte es ganz einfach an. Das Hühnchen fing an vor ihren Augen an zu schrumpfen und nach ein paar Minuten kollabierte es zu einem kleinen Haufen Federn. Die alte Frau lachte und sagte dem Vater, er solle sich das von der Nähe anschauen. Er hob das Hühnchen auf und war geschockt, dass alles Fleisch und alle Innereien verschwunden waren. Alles was übrig geblieben war, waren ein paar Federn und einige Knochen.*"

Der Student sagt: „*Ich habe es mit eigenen Augen gesehen. Es war wirklich.*" (F.ü.n. Neville Bartle, *Death, witchcraft…* 2005, S.232)

Die Kraft Sangguma wird immer von einem Menschen auf den anderen Menschen übertragen. Stirbt der Mensch, so stirbt mit ihm auch das Sangguma, falls er es nicht schafft, es vor seinem Tod weiterzugeben.

„'*Das war eines Nachts*', begann der Mann aus einem Bergdorf zu erzählen. '*Wir schmorten zwei Ratten im Bambusrohr über dem Feuer. Auf einmal tat es einen Knall. Ich blickte hoch und sah auf dem Schoß meiner Frau ein kleines Kind. Ich fragte: 'Schau, wo kommt das denn her?' Im selben Augenblick sprang das Kind mir an die Brust. Ich wollte es fassen, aber es war schon in meiner Brust verschwunden. Gleich darauf wurde es mir heiß, dann kalt, dann wieder heiß. Ich spürte, wie in meiner Brust das Kind in meinen Kopf hochstieg.' 'Was ist das', fragte ich und bekam es mit der Angst zu tun. 'Du brauchst keine Angst zu haben', sagte meine Frau. 'Das ist etwas Gutes. Unsere Tochter hat es bereits … du mußt nur auf das Kind hören, was es dir in deinem Kopf sagt! Das ist* Sangguma*!*'" (Piet Bogner, *Sangguma*, 1988, S.78)

Die Menschen, die *Sangguma-Kraft* verliehen bekamen, sind nicht immer glücklich darüber. Denn neben den übersinnlichen Fähigkeiten, die sie damit erhalten, ist ein enormer Hunger, vornehmlich auf menschlichen Kot, Schweine und Menschenfleisch verbunden. So wird auch beschrieben, dass sich die Menschen mit ihrem *Sangguma* streiten und versuchen, sich den Befehlen zu verweigern. Vor allem, wenn die Befehle lauten, jemanden zu töten.

Den *Sangguma*-Geist wieder loszuwerden, ist generell möglich, aber ein langer und nicht ungefährlicher Prozess; es braucht jemanden, der über eine noch größere Kraft verfügt.

Ein Ex-Polizist aus Korepa erzählt über ein fünfjähriges Kind, das seinen Eltern eines Abends berichtet.

'*Mir läuft immer etwas im Kopf herum.*'

Die Eltern sahen sich an und wussten sofort, was los war. Sie fragten das Kind: '*Wer hat dir das Etwas gegeben? … Wer wollte dir einen Käfer oder eine kleine Fledermaus schenken?*'

Das Kind nannte eine verwandte Person, die ebenfalls in der Hütte beim nächtlichen Mahl vor der Feuerstelle saß. Die betroffene Person stritt ab, mit dem Kind etwas gemacht zu haben. Am nächsten Morgen fragte der Expolizist das Kind, wie die Tante es ihm in den Kopf gegeben hat. Da sagte das Kind zur Überraschung aller, sie habe es ihm wieder weggenommen." (Piet Bogner, *Sangguma*, 1988, S.24)

Hat das *Sangguma* sich allerdings in der Person über eine längere Zeit festgesetzt, so ist die Befreiung gleich einer Geburt, die viel Kraft und Geduld verlangt.
So auch die Aufhebung von Flüchen. Auch das ist generell möglich, bedarf aber auch hier einer mächtigeren Kraft, als die des verursachenden Zauberers.

Die persönliche Geschichte des Niugini-Pastors Thomas Bruno.
„In seiner Jugend hatte Thomas ein nicht heilendes Geschwür an seinem Bein, welches auf keine, weder westliche noch traditionelle Medizin ansprach. Verschiedene traditionelle Heiler hatten versucht ihn zu heilen, waren aber unfähig, ihm zu helfen. Eines Tages nahm sein Vater ihn zu einer Person mit, der man nachsagte, dass sie über noch mehr Kräfte verfügt. Es wurde diagnostiziert, dass das Geschwür durch den Fluch eines Zauberers verursacht worden war. Thomas wurde gefragt: ‚Was möchtest du, was ich tue, den Fluch nehmen oder den Zauberer töten?' Thomas war jung, impulsiv und von dem ständigen Schmerz, den er über drei Jahre hat erdulden müssen, frustriert. Er sagte: ‚Töte ihn.'
Der Heiler nahm dann ein großes Blatt, ähnlich dem eines Bananenblattes, und rollte es so zusammen, dass es eine grüne Röhre wurde. Danach sprach er in dieses Rohr und rief alle Namen der obersten Heiler aller Dörfer vom Kopf runter bis zur Mündung des Sepiks. Er rief ihnen zu, dass er den Fluch und den Zauberer zerstören werde. Er sagte zu Thomas: ‚Wenn es einen großen explosiven Knall gibt, dann ist meine Kraft größer als seine und er wird streben. Gibt es kein lautes Geräusch, dann ist er mächtiger.'
Er schmiss das Blatt zu Boden. Es gab einen explosiven Krach, wie den eines Gewehrschusses. Am nächsten Tag war der gegnerische Zauberer tot." (F.ü.n. Neville Bartle, *Death, witchcraft…* 2005, S.254)

Zauberei und Hexerei sind Teil der Welt der Menschen in Papua. Zwischen der spirituellen und physischen Welt gibt es keine Trennlinie und keine Dominanz. Diese beiden Formen sind in einer konstanten Interaktion. (Vgl. Bartle, S.23). Der Klan ist das Zentrum. Zu ihm gehören die Lebenden, die Toten und die Ungeborenen. Alles, was passiert, dient nicht dem Einzelnen, sondern immer dem Klan und dessen Harmonie.

Durch die Einwirkung der Missions- und Kolonialzeit des Landes wurde die Zauberei und vor allem Sangguma zu einer Dorfangelegenheit, die immer geheimer gehalten wurde. Weil von den australischen Polizisten und Regierungsbeamten *Sangguma*-Fälle als unglaubwürdig und lächerlich abgetan wurden, entschied meist ein interner Dorfprozess über das Schicksal enttarnter Sangguma-Frauen. Nicht immer wurde dabei die Beschuldigte getötet, auch wenn sie sich schuldig bekannt hatte. Die Strafen gehen von Verwarnungen über Kompensationszahlungen bis hin zur Verbannung aus dem Dorf.

Es gibt wenig Berichte über Weiße, die durch *Sangguma* zu Schaden gekommen sind. Ein Missionar berichtet über vier amtlich beglaubigte Fälle, in denen Weiße durch *Sangguma* zu Tode kamen.

„Unter ihnen waren auch zwei australische Patroloffiziere, der eine stammte aus dem Chimbu-Gebiet. Er hatte nach dem ärztlichen Obduktionsbefund keine Leber in seinem Körper. Der Andere landete mit seinem Hubschrauber auf dem Uka Faka ... der Gute wusste nicht, dass er sich auf einem Tabu-Platz aufhielt. Die Einheimischen machten ihn darauf aufmerksam und forderten ihn auf, den Platz sofort zu verlassen. Doch der Patroloffizier nahm die Warnung nicht ernst und biwakierte auf dem Geisterberg. Am nächsten Morgen, als der Pilot ihn wieder abholen wollte, fand er den Regierungsbeamten sterbenskrank und am ganzen Leib zitternd in seinem Schlafsack vor. Er flog ihn sofort ins Krankenhaus nach Goroka zurück. Wenige Stunden später war der Patroloffizier gestorben. Die medizinische Untersuchung ergab, dass er an akuter Blutarmut und einem nicht erklärbaren Nervenleiden gestorben war." (Piet Bogner, *Sangguma*, 1988, S.22)

Die Art der Zauberei unterscheidet sich natürlich stark von Region zu Region. Sind im Sepik-Gebiet magische Steine sehr verbreitet, wird den Frauen in der Inselgruppe der Trobriand nachgesagt, sie beherrschten besondere Flugkünste.

Eine gebildete Frau erzählt.

„Eines Nachmittags saß ich vor meinem Haus in Mt. Hagen, als mein Hund zu heulen begann. Die Welpen hoben ihre Köpfe und begannen ebenfalls zu heulen. Ich wunderte mich, warum sie dies taten. Dann sah ich einen großen schwarzen Vogel auf mein Haus zufliegen. Als er näher kam, rannten die Hunde unter das Haus und versteckten sich. Der große schwarze Vogel landete auf einem Baum und verwandelte sich vor meinen Augen in eine Frau. Es war eine Frau, die ich aus Port Moresby kannte und die ich schon länger verdächtigte, in Okkultismus verwickelt zu sein. Sie sprach zu mir, gab mir eine Botschaft, verwandelte sich dann wieder in einen Vogel und flog weg." (F.ü.n. Neville Bartle, *Death, witchcraft...* 2005, S.227)

Die spirituelle Welt besteht aber nicht nur aus den Schwarzen Künsten, auch wenn diese die meiste Aufmerksamkeit bekommen. Die Zeitungen sind voll davon und natürlich immer mit dem Interesse, die negativen Seiten der schwarzen Magie hervorzuheben. Je gruseliger die Story, je größer der Artikel, desto mehr verkaufte Ausgaben, Kopfschütteln und Gänsehaut. Natürlich, *Sangguma* dringt an die Oberfläche, weil es den Menschen Angst macht und sie in Gefahr bringt, und so beschäftigen vornehmlich wir Weißen uns damit. Dabei übersehen wir, dass *Sangguma* nur ein kleiner Teil der spirituellen Fähigkeiten ist.

Eigentlich ist der komplette Alltag der Menschen hier von Magie geprägt, in der Zauberformeln gesprochen werden, um eine gute Ernte zu bekommen, das Schwein wachsen zu lassen, einen Angebeteten zu verführen oder einen Kampf zu gewinnen. Die Welt der positiven Magie geht aber noch viel weiter.
Einige verstehen sich auf seherische, andere auf diagnostische und heilende Fähigkeiten. Sie dienen zum Schutz oder geben Kraft im Kampf. Es gibt die Kunst, mit den Totengeistern zu kommunizieren, Regen zu beschwören, sowie das Feuer zu beherrschen.

Was für ein Können.
Hier sind die Zwillinge Spiritualität und materielle Welt noch eine Person, eine Symbiose, ein Gesamtbegreifen des Lebens und des Universums.
Wir dagegen leben vom Zwilling getrennt, er ist verloren gegangen oder weggelaufen. Aber wir fühlen noch als Zwilling und fühlen uns unwohl, weil wir nicht wissen, wo der so Vertraute ist, fühlen uns halb und sehnen uns nach der Ganzheit, Nähe und Verschmelzung. Legt man frisch geborene Zwillinge in getrennte Bettchen, schreien sie sich die Seele aus dem Leib.

„Magie ist eines der Symbole, mit denen die Menschen ihr Bewusstsein über die Einheit des Kosmos Ausdruck geben und die Teilnahme der Männer und Frauen an der konstanten Erneuerung deutlich machen." (F.ü.n. Mary MacDonald, *Symbols of life*, 1985, S.26)

Die Menschen sehen sich als Teil dieser kosmischen Einheit, die nicht statisch, sondern in einem konstanten Fluss ist. Ihr Verhalten anderen und der Umgebung gegenüber hat direkten Einfluss auf diesen Fluss und verändert diesen, wie auch die kommende Antwort wiederum sie beeinflusst.
„Magie ist ein Symbol des Lebens, eine Philosophie, die enthüllt, wie die Menschen sich selbst verstehen und wie sie ihre kulturelle Realität konstruieren." (S.o. S.8)
„Wie die Menschen auch gefangen sind in der Spannung zwischen guten und bösen Intentionen, so spiegelt die Magie eben dieses wider. Aber mehr noch, sie deutet darauf hin, dass hinter all diesen Spannungen ein reiches, harmonisches Leben liegt." (S. o. S.26)

Selbst *Sangguma* hat seine positiven Funktionen innerhalb eines Klans. Zum Beispiel sichern sich die Frauen durch diese Kräfte ihre Position gegenüber den Männern, und halten diese, schlicht gesagt, in Schach. Die häusliche Gewalt in PNG ist ein enormes Problem. Wenn ich an die vielen Frauen denke, die ich zerschunden im Krankenhaus gesehen habe, wird klar, dass sie massiver Gewalt ausgesetzt waren. Der allgemeine Respektverlust gegenüber der Frau kann sich für sie verheerend auswirken. Eine Scheidung ist zwar prinzipiell möglich, hat aber den Haken, dass die Frau den Brautpreis zurückzuzahlen hat. Kann sie dieses nicht, muss sie oft ihre Kinder als Ersatzzahlung zurücklassen.
Auf der anderen Seite „vermeiden Menschen ungewöhnliches und unsoziales Verhalten, Charakteristika, welche zu der Beschuldigung führen können, eine *Sangguma* zu sein." (Vgl. Neville Bartle, *Death, witchcraft...* 2005, S.241)

Sangguma als Frustrationsventil und zur Wahrung des sozialen Kodex?!
Manchmal frage ich mich bei der Arbeit, während ich zerschundene Frauen zusammenflicke, was furchtbarer ist: die explodierende häusliche Gewalt und Vergewaltigungswut oder die Angst vor *Sangguma*. Die Angst, damit zu Schaden zu kommen oder unschuldig beschuldigt zu werden. Das soziale Ökosystem ist aus dem Gleichgewicht, die Opfer sind die Frauen und mit ihnen die Kinder.

Und wo bleibt die Naturwissenschaft? Die Wissenschaft handelt in der empirischen Welt mit dem, was gesehen, berührt, gemessen und kritisch analysiert werden kann. Die Dinge und Theorien, die nicht mit diesem wissenschaftlichen Weg erklärt werden können, werden ignoriert.
Geister und Zauberei existieren außerhalb der empirischen Dimension und können daher nicht mit empirischen Mitteln evaluiert werden. Das heißt aber nicht, dass sie nicht existieren. An die Existenz von Geistern zu glauben, ist nicht unlogisch. (Vgl. Neville Bartle, *Death, witchcraft...* 2005, S.249-250)

Und nun?
Der Riss ist komplett, mein Weltbild umgekrempelt, mein Boot geleert. Ich stehe vor der Tür einer anderen Welt und fasse es nicht. Während meine wissenschaftliche Seele meutert, rückt sie sich langsam wieder selbst zurecht und gibt sich wandelbar.
Natürlich werden eines Tages Dinge wie Gedankenübertragung im niedermolekularen Bereich messbar gemacht und damit bewiesen werden. Vielleicht werde ich auch eines Tages meinen Enkeln Trolle im Wald zeigen können, weil ich sie nicht mehr übersehe. Aber ich fürchte mich, Dinge zu akzeptieren, ohne sie erfahren zu dürfen. Ich werde hier nicht genug Zeit dafür und in Deutschland nicht mehr die Möglichkeit dazu haben.

Zwischen Frauen, Initiation und einem wütenden Huli

Es läuft

Haben wir so unendlich viel Zeit hier auf Karkar, so rast uns die Zeit doch durch die Finger und ist es immer der Blick auf die Kinder, die sich plötzlich so verändert haben, was einen innehalten lässt.

Luis, der plötzlich so gar nicht mehr Kind ist, Filip, der selbständig wird, und Mira, die wir eigentlich, seit die neue Arztfamilie aus Deutschland hier ist, kaum noch sehen. Die Familie erleichtert uns seit Mai das Leben und wir atmen auf.

Barbara, unsere Lehrerin, hatte in Deutschland ihren geliebten Paul, den Sohn des Pflanzers Noel, geheiratet und war mit ihm auf seine Insel zurückgekehrt. Als Ersatz steht uns nun Sandra für ein Jahr zur Seite – eine Frau mit weitem Herz und viel Intuition.

Das Krankenhaus läuft über, zwischen allen Betten liegen Patienten auf dem Boden und sogar einstige Abstellkammern wurden für Kranke hergerichtet. Aber trotz allem ist die Atmosphäre hervorragend. Das Personal ist fröhlich dabei, wird immer kreativer, der Teamgeist funktioniert und so ist alles immer noch mehr Lust als Frust.

Vieles ist für mich Routine geworden und auch meine Chefrolle geht leichter von der Hand.

Frank konnte endlich die Dinge in die richtigen Bahnen lenken und hält wieder einen Stift in der Hand – und so freuen wir uns alle des Lebens.

Jeder Tag bleibt aufregend, ob es ein Erdbeben ist, das uns am Feuer den Atem anhalten lässt, oder das Krankenhausauto, das bis zum Abend nicht zurückgekehrt ist, und gesucht werden muss, die giftige Schlange, die Luis in die Hand gebissen hat, und die vier Kokosnüsse, die ihn und Tomong um Haaresbreite verfehlt haben, Spotty, die eine Frühgeburt hat, die *Security* (Wache), die eine Patientin geschlagen hat, Malaria, die Mira an den Tropf legt, das Neugeborene mit Tetanus, das stirbt, weil in der Nacht keiner den Sauerstoffzylinder gewechselt hat, der neue Haustier-Hase, der gleich von unserem Hund erledigt wird, jeden Brief würde ich beenden mit: Hier ist immer etwas los!

Was noch unter der Oberfläche los ist, realisiere ich nur langsam. Es ist etwas mit Luis.

Luis ist angespannt, bewegt sich vorsichtig wie eine aufmerksame Katze. Solange wir in Gaubin sind, mit seinen Freunden und seiner Familie um ihn herum, geht es ihm gut und fühlt er sich sicher. Aber mal will er nicht mehr Speedboot fahren, mal wieder doch, und dann will er nicht mehr mit um die Insel herum zum Planschen fahren.

Was ist bloß los?

Natürlich, wenn man überlegt, stehen immer reale, hautnahe Geschichten dahinter. Ob es ein Mann ist, der auf einem Boot aus Karkar erschossen wird, oder wir schon wieder von Überfällen auf der Straße gehört haben, es vergeht kein Tag ohne Geschichten. Wir fangen an, uns Sorgen zu machen.

Ich versuche, Luis abzulenken und kann ihn und seine Freunde dafür gewinnen, einen Film zu drehen. Der wird lustig und es macht allen Spaß, nur Luis ist nicht entspannt, agiert und reagiert wie eine belegte Zunge. Die Spielnachmittage werden immer exzessiver – Brezelback-Happenings,

Schlagzeug-Sessions – immer mehr rücken die Kinder in unserem Haus zusammen, immer mehr spitzt sich etwas zu, was nicht nur eine Phase ist.
Luis hat zu viel gesehen und gehört. Je mehr er in dieses Land eintaucht, je vorsichtiger wird er und je mehr Respekt bringt er Land und Leuten entgegen.
Er ist innen – er ist außen – und wir sind ganz weit weg. Und dann ist es glasklar: Luis braucht eine längere Auszeit – und vielleicht, ganz bestimmt, wir alle.

Frauen Neuguineas

Ich freue mich. Immer öfter werde ich von den sehr aktiven kirchlichen Frauengruppen zu deren Treffen eingeladen, um über Themen wie Familienplanung oder Aids zu referieren. Es sind spannende Treffen und die Frauen erstaunen mich nicht nur mit ihren offenen Fragen, sondern mit ihrem Durch- und Weitblick und ihren Visionen. Und so bleiben unsere Füße nicht in der Medizinkiste, sondern wandern durch die Boxen der Gleichberechtigung, Jugendarbeit oder Gewaltprävention und alle Augen, auch meine, werden immer leuchtender.
Herrscht im luftigen Versammlungshaus eine intime Atmosphäre, ja Aufbruchstimmung, sitzen die Männer draußen auf ihren Stühlen und verfolgen die Gespräche mit scheinbar teilnahmslosen Gesichtern.

Die Frauen dieses Landes sind dessen größtes Potential.
Ihre Kraft fließt zwar noch immer hauptsächlich in die Nahrungsbeschaffung und Kindererziehung, aber der Wandel ist spürbar. Noch wählen die Frauen die zur Wahl gestellten Männer und nicht die Frauen, weil das von ihnen verlangt wird. Aber sie wissen um ihre Stärke und ahnen auch, dass sie eigentlich die Fähigeren im System sind.
Die Energie der Frauen wird dem Chaos des sich im Wandel befindenden Landes den richtigen Dreh geben – es ist ein Warten auf den Moment.
Die Treffen bündeln eine selbstbewusste Kraft und es ist faszinierend, wie sich plötzlich Frauen herausheben und mit einer Idee anfangen, gegen den Strom zu schwimmen.

So wie die Frauen aus dem Chimbu, die 1999 die Gruppe *Kup women for peace* gründeten. Während der anhaltenden Stammesfehden in den 70-ger Jahren wurden zahlreiche Frauen und Mädchen vergewaltigt, Dörfer niedergebrannt und Felder verwüstet. Dies hatten die Frauen satt. Als die gewaltsame Auseinandersetzung wieder aufflammte und eskalierte, kampierten Frauen von vier verfeindeten Stämmen wochenlang auf den Kampfplätzen, agierten als lebendes Schild zwischen den Kämpfenden und erreichten schließlich den Frieden.
Inzwischen sind die Frauen gut organisiert und haben sie ihre Ziele ausgeweitet. So kämpfen sie für ein Frauenmitspracherecht in den Dörfern, für eine nachhaltige Bewirtschaftung ihrer Umwelt und ein Ende der häuslichen Gewalt. Solch eine Organisation bedarf unbedingt der Unterstützung.

Wir befinden uns in einer patriarchalischen, aber vielerorts in einer relativ respektvollen Gesellschaftsstruktur. So sind zwar die Aufgaben klassisch aufgeteilt, aber viele Frauen sind in ihrem

Aufgabengebiet die Chefin. Mag uns die Struktur auch aufstoßen, sollten wir weißen Frauen uns dennoch zurückhalten.

Wird denn unsere kritische Sichtweise der benachteiligten Rolle der PNG-Frauen von diesen genauso gesehen? Ist die öffentliche Rolle, die die Männer hier dominant vertreten, die zu erstrebende? Liegt in ihr tatsächlich mehr Macht?

Elisa würde nicht bei den Männertreffen mitmachen wollen. „Was soll ich da. Den ganzen Tag darüber reden, wie man Kampf macht? Sie reden viel, weil sie sonst nichts zu tun haben."

Und doch muss man erwähnen, dass PNG die weltweit zweithöchste Rate an häuslicher Gewalt hat und Mädchen als weniger wert gelten. Sie werden von Kindesbeinen an auf die Rolle der Untergebenen und Dienerin vorbereitet. Fast die Hälfte aller Heiraten wird von der Familie arrangiert. Für viele Männer sind Frauen noch immer Besitz, besonders dann, wenn sie einen Brautpreis bezahlt haben. Eine Sklavin, die zu dienen hat und das in allen Bereichen. Aber nicht nur den Mann muss sie zufrieden stellen, sondern seine ganze Familie. So ist ihr die Rolle der Demütigen, alles Ertragenden und oftmals Schuldigen anerzogen worden.

Auf meine Frage an eine Frau aus dem Hochland, was ihr kleiner Sohn für eine Verletzung im Gesicht habe, antwortete sie: „Er ist nur hingefallen und hat sich die Nase an einer Baumwurzel aufgerieben. Oh, das hat mir viel Ärger eingebracht. Ich muss jetzt an meinen Mann Kompensation bezahlen, weil ich auf seinen Sohn nicht gut genug aufgepasst habe."

Dazu fiel mir gar nichts mehr ein.

Veränderung kommt den Frauen oft teuer zu stehen. So sind gerade aktive und nach Freiheit oder Bildung strebende Frauen erheblich mehr in Gefahr, Opfer von häuslicher Gewalt zu werden.

Und auch hier muss man hinzufügen, dass, wiederum vermehrt im Hochland, auch Männer geschlagen werden – wenn auch vielleicht aus der Notwehr der Frau heraus. Den Männern der städtischen Elite geht es am schlechtesten, denn von ihnen steckt die Hälfte Schläge von ihren Frauen ein.

Die Berichte über Frauen, die es in leitende Positionen geschafft haben und das Wunder vollbringen, aus einem korrupten, niedergehenden Unternehmen ein florierendes Geschäft zu machen, werden von Mund zu Mund gereicht. Sie sprechen sich rum bis nach Karkar.

Eines Tages steht Benny vor mir, der dem Krankenhausvorstand angehört. Er ist ein kleiner rundlicher Mann mit blitzenden Augen und charmantem Lächeln, der uns schon in so mancher Krise zur Seite gestanden und unser Vertrauen gewonnen hat. Gestern erklärte er mir noch, dass er nur in Gaubin mitarbeite, weil ich eine Frau sei. Er müsse doch einer Schwachen helfen. Heute erzählt er mir, nachdem er einige hundert *Kina* aus der Krankenhauskasse veruntreut hat, dass alle Geldgeschäfte besser in Frauenhand auf gehoben wären. Frauen seien nicht korrupt. „Dem Land würde es besser gehen, wenn die Frauen regieren würden. Viele wünschen sich ja in die Zeit der australischen Vorherrschaft zurück. Sie sagen: ‚Da lief alles besser'. Wir Männer kommen zu sehr unter Druck von unserem Klan und können dem nicht lange widerstehen. In den Händen der Weißen ist vieles gut aufgehoben, aber in den Händen unserer Frauen hat es vielleicht mehr Zukunft."

Was vielen Frauen vielleicht noch nicht so bewusst sein mag, kommt bei den Männern schon an. Es erinnert mich an meinen Chemielehrer während des Studiums. Ein alter Knochen, der sich ein Spaß daraus machte, sich in den Hörsaal zu schleichen, um dann mit seinem Stock auf den Tisch zu schlagen, so dass der Hälfte der Anwesenden im Saal das Herz aussetzte. Und da stand er eines Tages und feixte:
„Wissen Sie was, meine Damen und Herren. Die Wissenschaft hat eine unglaubliche Entdeckung gemacht, aber diese Wahrheit wird Jahrzehnte brauchen, um in den Köpfen angelangt zu sein. Ich als Mann knirsche mit den Zähnen, aber ich verrate sie ihnen trotzdem: Der Ursprung allen Lebens ist weiblich! In der Entwicklung kam viel später erst das männliche hinzu, als Luxus oder – man kann auch sagen – als Abfallprodukt. Tja, meine Herren, die Tage unserer Herrschaft sind gezählt!"
Während die jungen Männer betreten schwiegen, kicherten die Kolleginnen.

Vier junge Krankenschwestern, die sich immer enger an mich binden, verkörpern eine neue Generation. Sie sind selbstbewusst, unabhängig, auf der Suche nach Liebe, bereit neue Wege zu gehen, auch wenn diese mal unbequem sind. Sie haben einen Beruf und gehen nach der Geburt ihrer Kinder sofort wieder arbeiten.

Eine von ihnen, Florence, sitzt neben mir und schallt eine Schwangere. Sie ist unsere neue Hebamme und ich versuche, ihr so viel wie möglich zu zeigen. Florence zeigt der Frau den noch kleinen Fötus, woraufhin diese sich entsetzt aufrichtet.
„Das kann nicht sein!", ruft sie. – „Warum?", frage ich
„Weil ich nur einmal mit diesem Mann Sex hatte", kommt die Antwort.
Florence sieht mich an: „Viele glauben noch, dass ein Kind praktisch mit jedem Mal Sex langsam zusammengesetzt wird. Wird eine Frau beim ersten Mal schwanger, hat sie oft ein Problem, weil von ihr behauptet wird, noch mit anderen Männern im Bett gewesen zu sein."
Wir versuchen, die Frau zu überzeugen, aber sie ist verzweifelt. Das Angebot, mit ihrem Mann zu reden, findet sie gut. Wir schreiben einen kleinen Brief und sie geht erleichtert.

Es klopft an die Türe. Wir werden zu einer Nachblutung in den Kreißsaal gerufen. Ich wundere mich über zwei ältere Männer, die neben der Frau stehen und in Handschuhen rumhantieren. Seit die Frauen mir sagten, wie sehr es sie störe, wenn ein Mann bei der Geburt anwesend ist, versuche ich, die Dienstpläne so einzurichten, dass immer eine Schwester die Geburten übernehmen kann. Die Frauen danken dies mit steigenden Geburtenzahlen.
„Wer sind diese Herren?", frage ich Florence, als die beiden außer Hörweite sind. „Es sind zwei Hebammenschüler aus Madang."
Ich bin keine lila Socke, aber mir bleibt die Spucke weg. In diesem männerdominierten Land wird einer der letzten Frauenbereiche infiltriert. Ich bin empört. Ungeachtet dessen, dass Philip, der neue OP-Pfleger, mir beim Nähen der Geburtsverletzung assistiert, sprudelt aus mir heraus: „Wie kommen zwei Männer dazu, Hebammen sein zu wollen?"
Florence lacht und zuckt mit den Achseln: „*Mi no save.* (Ich weiß nicht.)"
„Stell dir vor, ich wäre eine Männerärztin und jeden Tag müssten die Männer ihre Hose vor mir

runter lassen und ihren kranken Penis zeigen. Wie demütigend. Und dann würde ich ihnen noch sagen: ‚So und jetzt mal umdrehen und bücken.' Und dann würde ich nach ihrer Prostata tasten. Das ist erniedrigend – nicht nur für den Mann, auch für mich. Was würdet ihr über mich denken? Ihr würdet denken ‚Warum macht diese Frau gerade diesen Job. *Long Long* (Verrückte).'
Und es wäre richtig, wenn ihr euch fragtet, warum ich das täte und was meine Motivation sei, mir jeden Tag Pimmel anzuschauen."
So lose habe ich noch nie geredet und schäme mich im gleichen Augenblick. Florence und Philip lachen jedoch lauthals los und klopfen mir auf die Schulter. „Eh Dokta, du hast recht", schüttelt Philip den Kopf.

Doch mangels männlicher Kollegen komme auch ich nicht um peinliche Situationen herum, so oft ich die meisten intimen Probleme an Philip, den OP-Pfleger, weiterleite. Jedes Mal sehe ich dann die Erleichterung in den Gesichtern. So lasse ich alle Vasektomien (Durchtrennung der Samenleiter) von ausgebildeten Pflegern machen. Aber manchmal...

So ruft mich Philip eines Nachmittags in den kleinen OP und kündigt mir schmunzelnd an, dass eine verunglückte Beschneidung auf mich warte. „Warum beschneiden sich hier Männer?", frage ich.
Er zuckt mit den Schultern.
Der junge Mann verdeckt seine Augen, als ich das blutdurchtränkte Tuch von seiner Hüfte ziehe. Ich sehe einen Penis, der von der Eichel an den ganzen Schaft runter aufgeschlitzt ist. Die Haut klafft zu beiden Seiten auseinander wie eine geschälte Banane, nur dass die Banane nicht mehr schön glatt, sondern mit Blättern, Asche und Erde verdreckt ist. Eine kleine Arterie blutet stoßweise. Auch als Frau kneife ich reflektorisch die Beine zusammen. „Aua, was hattet ihr denn vor?", frage ich den Unglücklichen.
Er schweigt.
Ich dröhne ihn mit Ketamin zu und fange an, die Wunde zu säubern und zu nähen. Seine betretenen Kumpels, die drum herum stehen, lade ich ein: „Wenn ihr Beschneidungen durchführen wollt, dann zeige ich euch, wie das geht und auf was ihr achten müsst."

Da ist sie wieder, die als Hilfspaket schön eingepackte Überheblichkeit. Dass ich gar nichts verstanden habe, ahne ich noch nicht.

Wenn Kinder Erwachsene werden
Als ich eine paar Tage später die zweite geschälte Banane auf dem Tisch habe, werde ich stutzig. „Philip, was ist hier los, wieso tun sich die Burschen das an? Sollte das wirklich eine Beschneidung werden?"
Philip druckst rum. Lona, die zweite OP-Kraft, kichert und erzählt mit vorgehaltener Hand: „Dokta, das machen viele auf den Dörfern."
„Aber die Vorhaut muss doch rundherum abgeschnitten werden?!" Ich versteh noch immer nicht.
„Nein, die Männer wollen sie so spalten. Je mehr der *Bududu* (Penis) längs gespalten ist, denken

sie, um so sexier, umso männlicher sind sie." Sie kichert wieder.
Ich verstehe, anderswo spalten sie sich die Zungen und hier eben die Pimmel. Ich schüttele den Kopf und muss lachen.
„Wenn sie es schön finden, warum nicht! Was soll ich jetzt machen? Nicht, dass ich alles schön zusammenflicke und die machen im Dorf die Naht wieder auf!"
„*Dokta, samapim,* (Näh)", entscheidet Philip.
Da kommt mir noch eine Idee:
„Gehört das vielleicht zu einer Initiation?"
„Ich weiß nicht, ich bin nicht von Karkar", entgegnet Philip.
„Und bei euch?", hake ich nach.
„Klar gibt es da noch Initationen."
Ich frage nicht weiter nach.

Wie Initiationen aussehen, ist mal wieder so verschieden, wie es Sprachen gibt. Aber es ist immer noch ein wichtiges Ritual, das seinen festen Platz in der Gesellschaft hat.

Kleine Jungs wachsen fast ausschließlich von Frauen umgeben auf. Da in den Bergen die Frauen und Männer in separierten Häusern schlafen und wohnen, sind die Jungs noch mehr von den Männern getrennt. Die Jungen gehen mit ihren Müttern in die Gärten, bis sie in einem Alter von sechs bis sieben Jahren anfangen, selbstständiger mit anderen Jungs zu spielen und mit kleinen Bögen auf Jagd zu gehen, während die Töchter weiterhin den Müttern in die Gärten folgen.
Aufgeklärt werden die Kinder allein durch Beobachtung relativ schnell. In den Dörfern mit den luftigen Hütten und den Großfamilien gibt es so gut wie keine Intimsphäre. So ist es normal, dass Kinder den Älteren irgendwann beim Sex zusehen.
Im Alter von etwa neun Jahren wechseln die Jungs in die Männerwelt über. Dieser Wechsel beginnt oft mit einer lehrreichen, geheimnisvollen, gefeierten, harten und manchmal auch lebensbedrohlichen Zeit: der Initiation.

Einige Monate nach der missglückten Beschneidung stehe ich vor einem riesigen, auf hohen Stelzen gebauten Haus unweit des Flusses Sepik, der Lebensader Papuas. Ein Ausflug mit dem Schiff Peter Barters ermöglicht es uns, den Flussmenschen zu begegnen.
Das Haus liegt abseits vom Dorf und über dem Eingang prangt eine große, bedrohliche Maske. Ich möchte eigentlich gar nicht in das Haus eintreten, aber der Zeremoniemeister nickt mir zu und versichert mir, er habe damit keine Probleme, solange ich niemanden berühre. Niemals dürfte eine Niugini-Frau diesen Raum betreten oder nur in die Nähe kommen, sie würde diesen Ort entweihen. Eine weiße Frau ist keine Frau und so darf ich eintreten.
Es ist still, als ich die steile Leiter erklimme. Den weiten Raum schmücken viele Masken und Figuren; die Atmosphäre ist trotz der einflutenden Sonnenstrahlen ernst, feierlich und riecht nach Männerschweiß und Disziplin. Es ist das Zeremoniehaus, das Versammlungshaus der Männer, wenn es um Dorfangelegenheiten und Zauberei geht.
Sieben junge Männer stehen auf. Sie stehen, nur mit einem Lendenschurz bekleidet, in einer langen Reihe, die Beine geöffnet, in jeder Hand eine lange Stange. Hinter den Männern stehen Ton-

schüsseln und daneben liegen kleine Messer, weißes Pulver und Matten.
Wie die Pelzmützen vor dem Buckingham Palace stehen die Jungs da und rühren keine Faser ihrer Muskeln, den Blick starr geradeaus gerichtet.

Ich will hier wieder raus, weil ich das Gefühl habe, etwas zu zerstören und zu sehen, was nicht sein sollte. Aber ich bleibe an den Rücken der Männer hängen. Sie sind übersät mit kleinen Wunden, die mit dem weißen Pulver eingerieben und am Verheilen sind. Die kleinen Wunden laufen von den Schultern ausgehend den ganzen Rücken hinunter und lassen bereits auf Abstand erkennen: es sieht aus wie die Haut der Krokodile.
Krokodile sind für die Menschen am Fluss, die täglich mit ihnen zu tun haben, gefürchtet, heilig und göttlich. Die Haut wird durch ihre Künste nicht zu schmalen Narben, sondern zu dicken Knoten verheilen.

Ich verlasse zügig das Haus und setze mich neben einen älteren Mann in den Schatten. Er blickt in die Ferne und trägt kein Hemd, so kann ich das regelmäßige, schöne Muster auf seinem Rücken betrachten. Er ist ein Krokodil-Mann. Er dreht seinen Kopf mit einem entspannten Lächeln, sieht mir in die Augen und ich frage ihn, ob ich fragen darf: „Wie lange sind die Männer dort in dem Haus?"
„Sie bleiben dort vier Monate. In dieser Zeit dürfen sie das Haus nicht verlassen und auch mit keinem von uns Älteren reden. Vor allem aber dürfen sie keine Frau sehen oder gar mit ihr reden. In anderen Klanen ist die Zeit noch länger, ein Jahr oder sogar zwei Jahre. Sprechen sie mit einer Frau oder begegnen einer, sind sie entweiht und müssen gehen."
„Kommen alle jungen Männer vom Dorf hier her?"
„Es sind viele und es werden wieder mehr. Eine Zeit lang haben sich wenige getraut, da die Missionare uns das verboten hatten."
„Wenn sich nicht alle Jungs die Haut ritzen lassen, gelten dann die Krokodil-Männer als etwas Besonderes im Dorf?"
„Ja, sie nehmen eine wichtige, verantwortungsvolle Rolle ein. Ein Krokodil-Mann zu sein, bedeutet eine besondere Kraft zu haben, mit der sie dem Klan dienen."
„Was bedeutet die Maske über dem Eingang?"
Der Mann knackt eine *Buai* und putzt sich mit der Schale die Zähne: „Wenn die Burschen geholt werden und dieses Haus betreten, werden sie von unseren *Spirits* (Geistern) aufgenommen. Sie gehen durch die Maske in die Welt der *Spirits* und werden zu Männern. Es ist wie eine neue Geburt. Sie werden von den krank und schwach machenden Einflüssen ihrer Mütter gereinigt und befreit. In der Zeit erklären wir ihnen auch die Geschichte unseres Volkes und unsere Regeln."

Er blickt wieder in die Ferne und reicht mir wortlos eine *Buai*. Wir kauen und spucken schweigend und ich hänge dem Gesagten hinterher.
Plötzlich fragt mich der alte Krokodil-Mann: „Und was macht ihr mit euren Jungs, wenn sie zum Mann werden?"
Meine Gedanken wandern von den stolzen Männern in dem Haus neben uns auf den Schulhof des Gymnasiums Berlin Kreuzberg. Coole Jungs: wer kein Goldkettchen trägt, verliert fast seine

Hose, wer in jeden Satz ein ‚fick dich' einbaut, hat's drauf und wer seinen Eltern sagt ‚Ihr Alten könnt mich mal' ist frei.
Ich zucke mit den Achseln und spucke den Rest meine *Buai* aus.
Ich weiß es nicht und überlege.
Was machen die Jungs, wenn sie erwachsen werden? Zunächst fällt mir die erste Zigarette ein, nein, es ist der erste Rausch. Der Sohn ist erwachsen, wenn er mittags stinkend mit dröhnendem Kopf aus seiner Höhle gekrochen kommt und beteuert: ‚Nie wieder!'. Nein, nein, vorher, der Papa, der im Unterhemd beschließt, ab heute sein Bier mit dem Söhnchen zu teilen. Zwei ganze Kerle jetzt. Oder ist es das erste Rasieren?"
Ich stelle mir vor, wie ich für Luis ein Fest mache und allen sein glattrasiertes Kinn zeige oder alle an seiner Fahne schnuppern lasse. Aber Luis wäre gar nicht da, mit den Worten ‚Äh, bist du peinlich' wäre er verschwunden. Auch Miras erste Menstruation zu feiern, wäre undenkbar peinlich. Wie hört sich das an: ‚Liebe Nachbarin, wir freuen uns über Miras erste Blutung und laden euch zum Grillen und Rotwein ein. Die stolzen Eltern!'
Schade eigentlich.
Es sollte so etwas wie ein Internat geben, ein abgelegenes Kloster, weit weg von den Eltern. Dort würden die Jungs und Mädchen voneinander getrennt und erst mal entwöhnt, dann in den hundert goldenen Regeln der Gesellschaft unterrichtet. Es folgte Überlebenstraining à la Sommerferien-Survival-Camp und dann ein Fest.

Ich kichere vor mich hin und der Krokodil-Mann lauscht meinen Gedanken.

Initiation
bedeutet also, die Regeln des Stamms zu lernen und zu wissen, was die Aufgaben eines Mannes und einer Frau sind.

Dafür wird den Jungen in anderen Gebieten erst mal ordentlich zugesetzt. Sie werden durch Scheinkriege gehetzt, geschlagen, in Angst versetzt und müssen ihre absolute Demut zeigen. Sie lernen auch, dass menstruierende Frauen gefährlich sind und sie durch die lange Zeit bei der Mutter praktisch kontaminiert wurden.
Ihre Reinigung nimmt verschiedene Formen an. Oft muss symbolisch und reinigend Blut fließen. Dazu werden Eingriffe am Penis vorgenommen – aha! – Ohren und Nasen durchstochen oder Tätowierungen durchgeführt.
In den Highlands „... nehmen die jungen Männer während ihrer Initiation an Ritualen mit Erbrechen teil, dazu wird eine lange Stange die Speiseröhre entlang eingeführt, um den Magen von dem Essen, welches vorher eine Frau angefasst hat, zu befreien." (Jeanette Conway, *Marriage in Melanesia,* 1990, S.69)

Die Rituale sind manchmal lebensgefährlich und so bangen die Eltern über Monate, ob sie ihren Jungen wiedersehen werden. Kommt er tot zurück, war er zu schwach für das Leben.
Was mir der alte Krokodil-Mann nicht erzählte, ist der dritte Part der Initiation, der vielleicht

nicht überall und auch nicht für jeden, aber immer noch stattfindet: Die Weitergabe von übersinnlichen Fähigkeiten und magischen Ritualen zur Entwicklung der Männlichkeit.

Dazu erzählt ein alter Niugini-Pastor, der fünfzehn Jahre lang in der Stadt tätig gewesen und dann wieder in sein Dorf zurückgekehrt war.

> *„Als ich acht oder neun war, ging ich durch die Stammesinitiation. Vieles war gut, was ich lernte. Uns wurde gesagt, dass wir die Älteren respektieren müssten und großzügig sein sollten zu denen, die es brauchen. Wir sollten die Frauen respektieren und nicht andrer Leute Frauen stehlen. Aber der Höhepunkt der Initiation war eine spezielle Zeremonie zur Erlangung übernatürlicher Kräfte. Im ersten Teil der Zeremonie wurde eine kleine Inzision an meinem Handgelenk gemacht und ein kleines Stück Knochen eines Vorfahren wurde eingeführt. Der Schnitt wurde durch das Reiben eines speziellen Zahns, der, wie sie sagten, der Zahn eines Geistes sei, über der Inzision übernatürlich verschlossen. Die Haut schloss sich zusammen und heilte sofort, ohne eine Narbe zu hinterlassen. Diese Prozedur sollte mir Kraft beim Jagen geben.*
> *Als ich dann jagte, konnte ich einen Pfeil auf ein Schwein schießen, der mit solch einer Kraft flog, dass er auf der anderen Seite wieder raus kam. Wenn ich in einem Kampf war, konnte ich mit einem Schlag meiner Faust eine Person niederstrecken, und wenn ich einen bestimmten magischen Satz sagte, blieb er ohnmächtig, bis ich ihm sagte, er solle aufwachen. Wenn ich aber einen anderen Satz sagte, wachte er nicht mehr auf, sondern starb.*
>
> *Im zweiten Teil der Initiation wurden wir raus in den Wald geführt und einer der Alten nahm ein Messer und schlitzte meinen Bauch auf. Ich fühlte kaum Schmerzen. Sie platzierten etwas in mich hinein, ein Stück Knochen eines Ahnen und verschlossen mich dann. Wieder nahmen sie den Zahn, rieben ihn über dem Schnitt und die Wunde kam zusammen und verschloss sich, als würde man einen Reißverschluss zuziehen. Sie sagten mir, dass dies mir Kraft gäbe und ich vor meinen Feinden geschütz sein würde, weil ich jetzt mehr Kraft hätte als sie. Sie sagten mir, ich hätte jetzt die Kraft, Zaubersprüche, Flüche und Krankheiten von anderen zu nehmen. ...*
> *Es gab auch eine negative Seite der Kraft, die sie mir nicht verrieten. Ich entwickelte schnell einen furchtbaren Hunger auf Fleisch. ... wir gingen (ohne Spaten) zu den Gräbern und holten uns das Fleisch der Person auf übernatürliche Weise, materialisierten es und nahmen es nach Hause. Manchmal röstete ich es über dem Feuer ... Während der Initiation wurde mir gesagt, dass ich die Kraft von Zeit zu Zeit erneuern müsse. Dazu müsste ich mit meinem heiligen Zahn und meinem Messer in den Wald gehen. Ich sollte sehr ruhig sein und mich auf den Boden legen und mich selbst operieren. Das Messer nehmend, müsste ich meinen Bauch aufschneiden und meine Leber herausholen und sie neben mich auf das Gras legen. Danach, während ich da läge, würden Schlangen kommen, auch große Pythons, über mich gleiten und mein Blut trinken. Wenn sie genug hätten, würden sie gehen. Dann und nur dann würde ich frei sein mich zu bewegen. Ich solle die Leber zurück platzieren und den Schnitt verschließen, indem ich den Zahn benutze. Wenn ich das vollbracht hätte, wäre die übernatürliche Kraft erneuert."*
> (F.ü.n. Neville Bartle, *Death, witchcraft...* 2005, S.301-303)

In manchen Stämmen war früher das Töten eines Fremden oder Feindes Teil der Initiation, ein Muss, um ein Mann zu werden. Die Potenz stieg mit der Anzahl der Toten. Es gab in diesem Zusammenhang auch Aufgebotsrituale, in denen der Mann der Angebeteten den abgeschlagenen Kopf eines Feindes in den Schoß zu legen hatte.

Initiationsrituale, ohne vergleichbare Härte allerdings, gibt es auch für Mädchen, meist mit der ersten Menstruation. Dabei werden sie oft in einem Haus außerhalb des Dorfes separiert, liebevoll umsorgt und während der Tage des Blutens in die Geheimnisse der Sexualität und des Stammes eingeführt; manchmal erhalten sie Körpertätowierungen.
Ist für die Männer das weibliche Blut ein ‚rotes Tuch', gehen die Frauen dagegen sehr unbefangen damit um. Die Mädchen werden mit der ersten Blutung gut auf die Veränderungen vorbereitet. Der Stolz und das Bewusstsein über die Funktion des Blutes und über die Gebärmutter als Ort, aus dem alle Menschen hervorkommen, sind groß.
In der Klinik habe ich es nie erlebt, dass sich eine Frau für ihr Blut geschämte oder verlegen wurde. Sie erzählten und plauderten darüber wie über das eigene Schwein, das seine Ferkel tot gebissen hatte, oder das Baby, das am Morgen fast auf einen Hundertfüßler getreten wäre. Und wenn eine Frau blutet, bedient sie sich aus der Buschdrogerie. Es gibt Blätter und saugfähige, wattegleiche Samen spezieller Bäume, die super funktionieren.

Nach überstandener Aufnahme in die Männerwelt können sich die jungen Männer, aber auch die Mädchen, vor ihrer Heirat sexuell frei ausprobieren und austoben. Gilt in manchen Regionen die Jungfräulichkeit als hohes Gut, so gibt es in anderen für den vorehelichen Sex eigens dafür eingerichtete Mädchenhäuser, in denen die jungen Frauen von den sich anbietenden Burschen welche auswählen, ohne eine Verpflichtung einzugehen. Wird dann geheiratet oder eine Heirat arrangiert, gilt zumindest offiziell Treue als hohes Gut. Inoffiziell wird das mit der Treue, auf beiden Seiten wohlbemerkt, nicht so genau genommen. Deutlich sichtbar wird das anhand der rasanten Verbreitung des Hi-Virus in PNG.

HIV

Aids überrollt dieses Land und die Prognosen sind mehr als düster. Australische Zeitungen sprechen von einem kommenden zweiten Zentralafrika mit allen demographischen und ökonomischen Auswirkungen. Weil eben die Sexualmoral niedrig, die Prostitution hoch und die Zahl der Männer, die alleine in den Städten arbeiten, steigend ist, hat das Virus ein leichtes Spiel.
Aids ist auch auf Karkar längst angekommen und so grübeln alle, wie wir neben der TBC-Katastrophe eine Aids-Welle zwar nicht verhindern, aber vielleicht abschwächen können.
Uns gelingen nur kleine Schritte. Wir sagen den Frauen im Krankenhaus, sie sollen bitte nur ihr eigenes Kind stillen. Wir gehen in die Schulen, um gerade die sensibelste Gruppe, die Pubertierenden, aufzuklären. Wir diskutieren in den Frauentreffen heftigst mit den Männern, warum Bordelle besser sind als der *Wan Kina* (ein Kina) Straßenstrich. Alles Peanuts, aber man spricht miteinander und versucht einen diffusen Nebel zu vertreiben. Als wir hören, dass zwei HIV-positive Frauen auf der Nachbarinsel Manam lebendig verbrannt wurden, ahnen wir, wie schwierig es sein

wird, mit dieser Krankheit umzugehen, gerade weil es die jungen Menschen sein werden, die der Krankheit zum Opfer fallen. Wenn die Kranken nicht stigmatisiert werden, dann werden andere für deren Tod in Ungnade fallen. Wie soll das verhindert werden?

Der wütende Huli

Mit viel Mut waren meine Eltern bereit, uns noch einmal auf Karkar zu besuchen. Zur Abwechslung wollen wir einen anderen Landesteil Papuas entdecken. Der Ausflug mit ihnen – Frank ist auf Karkar geblieben -- in das Stammesgebiet der Hulis in den Bergen lässt uns eine völlig andere Welt erblicken. Die Welt der Hulis ist das Land der Perückenmänner. Sie fungieren nicht nur als Repräsentanten für ihren Stamm, sondern für ihre gesamte Nation. Und so sieht man die gelbrot angemalten Gesichter mit den Eigenhaarperücken und schwingenden Trommeln vor den Staatsbesuchern herwippen und in jedem Glanzprospekt abgebildet.

Wir landen mit dem kleinen Airlink-Propellerflugzeug in Tari, einer kleinen ausgestorbenen Stadt. Es gab einmal Banken, Geschäfte, Kirchen, Schulen und sogar einen Arzt; aber dann entstanden so viele Stammesfehden, dass alle wichtigen Leute fortgingen und dem Tal den Rücken kehrten. Jetzt gehört die Stadt den Outlaws und Kriegern.
Von dort fahren wir mit einem klappernden Bus zu der phantastischen Ambua-Lodge, hoch oben auf einem der Berge gelegen. Schön, einfach nur schön. Drumherum und drinnen einfach nur unglaublich schön.

In der ersten Nacht drehen wir in unseren runden Strohhütten die Temperaturregler der Heizdecken in den Betten immer höher, so kalt zieht es durch die Ritzen. Wir schieben alle Betten zusammen und kuscheln uns eng aneinander.
Der nächste Morgen ist ein Hochgenuss, während der Nebel sich so langsam lichtet und das sanfte Tal und das Blumenkonzert freigibt, sammeln die Kinder die überdimensionalen Atlasfalter als wären es Kohlweißlinge. Motten und Schmetterlinge, Zikaden und Eulen, alles anders, alles wunderbar.
Ich sehe Luis, wie er mit den Sicherheitswächtern auf dem Rasen steht und mit einem Buch versucht herauszufinden, welche Schlangen es hier gibt. Ich sehe Mira und Filip, die sich zu den Angestellten gesellen und mit in der Küche oder auf dem Arm irgendwohin verschwinden. Alle freuen sich über die Pidgin quasselnden Kinder und so öffnen sich uns wie von Zauberhand viele Türen.

Natürlich frage ich nach, wie die Versorgung hier aussieht, und Sammy, ein ehemaliger Polizist, unser täglicher Begleiter und Führer durch die so andere Welt, erzählt. „Die Versorgung? Hast du in Tari einen offenen Laden gesehen?" Ich schüttele den Kopf. „Es sind alle abgehauen, die Lehrer, die Ladenbesitzer, die Regierung, und warum? Wegen der vielen Kämpfe."
Die Menschen hier sind fast wieder in ihrem Urzustand oder positiver ausgedrückt, ihrer vertrauten Struktur. Wenn man so drüber nachdenkt, befindet sich eine ganze Provinz in Anarchie.
„Wer regiert euch denn?" – „Jeder Klan regiert sich selbst, so wie er es immer getan hat." – „Und wie sieht eure Gesundheitsversorgung aus?"

Er lacht bitter. „Kannst du dir vorstellen, es leben hier 200.000 Menschen und für diese Menschen gibt es nicht einen einzigen Arzt, alle sind abgehauen."
Ich stolpere über die große Zahl, vielleicht habe ich mich verhört? Egal. „Was macht ihr, wenn es einen Notfall gibt?" – „Der Kranke muss auf ein Auto gelegt und nach Mendi oder Mount Hagen gefahren werden. – „Wie viele Stunden sind das?" – „Bis Mendi drei Stunden. Das Problem ist aber, dass die einzige Straße durch verfeindetes Gebiet führt und alle Autos erst einmal angehalten und ausgeraubt werden. Wenn wir keinen Polizeischutz bekommen, haben wir keine Chance, ohne Ärger durchzukommen."
Ich will mir gar nicht vorstellen, was es für dramatische Szenen geben muss. Es ist grausam und wie immer sind es die Kinder und Frauen, die am meisten gefährdet sind. „Ich arbeite als Ärztin, ich werde nicht viel tun können, aber wenn du jemanden weißt, der Hilfe braucht, bin ich da. Wenn ihr wollt, kann ich ja einen Nachmittag lang Klinik machen?" Sammy schaut mich lange an. Er hat kluge, durchdringende Augen, ein hübsches Gesicht und die Aura eines Weisen. „Das würdest du machen? O.k., gut." Er lächelt und streckt seine Beine.

Sammy zeigt uns in den nächsten Tagen seine Welt und wir tauchen mit ein. Sammy, unser Medium zu seiner Kultur, der mir als wütender Huli noch die Leviten lesen sollte.

Die Dörfer sind kleine Welten in sich, abgeschottet durch meterhohe Lehmwälle, klar abgegrenzt und gut zu verteidigen. In der kleinen Welt fühlt man sich wie in einem Schlossgarten, sicher, abgeschirmt, von Schönheit umgeben, durch Gärten auf schmalen Pfaden wandelnd. Wären da nicht die nackten lehmigen Kinderpopos und rotzigen Nasen, die erzählen, wie bitter kalt es in den Nächten ist.

Wir sitzen in einem Männerhaus und feixen mit einem Huli, der offensichtlich gute Laune hat. „Warum darf ich als Frau zu euch rein?", will ich wissen. Der Mann ist mittleren Alters, geschmückt und traditionell gekleidet. Traditionell heißt, nur mit Lendenschurz, an dem vorne Schweineschwänze baumeln. Je mehr Schweineschwänze, desto wichtiger der Mann.
„Du bist für uns keine Frau. Unsere Frauen dürfen hier niemals rein. Da vorne ist die Grenze, die sie nicht überschreiten dürfen. Wenn sie es tun, müssen sie Kompensation zahlen. Das ist auch andersherum so, wir dürfen auch nicht ins Frauenhaus." – „Und wer kocht?" – „Wir kochen für uns selbst."
Es ist dunkel in der Hütte, um die zentrale Feuerstelle sieht man die Liegeplätze, die eigentlich nur aus einer Matte auf den Holzbohlen bestehen. „Abends müssen alle Männer hier sein, fehlt einer, muss er auch Kompensation bezahlen", erklärt er weiter und lacht vor sich hin.
„*Tru* (Ist das wahr), und wo trefft ihr dann eure Frauen?" will ich als Nicht-Frau wissen. Er lacht noch mehr.
„Na, in den Gärten!" Er kratzt sich am Kopf und kichert weiter.
„Euch Weiße verstehe ich ja sowieso nicht. Wenn wir so wie ihr, Mann und Frau, in einem Haus wohnen würden... Nein nein nein, ich verstehe nicht, warum ihr euch nicht schon alle die Köpfe eingeschlagen habt. Wir wären schon alle geschieden. Die Frauen gehören zu den Kindern."
Er sieht meinen Vater auffordernd an.

„Warum lauft ihr dauernd mit euren Frauen rum und lasst sie sogar nachts nicht in Ruhe, habt ihr Angst, dass sie euch weglaufen?" Er lacht über sich selbst. Ich betrachte seine Hand, die eine verschrumpelte Süßkartoffel aus dem Feuer fischt. An zwei Fingern fehlt das Endglied. Da ich das jetzt schon öfters gesehen habe, frage ich ihn: „Was ist mit deinen Fingern passiert?" – „Ich habe eine Frau und meinen Vater verloren. Bei uns ist es *Custom*, dass wir uns bei großer Trauer einen Finger abschlagen."

Er erhebt sich und wir folgen ihm ins Freie, hintereinander, wie die Heringe aus der Räuchertonne, von der Helligkeit geblendet, den Hüttengeruch tief in Poren, Nase und Gedächtnis. Vor dem Männerhaus lehnt eine kaputte Perücke. Als ich darauf deute, lacht der Huli wieder und erzählt, er habe die zwei Jahre im Busch nicht ausgehalten, weil seine Perücke schlecht geworden sei; Irgendwann wolle er es vielleicht noch einmal probieren. Er begleitet uns bis zu dem schmalen Dorftor und winkt uns fröhlich nach.

Es ist komisch, in diesem Land Tourist zu sein, ich fühle mich unwohl, als wir den Regentanz und den Heilungstanz vorgeführt bekommen. Mich berühren vielmehr die Menschen. Als eine junge Frau, eine Witwe, vor mir steht, das Gesicht mit grauem Lehm beschmiert, fast ganz hinter einem großen Tuch versteckt, ist es mir peinlich. Sammy erklärt: „Wenn der Mann einer Frau stirbt, muss sie sich verhüllen und darf am Dorfleben nicht mehr teilnehmen. Sie muss sich selbst versorgen und darf auch nicht mit anderen sprechen." – „Wie lange?", frage ich. „Sieben Jahre lang. Erst dann ist die Trauerzeit vorbei und wird sie im Dorf wieder aufgenommen. Einen neuen Mann darf sie sich dann auch nehmen." – „Das ist eine lange Zeit!" – „Ja. Sie kann die Zeit aber auch verkürzen. Wenn sie nach dem Tod ihres Mannes dessen Bruder heiratet, kann sie sofort normal weiterleben." „Will sie sich aber selbst einen aussuchen, so muss sie sieben Jahre warten?" – „Ja."

Sammy und ich sitzen auf einer kleinen Bank im Sonnenschein. Die Kinder sind mit den Großeltern die Welt erforschen gegangen und so treibt mich nichts.

„Wie bestattet ihr eigentlich eure Toten?" Von den tausend Fragen in meinem Kopf picke ich eine raus. Sammy sieht mich nicht an, aber ich merke, wie sich seine Körperhaltung verändert; Spannung verbreitet sich. „Was meinst du, wie wir es sollen oder wie wir es früher gemacht haben?" Sein Ton ist scharf und er ist auf der Hut, wie auch ich jetzt meine Worte gut überlege. „Wie ihr es früher gemacht habt." – „Wir haben sie auf Hochbetten gelegt." Er knirscht den Satz. „Warum bist du *bel hat* (Heißer Bauch)?" Sammy schweigt.

„Bist du sauer auf uns Weiße, die euch immer sagen, was besser ist, und wie ihr es machen sollt?", eröffne ich den Ring. „Ja, das bin ich!" Auch wenn seine Wut heiß ist, kappt er nicht unsere mentale Leine und holt mich Kiel, zieht mich näher zu sich ran. „Die Missionare sind hierher gekommen und haben versucht, unsere Wurzeln zu brechen. Sie sind gekommen und haben nicht gefragt, haben nicht geschaut und haben nicht verstanden. Sie sind gekommen und haben gesagt: ‚So wie ihr eure Toten bestattet, ist es unhygienisch, das dürft ihr nicht mehr tun.'" Er richtet sich auf und verschränkt seine Arme.

„Sie haben uns so viel von unserer Kultur und unserem Wissen zerstört! Mein Großvater war ein großer Regenmacher. Er war bekannt und geachtet und hat immer für gute Ernten gesorgt. Dann kamen die Missionare und haben ihn ausgelacht, ihm gesagt, dass er Lügen erzähle, dass

er die Leute an der Nase herum führe und es so etwas nicht gäbe. Er hörte auf, den Regen zu rufen und nahm seine Kunst und seine Zauberformeln mit ins Grab. Keiner von uns kann jetzt für gute Ernten sorgen, es ist verloren."
Sammys Verbitterung bricht heraus wie ein gefährlicher Sturm. Ich habe den Kopf gesenkt und höre zu.
„Sie sind gekommen und brachten ihren Gott. Aber wir hatten schon einen. Das hat sie nicht interessiert, sie wollten ihn nicht kennenlernen. Wir haben auch einen Gott, sogar einen, der ganz in eurem Sinne sein müsste, denn er steht über allem, so wie eurer. Ihr tragt einen Glauben aus eurer Welt hierher und denkt, dass er unsere Fragen beantworten könne und besser sei als unser Gott. Euer Glaube ist für euch gemacht, unser Gott kennt unsere Seele, unsere Ahnen, unsere *Spirits* und kann uns besser beraten.
Die Weißen sind gekommen und sagten, sie wollten uns von der Angst befreien, weil wir noch in unserem Geisterglauben gefangen wären, in der dunklen Welt, der Magie, dass wir in Angst gefangen seien wie kranke dumme Tiere. Sie gesagten, wir seien primitiv und würden keine Liebe und auch nicht die Freiheit kennen. Sie sagten, unsere Geisterwelt sei falsch und schlecht, es gäbe sie nicht und wir sollten unsere Kultgegenstände, unsere verzauberten Masken verbrennen und müssten uns von unseren Ahnen lossagen. Wenn wir das täten, würden sie uns Schulen und Krankenhäuser bauen. Wir ließen uns fangen und haben fast all unsere Wurzeln verloren, unser Wissen und unsere Fähigkeiten, die ihr alle nicht mehr habt.
Ich war in der katholischen Missionsschule. Dort wurden wir geschlagen, wenn unsere Eltern am Sonntag nicht mit in die Kirche kamen. Beschimpft wurden wir, was für dumme, ungläubige, undankbare Eltern wir doch hätten. Was waren das für Methoden, jemandem den Gott der Liebe nahe zu bringen!? Uns wurde viel versprochen, aber es hat sich nicht bewahrheitet. Damit ist jetzt Schluss!"
Er spuckt auf den Boden.
„Ist dir schon mal aufgefallen, dass eure Religion eine dunkle Religion ist. Was ist das Kreuz, das ihr euch um den Hals hängt? Ein Mordinstrument, an dem Menschen zu Tode gequält wurden. An dem der Sohn eures Gottes getötet wurde. Was ist das für eine Geschichte?"
Er muss meine Rebellion und mein Erstaunen spüren.

Sammy seift mich weiter ein. „Ich habe die Bibel gelesen, sie ist voll dunkler grausamer Geschichten. Die Erlösung von dem Bösen, die Angst vor der Hölle, dem Satan.
Versteh mich nicht falsch, ich will eure Religion nicht schlecht machen, ich habe auch gesehen, wie mit der Kraft eures Gottes böse Geister von uns vertrieben wurden, er ist gut, er ist mächtig. Aber habt ihr gefragt, wie mächtig unser Gott ist? Woher wisst ihr immer, was gut für uns ist, warum meint ihr immer zu wissen, was uns fehlt? Nichts wisst ihr, ihr kennt nicht mal euch selbst. Viele von uns haben sich abgewendet und suchen wieder ihre eigene Kultur. Ich sage dir, mein Volk war früher – ohne euch Weiße – glücklicher… und gesünder."

Seine Gedanken treffen mich wie Keulenschläge, obwohl ich nach ihnen immer gesucht habe, nach den Stimmen, die uns und ihre Geschichte kritisch betrachten, die den Rassismus und die Diskriminierung beim Namen nennen.

Ich schäme mich zutiefst, auch wenn ich die positiven Entwicklungen und Begegnungen bedenke, die die Geschichte mit sich gebracht hat. Aber vielleicht lügen wir uns auch alle in die Tasche.

Mir fällt ein deutscher Pastor ein, der letztes Jahr in Madang während eines Gottesdienstes um Verzeihung bat. Er entschuldigte sich für die vielen Fehler, die durch die Missionierung begangen wurden und für die Ignoranz gegenüber der melanesischen Kultur.
Mir fällt wieder der Maler Emil Nolde ein, der an einen Freund schrieb: „Die Pflanzer brauchten Arbeitskräfte. Aus ihren Dörfern von Frauen und Kindern waren sie weggeholt worden... Das Kolonisieren ist eine brutale Angelegenheit. ... Wenn, von den farbigen Eingeborenen aus gesehen, eine Kolonialgeschichte einmal geschrieben wird, dann dürfen wir weißen Europäer uns verschämt in Höhlen verkriechen. Es wird aber nicht geschehen." In einem anderen Brief schreibt er: „Mein Freund, die Untergrabung und eifrige kulturelle Vernichtung der schwächeren Völker ist schlimm mitzuerleben. Alle Begeisterung der Europäer über Mission und kommerziellen Fortschritt können nicht darüber hinwegtrösten." (Helmuth Steenken, *Die frühe Südsee*, S.128; 130)

Und ich denke an Georg Kunze, den ersten Missionar auf Karkar. Er schrieb: „Der Arzt weiß, die Genesung eines Kranken, wenn er überhaupt heilbar ist, hängt in nicht geringem Maße von einer freundlichen Wohnung und sonstigen der Gesundheit förderlichen Umständen ab. Ähnliches gilt auch von den heidnischen Völkern, denen die Mission durch die Predigt des Namens Jesu Heilung ihres Seelenschadens bringen will." Oder: „Aber wie sehr sie [die Niuginis] sich auch putzen und schmücken, das alte, heidnische Herz bleibt voller Schmutz und Unrat."... „Die Menschen Karkars sind eitel, unzuverlässig, Diebe und Lügner." (Kunze, *Im Dienst des Kreuzes,* H.3, 1901, S.1; 56)
Man kann Kunze nicht für seine Sichtweise verurteilen, er war ein Kind seiner Zeit, da galten nun mal Schwarze, wie Frauen allgemein als minderwertig und dumm. Kunze war kein Schlechter seiner Zeit und wollte seine Landsleute auf der anderen Seite der Welt durch seine Niederschriften für die Einheimischen und reiche Spenden gewinnen. – Und ist damals nicht mehr heute?

Während der kurzen Augenblicke des Schweigens suche ich nach einem Bild und einer Lösung. Es wird kein Zurück geben – zur guten alten Zeit.
Vor mir taucht innerlich ein großer, schön gewachsener Baum auf, der vor gar nicht so langer Zeit gepfropft wurde. Die Veredelung war gut gemeint und kann auch tatsächlich den Baum bereichern und ihn vielfältiger machen.
Tut der Pfropf gut, so wird er gedeihen, aber niemals ohne den Stamm und die anderen Zweige. Diese müssen lernen, miteinander zu leben, sich miteinander im Wind zu bewegen und zusammen das Licht einzufangen. So verschieden sind sie nicht, als dass sie sich ständig ineinander verhaken müssen. Das Alte lässt das Neue leben und das Neue das Alte. Arbeiten beide für den Baum, so ist ein Wachstum garantiert.
Das eine wie das andere Extrem ist schädlich. Es ist traurig, dass der Mensch meist nur schwarz oder weiß denkt und handelt. Entweder mit oder ohne uns.
Eine importierte Religion wird durch das neue Land verändert. Diese Kontextualisierung ist

richtig und wichtig. Der veredelte Zweig muss sich an den anderen Stamm anpassen und verformbar sein dürfen wie eine transplantierte Leber, sonst wird sie wieder abgestoßen.
Es ist die Freiheit, wählen zu dürfen zwischen den angebotenen guten Kräften. Für manche Probleme werden sich die Blüten der alten Zweige besser eignen, für andere die Knospen der neuen Zweige. Diese Vielfalt ist keine Falle, sondern Potenz.
Denn ein Baum hat eine alte Seele, die der alten Wurzeln bedarf und der Baum hat eine neuzeitliche Seele bekommen, der andere Fragen gestellt werden und die andere Antworten braucht. Polytheismus, warum sollte es nicht auch hier funktionieren?!
Worin aber liegt die größte Potenz und Chance des Baumes? Die Pfropfe, die mit der Zeit mehr werden, als Vielfalt nebeneinander her bestehen zu lassen in der Gefahr der Konkurrenz, der Zersplitterung? Oder ist es gar der Synkretismus, der in der Vereinigung seine Stärke hat, der erlaubt, das Alte und das Neue so zu verbinden, dass etwas Eigenes entsteht, das nachhaltig ist und der Gefahr der Verfremdung, des Seelenfanges, der Radikalisierung, des Identitätsverlusts Einhalt gebietet?

Ich gebe Sammy meine ehrlichen Ohren, mein Schweigen ist Solidarität. Ich sitze da und grüble naiv, wie man die vielen Zutaten zu einem Eintopf komponieren könnte, den ich in mir selbst nicht einmal entschlüsseln kann.

Die nichtphysische Welt ist vom Aussterben bedroht, zurückgedrängt auf wenige Gebiete der Erde, zu finden in der Ecke der Spinner und sich selbst suchenden Menschen und eben den sogenannten Naturvölkern, die es noch ‚wirklich drauf haben'.
Diese Menschen hier standen im Licht und in der Liebe, hat man sie tatsächlich aus dem Dunkeln geführt oder eigentlich dort hinein? Wie vermessen sind wir zu denken, wer so lebe wie wir, dem gehe es gut oder gar besser?

Sammy wartet auf mich. Ich wechsele die Schauplätze in meinem Kopf und fange an zu reden. „Die Geschichte der letzten hundert Jahre ist eine traurige, aber sie erzählt auch von eurem Stolz und von euren Stärken und Geduld..."Sammy lacht, nimmt meine Hand und drückt sie: *„Kam yumi go.* (Komm wir gehen.)"
Ich bin außer Ordnung und gehe mit.

Als wir mit dem Bus zurück in die Lodge fahren, müssen wir das Getümmel eines großen Marktes durchqueren. Unter den westlich gekleideten Hulis stehen einige in Grasröcken und traditioneller Kleidung. Jeder Mann trägt einen Pfeil und Bogen oder einen Speer. Der Bus fährt langsam und widerwillig weichen die Menschen beiseite. Die Gesichter vor den Fenstern sind alles andere als freundlich. Eine Welle des Misstrauen und der Missbilligung fegt durch den Bus und es ist schlagartig klar, es fehlt nur ein Funke und sie werden den Bus angreifen und umstürzen. Sammy ruft wütend etwas aus dem Fenster und so kommen wir durch.

Die fünf Tage zwischen den Hulis, Paradiesvögeln und Wasserfällen sind so intensiv, dass wir das Gefühl haben, schon Jahre hier schon zu verbringen. Jede Minute hundert Stunden.

Ich sehe uns eine Ewigkeit durch die Berge laufen, durch den leichten Regen, die andere Welt, sehe Luis Augen leuchten, wenn wir wieder einen der schönsten Vögel der Erde entdeckt haben, sehe Filip auf dem Schoß des hühnenhaften Busfahrers, Mira, wie sie sich neben die Männer hockt, die sich gerade schminken, Sammy, wie er plötzlich mit Lendenschurz und Kopfschmuck im Kreis sitzt, um mir ein Geburtstagslied zu singen – eigentlich mehr seufzen –, wünsche mir mit den Kindern eines der Eulenbabys mitzunehmen, die da zusammengebunden auf dem Boden liegen, spreche mit den Frauen, die mir ihre geschundenen Rücken zeigen, mich ihr hartes Leben aus den Händen lesen lassen. Ich sehe die Männer, die die Rücken kaputt geschlagen haben, wie sie mit dem Kopf nicken zu meinem Vorschlag, doch lieber einen Baum in Stücke zu hacken, sehe Ian, den kanadischen Geschäftsführer, wie er mit dem Buch in der Hand kopfschüttelnd von seinem Versteck im Busch zurückkommt, gefolgt von vier Niuginis, und lacht: „Sie haben mich wiedergefunden. Immer wieder will ich mich zurückziehen, um mal ganz alleine zu lesen, aber das können sie hier nicht verstehen, sie denken immer, sie müssten mir Gesellschaft leisten, damit es mir gut gehe. Ich fühle meine nasse Wäsche, die wir vom Schwimmen aus Madang mitgebracht haben und die nach fünf Tagen immer noch genauso nass ist, und verstehe nun, warum die Kleider der Menschen hier so nach Rauch riechen oder die Menschen trotz Kälte so gut wie keine anhaben, sehe uns neben der Landepiste auf einer kleinen, rostigen Personenwaage stehen und auf das Flugzeug warten.

Unseres kommt in Sicht, das nächste kann nicht mehr kommen, da die Piste gleich wieder gesperrt wird. Wir heben ab und fühlen uns reich.

Mit Airlink nach Goroka

Die Piloten sehen vertrauenserweckend aus und so lehne ich mich zurück. Immer wieder diese Airlink-Geschichten. Als wir letzten August mit meiner Freundin nach Goroka geflogen waren, rollten wir in Madang schon zur Startbahn, als plötzlich ein rotes Lämpchen hektisch aufblinkte. Also wieder zurück, alle raus, den Propellerkasten aufgeklappt und nach dem Fehler gesucht. Da standen wir mit unseren sechs Kindern und diskutierten hitzig, was nun gefährlicher sei, auf dem Highway in einen *Holdup* zu geraten oder den Piloten zuzutrauen, dass sie den Fehler ordentlich beheben würden. Wir entschieden uns für fünfzehn Minuten Zittern in der Luft und nichts blinkte mehr.

Meine Ruhe ist dahin, als die Wolken um uns herum immer dichter und dunkler werden.
Plötzlich setzen die Piloten Sauerstoffmasken auf und ziehen sie die Maschine höher. Wir fliegen blind durch die Wolken und ich sehe, wie der Pilot die Karte studiert, wieder aufblickt, um auf den schwarzen Wolkenberg vor uns zu zeigen, aus dem grelle Blitze zucken, wie er die Bergrücken mit dem Finger abfährt und die Lücke sucht, um nach unten abzutauchen und zu landen.
Ist alles gut gegangen, fängt der Körper an, die Spannung abzuzittern, und der Geist entlädt sich durch ungezügelte Albernheit. So springen wir über die nasse Landebahn von Mount Hagen, bis das Flugzeug wieder startklar ist und es mit dem gleichen Flieger weitergeht nach Goroka. Dort beginnt die Goroka-Show. Das ist das größte Fest PNGs, ein Wettbewerb, wer von allen Provinzen die schönste *Singsing*-Bekleidung mit dem besten Schmuck trägt. Natürlich verläuft jedes Jahr

die Kür nach festgelegtem Plan, da man Schlägereien nach der Siegerehrung vorbeugen möchte. Die geschmückten Menschen sind an Ästhetik und Phantasie nicht zu überbieten. Mancher Kopfschmuck der Hochländer trägt die Federn von vierzig Paradiesvögeln, unzähligen Loris, Papageien und Nashornvögeln, während die Küstenmenschen aus Muscheln und gefärbten Hühnerfedern Kunst herstellen.

Es sind die letzten Tage mit meinen Eltern und ich bin erleichtert, dass alles gut gegangen war. Meine Eltern waren auf Karkar durch eine Feier mit vielen *Big Men*, *Bilums*, Schweinezähnen und *Tok Sori* (Entschuldigungen) würdig geehrt worden und hatten mit uns viel Schönes erlebt. Dieser August würde die Katastrophen-Tradition nicht fortsetzen; nur keine self fulfilling prophecy.

Drittes August-Gewitter – Wer zuletzt lacht

Messer am Bauch
Es ist der letzte Tag, die Betten sind schon abgezogen, und wir verbummeln die Zeit bis zum Abflug in der Stadt auf dem *Tumbuna*-(Ahnen)-Kunstmarkt; hier einen Pfeil und Bogen, dort im Second Hand noch eine Hose erstehen. Wir schlendern eine große Nebenstraße entlang und ich unterhalte mich mit meiner Mutter und Luis. Filip hält meine Hand.
Plötzlich fühle ich eine fremde Hand am Riemen meiner Hüfttasche, wie eine zu große Mücke, die ich kriegen muss, bevor sie mich sticht. Und so bin ich noch ganz ruhig, als ich mich umdrehe und einem Mann in die Augen blicke, der klein ist, vielleicht zwanzig Jahre alt und einen Augenblick lang mehr Angst hat als ich. Wir schauen uns in die Augen, seine Hand lässt langsam los und ich registriere seine Unsicherheit, er zögert, weiß nicht, was er machen soll. Das irritiert mich.
Seine Angst lässt mich zuerst daran zweifeln, dass hier jemand etwas Unnettes vorhatte, aber aus dem Augenwinkel bemerke ich, wie sich alles um uns herum zurückzieht und mein Instinkt setzt ein.
Laut sein! Mein Gefühl der Überlegenheit lässt mich sehr laut werden und so schnauze ich ihn an: „Was machst du da! *Yu long long* (Du Verrückter). Lass mich und hau ab!" Er sieht schnell zu beiden Seiten und verharrt in seiner Unentschlossenheit. Ich weiß, dass diese Augen mir nichts tun werden, aber ich verstehe nicht, warum er nicht geht. Ich sehe, wie ein alter Mann in schwarzer Uniform aus dem Hinterausgang eines Supermarktes kommt, und rufe ihn an. Er schaut zu mir rüber, verschwindet aber hektisch in der Tür.
Jetzt geht es schnell.
Plötzlich werde ich von hinten gepackt und auf den Boden gedrückt. Ich sehe das Gesicht eines anderen Mannes und sehe, wie er ein Messer zieht. Die Sekunden verlangsamen sich, die Zeit hält an. Ich wundere mich über das Messer, warum die Klinge glänzt und nicht verrostet ist, Gedanken fügen sich zusammen:
Ah, jetzt verstehe ich, warum der Milchbubi gezögert hat, er konnte seinen Komplizen sehen, der ihm wahrscheinlich Zeichen gegeben hat. Was machen sie da, was ruckeln sie an dem Gurt, es ist so demütigend hier auf der Straße zu liegen, wie eine umgedrehte Schildkröte.
‚Ihr verdammten Arschlöcher, ich will nicht wehrlos sein; halt still, halt still, nicht bewegen, lass sie dein scheiß Geld nehmen, du kannst dich jetzt nicht wehren und den Macker spielen, mein Gott, wann ist es endlich vorbei, jetzt schneidet das verdammte Ding doch durch!' hallt es in meinem Kopf.
Ich höre meine Mutter um Hilfe rufen und wundere mich, warum sie „Help, help" ruft. Ich bewundere sie – wie cool, dass ihr das jetzt auf Englisch einfällt.
Stopp.
Das Band ist durch, der Griff lockert sich, aber die Zeit verlangsamt sich noch einmal mehr und jetzt ist plötzlich die Angst zwischen den Sekunden da, was als zweites kommen mag; in der kurzen Ungewissheit, ob sie abhauen oder ob sie noch zustechen und ihre Macht ausnutzen werden, packt mich die Furcht.

Eins zwei, der Griff löst sich vollständig und es ist vorbei, sie rennen weg, flüchten gemeinsam in die angrenzenden *Settlements*.
Ich stehe blitzschnell auf, sehe ihnen nach und Wut überrollt mich.
Ich denke nicht an Luis, der direkt neben mir steht, mit einem Stöckchen in der Hand, der alles mit ansehen musste, ohne mir helfen zu können, der überlegte, ob er mit seinem Stöckchen zustechen sollte, um nicht so hilflos zu sein; denke nicht an Filip oder meine Mutter, ich sehe nur rot wie ein blutender Stier, der nur Augen für den Matador hat, den er durchstechen möchte. Ich höre mich rumschreien, spüre meine Beine, wie sie losrennen. Ich sehe mich von oben, beobachte mich selbst wie in einem Traum. Ich will sie schlagen und meinen Stolz zurückhaben. Ich höre mich, die Menschen auf der Straße anschnauzen, warum sie nicht geholfen haben, warum sie die *Raskols* haben laufen lassen.
Eine Frau fängt mich mit ihren Worten wieder ein: „Was sollten wir tun, die haben doch ein Messer gehabt. Es tut uns leid, was passiert ist."
Ich bleibe stehen und hebe mein T-Shirt hoch, Blut läuft mir in den Hosenbund. Ich wische es mit dem T-Shirt ab und sehe viele parallele Schnitte auf meiner Haut, die beim Durchschneiden passiert sind. Aber sie sind oberflächlich, ich spüre nichts. Sie waren ein Versehen, also interessieren sie mich nicht weiter.

Langsam kontrolliere ich meine Wut wieder, auch wenn sie gut tut.
Es ist nicht das erste Mal, dass ich Gewalt erlebe, aber das erste Mal habe ich Jahre gebraucht, um mich von der Angst und vor allem von den Schuldgefühlen zu befreien. Es war harte Arbeit. Jetzt ist da kein Platz für Angst oder Schrecken, ich bin reine Wut, will mich von so Typen nicht ärgern lassen. Sie haben mich nicht in meinem Innern getroffen, eine oberflächliche Schramme, die ohne Narbe heilen wird.
Ja, noch mehr, sie haben mich vor mir rehabilitiert. Die Metamorphose vom ehemaligen Opfer zum Tiger ist gelungen und abgeschlossen. Ha, ha!
Ich sacke auf den Boden der Realität und rücke meinen Größenwahn zurecht. Das war eine harmlose kurze Übung gewesen, mir ist nichts passiert. Hätten sie mich geschlagen, angefasst oder beschimpft, hätte der Tiger sich allenfalls als Kätzchen entpuppt.
Ich fahr die Krallen wieder ein, gehe nach außen und fange schrittweise an, mich um meine Umgebung zu kümmern und mögliche Wogen zu glätten. Tröste Luis und Mira, die mit meiner Freundin und meinem Vater vorausgelaufen waren und sage allen, es sei alles o.k., will den Kindern damit zeigen, dass so was halt passieren könne und nicht schlimm sei. Meine Eltern wage ich kaum anzusehen, denn ich weiß nicht, wie weit Ihre Wunden wieder frisch aufgerissen wurden.
So stehen wir in einer Menschentraube und können die Überraschung kaum glauben: eine Frau stellt sich zu uns und erzählt, sie kenne die Jungs und wisse auch, wo sie ihre Beute immer versteckten. Sie wohne auch in den *Settlements* und beobachte jeden Tag Überfälle. Weil ich auf Karkar arbeite, würde sie mir helfen und die Tasche suchen.
Ich zögere.
Um die Papiere und Geldkarten, die mit dabei sind, wäre ich ja dankbar, aber was ist das hier, etwa ein abgekartetes Spiel?

Ich bin misstrauisch.
Was will sie für ihren Dienst? „Nein, nein", beteuert sie, „reine Nächstenliebe".
Und wie wir es schon kennen, geht das Gekicher los, sobald die Spannung verpufft ist. Vielleicht noch übertriebener, weil ich den Kindern glauben machen möchte, dass alles doch mal wieder lustig ist.

Auch nicht schön

Während das Netzwerk der Niuginis arbeitet, geben wir der Polizei einen schnellen Bericht und flüchten uns zuerst in die sichere Burg unserer Freunde und dann weiter, rasch zum Flughafen. Meine Eltern wollen nichts wie weg!
Und dann kommt der zweite Knüller des Tages. Als die Frauen hinter dem Tresen unseren Flugschein sehen, sagen sie, die Maschine sei schon abgeflogen.
Ich bin kurz vor einem Lachkrampf.
Oh PNG!
„Warum hatte das Flugzeug es denn so eilig?", frage ich grinsend. „Na, der Flugplan ist geändert worden. Wir haben ja versucht, euch anzurufen, aber im Hotel waren eure Namen nicht registriert."
Ihr fehlt das Bedauern in der Stimme, das Quäntchen Balsam für die zurückgelassenen Seelen.
„Wann geht der nächste Flieger?" – „Morgen geht einer, aber der ist voll".
Mein Vater explodiert, verständlicherweise: „Wir haben im Guesthouse übernachtet, das kann nicht sein, dass sie uns nicht haben finden können. Wir müssen heute noch nach Madang! Wie kann es sein, dass sie einfach Flugzeiten ändern, die Tickets haben wir doch erst vor ein paar Tagen gekauft!"
Die Frau zuckt mit den Achseln: *Mi no save.* (Ich weiß nicht.)"
Ihre Gleichgültigkeit bringt ihn gänzlich in Rage, vielleicht aber ist es auch nur das Gefühl, in einer Stadt festzusitzen, aus der man unbedingt weg möchte, es nicht mehr aushält, sich nicht mehr sicher fühlt.
„Unser internationaler Flug geht übermorgen und wir müssen heute – heute! – noch nach Madang!"
Ich versuche ihn zu besänftigen, aber er lässt mich abblitzen. „Papa, das hat keinen Sinn, es ist, wie es ist." – „Das können sie doch nicht machen. Das geht nicht!"
Er wendet sich wieder an die Frau mit dem dicken Fell. „Sorgen sie dafür, dass wir morgen mitfliegen können. Und wer bezahlt mir jetzt die Nacht hier?"
Er beißt auf Granit und wird auf das Kleingedruckte des Flugscheins hingewiesen. Keiner kommt für irgendetwas auf! Die Frau beteuert, dass sie uns auf die Warteliste setze und wir rauschen aus dem Gebäude.
Der restliche Tag besteht aus Luft anhalten und übertriebener Fröhlichkeit, Betten wieder beziehen, in den Pool springen und noch eine Nacht in der herrlichen Kühle genießen.

Am nächsten Morgen treffen wir am Flughafen wieder die Frau, die sich um die geraubten Sachen kümmern wollte, umringt von Menschen. Sie reicht mir tatsächlich meine Wertsachen, ohne Cash natürlich, stolz durch den Flughafenzaun hindurch. Ich warte auf die Gegenleistungsforderung und bin gespannt.

Immer wieder betont sie, wie nett sie uns findet und wie schändlich das *Pasin* (Verhalten) der jungen Männer sei. Wir diskutieren ein wenig fröhlich über Jugendpolitik, als sie mir zum Abschied einen Zettel durchreicht. Darauf steht der Name eines Medikamentes.

„Du bist Ärztin. Meine Tochter hat Epilepsie und braucht dieses Medikament. Schicke es zu deiner Freundin, ich hole es dann ab."

Die Katze ist aus dem Sack und ich bin froh, dass ich keinen zum Mond fliegen soll. Ein Medikament zu besorgen ist gut gewählt und so nicke ich voller Respekt. Und weil wir so nett sind, erklärt sie noch, dass der junge Mann Jack, der uns schon gestern den ersten Teil meiner verschwundenen Papiere an das Haus unserer Freunde gebracht hatte – dafür hatte ich ihm zwanzig Kina gegeben –, der Chef der *Raskols* (Diebe) in Goroka sei. Und weil wir so nett sind, sollten wir bei den nächsten Überfällen einfach sagen ‚Hey, wir sind Freunde von Jack!' und man werde uns in Frieden ziehen lassen. So geht das!

Ich amüsiere mich königlich und gehe mit meinen Eltern in das Flughafenzimmer an den Tresen, aber die Frau mit dem dicken Fell schüttelt den Kopf und meint: „Tut mir leid, aber es ist kein Platz frei geworden."

„Und was machen wir jetzt? Meine Eltern müssen morgen nach Australien fliegen. Irgendwie müssen wir jetzt nach Madang kommen."

Ich bleibe völlig ruhig; die hohe Spannung um mich herum bleibt fern. Wir warten, weil unsere Dame am Telefon hängt und vielleicht eine Idee hat. Auflegen, kopfschütteln, wieder abheben, dieses Spiel wiederholt sich: eine Idee, eine Absage, eine neue Möglichkeit, die dann doch nichts wird, und dann ruft sie uns endlich zu sich: „In einer halben Stunde startet ein Flugzeug, um etwas zu transportieren, ihr könnt darin mitfliegen."

Nach zwei Stunden landet der Flieger gerade rechtzeitig, denn Spiele für drei unruhige Kinder auf zwanzig Quadratmeter Betonboden sind mir gerade ausgegangen. Es ist soweit, wir können uns verabschieden und dann stehen wir vor einer zweipropelerigen Oldtimer-Maschine und werden von einem Niugini-Piloten freundlich gebeten einzusteigen. Mein Blick wandert sofort zu seiner Schulter, um die Anzahl der goldenen Streifen zu zählen. Aber es sind nicht viele. „Mama, der hat nur zwei Streifen!", flüstert Mira ganz aufgeregt.

Dann sitzen wir da und bewundern die Innenausstattung aus der anderen Zeit und stellen uns vor, wer da schon alles gesessen haben muss, als ich beobachte, wie der Pilot die Checkliste von anno dazumal bedient. Es sieht aus wie ein Kinderspiel, kleine Holzplättchen, die nach oben geschnippt werden, und darunter ein kleiner Text, die Lösung des Quiz. Und los geht es. Nach einer viertel Stunde sollte ich wiederum eine Erfahrung reicher sein.

Ich konnte mir zuhören, wie ich um mein Leben bangte. Ein Wimmern, wie das eines Welpen nach seiner Mama. Mira wird den Piloten beschwören wie die Schlange Kaa: „Du bist ein guter Pilot, du schaffst es, ich weiß, dass du es schaffen wirst…" Meine Mutter wiederholt den Satz: „Ich weiß gar nicht, was ihr habt, wir sind doch gleich da!", weil sie denkt, wir wären schon in Madang. Luis beobachtet den rechten Propeller, der nicht mehr will, und der Rest schweigt bei der rasanten Notlandung.

Was war? Wir starten und fliegen auf die hohen Berge zu, als der rechte Propeller ausfällt, kurz wieder anspringt, um wieder still zu stehen. Der Linke? Stockt ebenfalls. Unser Pilot wird hektisch und dreht ab. Wir sehen, wie er mit dem Tower spricht, wie sein Schweiß den Nacken runter läuft, wie er die Landebahn anpeilt.
Unter uns steht die Feuerwehr bereit – noch von der Versorgung einer neulich gelandeten Air-Niugini-Maschine mit geplatztem Reifen. Ein Mann steht auf dem Dach und hält einen Schlauch in der Hand. Alles ganz nah… Die Schweißtropfen, die dem Piloten jetzt runterlaufen, sind unzählbar.

Aber ist doch alles lustig, da sind wir wieder zurück im schönen kühlen Goroka, unsere Freundin winkt uns zu, weil sie intuitiv dem Flugzeug etwas länger als sonst nachgeschaut hatte, und wir freuen uns tierisch, dass wir unversehrt den Boden wieder betreten dürfen. Unseren Piloten überhäufen wir mit Dank und schütteln seine zitternde Hand. Leid tut er mir, als er in die eben mal schnell reparierte Maschine wieder einsteigen muss; ich dagegen darf mich befreiend über diese verfluchte Airline aufregen.
Nun ist die Frau mit dem dicken Fell aber super nett zu uns und findet doch tatsächlich Plätze in der Nachmittagsmaschine für uns. Die Kinder sind ganz aufgeregt und finden alles ganz abenteuerlich, auch meine Eltern entspannen sich etwas mit der neuen Flugzusage.
So denke ich an Frank, den Armen, der da in Madang am Flughafen steht – und das seit heute Morgen – und immer nur kurze Anrufe bekommt, dass wir noch nicht in der Luft seien, dann doch, dann aber wieder zurück … Wie schwer hat es der Wartende und wie schön, ihn schlussendlich umarmen und in die Augen sehen zu können!

Auch unser nächster Versuch, ein halbes Jahr später mit Airlink von Wewak nach Goroka zu kommen, wird mit der Begründung scheitern: „Die Maschine kann aus technischen Gründen nicht zwischenlanden und muss nach Madang weiterfliegen. Morgen geht der nächste Flieger… Hotel bezahlen? Lesen Sie bitte das Kleingedruckte."

Nie wieder!

Unter den Wolken
Fliegen ist in diesem Land der großen Berge, tiefen Täler, schnell wechselnden Wetterlagen ein absolutes Abenteuer.
So genießen alle Piloten unseren allergrößten Respekt, die mit ihren kleinen Cessnas auf den unglaublichsten Graspisten landen, um den Menschen dort den Zugang zur Außenwelt zu ermöglichen. Es sind heldenhafte Noteinsätze, in denen die Luftbrücke zum nächsten Krankenhaus Leben rettet. Aber auch der tägliche Dienst, das Gemüse oder den Kaffee mitzunehmen, damit er dann in der Stadt verkauft werden kann, ist für die Menschen oft die einzige Chance, an Geld zu kommen. Und so sehr sie auch autark leben, auch in PNG kann das Schulgeld nicht mehr mit Schweinen oder Muschelketten bezahlt werden.
Man liebt die kleinen MAF-(Mission Aviation Fellowship)-Flugzeuge, die da sind, wenn das Meer

schäumt und man nicht auf die Insel kommt, man schätzt die Selbstlosigkeit und Hilfsbereitschaft und sogar die Flüge selbst, da man mit dem Piloten per du ist und das Flugerlebnis einfach unvergleichlich ist.

Aber immer wieder wird der Preis ihres Einsatzes für die Menschen auf das brutalste deutlich, nämlich dann, wenn eine der kleinen gelben Bienen oder deren Kollegen abstürzen. Ob es ein mitreisender Pilot ist, der nach einem Anruf kreidebleich am Auto lehnt, weil sein Freund mit seiner Cessna gerade in einen Berg gerast ist, oder unser Chef Don, der den Absturz überlebte, weil er zwei Termine an dem Tag hatte und nicht mit zur Eröffnung eines Health Centers geflogen war, oder zwei tragische Abstürze von MAF-Flugzeugen, die den Piloten das Leben kosteten und vielen Menschen das Herz zerriss.

Dort Pilot sein ist kein Job, es ist höchstes Können, Menschenliebe, Idealismus und das Bewusstsein für diejenigen, denen sie zu Diensten sind, um Freund, Retter und Tor zur Welt zu sein.

Die Flying Doctors sind weltberühmt, die Piloten in PNG dagegen riskieren in aller Stille ihr Leben und verdienen doch alle erdenkliche Solidarität und Unterstützung.

Das Land, in dem noch Märchen geschehen –
Wer traut seinen Augen nicht?

Diamant
„Hast du die Geschichte von dem Mann aus Kurum gehört, Mama?" Elisa kommt von ihrer Mittagspause und ist aufgeregt. Die Niugini-Kinder, die in den Fotoalben blättern, horchen auf und schnattern sofort mit. „*Tru, tru* (Wahr, wahr). Der Mann hat sie uns auch erzählt", bestätigt Laurence.
„Ich kenne ihn, er ist der *Casin Brata* (Freund) von meiner Mutter." – „Erzähl."
Ich mache uns einen Kaffee und wir setzen uns an den Küchentisch. Wir haben meine Eltern ohne weitere Zwischenfälle in das Flugzeug nach Hause gesetzt und sind nach Karkar zurück geschippert.

„Gestern ging unser *Casin Brata* in den Busch. Er wollte Wildschweine jagen und stellte in der Nacht Fallen auf. Als er allein war, sah er eine riesige, riesige Schlange, die sich einen Baum herunter schlängelte. In dem Baumstamm war eine Höhle, dort kroch sie rein und rollte sich zusammen. Mein *Casin Brata* leuchtete in das Loch und da hielt die Schlange plötzlich einen riesigen Diamanten in ihrem Maul. Er hatte keine Angst, auch nicht, als die Schlange ihm den Diamanten überreichte und wieder im Baum verschwand. Dann rannte er ins Dorf zeigte allen den Stein", schließt Laurence.
„Mama, Schlangen können uns Diamanten geben, das hat eine Bedeutung." Die sonst so impulsive Elisa spricht ganz sanft und bewegt sich so langsam, als würde sie die Schlange um den Hals tragen.
Ich weiß nicht, was ich denken soll, aber ich bin mir sicher, dass irgendetwas an der Geschichte schon stimmen wird. Auch als wenig später mehrere Fischer einen Fisch mit dem Oberkörper einer Frau sichten, sind alle ganz aufgeregt, weil auch das eine bestimmte Bedeutung hat. Was für eine, erfahre ich allerdings nicht.

Es wird ein Nachmittag der Geschichten.

„Mama *bilong* Luis, weißt du warum die Flughunde mit dem Kopf nach unten am Baum hängen?", fragt Leonard. Ich schüttele den Kopf.
„Also, eines Tages ist der Big Boss der Flughunde fürchterlich krank geworden. Keine Medizin hat geholfen und so beschlossen die Flughunde zur Sonne zu fliegen. Sie sollte dem kranken Chef helfen, gesund zu werden. Die Flughunde flogen lange, lange und als sie schließlich bei der Sonne ankamen, sagte diese: ‚Ich kann euch nicht helfen. Fliegt zurück.'
Da flogen sie zurück, und als sie angekommen waren, starb ihr Boss. Da waren sie auf die Sonne, die ihnen nicht geholfen hatte, so wütend, dass sie beschlossen, von dem Tag an ihr nur mehr ihren Popo zu zeigen. Darum hängen seitdem alle Flughunde mit den Füssen an den Bäumen."
Und so geht es weiter: warum der Kasuar nicht mehr fliegen kann und dass vor einiger Zeit im Sepik eine Frau mit zwei Krokodilschwänzen aufgetaucht sei. Wir tauchen durch gestrige und

vergangenen wundersame Tage und Zeiten, bis die Hitze vorbei ist und wir uns in den Pazifik stürzen können.

Es kommt wieder die Zeit der Winde und so verbreitet sich Unruhe. Das Meer schluckt wieder die kleinen Speedboote und schüttelt die Kokospalmen.

Ausbrüche
Die Zeit bleibt unruhig. Der Nachbarvulkan Manam bricht aus und das Meer tobt.
Wir sind auf dem Weg von Madang nach Karkar und das Wasser um uns herum kocht regelrecht, als würde unter uns ein Tauchsieder liegen. Unheimlich!
So etwas haben wir noch nicht erlebt! Abends können wir von Kurum aus die Lava in die Luft fliegen sehen.
Kein Mensch starb bei diesem heftigen Ausbruch, der alle Gärten zerstörte und eine kilometerhohe Rauchsäule in die Atmosphäre schleuderte.

Peter Barter, der Hotelbesitzer aus Madang, setzt sich sofort für die Einwohner ein und fliegt mit seinem Hubschrauber hin. Wir spenden Reis und Tunfisch und melden uns, falls Ärzte benötigt werden.
Als die große Evakuierung losgeht, sind wir vor Ort. Nachts schaukeln wir sanft auf dem großen Schiff von Peter Barter und sehen zu, wie die rote Lava glüht und läuft. Dann landen wir am frühen Morgen mit kleinen Speedbooten auf der Insel und wundern uns: Wären da nicht die dicken Lavabrocken, die wie Fußbälle über den Boden verstreut liegen, und die hohe schwarze, klebrige Staubschicht auf jedem Blatt, den Häusern, den Haaren, so würde man nichts merken. Es ist keine Glut zu sehen und was noch unheimlicher ist, es rumpelt nicht, es zischt nicht, Stille!

Die Kinder rennen fröhlich durch die Dörfer, auch wenn viele von ihnen Augenentzündungen haben, niemand ist in Panik, keine Unruhe zu orten. Peter Barter versucht die Menschen dazu zu bewegen, auf der Insel zu bleiben, aber erfolglos, wir sehen sie auf das große wartende Frachtschiff ziehen und der Regierungsanweisung folgen. Peter ahnte es: War bei dem Ausbruch keiner zu Schaden gekommen, sterben in dem Evakuierungscamp bei Madang innerhalb von einer Woche vierzig Menschen an Malaria. Warum? Weil es auf ihrer Insel dieses Problem nicht gegeben hatte.
Peter Barters Schiff bringt uns weiter in den magischen Sepik, Fluss aller Flüsse PNGs. Und wir freuen uns an den Menschen, an den schönen Dörfern, Krokodilen.
Die Menschen und der Fluss. In der Trockenzeit bestellen sie eilig die Äcker, die der Fluss freigegeben hat, und ernten Mais, Weizen und vor allem Sago, denn Sago ist haltbar. Kommt die Regenzeit, so gibt es ein halbes Jahr lang Sago als Fladen, als Brei mit Fisch oder ohne Fisch, nichts anderes! Während die Häuser zu Hausbooten werden und auch die Schweine surfen lernen müssen, ergeben sich die Menschen in die auferlegte Bescheidenheit. Und immer wieder frage ich mich selbst, ein zuweilen quakiges Kind an der Hand, wie man unter solchen Umständen krabbelnde Kinder bei Laune hält oder jugendliche Energien kanalisiert?

Kurz nach dem Vulkanausbruch sind in Gaubin alle in heller Aufregung, weil über Karkar ein Ascheregen niedergeht. „Unser Vulkan bricht aus, Mama", sagt Carol, während sie die schwarzen Körner vom Wassertank streicht und aus ihren Haaren schüttelt. „Aber es hat keine Erdbeben gegeben!", überlege ich laut. „Wenn ein Vulkan ausbricht, haben die Bewohner etwas falsch gemacht!" Elisa steht bei uns und ist so besorgt wie überzeugt, dass Karkar abgestraft werden würde.
„Warum ist er das letzte Mal ausgebrochen?"
„*Harim stori.* (Hör dir die Geschichte an.) Zwei Männer sind damals auf den Vulkan gegangen. Es waren zwei Forscher, Vulkanologen aus der Hauptstadt, der eine Niugini, der andere aus Australien. Die beiden haben oben an dem Krater gecampt, aber sie haben den Vulkan nicht geachtet, sondern ihren Müll am Krater gelassen. Die Dorfbewohner von Mom und Kavailo gingen zu ihnen und warnten sie. Sie sagten ihnen, es sei besser, sie würden gehen und keinen Abfall fortwerfen. Aber die beiden wollten nicht auf sie hören und blieben. Dann ist der Vulkan ausgebrochen und es gab nur eine einzige Lavafontäne direkt auf das Camp der beiden zu. Danach war der Vulkan wieder ruhig. Als die beiden vom Suchtrupp aufgefunden wurden, hingen sie in den Bäumen bei ihrem Camp und waren tot."
„Sonst ist keiner zu Schaden gekommen?", frage ich nach.
„Nein, nur die beiden", schließt Elisa ihre Geschichte.
Am Nachmittag ruft Noel an und gibt Entwarnung: „Karkar ist ruhig. Peter Barter ist drüber geflogen, es gibt keinen vermehrten Rauch. Der Ascheregen kommt von Manam!"
Aufatmen.

Die nächste Eruption passiert in mir, als ich unter der Dusche, ganz klassisch, einen Knoten in meiner rechten Brust taste. Ich sacke zusammen und mit mir mein Leben und meine Zukunft. Mediziner, wenn auch nicht alle, haben durch ihr Wissen einen Knall und so wird aus einem Mückenstich ein Lymphom, aus vielen blauen Flecken oder einem dickeren Lymphknoten bei den Kindern Blutkrebs. Während meiner Laufbahn wurden mir so einige Leben geschenkt, weil dann doch alles harmlos war und ich lernen sollte, bei meinen Patienten nicht immer vom Worst Case auszugehen. Es ist aber auch das Wissen, dass es jeden treffen kann, immer und jederzeit, das mich sacken lässt.
Es ist mir unangenehm und so bitte ich meine Kollegin, mir den Knoten in lokaler Betäubung so rauszuschneiden, dass es keiner mitbekommt. Sofort!
Wir schließen uns in den kleinen OP ein. Ich sehe zu und halte auch den einen oder anderen Haken, bis mein Todesurteil in der Schale liegt und ich es aufschneide. In meiner Panik bin ich sicher, einen Krebs vor mir zu sehen und lege mein Leben auf Eis.
Die Endlichkeit begleitet mich durch den Tag und ich wundere mich über den ausbleibenden Kampfgeist, über mein ausbleibendes Jammern nach den Kindern und ungeborenen Enkeln. So sehr ich mit meinen Kindern verbunden bin, so sehr vertraue ich, dass sie ohne mich gut durchs Leben kommen werden.
Als Noel einen Kranken bringt, erzähle ich ihm von meinem Problem und bitte ihn, mit seinen besonderen Fähigkeiten zu schauen, ob der Knoten bösartig ist. Am nächsten Morgen sehe ich ihn auf das Krankenhausgelände fahren. Er sieht mich an und schüttelt den Kopf. „Es ist alles o.k., du brauchst dir keine Sorgen machen." Intuitiv vertraue ich ihm und ziehe mich trotzdem

in eine angenehme Einsamkeit zurück – wohl wissend, dass ich das Ergebnis erst nach Wochen bekommen werde.

Ich versuche mich im Eintagsfliegenleben. Jeder Tag ein ganzes Leben. Nach einer Woche halte ich diese Intensität nicht mehr aus, diese geöffneten Poren und die Augen, die aus allem etwas Besonderes und Schönes machen. Und so verschwende ich Minuten Lebenszeit für einen wohltuenden Streit und noch mehr Lebenszeit mit einem idiotischen Video.
Als ich die gute Mail erhalte, tanze ich durch das Haus und fühle mich wie neugeboren, aus der Asche entstiegen. Noel hatte Recht.

Dampfende Männer
Unruhe, Unruhe, Unruhe und nicht nur im OP liefern wir uns Marathons; in den Dörfern wird gestritten.
Erst bringen sie einen Mann, der von den Gegnern gerade ermordet worden ist. Seine ganze Seite ist aufgeschlitzt, die Hand abgehackt und ich kann nur noch den Tod feststellen. Danach geht der Kampf erst richtig los und autoweise werden verletzte Männer gebracht.
Dem einen steckt ein Speer in der Brust, seinem Vater wurde der Arm aufgerissen. Der Blut- und Kampfgeruch ist betörend und grausam, jeder der Rumstehenden steht unter Adrenalin- und Endorphin-Schock, weite Pupillen, Schweiß, zitternde Muskelfasern.
Manchmal bin ich mir nicht sicher, ob sie froh sind, wenn ich sage, der Verletzte werde überleben. Ich bewege mich wie ein weißes Gespenst zwischen einer Gruppe dampfender junger Männer, die ihr Blut verteidigt haben, und flicke die tapferen Kämpfer zusammen. Die Station ist voll von Verletzten, aber nur aus dem einen Dorf. Wo bleiben die aus dem anderen ab? Vielleicht werden sie gleich nach Madang gebracht?
Dazwischen liegen wie unschuldig zwei Speedboot-Unfälle. Zwei Menschen, die bei einem Wendemanöver zweier verschiedener Boote von Bord in die Motorschraube fielen, die eine mit der Ferse, der andere mit Bauch und Hüfte.

Die Situation eskaliert fast, als Ulo, der Pflegedienstleiter, in der folgenden Nacht doch zerschundene Männer von dem anderen Dorf aufnimmt und sie auch noch in die gleiche Station legt. Ein Pfleger ruft mich dazu, nachdem schon Morddrohungen hin- und hergewandert waren. Ich sehe mir die Verletzten an und überlege, wie ich die Situation entspannen kann. Ich kann den vom Speer Getroffenen nicht verlegen, da eine Lungenseite zerstört ist, ich kann auch nicht Schiedsrichterin spielen und doch wird das meine Funktion. So setze ich mich mit beiden Gruppen zusammen und versuche das Gesicht von Gaubin zu wahren: „Wir sind auch für euch da, aber den einen Verletzten kann ich noch nicht nach Hause schicken. Ihr könnt aber auch nicht alle hier liegen. Ich kann eure Männer behandeln und schauen, ob einer lebensbedrohlich verletzt ist, nähen kann ich auch, aber dann? Wie soll die Versorgung weitergehen? Was machen wir?" – „Es ist o.k., Doktor, schau die Männer an und wenn sie überlebensfähig sind, nehmen wir sie wieder mit."
„Warum habt ihr gestritten?", frage ich. „Es geht um Land. Weißt du Doktor, das Land wird immer knapper auf der Insel. Wir müssen um jedes Fleckchen kämpfen."

Die Spätergekommenen ziehen wieder ab, nicht ohne ihre Drohungen wiederholt zu haben. Den zuvor Gekommenen versuche ich nicht das Gefühl zu geben, sie seien Bevorzugte und Gewinner.

Als Sandra, unsere neue Lehrerin, am Tag darauf alleine an den Strand gehen möchte, halte ich sie zurück. „Heute ist eine Frau hier an unserem Strand überfallen worden, als sie sich waschen wollte." – „Was? Oh Gott, was ist passiert?", Sandra stehen die Haare zu Berge. „Ja nicht zu sehr aufregen. Es ist nur gerade mal wieder die Zeit, den Radius einzuschränken."
„Und wie wissen wir, wann es wieder ruhiger ist?" – „Immer fragen, das haben wir mühsam gelernt. Du kannst alles fragen, ob gerade ein Krokodil in der Nähe ist, ob das Meer o.k. ist, ob du mit dem Auto rumfahren kannst, du bekommst immer eine Antwort. Aber du darfst nicht denken, wenn mir keiner Bescheid sagt, ist alles o.k."
Ich erzähle nicht, dass die Frau, bei dem Versuch sich zu wehren, ein Messer von dem Mann in den Bauch gerammt bekommen hat. Die Frau saß vor der Operation auf dem kleinen Holzbänkchen vor meinem Behandlungszimmer und begrüßte mich freundlich – für so viel Gleichmut fehlt mir ein Ausdruck.

Auch bei uns in der Familie ist Unruhe.
Wenn wir aus Karkar herausschauen, erschrecken wir. Innerhalb von vier Wochen sind vier uns bekannte Familien überfallen worden. Ein Schatten liegt über unserer kleinen Welt und lässt die Diskussionen ‚Wann sollte man was tun' nicht abreißen.

Gut, dass die Sonne immer mit den Gaubin-Kindern scheint und diese, außer wenn sie ab und zu mit Malaria flachliegen, fröhlich und glücklich sind.
Ich bin viel mit ihnen unterwegs und es sind immer grandiose Nachmittage mit Spiel und Spaß, Feuer und Fischen, Kokosnüssen, die über dem Feuer gebraten wie Speck schmecken, und immer singenden Kindern. In meinem Leben war ich noch nie so ausgelassen, ich springe und tobe, kokele und schwimme und bin dankbar, so glücklich und frei sein zu dürfen.
Wir begegnen auf unseren Ausflügen wilden Wasserbüffelherden, mal haben wir einen platten Reifen und eine kaputte Kupplung, aber immer jemanden, der uns hilft; ich kaue *Buai* ohne Ende und liebe alle um mich herum.

Filip ist immer mittendrin, und nachdem er Monate lang auf meinem Rücken das Riff kennenlernte – wir beide immer mit Taucherbrillen – verlässt er nun seine Walkuh und mutiert zum Fisch. Wie alle hier, schwimmt er über Wasser wie ein Hund, aber taucht wie 'ne Eins. Man soll sich wundern, aber viele aus den Dörfern, die am Berg liegen, können nicht schwimmen. Dafür passiert bei den Kindern, die mit den Füßen im Wasser aufwachsen, beachtlich wenig. In den vier Jahren sollte ich ein Kind sehen, das ertrunken ist. Elisa und Filip sind ein Topteam und so langsam versteht er zum großen Vergnügen aller auch Takia, die Dorfsprache dieser Seite der Insel.

Seine erste Mail an die Großmutter:

Hallo Ommmaaaaaaaaaaaaa!
Hhhhhhhhhhhofeeeeeeeeeentttttttttttlich geeeeeeeht es euch gut.
Wann kommt unser Weihnachtspaket? Wir haben ein *Muruk* (Kasuar)
der heißt Susi Sumsum und läuft uns immer nach.
Einmal hat er einen Legokopf ausgekackt, das war lustig.
tschuesss Filip

Mira versucht gerade, wenn sie nicht ihren neuen Gott ‚Nutella' anbetet, ein Pferd zu spielen und überprüft jeden Morgen, ob sich ihre Füße zu Hufen formen; und jeden Morgen ist sie überzeugt, dass ihre Armhaare schon gewachsen sind. Wie sie sich fortbewegt, kann sich also jeder vorstellen und auch die Gespräche sind zurzeit sehr einfach gestrickt. Ein Wiehern für ja, ein Schnauben für nein.
Sie ist am sensibelsten für den fernen Abschiedsgeruch und schaut sich schon mal seufzend die schönen Blumen und Palmen an und macht sich Sorgen, dass sie bald in der Schule an die Tafel gerufen werden könnte.

Luis ist verschmolzen mit seinen Freunden. Stundenlang sind sie am Speerfischen. Wenn sie aus dem Wasser kommen, kann er gar nicht mehr sprechen, so geschwollen sind seine Lippen von der Taucherbrille. Den kleinen Fischen beißt er, wie die anderen, einmal in den Kopf – knack, und ab ins Feuer.
Kein Fisch sollte ihm je mehr so schmecken, wie die aus der Glut bei seinen Freunden.
Was mich immer wieder fasziniert ist seine Fähigkeit, Schmerz auszuschalten. Eigentlich hochempfindlich schafft er es, ihn sich wegzudenken. „Mama, es ist ganz einfach, wenn ich nicht will, spüre ich nichts."
Er ist weiterhin ein Sprachjongleur und besitzt einen unglaublichen Humor. Wie oft beobachte ich ihn, wie er Männer zum Lachen bringt und sich zu jedem gesellt.
Später sollte er Menschenaufläufe hassen, außer alle sind schwarz, und wenn man ihn fragt, wo er hingehört, so kommt die Antwort wie aus der Pistole geschossen: „Ich bin Niugini!" Auf dem Papier ist er Deutscher, aber in seinem Herzen ein Schwarzer. Immer öfter beschleicht mich ein Gefühl, es wäre gut, wenn er unabhängig von uns Eltern eine Möglichkeit fände, Geschehenes zu verarbeiten, am besten mit jemanden, der dieses Land ein bisschen kennt.

Frank ist schwer beschäftigt; er hat einige Aufgaben von sich geschüttelt und ein fittes Team aufgebaut. Für ihn ist es bisher am schwersten, den Sinn seines Hierseins zu erkennen. Klar, er arbeitet unermüdlich, aber eigentlich nie das, wofür er gekommen ist. Vielleicht sind es die kleinen Dinge, die Freundschaften und sein Humor, die ihn vor grübelnder Sinnsuche bewahren?

Die Regenzeit beginnt und so kommen die Kinder oft auf die Idee, Plätzchen backen zu wollen. Nach solchen Happenings mit den vielen knetenden Kinderhänden sieht es in der Küche aus wie frisch verschneit.

Wenn der Respekt verloren geht

Frank hat viel zu tun und so übernehme ich den Einkaufstrip. Als ich auf das Speedboot von Paul steigen möchte, beobachte ich Bob, einen jungen Australier, der seit vier Jahren hier auf der Insel arbeitet, wie er einen alten Mann anherrscht, der offensichtlich mitfahren möchte.
„Hast du bezahlt?", fragt er mehr als forsch.
Ich kenne den Mann nicht, aber intuitiv kann man anhand seiner Körperhaltung und seines Gesichtsausdrucks erkennen, dass er kein ‚no name' ist, keiner, der nicht mit Würde und Respekt behandelt werden sollte.
Er bleibt aber ganz ruhig und büßt nichts von seiner Haltung ein: „Ich habe Noel Bescheid gesagt."
Bob wird ungehalten: „So läuft das nicht, da kann ja jeder kommen. Von euch werde ich doch dauernd verarscht. Du kannst nicht mitfahren."
Eine Welle der Empörung geht durch das Boot und auch ich staune über den Ton und finde die Situation peinlich und unsensibel. Der würdevolle Mann bleibt weiterhin ruhig und ein leichtes Lächeln zuckt um seinen Mund. Er wird moralischer Sieger bleiben und ich würde zu gerne seine Biographie aufschlagen dürfen und darin eintauchen. „Ich habe von Noel das o.k.", entgegnet er ruhig.
Bob rauscht mit wehenden Haaren davon, um den Vorgang zu klären. Als er sich wieder blicken lässt, bleibt er weit entfernt stehen und deutet mit einer abfälligen Handbewegung dem Mann aufzusteigen. Mir platzt der Mund und ich muss meiner Wut Luft machen: „Was ist mit Bob los, so kann er doch nicht mit jemandem umgehen!" Der Skipper kocht ebenso vor Wut und lenkt zähneknirschend das Boot aus dem Riff. „Für seine Diskriminierungen bekommt er bald was aufs Maul. Irgendwann passen ihn ein paar Jungs ab, dann zahlen wir ihm sein schlechtes Verhalten heim. Weißt du, der Mann ist einer der besten und ältesten Freunde Noels, ein Dorf-Bigman. Mein Bauch ist heiß, wenn ich sehe, wie er behandelt wird."
Alle Passagiere heulen auf und erzählen Geschichten über demütigendes Verhalten und wie sehr die Australier es sich doch immer noch rausnehmen, sie wie Menschen zweiter Klasse zu behandeln und das im eigenen Land.
Nur einer sitzt ruhig an der Spitze des Bootes und scheint mit seinem feinen Lächeln zu meditieren; es ist der würdevolle Mann, der über Allem erhaben zu sein scheint.

Diskriminierung

Es ist noch gar nicht lange her, seit die australische Regierung diskriminierende Gesetze erließ. So war es den Papua-Niuginis bis in die 1960-er Jahre verboten Alkohol zu trinken und bekamen sie für die gleiche Arbeit weniger als die Hälfte des Lohnes der weißen Kollegen. Dieser Lohn wurde auch nicht ganz ausbezahlt, sondern ein Teil davon in Reis und Cornedbeef-Dosen ausgeteilt, egal ob derjenige das gerne aß oder nicht.
Unermüdlich verlangten die Australier Dankbarkeit für das, was sie für das Land taten, als ob sie es mit Kindern zu tun hätten, die versorgt werden müssen, aber nicht

mündig werden dürfen. Der Zorn auf die australischen Kolonialherren wuchs stetig, hatten sie doch für einen Appel und ein Ei Länder aufgekauft, nahmen sich junge Mädchen, bis sie schwanger wurden, schickten junge *Kiaps* (Regierungsbeamte) in die Dörfer, die dort Verwalter, Aufpasser und Richter spielen sollten, ohne etwas vom Land zu verstehen. Die Menschen wurden von einem Tag auf den anderen entmündigt und mit der Zeit ihrer Kultur beraubt. Der neue Glaube konnte die entstehenden Lücken nicht oder noch nicht ausfüllen.
Nicht, dass Australien sich mehr oder weniger danebenbenahm, wie andere Kolonialmächte auch, nein, man handelte im Glauben, eine Wohltat zu begehen und den Primitiven zu mehr Lebensqualität zu verhelfen. Nebenbei verdiente es sich auch gut an den reichen Bodenschätzen, die Papua-Neuguinea zu bieten hat.
Es waren mutige Männer und Frauen, die anfingen, sich selbst zu organisieren und gegen diese Herr-Diener-Einstellung und Ausbeutung zu kämpfen. Wollte Australien dieses Land erst als Provinz behalten und seine Unabhängigkeit herauszögern oder sogar für unmöglich halten, wurde der Ton zwischen den Hautfarben immer schärfer.
Der Kampf für eine rasche Unabhängigkeit begann und 1975 wurde der Traum Realität. (Albert Maori, Kiki, *Ich lebe seit 10.000 Jahren*, 1969)

Nach der Unabhängigkeitserklärung versuchte sich Australien mit einer zunehmenden ‚Politik der Nichteinmischung' dem Vorwurf des Neokolonialismus zu entziehen. Aber auch unter diesem Deckmantel bleib der Einfluss Australiens enorm und die Millionen Entwicklungsgelder, die ins Land gepumpt wurden, knebelten die Menschen weiter und brachten oft mehr Schaden als Nutzen.
Seit 2001 ist jedoch eine offizielle politische Kehrtwende zu beobachten. Aus Angst, PNG könnte als politisch labiles Land Zufluchtsort für Terroristen werden, entwickelte es die Idee der „gemeinsamen regionalen Regierungsverantwortung". PNG wurde zum ‚failed state' abgestuft und liefert Australien seither die Berechtigung für die nationale Sicherheit wieder vermehrt Einfluss zu nehmen. (Marion Struck-Gabe, *Konflikte und Krisen in Ozeanien*, 2005)

Wie wenig Respekt PNG gezollt wird, zeigte sich 2005 am Flughafen von Brisbane. Dort wurde der Premierminister Papua Neuguineas, Michal Somare, bei der Einreise von den Sicherheitskräften durchsucht und musste sogar seine Schuhe ausziehen und vorzeigen.
Er sei nicht erkannt worden, hieß es später, und schließlich werde jeder gleich behandelt.
Eine Welle der Empörung rauschte durch PNG. Vor diesem Hintergrund versteht sich das angespannte Verhältnis zu den Australiern von selbst und auch die Strömungen, die immer wieder ‚Raus mit den Weißen' rufen.

Von Außenstehenden, vielmehr Außenvorlebenden, hört man heute wie damals zu gestandenen Niugini-Männern sagen: ‚Ihr denkt und benehmt euch wie die Kinder!' – Wir haben es selbst erlebt! Niemandem, der den Versuch gemacht hat, hier mit den Menschen zu leben und sich auf die Strukturen eingelassen hat, würde so ein Satz über die Lippen gehen. Nur weil einer eine Steinaxt in der Hand hält, soll er arm dran sein und der Hilfe bedürfen? Weit gefehlt. Dass Wohlstand kein Glück bringt, ist allgemein bekannt, was sollte also diesem Volk gebracht werden?
Es lebt im Glück und hat, was wir vermissen: eine emotional wie körperlich tief liebende, wärmende Familie, eine starke rituelle und spirituelle Religion und eine lebendige Kultur.
Die Erfahrung der bedingungslosen Liebe und absoluten Nähe ist eine Ganzkörpererfahrung und die tiefste Wurzel im Leben. Sie bestimmt auch, was und wie intensiv ein Mensch in seinem Leben suchen wird und ob er jemals ans Ziel kommen kann, jemals satt werden wird. Die Industrienationen sind Länder voller Hungernder mit vollen Mägen, die die ‚Primitiven' mit Steinäxten in der Hand und vielleicht leeren Mägen nicht bedauern und belehren, sondern ihnen Respekt entgegenbringen sollten.

In einem fremden Land zu leben ist wie eine neue Geliebte zu haben. Der Rausch der Anfangszeit, Schmetterlinge im Bauch, der erste Kuss, flirten und dann der Versuch, sich zu vereinigen. Nach der Ekstase greift die Zeit ein und pendelt die Liebe ein, bis irgendwann die Zahnbürste neben dem Zahnputzbecher stört und einem das vorher ignorierte Schnarchen plötzlich den Schlaf raubt. Die Zeit der Auseinandersetzung beginnt. Es gibt die vielen Fotos aus der Zeit des Glücks und Harmonie und die vielen ungeknipsten Bilder aus der Zeit dazwischen, der Zeit, in der an der Liebe gearbeitet wird.
Wir winken gerne vom Kamm der Welle in alle Welt, in der Talfahrt sind wir mit uns selbst beschäftigt. Und während manche Lieben immer tiefer werden und verschmelzen, so müssen andere von sich lassen und getrennte Wege gehen, bevor sie sich zerfleischen.
Und manchmal kommt man zu dem Schluss, dass der Geliebte sich besser ohne einen entfalten würde und man einer Entwicklung nur im Wege steht. Man selbst, als Emanzipationsbremse, will Besserung bringen und hemmt doch den Fortschritt.

Und dann stehen wir da und stimmen ein: „Raus mit den Weißen!"
Dieser Satz fügt sich aus vielen Puzzlestücken zusammen. Das erste Stück ist die schmerzhafte Erfahrung, dass ich in einer fremden Sprache spreche und nie Lösungen bringen kann. Die können nur heilend aus der landeseigenen Sprache kommen. Wir haben ein anderes Tempo, andere Prioritäten und Ziele.
Das zweite Stück ist die einfache Erkenntnis, Lückenfüller zu sein. Dieses Land hat genug Ärzte, die die Menschen versorgen könnten. Aber diese arbeiten lieber in den wenigen Städten oder lassen sich nach Australien locken, als irgendwo im Busch zu arbeiten, bei schlechterer Bezahlung und mieseren Schulen für die eigenen Kinder. Meine Anwesenheit verhindert die Not, die die eigenen Ärzte in die Pflicht nehmen müsste.

Irgendwann muss der Deal aufhören, der immer noch heißt, wir unterstützen euch, wenn ihr so werdet wie wir, wenn ihr unsere Auflagen erfüllt, unsere Rezepte esst. Stelle man sich das Szenario vor, dass alle Weißen das Land verlassen würden, so mag man spekulieren, ob es zusammenbrechen, die Korruption vollends explodieren oder Mord und Totschlag ausbrechen würden.

Aber, abgesehen davon, dass es nicht so kommen wird, ist die entscheidende Frage doch: was kommt dann? Das Land wird in wohlwollender Abhängigkeit gehalten, von vorne mit Entwicklungsgeldern gefüttert, von hinten des Goldes und der anderen Schätze beraubt. Dem Land wird suggeriert ‚ohne uns läuft gar nichts, ihr seid wie ein Alkoholiker und wir verhindern nur den Zusammenbruch.'

Warum? Weil der Zusammenbruch – wie die Revolution – das Potenzial einer Heilung birgt.

Und wir, müssen wir jetzt Koffer packen? Aber heute habe ich doch noch Leben gerettet? Stolper: Wenn ich nicht da bin, klappt es ja auch und gar nicht schlecht.
Und doch liebe ich Entwicklungshilfe, weil ich hier sein darf und wir uns von Auge zu Auge akkulturieren: ‚Das finde ich gut bei dir, das findest du besser bei mir.'

Wir reiten der untergehenden Sonne entgegen –
Suche nach der Intensität des Augenblicks

Letztes Jahr
In der Vorahnung, dass ich in Deutschland fast verdursten werde in der Sehnsucht nach hier, fange ich an, jede Sekunde wie einen Tropfen mit der Zunge einzufangen und zu speichern. Ich will mich ausbreiten wie ein Luftballon, in der Hoffnung, dass das Reservoir lange hält.

Wir rücken noch näher an das Feuer der Menschen heran und die Niugini-Kinder rücken näher an uns. Haben sie bisher alle Körperlichkeiten vermieden, so möchten sie sich von mir plötzlich trösten lassen, trauen sich, auf meinem Schoß zu sitzen, toben am Strand, schmeißen mich ins Wasser und lieben es, durchgekitzelt zu werden.

Wir werden das ‚Vergnügungsteam'. Sandra, unsere Lehrerin, Elisa, Carol und die Kinder, wir tummeln uns in den Wassern Karkars, streifen durch die Dörfer, freuen uns auf die Nachmittage bei Barbara, suchen die hohen Wellen, um uns durchwalzen zu lassen, Bäume, von denen wir springen können, werden Tarzan am Seil und Crusoe am Feuer und tragen unsere gute Laune überall hin.

Ausgelassenheit: nur das Leben spüren und die Schönheit der Menschen hier, die Grandiosität der Natur erleben; das Gefühl, so zu sein, wie man ist und trotzdem gemocht zu werden.

Je mehr dieses Team unterwegs ist, desto intensiver werden die Nachmittage. Der drohende Abschied schweißt uns zusammen und wir klammern uns immer mehr aneinander.

Hinzu kommen die letzten Monate, die uns viel Energie gekostet haben. Und die vielen Erlebnisse, die man mitnehmen muss, ohne die Zeit oder auch den Abstand zu haben, sie sich noch einmal anzuschauen und zu verarbeiten. Ich fühle, wie viele Tränen in mir sind, aber auch wie viel Wut, die keine Kanalisation findet oder keinen stillen Ort.

Es muss immer weitergehen, weil das Nächste schon ansteht. Man ist immer präsent, immer abrufbar, nicht nur irgendwer. Unsere Regenerationszeit wird zunehmend länger, während sich die Zeit zwischen den Malaria-Schüben verringert. Die Toleranz schrumpft und die Radikalität nimmt zu, ebenso wie die Liebe zu diesem Land.

Mushu Island
Um der Familie etwas Gutes zu tun und wieder Kraft zu tanken, fahren wir in den Urlaub, und weil wir schon inselsüchtig sind, erkunden wir eine neue mit dem schönen Namen Mushu. Weißer Sand, Palmen, Seekühe, für uns eine Buschhütte, Feuer zum Kochen. Morgens um sechs geht es spanische Makrelen angeln oder Eier auf der heißen Quelle der Nachbarinsel kochen, dann ist plötzlich eines abends Hektik und Aufregung.

John, der Besitzer des Speedbootes und der Hütten, kommt zu uns, nachdem er alle Boote weit den Strand hinauf gezogen hat. „Hey hört her, es gibt eine Tsunami Warnung! Wir haben es gerade im Funkradio gehört."

Wir versteinern nicht nur, wir können es erst gar nicht glauben.
„Was habt ihr gehört, sag das noch mal bitte, ich habe es nicht verstanden!" – „Ein Tsunami, es kann sein, dass ein Tsunami kommt. Deshalb habe ich die Boote hochgezogen."
Ich sehe Frank an, dem das Abendessen noch in der Backe hängt, und will weg, nur weg, schnell in Sicherheit. „Lass uns zur Nachbarinsel fahren!" schlage ich John bange vor. Meine Stimme zittert. Warum ich mich so aufrege? Mushu ist flach wie eine Toastscheibe, während die Nachbarinsel Kairiru zumindest einen Berg hat.
„Nein, das schaffen wir nicht mehr. Wenn wir euch in der Nacht rufen, kommt sofort raus und rennt hinter uns her", beschließt John. „Aber, wo sollen wir denn hinrennen, hier ist doch alles flach?" – „Kommt einfach zu uns und lauft uns nach!"
Wir nicken ergeben.
Der Wind wird stärker, die Dunkelheit bricht herein. Wir ziehen uns in unsere Hütte zurück und mir ist mehr als mulmig. Frank legt sich mit Luis unters Moskitonetz und bleibt ruhig.
„Was sollen wir denn jetzt machen, wir können doch jetzt nicht schlafen!", empöre ich mich. „Ich glaube nicht, dass etwas passiert. Ich vertraue meinem Gefühl und das sagt mir, dass ich mich jetzt ablegen kann. Schlaf, die werden uns schon wecken. Mach dir keinen Sorgen." – „So, das sagt dir dein Urin", entgegne ich streitbar. „Ja, und auf den kann ich mich verlassen. Wenn die Warnung für POM ist, brauchst du dir keine Sorgen machen, dann kann die Welle nicht hier rüberschwappen." – „Aber die haben doch gesagt, das sei möglich!", protestiere ich.
„Ich schlafe jetzt. Mach dir keine Sorgen."
Keine Minute und ich höre das vertraute Schnarchen. Alle schlafen, neben mir Mira und Filip und nur ich Esel sitze da unter dem Netz und zittere.
Mein Gehirn läuft auf Hochtouren.
Man kann sich ja an einer Palme festbinden oder auf ein Dach klettern und dann an einen Baum. Oh, eine Palme ist doch biegsam. Aber erst mal ein Seil haben! Ganz ruhig. Einem Tsunami geht ein Erdbeben voraus. Oh je, ein Erdbeben. In dieser wackeligen Hütte ein Erdbeben heißt, das Haus stürzt ein. Ich schaue mir die Dachbalken an. Wenn das Haus zusammenfällt, kann man das überleben. Ungut, dass es auf so hohen Stelzen steht, und wenn ein Kinderkopf so einen Balken abbekommt, ist er auch Matsch. O.k., ganz ruhig: Die Hunde! Ja, die Hunde spüren das Erdbeben immer im Voraus, sie werden bellen oder zu jaulen anfangen.
Also, wenn ich die Hunde höre, schnappe ich die Kinder, wecke Frank und Luis und renne dann raus. Wenn es ein Erdbeben gibt, dann müssen wir in den Busch, dort ein Haus finden und auf das Dach. Jawohl, so müssen wir es machen.
Ich versuche mich hinzulegen, aber immer wieder schnelle ich hoch und lausche in den Wind.
Wie unheimlich.
Und dann passiert es, kaum bin ich eingeschlafen!
Die Hunde fangen an zu jaulen. Erst einer, dann fallen alle mit ein, sogar aus den Nachbardörfern.
Ich mache mir fast in die Hose.
Und nun? Setze ich den Plan A um? D.h. mache ich mich zum Gespött und reiße jetzt alle panisch aus dem Schlaf, oder Plan B? Ich lasse sie schlafen und beuge mich so über sie, dass der Balken, der sie treffen könnte, mich erschlagen kann."
Die Zeit steht still. Ich warte auf das Grollen der Erde, auf ihr Maulen und Stöhnen, ich höre es

gern und ich mag auch das Wackeln, aber nur im sicheren Freien.
Die Hunde hören auf. Stille. Der Wind wird lauter, aber bleibt alleine.
Ich lege mich hin und wie ein Delfin schläft ein Teil von mir, der andere wacht die Nacht durch.
Mit der Sonne ist der Spuk vorbei. Die Insel atmet auf.

John begrüßt uns aus der Ferne, er sieht müde aus. Luis geht zu ihm und ich sehe, wie sie zusammen zu den Booten gehen.
„Na, was hat er gesagt! Hat er auch kein Auge zugemacht?", frage ich Luis, als er zum Frühstück kommt. Ein Frühstück, das wir mit mehr als üblich vielen Ameisen und umzingelt von auf Reste wartenden Kötern einnehmen.
„Er hat sich entschuldigt. Er sagte, gestern sei er *spak* (betrunken) gewesen und habe nicht richtig hingehört. Die Warnung sei für POM gewesen, aber er wäre sich sicher gewesen, die Welle wäre auch hierher gekommen. In POM hätten wohl Tausende auf einem nahen Berg übernachtet. Jetzt sei die Gefahr vorbei. – Und du bist fast gestorben, ha ha, als die Hunde sich gute Nacht gesagt haben, das machen sie doch fast immer! Ha ha ha..."
Er lacht, ich nicht.

Wir erkunden an diesem Nachmittag die Insel mit einem Jungen, der sich mit Luis angefreundet hat. Es ist schön, durch den warmen Sand zu laufen, wir hören die Papageien streiten, grüßen eine alte Frau, die ein Ferkel an der Leine führt, und kommen zu einem Dorf auf der anderen Seite am Meer.
Zuerst fallen mir die vielen Häuser, die nicht auf Stelzen stehen. „Zu viele Erdbeben", erklärt mir Norman, der Junge. Dann sehe ich eine kleine Hütte, vielleicht 4 qm groß, direkt am Strand stehen und frage, wofür sie gut ist. „Das ist eine Gebärhütte. Wenn eine Frau ein Kind bekommt, geht sie zum Meer und bekommt es im Wasser. Danach legt sie sich mit dem Baby in die Hütte und wird dort von den Frauen der Familie mit Essen und allem versorgt", weiß Norman. „Wie lange bleibt sie darin?", frage ich weiter. „Sie bleibt solange darin, bis der Mond wieder so aussieht, als das Kind geboren wurde. Dann kommt sie raus und es gibt ein Fest."
Einen Mondzyklus lang in einer kleinen Hütte. Das ist lang! „Und sie darf nicht raus?" – „Nein." – „Und der Vater des Babys?" – „Der darf das Kind erst sehen, wenn die Zeit vorbei ist."
Wir gehen weiter.
„Wo gehst du zur Schule?" – „Es gibt nur eine Schule auf der Insel und die ist am anderen Ende." – „Wie lange musst du dann gehen?" – „Ich gehe los, bevor die Sonne da ist und komme zurück, kurz bevor sie untergeht!" Er sagt es ohne ein Jammern oder Frust in der Stimme. Ich sehe ihn an, er hat ein kluges Gesicht und strahlt Ruhe aus, fast schon zu erwachsen. „Und das hältst du durch?" – Er lacht, aber nur ein wenig und nickt. „Ich will später Arzt werden, dann muss ich eben so viel laufen."

Karkar, zurück Zuhause
Ich renne durch den Regen vor den Blitzen her und freue mich auf mein warmes Zuhause. Die getankte Energie von Mushu Island ist schon wieder fast verbraucht, aber so eine gelungene Zwillingsgeburt wie eben speist ja auch wieder Kraft ein.

Zuhause sind heute alle ein bisschen traurig, auch wenn sich eigentlich alle abgewöhnt haben, tote Tiere zu beweinen. Spotty, Miras Hund, war letzte Woche, hochschwanger wie sie war, mit einem Speerstich in Herznähe verletzt worden. Das überlebte sie. Heute hatte sie angefangen, unter dem Haus eine Kuhle zu buddeln, und aufgeregt standen wir alle um die Kuhle und schauten, wie ein Welpenwürstchen aus ihr herauskam. Luis, der sich ranrobbte, dämpfte die Euphorie. „Das Baby ist tot, es bewegt sich nicht!" – „Vielleicht ist es ein Frühchen!", überlegte Mira. Luis nahm das Kleine und zeigte es mir. „Komisch, sieht fertig aus. Es ist auch Zeit für sie. Mal sehen, vielleicht sind die nächsten ja o.k…"
Aber alle, die danach rauspurzelten, waren auch tot und unsere Enttäuschung wuchs mit jedem Plumps.
Es dauerte lange, bis ich das Hecheln und die lahmen Beine von Spotty nicht in Verbindung mit der Geburt sah. Als sie aus dem Loch herauskam, zitterten ihre Hinterbeine, nach einem weiteren Welpen zog sie sie nur noch hinter sich her.
Sieben Welpen und ein sterbender Hund.
Die Kinder verschwanden im Haus. Elisa, Carol und ich blieben bei dem Tier. Die aufsteigende Lähmung verschlimmerte sich schnell. „Die hat bestimmt Gift gefressen", sagte Elisa überzeugt, „hier werden immer wieder Hunde vergiftet." Carol wiegte ihren Kopf. „Oft fressen die Hunde aber auch komische Sachen, wenn sie schwanger sind. Kann auch sein, dass sie eine Kröte gegessen hat. Die sind giftig!"

Diese fetten Kröten, die abends, wenn man es eilig hat, innehalten, sich aufstellen, um dann regungslos wie Kackhäufchen auf dem Gras zu sitzen, sind auf der Insel im Kampf gegen die Giftschlangen eingeführt worden. Dass sie sich wie wild vermehren und keine Feinde haben – außer Paul, der sie mit Vergnügen platt fährt, weil sie beim Drüberrollen so schön knallen –, hat niemand bedacht. Und so töten sie nicht nur Schlangen, sondern auch allerlei und viel zu viele unschuldige Tiere. Ärgerlich, so hausgemachte ökologische Probleme und auch die Brandwunden, die diese Kackhäufchen verursachen können, wenn man sie im Vorbeieilen übersieht.
„Und wenn sie eine Schlange gebissen hat?", überlegte ich laut. Beide schüttelten den Kopf, das käme sehr selten vor.
Spotty starb elendig und plötzlich flossen doch die Tränen und wir begruben sie mit ihren sieben Kindern bei einer Bananenstaude.

Jetzt aber schnell ins Trockene.

Ein Abend mit Sandra und noch einmal nachgedacht

Es ist schön nach Hause zu kommen; ich höre die Kinderstimmen, Frank und Sandra, die mit unseren Feen am Scherzen sind.
Beim Abendessen überlegen wir laut und abschließend, was wir denn nun machen sollen. Den Vertrag verlängern? Nach Deutschland zurückkehren oder vielleicht weiter nach Neuseeland ziehen?
Luis' Antwort kommt nicht wirklich überraschend, aber ist in ihrer Klarheit doch wie reines

Wasser. „Also, ich liebe Karkar und dass wir hierher gekommen sind, war das Beste, was wir bisher im Leben gemacht haben, aber ich brauche jetzt eine Auszeit. Ich muss runter von der Insel, nur für eine Weile."

Luis ist inzwischen elf Jahre alt und weiß genau, was er braucht. Das klare Wasser ist der Wein, den er uns einschenkt, und somit ist die Entscheidung gefallen. Wir hatten uns von Beginn an versprochen: wenn auch nur einer aus der Familie nicht mehr bleiben wolle, würden wir alle die Koffer packen.

In meinem Kopf ist alles sonnenklar, Luis ist bis oben hin angefüllt mit aufregenden Erlebnissen und mit ihm weiter hier zu leben, wäre ein Fehler. Außerdem braucht er eine weiterführende Schule, was hier in PNG den Besuch eines Internats bedeuten würde.

Ausgeschlossen!

Aber ich sitze da und habe das Gefühl, in mir werde an einem Band gerissen. Es darf nicht zerreißen, aber ich will es auch nicht loslassen. Immer wieder denke ich: ‚Ohne Kinder würde ich Karkar nicht mehr verlassen.' Und sofort fühle ich mich sauschlecht – Rabenmutter!

Dann denke ich, wenn ich bleiben würde, müsste ich einen Ortswechsel vornehmen, so wie die Polizisten hier, die nach zwei Jahren ausgewechselt werden, weil sie mittlerweile zu verstrickt sind. Aber nein – das ist meine Insel.

Und dann ist da wieder der Kopf, der mich in die Realität ruft.

„Und wo sollen wir hinziehen?", ist die nächste Frage.

Alle drei Kinder sind sich einig: „Nach Deutschland".

In einer Kultur, die sie mehr prägen sollte, als ich es mir hätte träumen lassen, sehnen sie sich nach Bekanntem, nach ihren anderen Wurzeln.

Der Reiz weiterzuziehen ist für uns Erwachsene groß, aber so lästig Demokratie manchmal ist, über die Köpfe dreier Kinder wollen wir uns nicht hinwegsetzen. Frank spürt meine Ambivalenz „Es ist richtig zu gehen, Silke. Zum einen für meinen Job. Zum anderen ist die Insel für die Kinder auch bald ausgereizt. Sie kennen jeden Fisch hier beim Namen, ihre Freunde werden bald auf andere Schulen gehen, und für unsere eigenen gibt es keine passenden. Wir haben das hier gemacht und geschafft und hatten eine tolle Zeit, aber man muss auch wissen, wann man gehen muss."

„Du hast ja Recht, du hast ja Recht, und trotzdem will ich nicht gehen."

Ich weiß, so wie jetzt, in diesem Team, so wird es nie mehr sein. Jeden Tag genießen wir mehr, irgendwann werden wir auf dem Höhepunkt sein und dann müssen wir loslassen.

„Schön, dass wir mal wieder ein bisschen Ruhe haben", reißt Sandra mich aus den Gedanken. „Ja, wir hatten echt viel Besuch, war aber schön!", nicke ich. „Sag mal, kann ich mal zu einer Operation mit?", fragt Sandra weiter.

„Ja klar, bei dem nächsten Kaiserschnitt hole ich dich. Warte, morgen haben wir einen. Die Frau hat einen riesigen Bauch. Ich dachte, da wären bestimmt wieder Drillinge drin, aber es ist nur eines in viel zu viel Fruchtwasser", lade ich sie ein.

„Ich war auch mal bei einem Blinddarm dabei! War aber langweilig, weil ich nur das Stück Darm sehen konnte und nicht, wie es darin aussieht", erzählt Mira.

„Au ja! Du rufst mich dann?", freut sich Sandra. Ich nicke.

„Wie viele Operationen macht ihr eigentlich so im Jahr?"

„Das letzte Jahr waren es 709. Na, willst du noch mehr Zahlen wissen, die habe ich mir gestern gerade für unseren neuste Report angeschaut?"
„Ja, sag mal."
„Also, wir haben in diesem Jahr bereits 2.559 stationäre Aufnahmen gehabt und 66.467 ambulante Patienten. In der Zahl sind aber auch die drin, die zwei oder drei Mal kommen, um ihre Medikamente zu holen oder nachuntersucht zu werden. Dann haben wir bis jetzt 558 Geburten gehabt und 65 Tote. Die Hälfte ist an TBC gestorben."
„Und wie viele Kaiserschnitte habt ihr gemacht?"
„Weiß ich jetzt nicht genau, es waren von allen Geburten jedenfalls 4,5%."
„Schade, dass immer mehr Frauen in Deutschland einen Kaiserschnitt wollen, oder?"
„Ja, absolut. Ich hatte beides, zwei normale Geburten und Filip als Kaiserschnitt. Bis jetzt habe ich das Gefühl, dass mir etwas genommen wurde. Es wird nicht darüber gesprochen, aber ich weiß, dass viele Frauen an ihrem Kaiserschnitt lang zu knabbern haben. Ich wollte schon immer vier Kinder, aber die OP ist ein Grund mehr, noch ein Kind zu wollen. Es ist das Gefühl, etwas heilen lassen zu müssen."
„Aber hier klappt es nicht mit noch einem Kind?"
„Nein, ich weiß auch nicht – zu heiß hier oder zu wenig Speck auf den Hüften, Stress? Einmal dachte ich, ich wäre schwanger, und dann habe ich Angst bekommen! Weil ich mir vorstellte, ich bekäme eine Blutung, kein Arzt wäre da, niemand könne sie stoppen, es wäre Nacht und das Meer zu wild. Nein nein, so sehr ich es mir wünschen würde, ich glaube, es ist schon gut, dass es nicht klappt. Außerdem habe ich von einigen weißen Frauen gehört, dass es in den Tropen mit der Fortpflanzung nicht funktionieren wollte. Schwanger seien sie dann meist im Heimaturlaub geworden."
So cool, wie ich es erzähle, bin ich gar nicht. Obwohl ich schon drei Kinder habe, schmerzt es, wenn die Binde nicht weiß bleibt und es einem nicht morgens schlecht wird. Die Vorstellung, vielleicht nie mehr schwanger sein zu dürfen, macht mich fertig. Ich sehne mich nach dem Gestrampel im Bauch, nach dem Geruch vom Neugeborenen, nach seiner weichen Haut, dem Stillen, den Hormonfeuerwerken; und dann schleichen sich die Vorwürfe ein, das Gericht mit dem eigenen Körper, der nicht funktionieren will, obwohl er es hervorragend besser weiß und macht. Die Angst plötzlich zu alt zu sein…, wenn ich geahnt hätte!

„Was haben denn die Middletons (weiße Plantagenbesitzer von Karkar) vorhin hier gemacht?", fällt Frank ein. „Ihr neuer Dobermann ist mit dem Messer attackiert worden. Der ganze Hinterlauf war aufgeschlitzt. Ging aber gut zu nähen."
„Wer war das?", will Luis wissen. „Sie wissen es noch nicht. Aber diese Riesenhunde sind den Menschen hier ein Dorn im Auge."
„Hattest du viele Tierarzteinsätze?", fragt Sandra nach.
Ich muss lachen, weil ich als Tierärztin hier nicht geglänzt habe. Da war unser Küken, dem der Bauch wie eine Naht aufgeplatzt war, nachdem jemand versehentlich auf es draufgetreten war. Meine Naht schenkte ihm noch ein paar Stunden, dann starb es in Miras Händen.
Ich denke auch an die Kastrier-Aktion mit Otto, Filips Hund, die die Kinder traumatisiert haben muss, weil dieser Köter nicht einschlafen wollte. Ich dachte, Menschendosis gleich Tierdosis. Ist

aber nicht so, Otto hätte das Doppelte gebraucht. Die Niuginis grinsten sich eins, wie ich da dem torkelnden Tier immer wieder die Nadel in den Po rammte.

„Ah Dokta, lass uns mal machen, so wie wir das immer machen." Und dann stürzten sich drei Männer auf den Hund, Schnitt, einmal gedrückt, die weißen Murmeln abgedreht und in die Büsche geschmissen – für die Katze. Na ja, eigentlich halten sie den Hund nur fest, Faden um den Hoden und zugezogen. Geht auch. So habe ich mal wieder für Gelächter gesorgt und Otto nicht alle Schmerzen erspart.

„Tiere habe ich nicht viele behandelt. Mulmig war mir nur, als ich zu zwei Doggen gerufen wurde, denen ich Blut abnehmen und einen Chip einpflanzen sollte. Hat geklappt und ich wurde nicht gefressen und ich saß auch nicht daneben, als sie ihren tropfenden Speichel weggeschüttelt haben. Einmal war noch ein Hund da, mit gebrochenem Oberschenkel. Aber da habe ich das Falsche gemacht, nämlich gezogen und gegipst. Tier ist doch nicht gleich Mensch."

„Mal was anderes, ich würde gerne zu meinem Abschied nochmal nach Bagabag! Wäre das möglich?" schlägt Sandra vor.

„Du kannst uns nicht verlassen! Jammer... ja, gute Idee. Von dort haben wir übrigens gerade zwei Lepra-Fälle bekommen."

„Hör jetzt auf Mensch, ist ja furchtbar!", schimpft Frank.

„Aber aber, ich habe doch noch gar nicht die Geschichte mit dem Finger erzählt, die eine Frau ihrem Mann abgebissen hat!", empöre ich mich künstlich und ducke mich vor dem Lappen, den Frank schmeißt. „Und der kleine Junge, der in sein Messer gefallen ist? Wollt ihr gar nicht wissen, welche Lunge zerpiekt ist?", frotzel ich unter dem Tisch liegend weiter. *„Pasim maus* (Halt den Mund)", ruft Frank. „Mama!", Luis kickt mich.

„Aber irgend jemandem muss ich das doch mal erzählen. Das muss doch raus!", lache ich.

„Mama!" Ich gebe endlich Ruhe.

Orkan auf dem Wasser

Die Zeit fliegt und steht in einem. Immer mehr wandert der Geist zu den Vorbereitungen um den Globus und das geht an keinem vorüber.

Um uns vor Ort noch einmal zu sortieren, wollen wir nach Ukarumpa ins Hochland. Auf dem Weg dorthin bekommen wir direkt am Flughafen in Madang einen fliegenden Lehrerinnenwechsel. Unsere geliebte Sandra verlässt uns nach einem tollen Jahr und Steffi, die neue Lehrerin, landet und kommt gleich mit in die Berge.

Es ist wieder einer dieser grandiosen Flüge in der kleinen Cessna, der uns in die Kühle bringt. Klare Luft, um zwei Wochen lang unsere Rückkehr-Entscheidung zu überdenken und zu verfestigen.

Und dann sitzen wir auf dem Rückweg in Madang fest, es stürmt und tobt wie selten. Wir kommen nicht nach Karkar, nicht per Boot und nicht per Flugzeug. Inzwischen warten wir mit zwei Lehrerinnen auf besseres Wetter. Vera, eine deutsche Lehrerin, möchte die letzten Wochen ihres PNG-Aufenthaltes bei uns auf Karkar verbringen und Luis intensiv unterrichten.

Wir hören, dass Noels großes Cargo-Boot auf dem Weg von Bagabag nach Karkar fast gekentert sei. Es hatte zu viele Menschen an Bord, die sich auf der Insel zu einer Kirchenkonferenz getroffen hatten. In den Wellen legte sich das Schiff dreimal auf die Seite, wobei Menschen über Bord gespült wurden. Sie konnten zum Glück mit Seilen gerettet werden. Ein Wunder, dass keiner vom Meer verschluckt wurde.

Am Tag danach rufen wir Barbara auf Karkar an, ob ihr Boot uns holen kommen könne. Ja, sie selbst müsse für einige Tage mit Paul nach Madang – mit ihrem schwangerschaftsrunden Bauch – wir sollten ein Stück die Küste hoch zu dem Dorf Kubugam fahren und dort ihr Boot übernehmen, um nach Karkar überzusetzen.

Und dort stehen wir dann pünktlich am Meer. Wir sind alle nervös und suchen den Horizont nach einem Punkt ab. Der Wind ist in den frühen Morgenstunden meist geringer, nun aber nimmt er stetig zu. Endlich sehen wir ihr Schiff kommen. „Alles o.k. bei euch?", ruft Luis. „Ihr könnt das Boot übernehmen, aber sofort, ohne Zeit zu verlieren!", drängt eine durchnässte Barbara.

Wir müssen gegen die Strömung ankämpfen und kaum haben wir die geschützte Bucht verlassen, geht es los. So etwas hatten wir noch nicht erlebt! Wellen aus allen Richtungen, vom Wind gepeitscht, riesig. Die Kinder tragen Schwimmwesten, aber in mir steigt trotzdem Panik auf. Wenn das Boot jetzt kippen sollte, wüsste ich nicht, wie ein Kind in diesen Wellen überleben könnte. Jede Welle ist eine Ohrfeige, die Augen brennen vom Salz, wir bekommen keine Zeit, uns über das Gesicht zu streifen, es hagelt Schläge!

Plötzlich hebt sich das Boot, eine hohe Welle kommt von rechts, schwappt ins Boot und dreht es weg. Ich höre mich schreien und kralle Filip fest. Unser Skipper kämpft und macht es gut, aber zum ersten Mal weiß ich nicht, wie diese Geschichte zu Ende gehen wird. Durch die Wellen dauert der Weg dreimal so lang und wir blinzeln nur ab und zu, um zu sehen, wie nah die Küste herangekommen ist.

Als wir anlegen, schaut uns Vera, aus der Totenstarre erwacht, an. „Sind die Überfahrten immer so?" fragt sie trocken. Ich kann nicht lachen, meine Zähne klappern wie wild. „Nein, das war die Schlimmste, die ich je hatte."

„Dann ist ja alles gut." Das ist Vera.

Die Bewegungen in der Familie werden gegenläufig.

Während wir anfangen, die Tonnen unter dem Haus rauszurollen und spinnenfrei zu fegen und auch das Haus langsam leerer wird, die Hühner über Nacht weniger, so legt Frank endlich richtig mit der Krankenhausplanung los. Erst jetzt hat er sich freischaufeln können, erst jetzt tragen die tausend Treffen um Landstreitigkeiten, Finanzierung und Wunschsammlung Früchte. Wir hören den Drucker rattern, das Fluchen, wenn die Druckerpatronen wieder nur spucken oder der Strom aus ist und die Solarbatterie auf rot springt. Wir sehen die Männer aus seinem Workshop vor dem Haus sitzen und die Nacht durch kleine Häuschen silbern anpinseln, sägen und feilen. Es ist schön.

Ich gebe meine Chefarztrolle ab und nun kuscheln selbst die Schwestern mit mir, was der Arbeit noch mal einen Spaßfaktor mehr bringt.

Chefsein ist schon o.k., aber ich bin kein Mensch für die Distanz, die dieser Job mit sich zieht. Die Menschen sind nicht mehr authentisch, aber genau das brauche ich.

Die Ziele der Ausflugsnachmittage werden immer genialer und meine Zähne immer röter vom vielen *Buai*-Kauen.
Es ist loslassen lernen und gleichzeitig noch näher kommen in einem.

Momentaufnahmen und hungrige Mägen

Luis genießt es, mit seinen Freunden unterwegs zu sein. Die Freundschaft zwischen ihm und Laurence ist tief geworden und oft sieht man die beiden zusammen auf dem Bett liegen und sich Geschichten erzählen; hört sie zusammen lachen. Eine Seelenverwandtschaft.
Er wird immer erwachsener und gleichzeitig humorvoller.

Mira hat sich den Film ‚Silas' angeschaut und ist, wie kann es anders sein, zum Silas mutiert. Die zuvor gewachsenen Pferdeohren und -haare sind mit einem Schlag wieder wie immer und das ist auch gar nicht schlimm, wenn nur jeder sie mit ihrem neuen Namen anspricht. Die Niugini-Kinder mögen sie gerne und spielen auch inzwischen ihre Rollenspiele mit, aber während sie nach einer Stunde eine Pause brauchen, kann Mira das gar nicht verstehen.

Filip ist fröhlich wie immer, auch wenn sich doch ab und zu mal ein Hauch von Trotz zeigt. Das ist Filip. Zufrieden, wenn er sich in einer Horde bewegen kann, fassungslos über Kinder, die alleine mit ihren Eltern sein müssen. Und wenn er taucht und vom Baum springt, ruft er: „Mama, mein Herz kitzelt!"

Das Krankenhaus ist immer noch voll und die Nachtdienstwochen sind hart.
Als die erste Schwangere in meiner Zeit in Gaubin stirbt, komme ich in einen ethischen Konflikt. Ich werde am frühen Nachmittag in den Kreißsaal gerufen. Die Frau auf der Trage ist mittleren Alters, ihre Arme baumeln an der Seite runter, die Haut ist grau, die Augen halb offen. Ihr Mann erzählt völlig aufgelöst, dass sie bereits mehrmals auf dem Dorf gekrampft hatte. Nun sind ihre Pupillen weit und entrundet; ich höre keinen Herzschlag mehr und doch muss sie eben erst gestorben sein, denn das Herz ihres Kindes schlägt noch, wenn auch nur wie ein Hauch.
„Das Kind lebt noch!", rufe ich dem Mann zu. „Hol es!", fleht er zurück.
Ich beeile mich und fühle mich furchtbar. ‚Wie kannst du die Totenruhe stören, es ist nicht richtig, was du tust', ruft das Schulter-Engelchen.
Während eine Schwester die Mutter beatmet, hole ich das Kind. Es ist ein kleiner Junge und er lebt tatsächlich noch ein wenig. Wir bearbeiten ihn und versuchen, ihm das Leben schmackhaft zu machen. Seiner Mutter wird dabei der Kiefer hochgebunden und Watte in die Ohren gestopft. Sie ist tot. Der Vater und die restlichen Verwandten beobachten uns bangend. Sie hoffen auf den Kleinen.
‚Na, war vielleicht doch richtig, so hat sein Papa ihn wenigstens sehen können. Eine Chance', kontert Teufelchen.
Zwei Tage wird er umhütet, auf das liebevollste versorgt, gestreichelt und getragen, bis er seiner Mutter doch noch folgt. Wir sind alle tief traurig und das Kriegsbeil meiner Schulterkämpfer ist pietätvoll begraben.

Und weil niemand alleine stirbt, geht mit der Mutter in der Nacht ein junger Mann aus der *Lain* (Familie) von Elisa, der von einem hohen Baum gefallen war.

Hatten wir in der ganzen Zeit keinen Brustkrebs gesehen, so kommen gleich zwei kurz hintereinander. Brustkrebs erwischt in Deutschland mittlerweile etwa jede zehnte Frau, rund 55.000 jedes Jahr! Tendenz immer mehr und jünger.
Dieser Krebs spielt in PNG keine Rolle. Ein guter Schutzfaktor wird hier exzessiv ausgeübt: das Stillen, jedes Kind mindestens zwei Jahre lang. Jede Frau bekommt durchschnittlich vier Kinder, macht mindestens acht Jahre Stillzeit – beachtlich!
Ich hatte keine Frau mit Blutungsstörungen oder Gebärmuttersenkung zur Behandlung und nur wenige mit einer Eierstockzyste. Auch kam nur eine Frau in die Sprechstunde, die mich fragte, warum ihr immer so heiß werde. Wechseljahre-Beschwerden sind sonst kein Thema und Hormonsubstitution sowieso nicht.

Anderen Krebs gibt es durchaus, vor allem durch die *Buai*-Kauerei. Die Kinder sieht man nicht selten, gerade mal dem Krabbeln entkommen, schon mit rotem Brei der Betelnuss im Mund, und die alten Zahnlosen haben den Mörser dafür erfunden. Es geht an der Küste kaum ohne die grüne Nuss und das hält so manche Backe das Leben über nicht aus.
Darmkrebs ist selten und auch Prostatakrebs ist kein Problem, da sterben die Männer oft vor der möglichen Diagnose an etwas anderem.
Eines aber ist gruselig. Während es recht häufig Leukämien gibt, steht der Muttermund-Krebs ganz vorne dran: Frauen, denen das Blut die Beine runter läuft, grau von den Schmerzen, und bei denen alles schon zu spät ist, die zu Hause sechs Kinder haben, das jüngste noch an der Brust.
Konnten wir in der ganzen Zeit wenig präventiv nach der Primary-Health-Care-Idee arbeiten, machte es eine Gruppe von australischen PNG-Freundinnen möglich, dass wir ihnen Krebsvorsorgeabstriche zur kostenfreien Untersuchung schicken konnten.

Und dann enthüllt sich Dr. Bakas Erbe.
Zufällig kommt ans Licht: mein Ex-Kollege hatte Geld, das von der Regierung auf Karkar für die Tuberkulosebekämpfung in unserem Krankenhauses bestimmt war, persönlich bei der Distriktverwaltung abgeholt. Wir hatten weder von den Zuschüssen, noch von ihrer realen Zuteilung gewusst Leider sind Dr. Baka und der Distriktverwalter von Karkar dicke Freunde, die es gemeinsam organisieren, sich z.B. ein Fischerboot zu kaufen – vom Geld, das für andere bestimmt ist. Ach du schönes Karkar: wer mit wem verflochten ist und wie viele Tausende von *Kinas* den Karkar-Menschen gestohlen wurden, wird nicht aufzudecken sein. Welch eine Enttäuschung.
Das seit 2003 laufende Tuberkulose-DOTS-Programm war unser großer Stolz. Hierbei ging es um die langfristige Nachsorge und Überwachung der Medikamenten-Einnahmen auf den Dörfern. Dieses Programm hatte endlich mit rückläufigen Patientenzahlen und guten Heilungsraten Früchte getragen. Allerdings können wir – rein grundsätzlich – kein Programm befürworten, das ausschließlich von Übersee finanziert wird, während die einheimisch bewilligten Anteile veruntreut werden. Deshalb beschlossen wir, und zwar alle davon Betroffenen, das Programm zu Grabe zu tragen. Ziel war, die einheimische Verwaltung zu einer erneuten finanziellen Beteiligung zu bewegen.

Die TB-Patienten organisierten einen beeindruckenden Protestmarsch und setzten dabei feierlich einen Sarg für das symbolische Sterben des TB-DOTS-Programms vor dem Verwaltungsbüro des Distrikts ab. Solch viel ungewohnten Aufstand kannte hier niemand; es war selbst einen Zeitungsartikel wert.
Doch was wird folgen? Schon haben wir das erste Opfer: die Therapie mit einem vierjährigen Kind auf dem Dorf wurde abgebrochen und das Kind lange nicht aufgefunden, bis es zuletzt bei uns mit TB-Meningitis eingeliefert wurde und kurz darauf verstarb.

Und dann noch operieren mit hungrigen Mägen. Schwestern und Pfleger kamen hungrig zur Arbeit, weil sie nichts mehr zu essen hatten. Wortwörtlich! Ausstehende Gehälter über Monate! Das hieß Lebensmittelspenden aus den Dörfern für das hungrige Personal einsammeln, Drohbriefe schreiben und eine einwöchige Schließung der Ambulanz. Eigentlich wenig, angesichts der Unverschämtheit der Regierung, die Arbeit der kirchlichen Krankenhäuser, die immerhin 80% der ländlichen Gebiete abdecken, zu unterlaufen. Doch es hieß viel für die Einheimischen, die Mut und Rückgrat zeigten, obwohl ihnen von Seiten der Kirche Streik- und Gewerkschaftsverbot auferlegt ist.

Der Geist des Toten

Zwei Arbeiter von Noel hatten eine Panne mit einem der Plantagenwagen. Da sie nicht ganz nüchtern waren, legten sie sich an die Straße und ruhten sich neben dem kaputten Auto aus. Irgendwann kam ein kleiner Laster angerumpelt und einer der beiden Männer wollte ihn anhalten und um Pannenhilfe bitten. Er stand schwankend auf, die Hand erhoben, wurde noch von seinem Kumpel festgehalten und stolperte direkt vor das vorbeifahrende Auto. Der Mann war sofort tot und die Aufregung groß. Die Stelle des Unglücks lag in der Bucht des versunkenen Kraters. Ein unglaublich mystischer Ort mit ganz eigener Akustik und Atmosphäre. Uralte, beeindruckende Bäume stehen dort, ein jeder mit einer Geschichte. Bäume, zu denen man spricht und Antworten bekommt.
Es ist am nächsten Tag, als ich dort auf die Schiffe von Noel warte, auf die vielen Kartons mit Essen. Wir sehen von den Schiffen nur kleine Pünktchen am Horizont und so fahren wir noch einmal ein kleines Stück zu einer schönen Badebucht zurück. Zeit für eine Abkühlung.
„Kann man hier schwimmen?", fragen mich Steffi und ihre Freundin. „Klar, hier in der Bucht gibt es keine Haie, zumindest nicht um die Uhrzeit."
„Ganz sicher?" – „Ganz sicher. Es ist sehr tief, aber ohne Gefahr." Frau Großkotz weiß Bescheid. Die Mädels planschen weit vom Ufer, als mich Schreie aufschrecken. Menschen laufen auf der Straße. Die Kinder, die mit uns gefahren sind, flitzen schnell hin und ich sehe sie wenig später mitschreien und winken. Dann rennen sie wieder zu mir: „Mama, ruf Steffi, es ist ein Krokodil in der Bucht!"
Im Meer habe ich mich an viel gewöhnt, Haie finde ich wunderschön, Schlangen auf Abstand auch, Steinfische, Feuerfische, Rochen, alles o.k., aber nicht Krokodile. Sie sind Fressmaschinen, unberechenbar, gefährlich. Wenn es Tauchunfälle gibt, dann mit Krokodilen.
Ich schreie und sehe, dass die beiden schon zurück schwimmen.
Die Kinder sind aufgewühlt. „Mama, das Krokodil ist ein Geist. Es wurde heute Morgen zum ers-

ten Mal gesehen. Es ist der Geist des toten Mannes von gestern und er ist gefährlich." – „Wie groß ist es?" – „Nicht so groß, vielleicht ein Meter fünfzig."
Egal, ob klein oder groß, die Biester sind kaum geschlüpft und beißen dich in die Hand. Den Rüffel der beiden Freundinnen stecke ich ein und wir fahren zurück zum Steg.

Drei Tage später sollten wir es sehen, das Krokodil. Es schwimmt in der Bucht ganz nahe am Ufer und ist gut zu sehen. Auf einem Stein neben uns sitzen Männer, Gewehre ruhen auf ihren Beinen. Sie wollen das Krokodil, den Geist des Toten schießen, weil sie seine Rache fürchten und um die Beine ihrer Kinder bangen. Solange wir da sind und das Krokodil beobachten, fällt kein Schuss und ich muss gestehen, dass ich gar nicht weiß, ob es jemals getötet wurde. Wochen später spricht niemand mehr davon.

Der schwarze Hund, der Diebe sucht
Dann sind die Fahrräder weg.
Was sich in unserem Haus befindet, ist auf der Insel fast allen so ungefähr bekannt. Bei einem weißen Arzt auf der Insel ist immer die Gelegenheit günstig, an Dinge ranzukommen, die sonst so unerschwinglich sind.
Es stand also schon lange fest, wer was von uns vererbt bekommen sollte, das hatten sie schon längst unter sich ausgemacht. Und so wurden uns immer mehr kleine Zettel mit Wünschen überreicht; zwar etwas beschämt, aber das zerstreuten wir. Als eine andere Familie zurückging, waren wir genauso durch ihr Haus gelaufen und freuten uns, dass sie uns die Gardinen, Kühlboxen und Töpfe schenkten.

Alles lustig, auch, als wir an einem Morgen rausgehen und der Metallverschlag für die Waschmaschine und die Fahrräder offen steht. Die Fährräder sind weg.
Na ja, wir waren froh, dass unsere Kinder sie zumindest lange Zeit fahren konnten und die *Raskols* erst jetzt gekommen sind.
In der Frühbesprechung schimpfe ich aber doch und werde am Nachmittag von unserem *Board-Chairman* (Chef des Krankenhausvorstands) besucht. Er kommt mit seinen beiden Söhnen und erklärt, die beiden würden jetzt auf die Suche gehen. Er wäre sicher, sie würden erfolgreich sein.
„Ich danke euch, dass ihr helfen wollt. Vielleicht könnt ihr ein paar Zigaretten auf dem Weg gebrauchen!" Ich flitze ins Haus und sehe mich um. Es ist nur das Nutella-Glas, das mir in den Gaumen springt, und so überreiche ich den süßen Mira-Gott und die Kippen.

Am nächsten Tag kommt Papa *Board-Chairman* wieder, sein Kopf und sein Blick hängen. „Meine Jungs haben nichts finden können." – „Ist o.k., danke trotzdem den beiden!"

Dann passiert etwas Überraschendes. Es klopft und vor der Tür stehen mehrere Männer. Einen von ihnen kennen wir, er ist der *Law and Order Man* aus Marup, der uns schon so oft geholfen hatte.
„Wir kommen wegen der verschwundenen Fahrräder. Wir haben einen Mann mitgebracht, der sie

wiederfinden wird. Hier, das ist er." Er legt den Arm um einen jungen, langhaarigen, wach und ernst dreinblickenden *Wantok*. Wir schütteln ihm die Hand und bitten unsere Besucher in das wunderschöne Haus *Win*, während die Kinder durch den Garten springen und versuchen, stehend auf den Grünen Tonnen durch den Garten zu rollen.
Ich bin neugierig und aufgeregt. Mr. Langhaar fängt an, uns aufzuklären: „Ich weiß, wie ich die *Wilwil* (Fahrräder) finden kann. Ich werde gleich durch euren Garten gehen. Sage den Kindern und auch deinen Hausmädchen, dass ich nicht gestört werden möchte. Wenn ich fertig bin, darf niemand mehr den Garten betreten. Das ist sehr wichtig. Es kann sein, dass in der Nacht ein schwarzer Hund durch den Garten läuft. Ihr braucht nicht zu erschrecken. Aber ihr müsst ihn in Ruhe lassen und dürft ihn nicht ärgern." Wir stimmen sofort zu und ich freue mich über das Vertrauen und die Hilfsbereitschaft der Männer.
Der *Law and Order Man* ist sehr ernst und nickt langsam: „Dieser Mann hat das Wissen, Dinge zu sehen, ihr könnt ihm vertrauen." Wir vertrauen ihm, wenn auch mehr im Kopf als mit dem Bauch.

Die Niugini-Kinder sind ehrfurchtsvoll aufgeregt und alle wollen in dieser Nacht bei uns schlafen. So gibt es ein riesiges Matratzenlager, Kichern und natürlich nachts Aufregung und Angst. – Der schwarze Hund war gesehen worden!

„Ich habe gesehen, dass die Räder sich nicht mehr hier befinden, aber viel mehr nicht. Sie sind versteckt", erklärt der langhaarige Seher uns allen am nächsten Tag.
Schade, ich war mir sicher, dass er sie finden würde. Aber wer weiß, was dahinter steckt.
Es waren die Jungs vom *Board-Chairman*, die dahinter steckten. Sie haben die Nutella genommen und meine Hand und den überschwänglichen Dank und sind die Räder suchen gegangen, die sie selbst davongeschoben hatten.
Sie waren selbst die Diebe, ihr Papa tief geknickt und beschämt und der Seher wahrscheinlich ein *Wantok*, der sie nur nicht verpfeifen wollte. – Lustig!

Zeit des ‚Ein letztes Mal' – Das ‚Erste Mal' war doch erst gestern

Kalt vor Anspannung

Es ist soweit.
Ein letztes Mal im Taschenlampenschein eine Saugglocke einsetzen, ein letztes Mal einen Blinddarm operieren – zu melanesischem Beat.
Noch einmal ein *Board Meeting* (Krankenhausvorstandssitzung) in unserem Haus *Win* mit besonders viel Kaffee, *Buai* und wärmenden Worten. Eigentlich waren uns die anfangs so zugeknöpften, langatmigen, nachmittagsfressenden Sitzungen ein Graus gewesen, aber mit der Zeit, einem Ortswechsel und ein paar Leckereien waren es zum Schluss unterhaltsame und produktive Stunden geworden. Vielleicht nicht unbedingt kürzer, aber viel netter.

Und dann kam auch die letzte Fahrt nach Bagabag.
Diese Fahrt lag mir nicht nur am Herzen, sondern auch im Magen. Seit der Zeit mit dem Überfall hatte ich vergeblich versucht, mit Mary einen persönlichen, inneren Kontakt zu finden. Eines Tages kehrte sie nach Bagabag zurück, um mehr Abstand von uns zu bekommen. Ab und zu schipperte ich auf einen Sprung bei ihr vorbei, brachte ihr Grüße und ein paar Dinge mit. Aber etwas war zwischen uns, ich kam nicht an sie heran. Das war, sah ich ein, verständlich, denn ihr Leben ist zwar nicht zerstört, aber doch zerbrochen. Sie wird nicht mehr ohne Hilfe gehen und auch niemals heiraten können.

Nach Hause zurückkehren ist in PNG nichts Besonderes. Wer auch immer was für einen wichtigen Job hat, Minister, Arzt, in PNG oder im Ausland, eines fällt nicht schwer, die Uniform in die Ecke werfen, das Diplom von der Wand nehmen, der Stadt den Rücken kehren und auf das Dorf zurückkehren. Gestern noch mit Puderperücke und Robe im Richterstand, morgen ohne Hemd und mit Löchern in der Hose vor der Hütte eine Angel schnitzen – das geht! Da muss nicht der Porsche oder Benz vor der Türe stehen, es ist das Blechdach auf der Hütte, das vielleicht an das andere Leben erinnert.

Mary ist auf ihrer Insel zufrieden, ihre Familie hütet und beschützt sie. Aber nun geht es mir wie James, ich kann ohne ein *Wan Bel* mit ihr nicht gehen; und erst jetzt merke ich, wie sehr ich sie noch einmal erreichen möchte. Es ist das einfache Bedürfnis, mich bei ihr zu entschuldigen.
Bagabag ist eine Perle und der Ort, an dem wir gerade einen Weg durch das Riff suchen und anlegen. Paradiesisch. Wir hatten uns angekündigt und so kommt uns ein Auslegerboot zu Hilfe und lenkt uns durch die Lücken.
Mir ist kalt vor Anspannung und dann ist es doch so leicht.
Ich komme auf den Dorfplatz und sehe Mary, an einen Baum gelehnt, auf dem Boden sitzen. Es ist wie ein Gummiband, dem ich nur folge und das mich einfach in ihre Arme zieht. Wir heulen beide sofort los, halten uns fest in den Armen und lassen uns Zeit. Ich schmecke ihre salzigen Tränen, die in meinen Mund fließen, kraule ihre langen Haare und vergrabe mein Gesicht in ihrem, die Augen von außen geschlossen, nach innen weit offen.
„Mary, es tut mir so leid, was passiert ist!"

„*Nau em orait, Mama.* (Jetzt ist es in Ordnung, Mama.)"
„Wir gehen jetzt bald zurück nach Deutschland, aber es fällt mir so schwer, dich hier zu lassen. Ich weiß, dass du von Gaubin gehen musstest und auch, dass du uns nicht mehr sehen wolltest, das verstehe ich gut, aber ich möchte dir noch einmal sagen: es tut mir unendlich leid, was passiert ist. Entschuldige bitte, Mary!!"
Sie schweigt und weint.
„Mary, es ist mir wichtig, von dir zu wissen, was in dir vorgeht, wie du denkst, ob du wütend bist und was du dir wünschst!"
„Mama, ich bin nicht mehr wütend. So wie ich jetzt lebe, ist es o.k., ich habe meine Familie und ich kann tauchen gehen. Was passiert ist, kann ich nicht ändern. *Bel bilong m' isi*. (Mein Bauch ist leicht.) Ihr habt mir immer etwas geschickt, wenn ich danach gefragt habe, das tat mir gut und ich wusste, dass ihr mich nicht vergessen habt."
„Wie könnten wir dich vergessen, Mary. Filip liebt dich über alles und hat lange gefragt, wann du wiederkommst und nach dir geweint. Und ich liebe dich auch. Wenn ich weiß, dass du wieder so lachen kannst, wie ich dich noch in den Ohren habe, und du keine Bauchschmerzen mehr mit uns hast, dann kann ich gehen."
Sie löst ihre Stirn von meiner und sieht mich an:
„Dann kannst du gehen. Die Zeit bei euch war eine besondere Zeit, weil ihr und euer *Pasin* (Verhalten) besonders ist und ihr habt bei mir einen Platz in meinem Herzen."

Und dann höre ich ihr Lachen, das ich so vermisst hatte. Es ist eines der schönsten Lachen, die ich je gehört habe.
Wir sind *Wan Bel* und lösen uns von einander. Ich gehe zu ihrer Mutter und umarme sie. Ihr Mann Moses, der dreißig Jahre lang Gaubins Toiletten geputzt hatte, war vor vier Monaten gestorben und so war auch sie auf ihre Insel zurückgekehrt.

Ich fühle mich unendlich erleichtert und durch die Tränen weichgespült, wie ein Sanso-Schäfchen, sanft, sensibel, blütenweiß und verletzlich. Wenn mir jetzt einer die anderen Schandflecke auf meinem Fell zeigt, breche ich zusammen.

Die letzten Ausflüge.
Während Frank auf seinen Schaffenshöhepunkt hin arbeitet und das vollbringt, was er während der ganzen Zeit hatte tun wollen, tingeln wir um die Insel herum und toben uns aus. Bei Vera und Steffi im Haus tanzen wir die letzten Diskos weg, bleiben wir zum *Sleep Over* und Pfannekuchen braten mit vielen, vielen Kindern. Es wird ein langer Abschied von Barbara und ihrer Familie, die wir schon vermissen, wenn wir ihr bloß den Rücken zudrehen; ein Tschüss zu den Lieblingsplätzen und Menschen.

Abschied – Gehen mit Wan Bel

Gaubin Open Day

Frank eröffnet die letzte Woche mit einem *Open De* (Tag der offenen Tür). Karkar ist eingeladen, sich anzusehen und zu hören, wie ihr Krankenhaus in ungefähr zehn Jahren aussehen könnte. Sogar Big Boss aus Lae ist angereist. Frank stellt seine Ideen glänzend vor und wird nicht nur durch Worte geehrt, sondern auch durch die vielen Finger, die auf dem großen Modell mit den vielen silbernen Häuschen auf den Wegen entlangwandern, um das Ganze zu erfassen. Die Spuren auf dem Modell sind die Früchte seiner Arbeit. Mal wieder ein Tag des *Wan Bel* (Einigkeit).

Sind wir bei unserer Ankunft gar nicht offiziell begrüßt worden, so holt Karkar das nun nach und feiert mit uns wunderbare Feste, mit vielen geschlachteten Schweinen, Theatergruppen, *Singsings* und persönlichen Treffen. Oft stehen wir da und lauschen den Worten, man dankt uns für die Zeit und den Einsatz. Und dann steht man da und bekommt *Bilums* (Netztaschen) um den Hals gehängt. Das *Bilum* als Symbol, ein Stück Weg gemeinsam gegangen zu sein. Und dann hat man plötzlich zehn mit *Buai* und Tabak geschmückte Netze um den Hals baumeln, Frank noch ein paar Schweinezahnketten, und man fühlt sich wie ein Weihnachtsbaum.
Die schmeichelnden Worte von allen Seiten tauchen uns in Licht. Ich versuche sie einzuschließen, wie ein potentes Medikament, welches ich für die aufbrechende Wunde brauchen werde.

Kurum

Als ich zu einer *Garamut*-(Holztrommel)-Übergabe nach Kurum gerufen werde, hetze ich mit Mira, Steffi und Vera hin, schnell noch ein sauberes Kleid übergeworfen, nicht ahnend, was mich erwartet, barfuß ins Auto, die Hunde laufen kläffend bis in das Dorf hinterher, wo sie von der zähnezeigenden Dorfmeute attackiert werden und mit eingezogenem Schwanz wieder nach Hause laufen.
Kurum ist wunderschön geschmückt und unzählige Kinder-*Singsing*-Gruppen führen sich vor; welch Augenschmaus und Ohrenweide. Der Gesang der Trommeln und Männer ist tief, ernst, mystisch und dann trillern die hohen Kinderstimmen aus voller Brust dazwischen und fliegen wie bunte Vögel aus dem dichten Urwald.
Sie feiern alle ein Fest, ein Kirchenfest für die Kleinen und Größeren.
Die *Garamut* soll zeigen, dass die Kinder- und Jugendarbeit hier funktioniert. Dieses Symbol soll ich nach Hause mitnehmen und allen zeigen.

Plötzlich stoppen die Tänze und Hunderte von Kindern setzen sich, so schön wie sie geschmückt sind, mit Federn und Muscheln, in einen großen Kreis.
Stille.
Der Dorf-Chef nimmt das Megaphon und beginnt zu reden.
Er ist jung und ein Schlitzohr, aber ich mag ihn. Seine laute Stimme verjagt die lähmende Mittagshitzemüdigkeit. Ungewöhnliche Worte dringen an mein Ohr.

„Liebe Kinder und liebe Erwachsene. Heute ist der Tag der Kinder. Was ich jetzt sage, ist wichtig und ich hoffe, ihr werdet das nie mehr vergessen!"
Der Dorf-Chef holt genüsslich Luft:
„Am Anfang war der schwarze Mann, habt ihr gehört! Die ersten Menschen hatten eine schwarze Haut, so wie ihr und so wie ich. Erst viel später gab es auch Weiße..."
Ich muss schmunzeln und bin, warum auch immer, über diese Worte froh. Möglich, dass seine Worte eine Provokation sein sollen, eine Prüfung, vielleicht auch eine Ohrfeige, aber ich empfinde es nicht so. Klar, auch etwas verunsichert..., aber auch stolz. Da wird mir das Megaphon gereicht und habe ich zwei Sekunden Zeit, mich für eine Antwort zu ordnen.
„Danke für die Ehre, die ihr mir gebt, hier zu sein und zu euch zu sprechen.
Was ihr gehört habt, ist richtig. Der erste Mensch dieser Erde war schwarz und wohnte in Afrika. Wie ihr wisst, werde ich bald gehen. Vier Jahre durfte ich bei euch leben und eure Freundlichkeit genießen. Vier Jahre war ich Gast und habe etwas von eurer Kultur und eurem Leben sehen dürfen. Und deswegen möchte ich euch noch mehr ans Herz legen, vielleicht gerade weil ich nicht schwarz bin und aus einem anderen Land komme: Haltet an euren Traditionen, an eurer Kultur fest, wie das Baby die *Susu* (Brust) der Mama.
Es mag euch komisch vorkommen, aber versucht bei allem, was neu in euer Land kommt, eure Wurzeln nicht zu verlieren. Wir Weiße haben viel von dem verloren und haben vielleicht ein Auto oder Geld für ein Eis, aber Wurzeln kann man sich nicht kaufen. Viele Weiße haben Dinge verlernt, die ihr noch wisst. Wir sitzen vor dem Fernseher, aber wir wissen nicht mehr, wie wir unsere Beine bewegen können, wie unsere Tänze gehen, wie die Lieder unserer Vorfahren sich anhören. Ihr lebt in einem reichen Land, ihr habt eure Familien und eure Gärten. Wir sind vielleicht reicher in *Kina*, aber wenn ich sehe, was ihr noch alles könnt und habt, sind wir arm."

Welch kitschige, klischeetriefende Story, ich weiß auch nicht, ob mich jemand verstanden hat, aber ich bekomme feierlich die *Garamut* mit den Worten überreicht: „Dokta, wenn du dich nach uns sehnst oder wenn du ein *Hevi* (Problem) hast, dann schlage die Garamut, wir werden es hören und dir helfen."

Die Woche löst Erinnerungen an die schlimmste Woche hier auf Karkar aus, die Zeit, in der Mary verschwunden war. Wir gehen durch den Tag, lachen und scherzen, aber die Angst vor dem, was kommen wird, schnürt einem die Luft ab. Warten auf das Endgültige.

Freunde
Der letzte Abend ist der schwerste, es ist der Abschied von den Kindern und ihren Familien Es ist ein Abend, an dem mir der letzte Zahn gezogen werden sollte. Wir bekommen von den sechs Söhnen Ombiens die Einladung, vor ihr Haus zukommen. Unsere Kinder sind nervös und schweigsam.
Die Nacht ist hereingebrochen und es ist die letzte auf unserer geliebten Insel. Bis jetzt war klar gewesen: wir haben miteinander Feste gefeiert, man beglückwünschte sich zu der guten Zeit, freut sich, einander gehabt zu haben, aber das waren Vorwehen, es sollte jetzt in die Geburt gehen.

Tags zuvor hatte ich alle Kinder eingeladen, noch einmal von Madang aus zu dem Wasserfall zu gehen, den wir bei unserem letzten Filmdrehtag aufgesucht hatten. Damals hatte Luis nicht mitkommen können und so holten wir das jetzt gemeinsam nach. Auch wenn ich dieses letzte, freudige Vergnügen mit ihnen teilte, rieb doch der nahende Abschied von hier.

Der Platz vor den Häusern ist erleuchtet und mit Blumen geschmückt. Wir sehen eine lange Reihe Tische, die mit Bettlaken aus dem Krankenhaus bedeckt sind. Auf ihnen reihen sich Schüssel an Schüssel, alles was die Erde, Frauenhände und Ideen hier hergeben.
Wir essen und essen doch nicht, weil es nach Henkers Mahlzeit riecht.
Mein Herz fängt an, immer schneller zu pochen. Ich suche mit den Augen nach ‚meinen Kindern'. Tomong sitzt am Keyboard und zaubert wie immer mit seinem feinen Gehör, Liska steht andächtig neben ihm, Leonard sitzt auf einem Stuhl, den Kopf gesenkt, Glenn winkt uns... wo ist Laurence? Ich spüre, wie er mich ansieht. Als ich ihn an der Hauswand entdecke, flüchtet er und verschwindet im Haus.

Plötzlich bekomme ich Angst. Angst, dass ich zerspringen könnte, in zu viele Stücke, so viele, die ich nicht mehr zusammengepuzzelt bekommen könnte. Mein linkes Augenlid fängt vor Nervosität an zu zucken, ich gackere reaktiv, kitzele die Kinder mit harten Fingern, bis Filip ruft „*Lusim mi!* (Lass mich!)".

Ombien, die Mutter der sechs Söhne, ruft alle Kinder zusammen und wendet sich an unsere: „Die Kinder wollen euch für die Zeit mit euch danken. Sie sagen danke, dass ihr so wunderbare Freunde für sie seid. Sie haben kleine Geschenke für euch vorbereitet. Könnt ihr euch hinstellen?"
Und dann stehen sie da, die vielen Freunde, in einer Reihe.
Als erster hängt Norman Filip ein *Bilum* um den Hals. Filip grinst über beide Backen und streicht immer wieder über das bunte Netz. Guideon kommt und drückt allen die Hand und hängt Luis ein *Bilum* um. Und dann kommt Daniel und ist nicht mehr tapfer. Er steht vor Filip mit seinen verzierten Bambusstäben und fängt an zu weinen. Endlich.
Ein Dammbruch, der dann nicht mehr enden wollte.
Daniels Schluchzen reißt erst Mira und dann mich mit. Filip weiß gar nicht, was um ihn herum geschieht. Er dreht die Bambusstäbe mit dem Paradiesvogel um und fragt mich, was da steht.
„From a friend. With Love", lese ich vor. Die Kinder in der Reihe weinen alle und übergeben schnell ihre Geschenke, umarmen meine Kinder und gehen zu ihren Müttern.
Ombien tritt wieder vor, hält sich die nassen Augen und sieht mich an. „Mama, alle Mütter wollen dir noch einmal danke sagen. Wie du unsere Kinder behandelt hast, hat uns tief berührt. Du hast sie wie deine eigenen Kinder behandelt, warst mit ihnen unterwegs, hast mit ihnen immer an einem Tisch gegessen, euer Haus war auch ihr Haus, deine Kinder ihre Geschwister. Wir haben so ein *Pasin* (Verhalten) noch nicht erlebt und wollen dir danken für alles, was du für sie getan hast. Sie haben so viel gelernt, ihr habt einen Film zusammen gemacht, ihr habt sie mit in die Stadt genommen, alles so, als wären es eure Kinder. Ihr habt keinen Unterschied gemacht, auch nicht uns Mamas gegenüber und dafür danken wir.

Ihr geht jetzt und unsere Kinder kommen zu uns zurück, wir haben sie für die Zeit gehen lassen und wir freuen uns auf sie."
Es ist Dankbarkeit für eine Selbstverständlichkeit – eigentlich.
Natürlich tut Lob gut und stärkt den Weg, aber es tat auch jedes Mal weh, wenn ich bei den Mamas vor dem Haus saß oder mit ihnen Feuer am Strand machte, *Buai* kaute, ihre Babys halten durfte und dann gesagt bekam: „Mama dein *Pasin* (Verhalten) ist so anders. Wir mögen das total!" Es tat weh, weil sie alle selbstverständlich zu mir auf die Veranda kamen, meine Kinder herzten und zum Lachen brachten, ihnen sofort eine Banane holten; weil sie es waren, die mir *Buai* gaben und den Fisch mit mir teilten, mich beschützten und jeden Wunsch erfüllten. Ihre Wirklichkeit war auch meine und so ärgerte ich mich über das Lob, weil ich mich jedes Mal fragen musste, warum ich anders sei und jedes Mal klar wurde: das Bild, das sie von uns haben müssen, ist ein anderes.
Der letzte Satz trifft mich wie eine Keule: „...wir haben sie für die Zeit gehen lassen und freuen uns auf sie." War ich bisher der Meinung, dass die Eltern durch ihre viele Arbeit oder auch vielen Kinder froh sind, wenn diese im Rudel gegenseitig aufeinander aufpassen. Und nun höre ich dies. Wie konnte ich nur denken, die Eltern seien hier froh, wenn ihre Kinder viel unterwegs sind.
Ich war niemals auf die Idee gekommen, wenn sie bei uns spielten, würde sie jemand zu Hause vermissen.

Den gezogenen Zahn kotze ich langsam aus... Und langsam verzieht sich der Nebel im Hirn.
Die viele Zeit mit den vielen Kindern...
...das ist ihr Geschenk an uns gewesen! Sie haben uns die Zeit mit ihren Kindern geschenkt!

Wäre Mira monatelang jeden Nachmittag in einem anderen Haus verschwunden, würde ich vor Sehnsucht und Eifersucht zergehen, hysterisch werden, einschreiten...! Ist es den Eltern hier so ergangen? War mein Bild der Lockerheit, der melanesischen Art eben ‚ist mein Kind da, gut, ist er nicht da, auch gut' falsch gewesen?

Meine Selbstkritik und -zweifel mahlen in mir wie die Großmutter das *Buai*. Ich bin umgeben von ihrem intuitiven Wissen um den Sinn des Lebens, ich habe auch zugehört, aber lebt es in mir? Ich verlasse dieses Land auf den Felgen kauend, aber unendlich reich beschenkt, und fühle mich wie ein großer Fluss. Ich habe gelernt mit dem Herzen zu denken.

Ich danke Ombien und umarme sie lange; ich höre mich irgendetwas sagen und dann muss es irgendwie ein Ende geben.
Die Kinder allerdings haben schon längst ihren Weg beschlossen. Weinend ziehen sie mit uns zu unserem Haus, gehen hinein, setzen sich schluchzend auf den Boden, um den Tisch und wollen uns in der letzten Nacht nicht von der Seite weichen.
Die Mütter stehen draußen und hören ihre Kinder, umarmen uns. Wir tauschen die Tränen aus und sie schenken uns ihre Kinder eine letzte Nacht.
Als ich in das Haus gehe und die Tür hinter mir zuziehe, schaue ich mich um und bin ebenso bestürzt wie gerührt. Das habe ich nicht erwartet.

Wie eine Muttersau fange ich an, von Kind zu Kind zu gehen und es zu trösten. Als ich Laurence und Leonard halte, schreit es in mir ‚Ich kann euch nicht gehen lassen!' Lange sitze ich in meinem Zimmer und stütze Mira und Ralf, die sich nicht mehr einkriegen, zittern und sich festklammern. Luis sitzt bei Laurence und streichelt sanft seinen Rücken. Ich flitze und suche Matratzen zusammen, es wird eine schlaflose Nacht, das Haus bebt, unser kleines Sonnensystem verschwindet im schwarzen Loch.

Wir hatten die Zeit über Monate angehalten, mit einem auf Slow Motion justierten Gehirn. Wir waren die Staubsauger für glückliche Sekunden, die Jäger und Finder des Augenblicks.

Nachwehen

Die Nabelschnur ist gekappt, auch wenn Laurence und Leonard mit uns auf dem Speedboot sitzen, da sie darum gebeten hatten, mitkommen zu dürfen. Karkar verschwindet in unserem Rücken. Ich will nicht zurückschauen und tue es doch andauernd. Der Abschied von den Schwestern, von Gaubin, von Noel rinnt mir weiter die Backen herunter, aber ich reiße mich zusammen.
Wir tauchen in die Insellandschaft ein, die niemals schöner war, gleiten durch weiches Wasser, Gurgeln, kleine Wolken verformen sich in dem spiegelglatten Pazifik wie sich schlängelnde Aale.

Frank ist für eine weitere Woche auf der Insel geblieben, um das Haus gänzlich auszuräumen. Das Chaos wollten wir unseren Kindern nicht antun. Wir steigen am Madang Ressort Hotel an Land und verkriechen uns wie angeschossene Tiere im schnieken Zimmer. Lähmendes Vakuum.
Immer wieder frage ich mich, ob es gut war, die beiden Jungs von Karkar mitzunehmen. Ich sehe Laurence in sich gesunken auf dem Stuhl unserer kleinen Terrasse sitzen. „Was ist los mit dir!", frage ich und hocke mich neben ihn.
Er hebt den Kopf und sieht mich mit seinen wunderschönen Augen an, todtraurig.
„*Mi wari!* (Ich sorge mich!)"
Ich will es nicht verstehen und gehe zu Luis.
„Warum sorgt er sich?"
„Mensch Mama, er will nicht, dass wir gehen, er weiß nicht, wie es weitergehen soll!"
Und da ist wieder Angst, weil ich selbstverständlich handle und mich nun fragen muss, ob es richtig war, die Kinder so eng an uns zu binden. ‚Ja!', schreit mein Herz und Teufelchen will es besser wissen.

Nach drei Tagen ziehen wir in das Guesthouse um und holen sechs weitere Freunde unserer Kinder vom Boot aus Karkar ab. Welch dumme Idee, den Abschied von unserer super Truppe noch einmal herauszuzögern und sie nach Madang einzuladen. Daswillichjetztnichtfühlen-Dickkopf. Alle leiden an einer hoch ansteckenden, viralen Augenentzündung, die Ausflüge kommen uns öde vor, das Essen im Guesthouse schmeckt westlich komisch. Aber immerhin, wir sind wieder zusammen, fahren herum, gehen baden, legen ein Matratzenlager im Guesthouse und dann kommt wirklich der allerletzte Morgen.

Jetzt kann ich meine Tränen nicht mehr zurückhalten. Der Regen lässt uns alle noch einmal auf eine weitere Nacht zusammen hoffen, aber das Boot fährt doch vor und wir müssen von einander lassen.
Mich packt ein Weinkrampf, der Nachmittag zieht vorbei, aber das Gewitter in mir mag nicht weiterziehen...

Ich sehe uns am Flughafen stehen mit all den Lieben, die zu unserem Abschied gekommen sind. Ich sehe uns durch die Security gehen, ein letztes Mal winken. Sehe Frank, der weinend in der Halle steht, sehe, wie wir uns umarmen.
„Silke, das machen wir noch einmal. O.k.?!"
„Na klar. Wir werden wiederkommen."
„Aber wir haben es geschafft. Ich bin so stolz auf uns, wir haben es gemacht!"
Ich sehe unsere Kinder, wie sie barfuß in T-Shirt und kurzer Hose vor dem Flugzeug stehen. Sie klettern die Leiter der schönen Air-Niugini mit dem Paradiesvogel auf dem Heck hoch, der uns nach Lae, der Kalte Würstchen-Stadt, bringen wird.
Sehe uns in der Stadt, wo alles angefangen hat.
Und dann ist es vorbei.

In Australien bin ich dann schon halb eingefroren, laufe durch die menschenleeren Vorstädte, besuche die unbespielten Spielplätze, bekomme mit keinem Kontakt, außer mit dem italienischen Friseur für fünfzehn Minuten.
Die Kinos und Shopping Center können die Einsamkeit nicht überdecken und allein die Neugier der Kinder bringt Licht. Vor allem Filip, wie er zum ersten Mal Rolltreppe fährt, hoch und runter und noch mal hoch und runter, dann Fahrstühle entdeckt, Rutschen, ‚zusammengeklebte' Busse oder Seilbahnen.
Frank genießt es, ihn zu beobachten und mit ihm neue Sachen zu entdecken. „Für Filip ist das doch echt klasse hier, wie eine große Sendung mit der Maus", lacht er. Mira sieht auf dem Nachhauseweg den von Eindrücken erschöpften Bruder an, der mit zwei roten Luftballons im Auto neben ihr sitzt, und meint trocken: „Filip, ich glaube, du bist überfüttert!"
In Singapur und Malaysia wärmen wir uns an der Freundlichkeit der Menschen wieder etwas auf, aber unsere Gedanken sind schon vorausgeeilt.

Ich sitze im großen Auto und sehe zu, wie die Dämmerung langsam die Bühne freigibt. Es war ein warmer Empfang gewesen und nun fahren wir mit meinen Eltern von Frankfurt nach Freiburg. Ich sehe nach draußen und das bleierne Grau der Regenwolken legt sich auf mich. Die Bäume zeigen dem Winter ihre nackten Äste. Wir fahren durch eine tote Landschaft. Es will gar nicht richtig hell werden und ich fühle, wie die Wolken immer näher rücken, der Himmel fällt runter und wird uns begraben. Ich habe es verloren, das Gefühl zum richtigen Zeitpunkt am richtigen Ort zu sein.

Ich war ein lebendiger Fisch, herausgezogen aus dem warmen bunten Pazifik; der große Vogel hat mich ausgespuckt und jetzt bin ich hier – schockgefroren.
Die ersten Monate bemühe ich mich aufzutauen, immer wieder weine ich nach meinen verlorenen

Kindern. Es schmerzt so, das Heimweh, sogar mein Herz fängt reell an zu stolpern – Herzrhythmusstörungen. Ich will den Kindern ein Zuhause geben, aber was kann ich geben, wenn ich es selbst nicht mehr habe?
Uns wurde ein Nest gemacht mit vielen Federn für eine weiche Landung, aber ich gebe keine Landeerlaubnis.
Vier Jahre lang war ich nie alleine gewesen, jetzt schüttelt mich die Einsamkeit. Und dann werde ich schwanger, was mich völlig aus der Gesellschaft kickt, weil ich nur zwischen Bett und Kloschüssel wechsle. Frank findet keine Arbeit, bildet sich fort. Die Kinder integrieren sich, gewöhnen sich an Schuhe, an andere Normen und Werte.

Luis gelingt das hervorragend, er findet einen Weg, sich einzugliedern ohne sich zu verbiegen, und seine Andersartigkeit ist nach kurzer Zeit hoch geschätzt. Minutiös kann er seine neue Umgebung analysieren und die Vor- und Nachteile benennen. „Mama, ist dir schon einmal aufgefallen, dass die Kinder alle eine gebückte Haltung haben? In meiner Klasse bin ich der einzige, der gerade läuft."
Wenn ich weine, tröstet er mich. Und dann sagt er: „Mama, ich muss nicht trauern, weil ich sowieso wieder zurückgehe, also brauche ich mir keine Sorgen machen." Er fühlt sich als Niugini und nicht als Deutscher.

Mein Herz stolpert immer doller. Und nicht nur das, seit ich zurück bin, erlebe ich einen regelrechten Altersschub. Wie eine Pflanze, aus der der Saft gezogen wird. Meine Augen werden schlecht, ich brauche eine Brille, meine Haut verwelkt, meine Haare bleichen und die Gelenke knirschen.

Mira zieht sich in ihre Fantasiewelt zurück und überzeugt ihre neue Klasse, dass sie ein wahrhaftiger Drache und dabei ist, Feuerspucken zu lernen. Wird sie in Freiburg so genommen, wie sie ist, und hat sofort eine super Gang um sich herum, so wird sie später im Norden damit auf die Nase fallen und lange brauchen, ihre Andersartigkeit nicht als Makel zu empfinden.

Filip ist dort zu Hause, wo seine Familie ist, und findet alles spannend. Er ist ein sozial hochkompetenter Mensch und tot unglücklich, wenn seine Herde nicht um ihn ist. Er gibt alles auf, gibt alles her, nur um seine Freunde um sich zu haben.

Die Kinder in die Normen und Ansprüche einzugliedern, ist für mich eine Tortur. Täglich ist es mein Job, sie einzuschränken, im Großen wie im Kleinen, und wenn es z.B. am Tisch für Geschmatze einen Tadel gibt, ist die Empörung groß. „Mama, das machen nicht nur alle in PNG, das Essen schmeckt einfach viel besser so!"

Und Frank? Erst blüht er auf in seiner neuen alten Arbeit im Norden, die er nach sechs Monaten frustreichem Suchen wieder angenommen hat. Er ist gar nicht mehr zu sehen, die Kinder vermissen ihn – aber es tut ihm eine Weile lang ganz gut.
Irgendwann sitzen wir zusammen und merken, dass wir nicht zur Ruhe kommen, dass das Gefühl, in die richtige Richtung zu gehen, sich noch immer nicht einstellen mag.

Gehen war leicht – zurückkommen die schlimmste Herausforderung.

Jeden Tag packe ich innerlich Koffer, es hört nicht auf. Jes wird geboren und erdet mich etwas, aber die innere Unruhe bleibt. Die Frage ‚Warum finde ich mich nicht mehr ein. Was ist es, was fehlt?' kreist in mir wie ein Adler.
Die Menschen sind nett, ich kenne doch alles, vier Jahre können mich doch nicht mehr verändern als 32 Jahre vorher.
Und doch, ein Teil von mir liegt brach. Ein Teil von mir bleibt eingefroren, leblos. Ich sehne mich so nach diesem Teil, will ihn wiederbeleben, aber es geht nicht.
Immer wieder erschrecke ich über die Einsamkeit und die Ellenbogen. Am meisten aber über die Gewalt. Hatte man in PNG den Eindruck, alles passiert hautnah in der direkten Nachbarschaft, so sind es hier die täglichen Nachrichten über Grausamkeiten, halb totgeschlagene Menschen und unzählige gequälte Kinder.
Ich halte mir Augen und Ohren zu, vor allem aber will ich meine Vorstellungskraft vor dieser Abgestumpftheit, dem Sadismus eindämmen. Wer es zu sagen wagt, PNG müsse aus der Dunkelheit, aus dem Morast gezogen werden, der soll bleiben und erst mal hier anfangen. Die Nacht ist hier noch schwärzer.

Ich treffe auf andere Zurückgekehrte, klammere mich an sie in der Hoffnung zu hören, es werde alles gut. Aber ich sehe in ihre Augen, sehe die Sehnsucht und fühle den unausgesprochenen Satz: „Was hat dieses Land nur mit uns gemacht?!"

Ich fühle mich wie das Kind, das seine Seele im Dorf vergessen hat.

Es ist nicht nur die Intensität, die Trauer, den aufregendsten, intensivsten Teil im Leben gelebt zu haben, das Land hat berührt und man sehnt sich nach dieser Berührung wie eine Liebende nach der Hand ihres Geliebten. Gibt es das?
Transsexuelle empfinden sich als im falschen Körper geboren, wie nennt man es, sich nach einem anderen Land zu sehnen?

Ich will zurück ins Dorf, mit Löchern in der Hose und dem Finger am Puls des Lebens.

Wie einen Tiger im Käfig packt mich erst die Depression, dann die Wut – und das Rütteln am Gitter beginnt. Doch ich weiß, dass die Kinder ihre Ruhe brauchen und ich sie ihre Wurzeln austreiben lassen muss. Aber erst Franks Zugeständnis, notfalls wieder die Koffer zu packen, lässt mich den Käfig ertragen und mit anderen Augen betrachten. Mit dem offenen Spalt im Auge entspanne ich endlich.

Die vier Jahre zu verarbeiten bedeutete nicht nur die Trauer um die schönen Sekunden, es hieß auch, ein riesiges Paket an grausigen Bildern und Erlebnissen zu verarbeiten: Gefühle von Angst und Hilflosigkeit, die nie zugelassen worden waren. Wenn ich meinen Freunden davon erzählte, zitterte mein ganzer Körper vor Spannung. Dieses Paket zu öffnen war ein hartes Stück Arbeit, weil es so fest verschnürt war.

Ich höre mich erzählen von den ganzen Gefahren, den dunklen Stunden, und dann sehe ich, wie sich die Frage im Gesicht des Gegenüber zusammenzieht: „Warum seid ihr dort geblieben?" Schlimmer noch, die unausgesprochene Frage: „Wie konntet ihr eure Kinder solchen Gefahren aussetzen, nicht nur der giftigen Tierwelt, sondern auch den Natur- und Menschengewalten ...", und ich höre mich winden: „Wenn du dort lebst, relativiert sich alles."
Aber hier habe ich viel mehr Angst um meine Kinder als noch vor ein paar Monaten. Den Verkehr hier, dem wir täglich ausgesetzt sind, halte ich für tausendmal tödlicher."

Aber mit unserem Abflug haben wir auch etwas hinter uns gelassen, nämlich eine Dauerspannung, die der Job und die Hautfarbe mit sich gebracht hatten. Das Gefühl, immer parat sein zu müssen, ein vier Jahre lang On Duty sein für jeden Kranken, für jede andere Seele und täglichen Probleme. Wir waren Seismographen ohne Wochenende und unsere Selbstüberprüfung lief im Akkord. Wir sehnten uns oft danach, unerkannt untertauchen zu können.
Wir atmen auf, weil wir das Gefühl haben, vieles gemeistert und gut überstanden zu haben, und schon der nächste Atemzug enthält Partikel von ‚wir wollen noch mehr'.

Seele (be-)suchen
Und was ist geblieben, außer dass ich immer noch am liebsten barfuß Auto fahre?

Ich habe viel gelernt von den Menschen dort, aber das schönste Geschenk ist eine ‚grenzenlose' Liebe zu Menschen. Einer türkischen Frau begegne ich auf der Straße mit einem anderen Blick und Herzen als vorher. Ich verschenke ein ehrliches Lächeln.

Meine Toleranz ist erwachsen geworden – meine Intoleranz aber auch.

Gewiss, ich habe gelernt, mein Land mit anderen Augen zu sehen, zu begreifen und zu verstehen, was unsere Kultur ist und welche Schätze es hat.
Aber ich hasse einkaufen noch mehr als vorher. Auf Karkar sich mal nach einer sauren Gurke zu sehnen war eigentlich ganz lustig. Hier vor dem Regal zu stehen und sich zwischen zehn verschiedenen Gläsern sauren Gurken entscheiden zu müssen, ist irgendwie blödsinnig. Habe ich mich erst auf die Vielfalt gefreut, macht sie mich jetzt aggressiv und lähmt mich.

Mein Glaube, meine Weltsicht, meine Realität, alles ist einmal völlig durchgeschüttelt worden, was dabei heraus kam, ist eine bunte Mischung aus Neuem und Altem, aus nicht für möglich Gehaltenem und nicht mehr Nötigem.

Meine Arbeit hier fällt mir schwer, weil ich gelernt habe, mit wenig viel zu bewirken; hier wird viel gemacht ohne etwas zu bewirken; es gibt viele Kranke ohne Krankheit, aber mit Leiden. Ich begegne einer invasiven Medizin, die die Seele der Menschen nicht kennt.
Ich begegne einer Gesellschaft, die sich zu reformieren versucht auf der Suche nach Auswegen und Formeln für Harmonie, innere Gesundheit und Stabilität. Aber unser Ameisenhaufen geht kaputt

an den kleinen Egomanen, die kein ‚Wir', sondern nur noch ein ‚Ich' kennen. Die sogenannten einfach arbeitenden Kollegen in den untersten Etagen werden vergessen und ertragen stumpf anstatt zu revoltieren. Der mittleren Etage hängt die Zunge raus vom vielen Ackern, nach oben Schimpfen und schlechtem Gewissen, die Brut alleine zu lassen, während alles darüber einfach nur schamlos ist und den Allerwertesten schon im Rettungsboot hält. Wir sind dabei, unsere Solidarität zu verlieren. – Ein Hoch auf die Individualgesellschaft?

Und so bitte ich:
Ich bitte PNG um Entwicklungshilfe für Deutschland: In der Medizin sich wieder zu besinnen, was Medizin ist. Uns wagen, Krankheit wieder in den Menschen zu integrieren, zu seiner Seele, zu seiner Geschichte und zu seiner spirituellen Ebene zu führen. Uns wieder zu hinterfragen, was notwendig ist, wo Wirtschaft anfängt und wo Menschlichkeit aufhört.
Ich bitte um Entwicklungshilfe in der Versorgung der Alten, Witwen und Waisen und ganz besonders der Obdachlosen und Armen.
Ich bitte uns zu zeigen, wie man fühlt im Leben, aber auch im Sterben. Wie man die Toten ohne Scham laut betrauert, sie ohne Scheu zu sich nimmt, sie auf dem letzten Weg nicht alleine lässt, um sie danach loszulassen und zu ehren.
Ich bitte um spirituelle Hilfe. Das Bedürfnis der Menschen im medialen Zeitalter nach Spiritualität wird immer essentieller werden.
Ich bitte um Entwicklungshilfe, mit ‚Nichts' zufrieden zu sein, den Weg zur vergessenen anderen Welt zu finden, das Tor zum Glücklich-Sein.

In meiner alten, neuen Realität rehabilitiere ich viele Dinge in PNG noch nachträglich. Das Leben dort hat so gut geschmeckt, dass ich mich ewig danach sehnen werde.

Wo ist das Flugzeug, in das ich einsteigen darf, meine Seele zu suchen?

Quellenverzeichnis

Bartle, Neville, *Death, witchcraft and the spirit world in the highlands of Papua New Guinea; developing a contextual theology in Melanesia*, Goroka, Melanesian Institute, Point series no.29, 2005

BBC News, *Eaten missionary's family get apology*; 2003, Online: http://news.bbc.co.uk/2/hi/asia-pacific/3263163.stm

BBC, *Cargo Cults*, 2004, Großbritannien, Online: www.bbc.co.uk/dna/h2g2/A2267426.html

Berkshirepublishing, Lamont Lindstrom, *Cargo Cults*, Massachusetts, o.J. Nur Online unter Berkshirepublishing: http://www.berkshirepublishing.com/rvw/022/022smpl1.htm

Bethge, Philip, *Die Heilkraft des Todes,* In: Der Spiegel, *2009, Online:* http://www.spiegel.de/spiegel/0,1518,604175,00.html

Böge, Volker (Hg.), *Konflikte und Krisen in Ozeanien. Pazifische Inseln zwischen häuslicher Gewalt und innergesellschaftlichen Kriegen*, Pazifik-Infostelle, Neuendettelsau, 2005

Bogner, Piet, *Die Ahnen rufen. Ein Weißer erlebt seine Wiedergeburt als Papua,* München, 1988

Bogner, Piet, *Sangguma* – schwarze Magie der Papua. Bericht aus einer anderen Wirklichkeit, München, 1988

Carlyon, Deborah, *Mama Kuma, one woman, two cultures*, St-Lucia, 2002

Conklin, Beth A., *Consuming grief: compassionate cannibalism in an Amazonian society,* Austin, 2001

Conway, Jeanette & Ennio Mantovani, *Marriage in Melanesia. A sociological perspective*, Goroka, Melanesian Inst. for Pastoral and Socio-Economic Service, 1990

Eberl, Ulrich, *Kannibalismus – uraltes Erbe oder Mythos?,* 2000, Bild der Wissenschaft, Online: Online: http://www.wissenschaft.de/wissenschaft/hintergrund/172917.html

Johnson, Richard, T, *Prion diseases.* In: The Lancet Neurology, 4 (10), S.635-642, 2005, Online: www.thelancet.com/journals/laneur/article/PIIS1474-4422(05)70192-7/fulltext

Kunze, Georg, *Im Dienst des Kreuzes auf ungebahnten Pfaden*, Rheinische Mission Schriften 78, H.3, 1901

MacDonald, Mary, *Symbols of life: an interpretation of magic*. Occasional papers of the Melanesian Institute No.2, Melanesian Institute, Goroka, 1985

Maori, Albert, Kiki; *Ich lebe seit 10 000 Jahren,* Berlin, 1969

Mission EineWelt u.a. (Hg.), *Papua-Neuguinea. Der pazifische Inselstaat, seine Geschichte und die Evangelisch-Lutherische Kirche,* Neuendettelsau, 2009

Oxfam New Zealand, Newton, Auckland 1145, *Building peace in the Highlands of Papua New Guinea*, Online: http://www.oxfam.org.nz/what-we-do/where-we-work/papua-new-guinea/building-peace (Informationen zu: Kup women for peace)

Papua Trekking, Expedition & Mountaineering, Papuatrekking.com, *Papua (Indonesia) – Primitive Tribes -Today cannibals,* 2006, Kurim, Tschechai (O.Name), Online: http://www.papuatrekking.com/cannibals_papua.html

Raffaele, Paul, *Sleeping with Cannibals*, In: Smithsonian Magazine, Washington, 2006, Online: http://www.smithsonianmag.com/travel/cannibals.html?c=y&page=3

Spiel, Christian, *Menschen essen Menschen: Die Welt der Kannibalen*, Frankfurt, 1974

Steenken, Helmuth, *Die frühe Südsee. Lebensläufe aus dem "Paradies der Wilden"*, Hg.: Staatliches Museum für Naturkunde und Vorgeschichte Oldenburg, Isensee, 1997

Sugg, Richard, *'Good Physic but Bad Food': Early Modern Attitudes to Medicinal Cannibalism and its Suppliers*. In: Social History of Medicine 19(2), 225-240, Durham, Online: http://www.dur.ac.uk/english.studies/academicstaff/?username=dng0rs:

Silke Bertram mit Frank, Luis, Filip und Mira

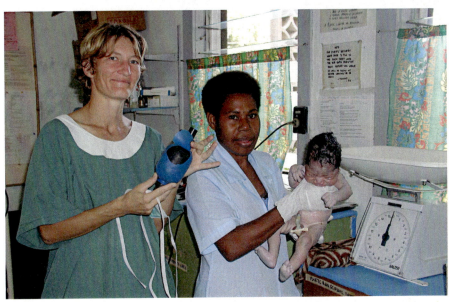
Dr.med. Silke Bertram im Gaubin-Krankenhaus

Stationen in Papua-Neuguinea
Vergleiche mit Liste: Stationen 2001-2005

Karte entnommen aus *Mission EineWelt, 2009*

Silke Bertram mit Frank, Luis, Filip und Mira

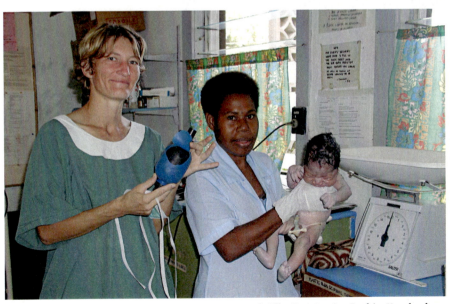

Dr.med. Silke Bertram im Gaubin-Krankenhaus

Stationen in Papua-Neuguinea
Vergleiche mit Liste: Stationen 2001-2005

Karte entnommen aus *Mission EineWelt, 2009*

KAR KAR ISLAND, MADANG PROVINCE

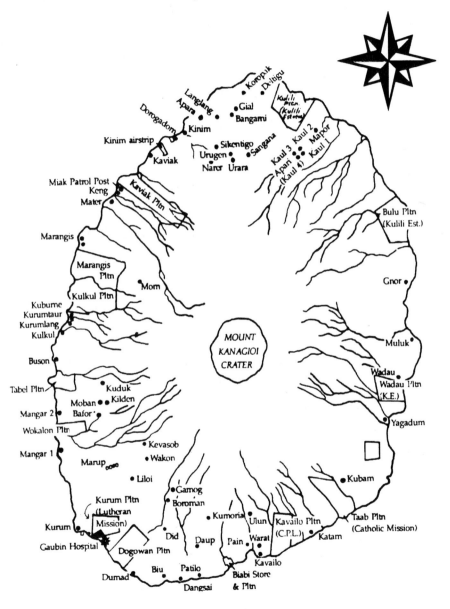

Die Insel Karkar
Vorlage: Madang Provinzverwaltung, Papua-Neuguinea

Stationen 2001-2005

Reisebeginn am 10.10.2001 nach Cairns, Australien. Dort bleiben wir sechs Wochen, um unser Englisch aufzufrischen.

Flug nach Lae (1) in Papua Neuguinea. Eine Woche, um die Hauptverwaltung der Lutherischen Kirche kennen zu lernen und Formalitäten zu erledigen. Laut Orientierungsplan werden wir 6 Monate lang an verschiedenen Krankenhäusern eingesetzt werden.

Weiterflug nach Madang (2). Mehrere Tage Eingewöhnung im Guesthouse, bis wir für drei Tage auf die Insel Karkar (3) übersetzen können.

Zurück in Madang, dann Flug nach Lae und per Schiff nach Finschhafen/Logaweng, (4). Sechs Wochen Sprachunterricht in Pidgin, Mitarbeit im Krankenhaus Braun-Memorial-Hospital und erstes Weihnachten.

Anschließend drei Monate Aufenthalt auf der Insel Karkar (3) im Gaubin-Krankenhaus von Februar bis April 2002. Zwischendurch Orientierungseinsatz im Madang-General-Hospital für zwei Wochen.

Mai 2002, letzter Orientierungseinsatz im Krankenhaus in Kudjib, ca. 20 km von Mount Hagen im Hochland (5) gelegen. Abbruch des Aufenthaltes wegen meiner Stichverletzung. Erholung bei Freunden in Goroka (8).

Zurück auf der Insel Karkar (3) im Gaubin-Krankenhaus. Besuch der Eltern im August 2002. Nach dem Überfall auf sie und dem tragischen Unfall unseres Kindermädchens erholen wir uns auf der Insel Tsoi (6). Zurück auf Karkar und Einladung zum Versöhnungstreffen.

Im November 2002 trifft die Lehrerin Barbara ein und übernimmt für 2 Jahre den Unterricht unserer Kinder in Karkar (3).

Januar 2003: Dr. Denny verlässt das Gaubin-Krankenhaus (Karkar); sein Nachfolger wird Dr. Baka. Eine schwierige Zeit beginnt.

August 2003: wegen unerträglicher Zustände im Krankenhaus müssen wir die Insel fluchtartig verlassen. Es folgen drei Monate Einsatz im Krankenhaus Yagaum (7), ca. 15 km von Madang entfernt.

Ende Oktober 2003: Rückkehr auf die Insel Karkar (3) und Weiterführung der Arbeit im Gaubin-Krankenhaus.

Februar 2004: Urlaub und Gesundheitsversorgung in Brisbane, Australien.

August 2004: Meine Eltern kommen ein zweites Mal zu Besuch. Urlaub in Tari (9); Besuch der Goroka-Show (8) mit nächstem Überfall auf uns.

Urlaub auf Mushu Island (10) und Abreise von Karkar (3) im November 2005. Via Australien und Malaysia zurück nach Deutschland.

Und 2009 ?

Wir waren wieder da!
Wir sind fünf Wochen auf Karkar eingetaucht, verschmolzen, haben gelacht, geweint..."

Weiter mit dem Rundbrief unter www.sidihoni.com > Papua. Hier auch alle Fotos, Zeitungsartikel und Aktuelles

Weitere Publikationen der Reihe *blick in kulturen*

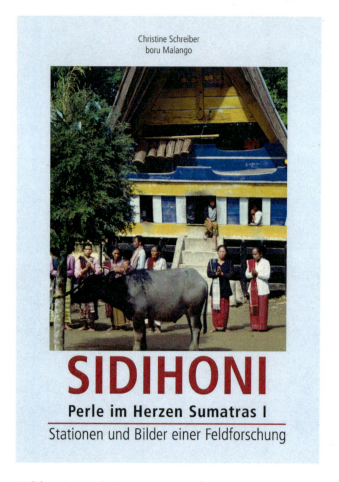

Sidihoni – Perle im Herzen Sumatras I
Stationen und Bilder einer Feldforschung.

Von Leben und Bestattung, Tradition und Moderne bei den Toba-Batak.

Von Christine Schreiber boru Malango
Umfang: 240 Seiten, incl. 257 Farbbilder in 22 Serien
Format: 17 x 24 cm, Broschur, Offsetdruck.
Tübingen, 2009, tb-Verlag, ISBN: 978-3-9814706-2-8
Zu bestellen unter www.sidihoni.com